Das Buch

»Die Hölle hat Generationen von Gläubigen in Angst und Schrecken versetzt. Sie ist einer der ältesten Alpträume der Menschheit, bedingt durch die Furcht vor dem Unbekannten, das uns am Ende unseres Lebens erwartet... Die Idee von der Hölle ist weitaus älter als das Christentum und hat auch dessen Niedergang überlebt, denn der Glaube an eine Hölle gehört zum Gemeingut der gesamten Menschheit, der Gläubigen wie der Ungläubigen. Er ist unzerstörbar, hat wie die lernäische Hydra gewissermaßen mehrere Köpfe und entsteht immer wieder aufs neue... Die Hölle existiert in allen Zivilisationen, aber sie entwickelt sich auch mit jeder einzelnen weiter. Die Geschichte dieser so entstandenen Variationen wollen wir hier nachzeichnen und zeigen, daß sie die kollektiven Ängste innerhalb der einzelnen Gesellschaften widerspiegeln, da sie immer versuchen, auf das Grundproblem des moralischen Bösen eine Antwort zu finden. Die christliche Hölle nimmt dabei eine zentrale Stellung ein, denn sie war das dauerhafteste, am besten durchdachte und vollständigste System von allen, der Höhepunkt einer Idee, die viel älter ist als das Christentum selbst und die sich auch in unserer säkularisierten Welt weiterentwickeln wird... Die traditionelle Hölle, die das bösartige Individuum bestraft, gibt es nicht mehr. Fortan ist die Hölle auf Erden angesiedelt, und zwar in Form des modernen Bewußtseins.« (Georges Minois)

Der Autor

Georges Minois, geboren 1946, Absolvent der École Normale Supérieure, lehrt Geschichte in Saint-Brieuc. Er gilt als einer der führenden französischen Experten für Religions- und Sozialgeschichte des Mittelalters und der Neuzeit. In zahlreichen Publikationen hat er die Beziehung zwischen Religion/Kirche und Gesellschaft untersucht.

Die materialisierte Fiktion: *Der Höllenschlund im heiligen Wald von Bomarzo des Vicino Orsini (ca. 1570).*

Georges Minois

Die Hölle

Zur Geschichte einer Fiktion

Aus dem Französischen
von Sigrid Kester

Deutscher Taschenbuch Verlag

Februar 1996
Deutscher Taschenbuch Verlag GmbH & Co. KG,
München
© 1991 Fayard, Paris
Titel der französischen Originalausgabe:
›Histoire des enfers‹
© 1994 der deutschsprachigen Ausgabe:
Eugen Diederichs Verlag, München (ISBN 3-424-01198-3)
Umschlaggestaltung: Dieter Brumshagen
Umschlagbild: ›Das Weltgericht‹ von Hieronymus Bosch
(© Archiv für Kunst und Geschichte, Berlin)
Satz: Uhl + Massopust, Aalen
Druck und Bindung: C. H. Beck'sche Buchdruckerei, Nördlingen
Printed in Germany · ISBN 3-423-04679-1

Inhalt

Einleitung 13

I Der Ursprung der Hölle: die Hölle für alle 15

   Die Hölle für alle: Mesopotamien 17
   Die sofortige Vergeltung und der Scheol
   der alten Hebräer 25
   Vom wedischen Indien zu den Etruskern 28
   Die finstere Hölle Homers 29
   Das germanische Totenreich Hel und die Hölle der
   Schamanen 34
   Schwarzafrika und das präkolumbische Amerika . . 39

II Die ersten Höllen für Verdammte und ihre zeitliche
    Begrenztheit 43

   Die Hölle der Ägypter: Vernichtung der Verdammten 43
   Der Iran: die letztendliche Zerstörung der Hölle . . . 50
   Indien: die periodische und alternative Hölle 54
   Griechenland und Rom: Reflexionen über die Hölle . 58
   Platon, der Vater der philosophischen Hölle 63
   Vergil, der Vater der volkstümlichen Hölle 68

III Die Ungewißheiten der jüdisch-christlichen Hölle
     bis zum 1. Jahrhundert 73

   Der historische Rückstand der hebräischen Hölle im
   6. Jahrhundert v. u. Z. 73
   Die ersten Betrachtungen über die göttliche
   Gerechtigkeit: Hiob, Joel 77

INHALT

*Der griechische Einfluß: Kohelet und Ecclesiasticus
(3. Jahrhundert v. u. Z.)* 80
Daniel und die Apokalypse (2. Jahrhundert v. u. Z.) 82
*Fortdauer der herkömmlichen Hölle: die Makkabäer
und das Buch der Weisheit (1. Jahrhundert v. u. Z.)* 84
*Die Ungewißheiten der jüdisch-christlichen Welt
(1. Jahrhundert)* 86
Die Hölle in den Evangelien 91

IV Die Hölle im Volksglauben vom 1. bis zum
3. Jahrhundert 97

Talmudische und rabbinische Höllen 98
*Gnostiker und Manichäer: Das Leben auf Erden ist
die Hölle* 102
Die ersten Beschreibungen der christlichen Hölle .. 105
Christi Niederfahrt zur Hölle 109
Die Hölle der Apologeten 116

V Die Systematisierung der Höllendoktrin durch die
Kirchenväter (3.–5. Jahrhundert) 123

Die Bedeutung der volkstümlichen Hölle 123
*Die allegorische und provisorische Hölle:
der Origenismus* 126
*Die realistische, ewige Hölle: die rigoristische
Strömung* 135
*Zugeständnisse an die volkstümliche Hölle:
Johannes Chrysostomos* 139
Die augustinische Hölle 143

VI Die Hölle im Zeitalter der Barbaren
(6.–10. Jahrhundert) 151

Die »barbarische« Hölle 153
Inflation der Höllenvisionen: Beda Venerabilis ... 156

	Die Hölle als Mittel der Politik	164
	Die hohe Zeit der volkstümlichen Hölle	168
	Die gregorianische Hölle: ein Kanon	170
	Das Anwachsen der Angst vor der Hölle	176
VII	Eine Spielart der volkstümlichen Hölle: die Hölle des Islam	183
	Stärke und Schwäche der islamischen Hölle	183
	Die Prüfung der Gräber	185
	Das Jüngste Gericht: Sündenregister, Waage und Brücke	187
	Gerechtigkeit und Barmherzigkeit Allahs	190
	Die Qualen der Hölle	192
	Eine unvollständige Hölle	195
VIII	Die Hölle wird zur Selbstverständlichkeit (11.–13. Jahrhundert)	197
	Die Skepsis ist nicht ausgemerzt	197
	Die Prediger der Angst und die Selbstverständlichkeit der Hölle	200
	Banalisierung der Hölle durch Visionen	205
	Die Vision des Tungdal und das Fegefeuer des heiligen Patrick	207
	Die Vision Dantes: eine Synthese aus volkstümlicher und theologischer Hölle	211
	Die angepaßten Qualen bei Dante	215
	Die Verdammten: symbolische Figuren	219
	Die neue Sündeneinstufung Dantes	221
IX	Theologie und Doktrin der scholastischen Hölle (11.–13. Jahrhundert)	225
	Weltliche und göttliche Rechtsprechung	225
	Die Sünden, die zur Hölle führen	229

*Entstehung des Fegefeuers und Einbeziehung des
Jenseits in den kommerziellen Kreislauf* 232
Die Diskussion über den Ort der Hölle 237
Die theologische Hölle: Albertus Magnus 241
Thomas von Aquin: die rationale Hölle 243
Strenge und Einfachheit der dogmatischen Hölle . . 251

X Die Hölle greift auf die Erde über
(14.–16. Jahrhundert) 255

Höllische Zeiten 255
Gewöhnung und Abwertung 260
Die Impertinenzen der literarischen Hölle 262
*Die Hölle der Künstler: vom Stereotypen
zur Verklärung* 267
Die undurchsichtige Hölle der Mystiker 275
*Der Gedanke von der Hölle als geistliche Übung:
Ignatius von Loyola, Franz von Sales,
Theresa von Avila* 278

XI Die ins Jenseits zurückgedrängte Hölle: das logische
Schreckgespenst im Dienste der kirchlichen Reformen
(17.–18. Jahrhundert) 285

Die neue Hölle 285
*Eine bekannte und definierte Welt: die Hölle als
logische Notwendigkeit* 288
Die Hölle als praktische Notwendigkeit 289
Eine auf jedes Publikum zugeschnittene Angst . . . 295
Die Bedeutung 298
*Die Instrumentalisierung der Hölle durch die innere
Mission* 300
Die klassische und aristokratische Hölle 304
Protestantische Höllen 310

XII	Die Hölle als Straflager der Christenheit: die übervölkerte Hölle vom 16. bis zum 18. Jahrhundert	317
	Die großen Entdeckungen: Die Hölle wird größer	318
	Die übervölkerte Hölle	323
	Die kleine Zahl der Erwählten	328
	Gericht und Hölle als zunehmend juristische Kategorien	333
	Die Angst nimmt ab	339
XIII	Infragestellung und Niedergang der Hölle (17.–18. Jahrhundert)	345
	Die Ewigkeit der Strafe und die kleine Zahl der Erwählten in der Kritik des 17. Jahrhunderts	346
	Die Angriffe Bayles	350
	Leibniz verteidigt die Hölle	353
	Die Philosophen und die Hölle	357
	Die Hölle des Jean-Jacques Rousseau	361
	Der Tod der intellektuellen Hölle	365
	Das Weiterbestehen der herkömmlichen Hölle als Garant der gesellschaftlichen Ordnung	367
XIV	Rückzugsgefechte der Hölle im 19. Jahrhundert	373
	Der Pfarrer von Ars: ein »höllischer« Heiliger	374
	Eine Flut von Höllentraktaten	376
	Die neuen Höllen in Dichtung, Kunst und Philosophie	379
XV	Das Jahrhundert der Höllen	389
	Rückzugsgefechte	389
	Die Verschwörung des Schweigens	393
	Die theologische Hölle im Wiederaufbau	396

*Der Zusammenbruch des Glaubens an die
christliche Hölle* 398
Die heutigen Höllen 403
Die alltägliche Hölle 410
Paradies und Hölle: eine Einheit? 412

Zusammenfassung 415

Personenregister 424

Bildnachweis 429

Für Jean-Pierre.

*Und wär ich etwas anders als ich bin,
So wünscht ich, er zu sein.*
                    Shakespeare, Coriolan, I,1.

*[...] Wer trüge Lasten,
Und stöhnt' und schwitzte unter Lebensmüh'?
Nur daß die Furcht vor etwas nach dem Tod –
Das unentdeckte Land, von des Bezirk
kein Wandrer wiederkehrt – den Willen irrt,
Daß wir die Übel, die wir haben, lieber
Ertragen, als zu unbekannten fliehn.*
                    Shakespeare, Hamlet, III,1.

Einleitung

Die Hölle hat Generationen von Gläubigen in Angst und Schrecken versetzt. Sie ist einer der ältesten Alpträume der Menschheit, bedingt durch die Furcht vor dem Unbekannten, das uns am Ende unseres Lebens erwartet, ». . . die Furcht vor etwas nach dem Tod – das unentdeckte Land, von des Bezirk kein Wandrer wiederkehrt, . . . daß wir die Übel, die wir haben, lieber ertragen als zu unbekannten fliehn«, wie Shakespeare in seinem berühmten Hamlet-Monolog schreibt.

Die Idee von der Hölle ist weitaus älter als das Christentum und hat auch dessen Niedergang überlebt, denn der Glaube an eine Hölle ist allgemeinmenschlich. Er ist unzerstörbar, hat, wie die lernäische Hydra, gewissermaßen mehrere Köpfe und ersteht immer wieder aufs neue. Vom Gilgamesch-Epos der Sumerer bis hin zu Jean-Paul Sartres *Huis clos* (»Die Hölle, das sind die anderen«) hat der Mensch unablässig versucht, sich diesen Ort der Schrecken und die Qualen vorzustellen, die man dort erdulden muß. Helden, Dichter, visionäre Mönche sind immer wieder in die Hölle hinabgestiegen und haben von dort grauenhafte Schilderungen mitgebracht, die sich jedoch voneinander unterscheiden, denn sie spiegeln jeweils die für die einzelnen Epochen typischen Ängste und Wahnvorstellungen sowie die herrschende Auffassung vom Bösen wider.

Die Hölle existiert in allen Zivilisationen, aber sie entwickelt sich auch mit jeder einzelnen von ihnen weiter. Die Geschichte dieser so entstandenen Variationen wollen wir hier nachzeichnen und zeigen, daß sie die kollektiven Ängste innerhalb der einzelnen Gesellschaften widerspiegeln, da sie immer versuchen, auf das Grundproblem des moralisch Bösen eine Antwort zu finden. Die christliche Hölle nimmt dabei eine zentrale Stellung ein, denn sie war das dauerhafteste, am besten durchdachte und vollständigste System von allen, der Höhepunkt einer Idee, die viel älter ist als das Christentum selbst und die sich auch in unserer säkularisierten Welt weiterentwickeln wird.

Dieses Buch wäre undenkbar ohne den Rückgriff auf die bemerkenswerten Forschungsarbeiten, die in letzter Zeit zum Thema »Jenseitsvorstellungen« veröffentlicht worden sind. Besonders erwähnt sei hier *La face cachée du temps. L'imaginaire de l'au-delà* von Michel Hulin (Fayard 1985), ein Werk von großem Quellenreichtum und außerordentlich tiefgreifenden Erkenntnissen. Jacques Le Goff ist in seinem aufsehenerregenden Buch *Die Geburt des Fegefeuers* (dtv Klett-Cotta 1990) der Entstehung des Purgatoriums nachgegangen und Jean Delumeau hat sich im Anschluß an seine umfangreiche Untersuchung über die Angst vor der Hölle *Le péché et la peur* (Fayard 1983) an die Erforschung der Geschichte des Paradieses gemacht.

Die Dantes unserer Zeit haben nicht mehr Vergil zum Führer, es sind akademisch geschulte, gewissenhafte Besucher, die sich von Klio leiten lassen. Und so steigen auch wir hinab in die Hölle, um die Geschichte dieses Orts des Schreckens mit seinen vielen Facetten zu erforschen. Wir erleben, wie er vor fünftausend Jahren als böser Traum im Kollektivbewußtsein auftauchte, allmählich festere Konturen gewann und in den einzelnen Religionen verschiedene Gestalten annahm. Heute erscheint er wieder, heimtückisch, auf der Erde, wo er sich im zeitgenössischen Denken zur Realität verdichtet. Die Hölle ist der Spiegel unseres schlechten Gewissens, unserer Schuldgefühle, des Bösen in seiner Allgegenwart. Die Hölle läßt uns nicht los, sie haftet uns an wie eine Chamäleonhaut, deren Farbe sich den Ängsten der Zeit jeweils anpaßt.

I
Der Ursprung der Hölle: die Hölle für alle

Die Entstehung der Hölle läßt sich nicht festlegen, sie ist gewissermaßen so alt wie die Welt selbst oder – besser gesagt – so alt wie das Böse. Denn nachdem der Mensch lange Zeit seine Erfahrungen mit dem Bösen gemacht hat, erfindet oder entdeckt er – je nachdem, wie man es sehen will –, daß die moralische Verfehlung geahndet werden muß.

In ihrer weitesten Bedeutung ist die Hölle ein Zustand der Qual, den ein Wesen erdulden muß als Folge einer moralischen Verfehlung, deren es sich schuldig gemacht hat. Diese Ahndung unterscheidet sich von den Strafarten, welche die menschliche Rechtsprechung vorsieht. Sie wird von übernatürlichen Mächten vorgenommen oder vom vergeltenden Geschick. Meistens erfährt der Mensch die Strafe nach dem Tod, und ihre Dauer ist immer beträchtlich, manchmal sogar ewig.

Die Vorstellung von einer Hölle dürfte nicht sehr früh aufgekommen sein, weil sie schon recht ausgeklügelte Begriffe erfordert: die Unsterblichkeit der Seele oder das Fortleben eines Doppelgängers einerseits und zumindest die Ansätze eines Sittenkodexes andererseits oder wenigstens das Bestehen von Verboten, deren Überschreitung eine Verdammung rechtfertigen könnte. Die vorgeschichtliche Zeit hat diesbezüglich kaum Hinweise hinterlassen. Es darf als bestätigt gelten, daß es um 50 000 v. u. Z. schon üblich war, die Toten zu begraben, dafür gibt es Beweise an zahlreichen Orten. Aber welche Riten und welcher Glaube gehörten dazu? Wenn es ein Weiterleben gibt – und dies wahrscheinlich in Gestalt eines materiellen Doppelgängers –, wo findet dieses statt?

Über ein mögliches prähistorisches Jenseits gibt es nur sehr unsichere Hypothesen. Manche vertreten die Ansicht, daß für den Cro-Magnon-Menschen die geheimnisvollen, dunklen Höhlen so etwas wie eine Hölle waren. Wie dem auch sei, sicher machte man an diesen Aufenthaltsorten der Toten, die möglicherweise einer

Wiedergeburt vorangingen, keinen Unterschied zwischen Guten und Schlechten.[1] Bei moralischen Verfehlungen konnte es sich in dieser Zeit kaum um etwas anderes handeln als um Nichtbeachtung bestimmter Bräuche und Tabus oder um verbotene Handlungen. Daß das Begehen dieser »Sünden« einen zweiten Tod oder eine Bestrafung nach dem Tod zur Folge gehabt haben soll, ist recht unwahrscheinlich.

Die ersten Höllenvorstellungen, von denen wir wissen, sind auch tatsächlich bar jeglicher Idee von Vergeltung oder Strafe. Überall ist die Hölle nur der Aufenthaltsort der Toten – aller Toten – ohne jede Ausnahme. Wenn sie auch nicht überall gleich gestaltet ist, so herrscht doch immer eine beängstigende Atmosphäre, denn der Mensch fürchtet das Jenseits instinktiv. So stellt er sich also zunächst eine Hölle und nicht etwa ein Paradies vor. Sie ist ein Abbild seines Erdenlebens, eine Art Traum, bei dem alles fehlt, was das Leben schön macht, ein Schattenreich, in dem Phantome freudlos umherirren. Es wird niemand gequält, und doch sind diese Orte unheilvoll.

Es ist nur natürlich, daß die Neugierde den Menschen schon früh dazu treibt, seinen künftigen Aufenthaltsort zu besuchen. Schon unter den ältesten religiösen Texten der Welt befinden sich »Höllenfahrten«, die sich im Laufe der Zeit zu einem der beliebtesten Themen entwickeln sollten. Dieser Ort, von dem noch keiner zurückgekehrt ist, wird zum Gegenstand zahlreicher detaillierter Beschreibungen, die Zeugnis von der Urangst geben, die der Mensch vor dem Unbekannten im Jenseits empfindet. Im Laufe der Jahrhunderte werden unzählige Besucher der Hölle – Götter, Helden, Sagengestalten oder einfache Sterbliche, die wissen wollen, welches Geschick die Bösen ereilt, wie Gilgamesch, Odysseus, Vergil, Dante und viele andere – den Inhalt ihrer Träume von der Hölle erzählen und dabei die Phantasie der Menschen mit oft grauenhaften Vorstellungen nähren, die aber immer noch der unerträglichen Ungewißheit vorzuziehen sind.

Es ist so gut wie unmöglich, die ersten Höllenfahrten, die in den verschiedenen Zivilisationen auftauchen, sobald sie auf dem Gebiet

---

1 Vgl. Jakob Ozols, »Über die Jenseitsvorstellungen des vorgeschichtlichen Menschen«, in: Hans-Joachim Klimkeit (Hrsg.), *Tod und Jenseits im Glauben der Völker*, Wiesbaden (Harrassowitz) 1978, S. 14–39.

Löwenhäuptige Dämonen greifen einen Todgeweihten an (Mesopotamien).

der Moral oder bezüglich des Glaubens an ein Weiterleben der Seele oder des Doppelgängers eine gewisse Reife erreicht haben, zeitlich einzuordnen. Die verschiedenen Höllen, die die einzelnen Reisen offenbaren, spiegeln die Kultur der Lebenden wider und weisen zum Teil recht eigenwillige Züge auf. Frappierender jedoch als diese Besonderheiten sind wohl die Ähnlichkeiten, die man dabei entdeckt und die es ermöglichen, die urzeitliche Vorstellung von der Hölle annähernd darzustellen.

Die Hölle für alle: Mesopotamien

Die ersten bekannten Höllenfahrten stammen aus dem Vorderen Orient um das Jahr 2000 v. u. Z. . Die berühmteste Reise, die des Enkidu, stammt aus den akkadischen Mythen und hat in den sumerischen Mythen viele Entsprechungen. Fragmente davon wurden auch in den hittitischen Städten Kleinasiens aufgefunden und stammen aus der Mitte des 2. Jahrtausends, was die Verbreitung und Beliebtheit dieser Erzählung beweist.

Nach dem Tod Enkidus, Freund und Diener Gilgameschs, läßt der Held ein Loch in die Erde graben, damit der Geist Enkidus heraufsteigen kann. Gilgamesch fragt ihn, was er unter der Erde, in der Hölle gesehen hat. Es ist ein ergreifender Dialog, archaisch und nüchtern, bei dem Enkidu sich sehr zurückhaltend zeigt. Sichtlich ist das, was er gesehen hat, wenig erfreulich, und er zögert, dem Freund davon zu berichten:

Sage mir, mein Freund, sage mir, mein Freund, Sage mir die Ordnung (unter) der Erde, die du schautest!

Ich sag sie dir nicht, mein Freund, ich sag sie dir nicht! Sag ich dir die Ordnung der Erde, die ich schaute – Du müßtest dich setzen und weinen!

So will ich mich setzen und weinen!

Freund, meinen Leib, den du frohen Herzens berührtest, frißt Ungeziefer wie ein altes Gewand!

[...]

Ist wie eine Erdspalte voll Erdstaub.

Gilgamesch erkundigt sich nun nach dem Geschick bestimmter Personen. Trotz der vielen Lücken, die der Text aufweist, kommt das Wesentliche der Antworten klar zum Ausdruck:

Der durch einen Schiffspfahl erschlagen wurde, sahst du ihn? – Ja, ich sah:

Kaum daß er nach seiner Mutter rief, durch Herausziehen des Pflocks...

Der einen sehr frühen Tod starb, sahst du ihn? – Ja, ich sah:

An nächtlicher Schlafstatt ruht er, reines Wasser trinkend. – Der getötet ist in der Schlacht, sahst du den?

Ja, ich sah: Sein Vater und seine Mutter halten sein
Haupt, sein Weib weint über ihn. –

Dessen Leichnam man in die Steppe warf, sahst du den?

Ja, ich sah: Sein Geist ist ruhelos auf der Erde.

– Dessen Geist keinen Pfleger hat, sahst du den?

– Ja, ich sah: Ausgewischtes aus dem Topf, auf die Straße geworfene Bissen muß er essen.[2]

Alle diese Toten, deren Ergehen im Jenseits wenig beneidenswert ist, hatten kein glückliches Los auf Erden, sie wurden nicht beerdigt, keiner gedenkt ihrer. Alles in allem sind die Umstände im Jenseits an das Geschick des Körpers auf Erden gebunden, die Bindung aber hat nichts mit Moral zu tun. Diese glücklosen Geister, diese Ausgestoßenen, *Edimmus* genannt, sie sind der Prototyp des Verdammten und haben schon auf Erden gelitten. Es sind Verunglückte, Ertrunkene, im Kindbett gestorbene Frauen, heiratsfähige Mädchen, die als Jungfrau, als Prostituierte, an Krankheit gestorben sind, Menschen, die keine Nachkommen haben, die sich um ihr Grab kümmern könnten. Nach ihrem Tod müssen sie ihren Gram immer neu erfahren. Durch ihr Geschick verbittert und frustriert, werden sie bösartig und beginnen, ihre Gefährten zu quälen, aber auch die Lebenden, denen sie das Leben durch ständige Besuche verleiden.[3] Gilgamesch selbst wird eines Tages von einer Gruppe von *Edimmus* angegriffen und kann sich ihnen nur durch Flucht entziehen.

Das Leben in der Hölle ist einfach nur die Fortsetzung des Erdenlebens, eine Kompensation ist nicht vorgesehen, und es sind immer die gleichen, die leiden. Andererseits rächen sie sich an den anderen, deren Los auch nicht beneidenswert ist: Sie irren in Finsternis und Staub umher. Quälgeister gibt es nicht. Die verschiedenen Höllen wachen zwar darüber, daß keiner entrinnt, aber Qualen zu erfinden, ist nicht notwendig, denn diese »Verdammten« werden von ihren Ressentiments zerfressen und zerfetzen sich gegenseitig, sie sind ihre eigenen Folterknechte.

Das Böse und das Leiden gehören jedoch zusammen, so ist es auf Erden. Die Welt der Babylonier, Erben von Sumer und Akkad, kennt schon gehobene moralische Anforderungen, wie die Gesetzbücher zeigen, die während der ersten Jahrhunderte des zweiten Jahrtausends ausgearbeitet wurden und zu denen auch die berühmten Gesetze des Hamurabi gehören (um 1750 v. u. Z.). Diese Ge-

---

[2] *Das Gilgamesch-Epos*, Zwölfte Tafel, 87–96 u. 144–154.
[3] P. Dhorme, »Le séjour des morts chez les Babyloniens et les Hébreux«, in: *Revue biblique*, 1907, S. 59–78.

setze, die die bestehende Sozialordnung regeln, sehen für jedes Delikt eine ganz bestimmte Strafe vor, die streng und der Schwere des Vergehens angemessen ist. Es wird darin der Wille kundgetan, »im Lande Recht walten zu lassen, den Bösen und Abartigen zu vernichten und zu verhindern, daß der Starke den Schwachen unterdrückt«.[4] Recht und Moral sind eng verbunden, da die Götter darüber wachen, daß die Zuwiderhandelnden ihre Strafe erhalten.

Die moralischen Anforderungen entsprechen den sozialen Verpflichtungen, die sie widerspiegeln. Sie setzen voraus, daß die Götter, wie es der König tut, die Schuldigen bestrafen. Und wie bei der königlichen Rechtsprechung erfolgt die Bestrafung sofort und hier auf Erden. Sie wird ersichtlich in verschiedenen Arten von Heimsuchungen wie Unfälle, Krankheiten, Armut und Unfruchtbarkeit. Es ist eine sofort greifende Gerechtigkeit, deren Auswirkungen bis ins Jenseits zu spüren sind, da sich die Unbilden dieses Lebens nach dem Tod fortsetzen. Durch aufgefundene magische Täfelchen wissen wir, daß die Menschen, die dieses oder jenes Unglück befallen hatte, zu den Priestern gingen, um den Grund ihrer Strafe zu erfahren und davon befreit zu werden. Der Priester befragte den »bußfertigen Sünder« im Rahmen einer regelrechten Beichte: »Hat er den Sohn vom Vater getrennt? Hat er den Vater vom Sohn getrennt? Hat er die Tochter von der Mutter getrennt? Hat er die Mutter von der Tochter getrennt? Hat er die Schwiegertochter von der Schwiegermutter getrennt? Hat er die Schwiegermutter von der Schwiegertochter getrennt? Hat er den Bruder vom Bruder getrennt? Hat er den Freund vom Freunde getrennt? Hat er den Gefährten vom Gefährten getrennt?«

Und für die Unterlassungssünden: »Hat er verabsäumt, den Gefangenen zu befreien, den zu entbinden, der gebunden ist? Hat er bezüglich des Gefangenen gesagt: ›Greift ihn!‹ Bezüglich des Gebundenen: ›Fesselt ihn!‹? Hat er einen Vorfahr beleidigt, seinen älteren Bruder gehaßt? Hat er Vater oder Mutter verachtet? Hat er bei einer geringen Sache Zugeständnisse gemacht, aber nicht bei einer großen? Hat er unklare Worte gesprochen? Hat er aufrührerische Worte, beleidigende Worte gesprochen? Hat er ein falsches

---

4 Siehe Kodexkommentar in P. Garelli, *Le Proche Orient Asiatique des origines aux invasions des peuples de la mer*, Paris (PUF) 1969, S. 130 ff.

Gewicht benutzt? Hat er ungesetzliches Geld angenommen, gesetzliches Geld zurückgewiesen? Hat er den Grenzstein versetzt? [...] Ist er in das Haus seines Nächsten eingedrungen? Hat er sich die Frau seines Nächsten zu eigen genommen? Hat er das Blut seines Nächsten vergossen? Hat er seinem Nächsten die Kleidung genommen? Hat er dem freien Menschen nicht in seiner Not geholfen? Hat er einen guten Menschen aus seiner Familie verjagt? Hat er eine zusammenlebende Familie zerstreut? Hat er sich gegen eine Obrigkeit aufgelehnt? Hat sein Mund Wahres gesprochen, während sein Herz falsch war? [...] Hat er dem Bösen Folge geleistet? Hat er die Grenzen des Rechts überschritten? Hat er Unschönes getan?[5]

Wer diese Sünden begangen hat, wird in diesem Leben bestraft. »Ich bin ein Sünder und deshalb bin ich krank«, sagt ein babylonisches Lied. Der Priester versucht, die Vergebung dieser Verfehlungen zu erlangen. Gelingt es ihm nicht, wird der Unglückliche auch im Jenseits leiden, wo er ein *Edimmu* wird. Alles entscheidet sich also auf Erden, und dies ist das Wesentliche. Die Hölle beginnt gewissermaßen in diesem Leben; die Lebenden können sogar die Toten durch die Behandlung der Grabstätte bestrafen, wovon die Eroberer auch systematisch Gebrauch machen, indem sie die Gräber und die Leiber der Toten in den besiegten Städten zerstören.

Andere sumerische und akkadische Texte zeigen, daß das Leben in der Hölle keineswegs angenehm ist, ob man nun ein guter oder ein schlechter Mensch war. Der Text vom Niederstieg der Inanna in die Höllenwelt stammt aus der ersten Hälfte des zweiten Jahrtausends. Die Himmelskönigin Inanna besucht die Hölle, wo ihre Schwester Ereschkigal herrscht. Um dorthin zu gelangen, muß sie sieben Pforten durchschreiten, und an jeder nimmt ihr ein Wächter ein Kleidungsstück oder ein Schmuckstück weg, so daß sie am Ende ihrer Reise völlig entblößt ist. Manche sehen in dieser Entblößung ein Symbol für die Nacktheit der Seele, die völlig durchsichtig vor den Göttern erscheint. Dieser Mythos wird von den Akkadern übernommen, die viele Einzelheiten hinzufügen. Inanna heißt bei ihnen hinfort Ischtar:

---

5 R. P. Sertillanges, *Le Problème du Mal*, Bd. 1, Paris (Aubier) 1948, S. 22.

> Zum Land ohne Wiederkehr, dem Reich der Ereschkigal,
> Lenkte Ischtar, Tochter des Sin, ihre Gedanken [...]
> Hin zum dunklen Haus, der Wohnstatt von Irkalla [...]
> Hin zur Straße, auf der's kein Zurück gibt
> Hin zum Hause, dessen Bewohner des Lichtes beraubt,
> Wo Staub ihr Gesetz und Lehm ihre Nahrung,
> Wo kein Licht sie sehen, sie in Finsternis wohnen,
> Wo sie, wie Vögel gekleidet,
> Nur mit Flügeln gewandet sind
> Und wo Tor und Riegel von Staub bedeckt.[6]

Finsternis und Staub, sie charakterisieren die Hölle in Mesopotamien, in der geflügelte Geister herumfliegen, die sich von Schlamm nähren. Es gibt keine Hoffnung auf ein Entfliehen, denn die Hölle ist von sieben Mauern umschlossen, und die Tore sind verriegelt, genau wie bei den babylonischen Befestigungen jener Zeit. Ischtar, die die Hölle durch das Eingreifen ihres Vaters verlassen konnte, mußte jemanden als Ersatz schicken, in diesem Falle ihren Mann. Ereschkigal, die Herrin der Hölle, läßt ihre Beute nicht aus. Sie läßt die »sechzig Nöte« über Ischtar kommen, die jeden Teil des Körpers befallen. Sind alle Geister diesen Leiden unterworfen oder trifft dies nur die Göttin allein? Eine Antwort ist schwierig. Sicher ist, daß die Bewohner der Hölle keine sexuellen Aktivitäten mehr haben. »Der Mann schläft in seinem Zimmer, die Frau in dem ihren«, sagt der Text. Um zur Hölle zu gelangen, zum *Arallu*, muß man eine lange Reise antreten in Richtung der sinkenden Sonne, hinweg über eine Wüste und einen großen schwarzen See. Das Thema der Reise findet sich in allen frühen Höllendarstellungen, wobei die jeweiligen Hindernisse den geographischen Gegebenheiten des Landes entsprechen: hier Mesopotamien, das von Wüstengebieten umgeben ist.

Die Assyrer, die ebenfalls die alten Mythen von der Hölle übernommen haben, gestalten sie wilder und furchterregender. Eine Tafel von Aschur aus der Mitte des 8. Jahrhunderts erzählt die Vision des assyrischen Fürsten Kummâ. Ihm enthüllt sich das finstere Reich Ereschkigals und ihres Gatten Nergal. Es ist ein

---

[6] Übers. nach *Ancient Near Eastern Texts Relating to the Old Testament*, hrsg. v. J. B. Pritchard, Princeton University Press 1955, S. 105.

Reich, das von monströsen Göttern bevölkert ist, halb Mensch, halb Tier. Nedu, der Wächter, hat einen Löwenkopf, Vogelkrallen und Menschenhände. Mamitu hat einen Ziegenkopf und menschliche Füße und Hände.

Aus der Vision Kummâs erfahren wir: »Der ›Verteidiger des Bösen‹ hatte einen Vogelkopf, er hatte Menschenfüße und Menschenhände, mit ausgebreiteten Schwingen flog er hin und her. Der Schiffer der Unterwelt hatte einen Vogelkopf, vier Hände und vier Füße. [...] Ein Mann hatte einen pechschwarzen Körper und einen Vogelkopf. Er trug einen roten Mantel, in der linken Hand trug er einen Bogen, in der rechten ein Schwert. Mit dem linken Fuß trat er auf eine Schlange.« Weiter erzählt Kummâ, wie ihn der Gott der Hölle entdeckt: »Die Hölle war voller Schrecken, vor dem Fürsten stand alles starr. Er brüllte mich wütend an und sein Schrei war wie ein heulender Sturm. Sein Szepter, Zeichen seiner göttlichen Macht, glich einer schauderhaften Schlange. Er schwang es, um mich zu töten.«[7]

Diese Verschlechterung der Höllenvision ist wahrscheinlich auf die Grausamkeit der assyrischen Soldaten zurückzuführen. Die königlichen Aufzeichnungen bergen zahllose Foltermethoden, die der Herrscher bei den Besiegten anwendete: Glieder werden abgehackt, Augen ausgestochen, es wird gehäutet und gepfählt. All diese Grausamkeiten spiegeln sich in der Hölle wider. Genau wie in der Welt der Lebenden greift immer mehr das Entsetzen um sich, zumal die Könige sich immer häufiger an den Toten vergreifen, um ihnen ihre »Existenz« qualvoller zu machen, wenn nicht gar ihre völlige Vernichtung, ihren zweiten Tod zu erwirken. Assurbanipal proklamiert im Jahr 646, nach der Einnahme von Susa, auf einer Inschrift: »Die Gräber ihrer ehemaligen und heutigen Könige, die Ischtar nicht verehrten und die meine königlichen Väter beunruhigt haben, ich habe sie verwüstet, ich habe sie zerstört. Ihre Gebeine werde ich in der Sonne bleichen und sie dann nach Assyrien mitnehmen. Indem ich ihren Geistern die Ruhe im Grabe und die Opfergaben nahm, habe ich erreicht, daß sie niemals in Frieden

---

7 Ebenda, S. 109f.

ruhen werden.«[8] In der Hölle scheint indessen immer noch nichts die Guten von den Bösen zu unterscheiden. Der Böse wird auf Erden durch materielles Unglück und Krankheit bestraft und sein zukünftiges Los ist nur die logische Folge dieser Widrigkeiten.

In Mesopotamien erscheinen allerdings die ersten Anzeichen eines Abrückens von der sofortigen Vergeltung. Ist der Gerechte wirklich glücklicher in diesem Leben als der Böse? Ein *Dialog zwischen Herr und Diener* zeigt sich in dieser Beziehung recht skeptisch: »Steig hinauf und durchstreife die antiken Wohngebiete. Betrachte die Schädel von früher und ehemals. Welcher ist der Gerechte und welcher der Böse?«[9]

Der »Dialog über das menschliche Elend« bringt zum Ausdruck, daß der Erfolg eher dem Bösen winkt: »Die Menge lobt die Worte des hochgestellten Mannes, der vieler Verbrechen schuldig, und verachtet den Einfachen, auch wenn er nichts Böses getan. Der Bösewicht wird gerechtfertigt und der Gute verfolgt. Der Gauner erhält das Gold, während der Schutzlose leer ausgeht. Die Macht des Bösewichts wird noch gestärkt, der Schwache aber wird dem Elend preisgeben, der Sieche wird zugrunde gerichtet.[10] Bei einem Vorläufer des Hiob gibt es einen Text, der von einem Gerechten berichtet, der vom Unglück verfolgt war, schließlich jedoch vom Gott Marduk gerettet wurde.[11] Trotz dieser späteren Texte, die ein Nachdenken über das Böse und dessen Bestrafung ankündigen, bleiben die mesopotamischen Zivilisationen, von Sumer bis Assyrien, aufs Ganze gesehen der Vorstellung von einer Hölle treu, die für alle beunruhigend ist, bei der jedoch den Unbilden des Erdenlebens kein Gericht und keine Qualen folgen.

---

8 Erwähnt von E. Cassin in »La mort: valeur et représentation en Mésopotamie ancienne«, in: *La Mort, les morts dans les sociétés anciennes*, Paris (Vernant et Gnoli) 1982, S. 362.
9 *Ancient Near Eastern Texts...*, a.a.O., S. 438.
10 Ebenda, S. 440.
11 Ebenda, S. 434.

Die sofortige Vergeltung und der Scheol der alten Hebräer

Diese Art von Hölle findet sich mit kleinen Unterschieden bei den verschiedensten Völkern, meistens bei Halbnomaden, damit zwischen Lebenden und Toten die Verbindung nicht völlig abgerissen wird. Dies trifft auch auf die Hebräer bis zum 2. Jahrhundert zu. Nachdem die Arbeit der Exegese es ermöglicht hat, die chronologische Folge der biblischen Schriften herzustellen, zeigt sich, daß die Hebräer jahrhundertelang nur eine sehr vage Vorstellung vom Jenseits hatten, die auf eine schemenhafte Existenz der »Seelen« an einem finsteren Ort hinausläuft. »Nirgends ist bei den Hebräern die Rede von einer Hölle, in der für das Erdenleben abgerechnet wird. Dieser Gedanke erscheint erst sehr viel später, während der hellenistischen Ära, wahrscheinlich unter persischem Einfluß.«[12]

Die zahlreichen Anspielungen auf die Hölle im Alten Testament ermöglichen es, trotz einiger Inkohärenzen, sich eine Vorstellung vom Scheol zu machen. Es handelt sich um einen Ort »in den Tiefen der Erde« (Psalm 63,10). Will man sich dorthin begeben, muß man hinabsteigen: »Ich werde zu meinem Sohn ins Totenreich hinabsteigen«, sagt Jakob (Genesis, 37,35).

Es handelt sich also um ein großes Loch, das, je nach Text, aussieht wie ein Schacht, ein Brunnen, eine Schlucht, ein Graben, eine Grube: »die Grube der Vernichtung« heißt es bei Jesaja (18,17). Wie bei den Babyloniern ist diese unterirdische Höhle durch ein solides Tor verschlossen, ein Gefängnis, aus dem es kein Entweichen gibt. Man ist gefangen wie in einem Netz, einer Falle: »Die Bande der Unterwelt schlossen mich ein, es fielen über mich die Schlingen des Todes.« (Psalm 18,6)[13]

Völlige Finsternis, absolutes Schweigen, Schlamm, Staub, Gewürm herrschen an diesem Ort. Dort geht man nicht frohen Herzens hin, wie es auch Hiob sagt:

---

12 A. Chouraqui, *La vie quotidienne des hommes de la Bible*, Paris (Hachette) 1978, S. 214.
13 Vgl. hierzu N. J. Tromp, *Primitive Conception of Death and the Other World in the Old Testament*, Rom (Biblia et Orientalia) 1969.

Sind nicht gering die Tage meines Lebens? Blick weg von mir, daß ich mich etwas freue, bevor ich fortgeh' ohne Wiederkehr ins Land des Dunkels und des Schattens, ins Land der Finsternis, da keine Ordnung, wo, wenn es leuchtet, ist's wie tiefe Nacht! (10,20-22)

In der Hölle zu wohnen, das ist meine Hoffnung, mein Lager auszubreiten in der Finsternis. Zum Grabe spreche ich »du bist mein Vater« und zum Gewürme »meine Mutter, meine Schwester!« Wo bleibt denn eine Hoffnung noch für mich? Mein Glück, wer kann es noch erspähen? Gehn sie vereint mit mir hinab in die Hölle, und sinken wir zusammen in den Staub? (17,13-16)

Und Jesaja erklärt: »Hinab in den Scheol fuhr deine Pracht. [...] Auf Moder bist du jetzt gebettet, Gewürm ist deine Decke.« (14,11) Der Psalm 144,17 sagt: »Nicht die Toten loben den Herrn, die sie alle in das Schweigen hinabfahren.«

Angesichts derart negativer und vom körperlichen Tod geprägter Jenseitsvorstellungen drängt sich die Frage auf, ob die alten Hebräer überhaupt an ein, wie auch immer geartetes, Weiterleben nach dem Tod glauben. Der Zustand des Verstorbenen ist dem Nichts äußerst nahe, wie er unbeweglich im Staube liegt, ohne jegliches Denken und Fühlen, in endgültiger Lethargie, einem ewigen Koma. Das gleiche Geschick erwartet Gute und Böse, kein Gericht, keine Bestrafung, keine Belohnung. Mit resignierender Bitterkeit stellt das Kohelet fest:

Das ist das Übel bei allem, was unter der Sonne geschieht, daß alle ein und dasselbe Geschick trifft, daß sich das Herz der Menschen mit Unheil füllt und daß man Torheiten ausdenkt – für die Lebenden in ihrem Leben und danach für die Toten. Ja, wer noch den Lebenden zugesellt ist, für den ist noch Hoffnung, ein lebender Hund ist besser als ein toter Löwe. Denn die Lebenden wissen, daß sie sterben werden; doch die Toten wissen gar nichts, auch haben sie keinen Lohn mehr. Selbst der Name, den sie sich gemacht, gerät in Vergessenheit. Ihr Lieben, ihr Hassen und auch ihr Eifern ist längst dahin. In Ewigkeit haben sie keinen Anteil mehr an dem, was unter der Sonne geschieht. (9,3-6)

Wenn der Böse bestraft wird, so geschieht es, wie bei den Babyloniern, in diesem Leben, ein sofortiges Gericht mit irdischen Strafen.

Dann jedoch »gibt es kein Tun und Planen, nicht Wissen und Weisheit im Scheol, dahin du gehst.« (Kohelet 9,10)

Zunächst ist die Bestrafung kollektiv; wenn einzelne Sünden begehen, wird das gesamte Volk bestraft. Diese irdische Hölle kann im wesentlichen vier Arten von Unbill beinhalten: Besetzung durch den Feind oder Verschleppung, Pest, Hungersnot und wilde Tiere. Im Zeitalter der Propheten, vom 8. Jahrhundert ab, wird die Auffassung von der Strafe mehr auf das Individuum bezogen, die Strafe bleibt jedoch irdisch. Das Buch Ezechiel aus dem 6. Jahrhundert v. u. Z. zeigt diese Entwicklung. Gott erklärt hier dem Menschen das System seiner Bestrafung:

Menschensohn, wenn ein Land sich wider mich versündigte, indem es Treubruch begeht, und ich meine Hand dagegen ausstreckte, ihm den Stab des Brotes zerbräche, Hungersnot in dasselbe brächte und Mensch und Vieh daraus vertilgte, und es wären diese drei Männer darin, Noah, Daniel und Hiob, so würden sie ob ihrer Gerechtigkeit ihr Leben retten. [...] Oder ich ließe wilde Tiere das Land durchstreifen und entvölkerte es, daß es zur Wüste würde, die ob der wilden Tiere niemand durchzieht, und diese drei Männer wären in seiner Mitte, so wahr ich lebe, spricht Jahwe, der Herr, weder Söhne noch Töchter sollten sie retten, sie allein sollten gerettet werden. Oder ich brächte das Schwert über dieses Land und würde sagen: »Das Schwert soll durch das Land gehen« und ich vertilgte daraus Mensch und Vieh und diese drei Männer wären darin, so wahr ich lebe, spricht Jahwe, der Herr, sie würden weder Söhne noch Töchter retten. Sie allein würden gerettet werden. Oder ich schickte über dieses Land die Pest und würde meinen Zorn darüber ausgießen mit Blut, um daraus zu vertilgen Mensch und Vieh, und Noah und Daniel und Hiob wären in seiner Mitte, so wahr ich lebe, spricht Jahwe, der Herr, weder Sohn noch Tochter sollen sie retten, sie sollen ob ihrer Gerechtigkeit ihr Leben retten. (14,13–20)

Bis hin zu den Überlegungen der ersten Bücher der Weisheit im 5. Jahrhundert v. u. Z. befindet sich die Hölle, im Sinne einer Bestrafung wegen moralischer Vergehen, für die Hebräer wie für die Babylonier auf Erden. Sie findet hingegen nicht mehr statt im Jenseits, wo Gute und Böse – anscheinend in alle Ewigkeit – im Scheol gemeinsam einem Zustand der Lethargie anheimfallen.

Was die zu ahndenden Vergehen anbelangt, so gleichen sie zu

dieser Zeit noch denen der Nachbarvölker: religiöse Vergehen, wie das Anbeten von Götzen, rituelle Vergehen wie der Bruch von Tabus bezüglich der Unreinheit, gesellschaftliche Vergehen, die im mosaischen Gesetz streng niedergelegt sind. Die harten Strafen richten sich strengstens nach dem Gesetz der Wiedervergeltung, das die Verhältnismäßigkeit zwischen Vergehen und Strafe sichert. Da das Gesetz aus dem Munde Gottes stammt und die Priester bei seiner Anwendung die Hauptrolle spielen, verwischt sich die Grenze zwischen menschlicher und göttlicher Bestrafung. Unter diesen Bedingungen ist es kaum notwendig, daß man sich im Jenseits ein erneutes Gericht und eine erneute Bestrafung erwartet. Über Jahrhunderte hinweg scheint die Kombination von sofort stattfindender göttlicher Gerechtigkeit und Strafe und menschlicher Rechtsprechung den Hebräern genügt zu haben, die keine ausgleichende Gerechtigkeit im Jenseits vorsahen.

Vom wedischen Indien zu den Etruskern

In den Urzeiten der meisten Zivilisationen finden sich Spuren der Vorstellung, daß alle Toten ausnahmslos den gleichen Aufenthaltsort haben, daß somit das Jenseits für alle gleichermaßen düster und trostlos ist, jedoch keine besondere Bestrafung der Bösen birgt. Im *Weda* der Inder, am Ende des 2. Jahrtausends v. u. Z., finden wir die Begriffe *karta* (Loch), *Wawra* (Gefängnis) oder *parshana* (Abgrund), die dem hebräischen Scheol erstaunlich ähneln. An diesem unterirdischen Ort führt der *preta* (Tote) ein schemenhaftes Dasein. Ohne Gefühl und Empfindungen irrt er umher und steigt manchmal in die Welt der Lebenden empor, um diese zu quälen. Nichts weist jedoch auf ein Gericht oder eine Trennung von Guten und Bösen hin, weder im *Rigweda* noch im *Arthawaweda*. In letzterem allerdings erscheint der Begriff *naraka* (Hölle), der sich nach und nach zur Bezeichnung für einen Ort der Qualen entwickelt, gewissermaßen als Gegengewicht zu dem Glauben an eine gewisse göttliche Verklärung derer, die am wedischen Opfer teilhaben. Es gibt zwar kein Gericht, aber die Menge der Nichterwählten hat im Reich des *yama*, des Höllenkönigs, immer weniger Aussicht auf ein späteres Leben. Diese Auffassung ist am Ende der wedischen Ära noch nicht ganz klar ausgeprägt, und es ist jedenfalls nicht möglich, von Verdammnis oder Höllenqualen als Vergeltung für moralische Verfehlungen zu sprechen.¹⁴

Bei den frühen Bewohnern Italiens findet sich die gleiche Vorstellung eines Weiterlebens ohne Bestrafung. Die äußerst spärlichen Zeugnisse über die voretruskische Zeit lassen den Schluß zu, daß die Vorstellungen über ein Weiterleben recht verschwommen sind, da dem Manenkult gehuldigt wird. Vom 8. Jahrhundert ab liefern die etruskischen Fresken etwas mehr Einzelheiten: Die Seele der Verstorbenen wird von Charun, einem geflügelten Führer von dämonischem Aussehen, zur Höllenpforte geleitet; andere Dämonen kommen hinzu, von denen einer eine Rolle mit den Lebensdaten des Verstorbenen hält, was jedoch keineswegs etwas mit einem Gericht zu tun hat. In diesen Arten von Hölle gibt es keine Folter und Qualen.¹⁵

Die finstere Hölle Homers

In der Frühzeit Griechenlands werden die Texte über die Hölle im Jenseits ergiebiger. Dichter, insbesondere Hesiod und Homer, beschreiben, wie die Hölle beschaffen ist und was dort geschieht, so daß die ihnen zugeschriebenen Texte uns eine Idee davon vermitteln, wie man sich die Hölle im Griechenland des 8. Jahrhunderts vorstellte, wobei man allerdings nicht genau unterscheiden kann, was Volksglaube, was Lehre der Priester und was dichterische Freiheit ist. Die Synthese dieser drei Elemente bietet jedoch genügend Wahrscheinlichkeit, um vom Volk akzeptiert zu werden und trägt dazu bei, die Mythen zu festigen, die sich dann weitgehend unangefochten bis ins 5. Jahrhundert tradieren.

Ein anderes Element jedoch ist dazu angetan, die Informationen, die wir aus diesen Berichten gewinnen können, zu trüben. Sowohl Hesiods *Theogonie* als auch *Ilias* und *Odyssee* berichten im wesentlichen von der Welt der Götter und Helden. Der Hades ist voll von

---

14 Vgl. A. B. Keith, *Religion and Philosophy of the Veda and Upanishad*, Cambridge 1925; E. Arbmann, *Tod und Unsterblichkeit im vedischen Glauben*, Leipzig (Archiv für Religionswissenschaft, Bd. 25) 1927; N. Brown, »The Rig-Vedic Equivalent for Hell«, in: *Journal of American Oriental Society*, 1941.
15 G. Dumezil, *La Religion romaine archaïque*, Paris (Payot) 1966, S. 656–660.

diesen sagenhaften Unsterblichen mit einem übermenschlichen Geschick, und es ist keineswegs sicher, daß sich die Griechen das Jenseits für die normalen Sterblichen ebenso vorstellten. Wie dem auch sei, der Aufenthalt im Hades wird nie als Vergnügen betrachtet.

Zahlreich sind hier die Besucher. Trotz Kerberos geht es zu wie in einem Taubenschlag. Es ist ein ständiges Kommen und Gehen, und manche holen sogar Verwandte und Freunde auf die Erde zurück. Es gibt fast zu viele Besucher, und man kommt auch etwas zu leicht davon. Wer hat da nicht alles die Hölle besucht: Herakles befreit Theseus; Admete holt Alkestis; Dionysos holt seine Mutter Semele von dort zurück; Orpheus versucht, nicht ganz erfolgreich, Euridike zurückzuholen; Tiresias, Achilles, Odysseus haben die Hölle besucht. Auch hier hat man den Eindruck, daß das irdische Leben an einem unterirdischen Ort weitergeführt wird.

Immerhin gibt es, im Unterschied zu Mesopotamien, eine wesentliche Neuheit. Im Hades gibt es zwei Richter: Rhadamanthes, der kretische Held, der für seine Gerechtigkeit und seine Weisheit berühmt ist, und sein Bruder Minos. Worüber aber richten sie eigentlich? Man sieht sie nirgends am Werk, und nichts läßt erkennen, ob sie den Bösen Strafen auferlegen. Sicher gibt es Qualen in der Hölle, aber es handelt sich dabei keineswegs um Bestrafungen wegen moralischer Verfehlungen. Hier geht es nur um Zeus' eigene Abrechnung. Der thessalische König Ixion ist an ein sich ständig drehendes flammendes Rad gebunden, weil er Hera begehrte; an Tityos' Leber fressen ewig zwei Geier aus dem gleichen Grund, Sisyphos rollt ständig seinen Stein; Tantalos versucht vergebens zu essen und zu trinken; die Danaiden versuchen erfolglos, Wasser in ein durchlöchertes Gefäß zu füllen. Alle scheinen sie Prototyp oder Allegorie eines bestimmten Lasters zu sein – sexuelle Ausschweifung, Genußsucht, Verrat, Hochmut –, und so würde es sich um echte Beispiele von Verdammung handeln. Odysseus ist Zeuge dieser Qualen:

Und ich wandte den Blick auf Minos, den Göttlichen, Zeus' Sohn!
Dieser saß, in der Hand den goldenen Szepter, und teilte Strafe den Toten und Lohn; sie rechteten rings um den König, Sitzend und stehend, im weit geöffneten Hause des Ais.
Und nach diesem erblickt' ich den ungeheuren Orion. Auf der Asphodeloswiese verfolgt' er die drängenden Tiere, Die er im Leben

einst auf wüsten Gebirgen getötet: In den Händen die eherne, nie zerbrechenden Keule.

Auch den Tityos sah ich, den Sohn der gepriesenen Erde. Dieser lag auf dem Boden und maß neuen Hufen an Länge; Und zween Geier saßen ihm links und rechts, und zerhackten Unter der Haut ihm die Leber: vergebens scheuchte der Frevler, Weil er Letho entehrt, Zeus' heilige Lagergenossin, Als sie gen Pytho ging, durch Panopeus' liebliche Fluren.

Auch den Tantalos sah ich, mit schweren Qualen belastet, Mitten im Teiche stand er, das Kinn von der Welle bespület, Lechzte hinab vor Durst, und konnte zum Trinken nicht kommen. Denn sooft sich der Greis hinbückte, die Zunge zu kühlen: Schwand das versiegende Wasser hinweg, und rings um die Füße zeigte sich schwarzer Sand, getrocknet vom feindlichen Dämon. Fruchtbare Bäume neigten um seine Scheitel die Zweige [...], aber sobald sich der Greis aufreckte, der Früchte zu pflücken; wirbelte plötzlich der Sturm sie empor zu den schattigen Wolken.

Auch den Sisyphos sah ich, von schrecklicher Mühe gefoltert; Einen schweren Marmor mit großer Gewalt fortheben. Angestemmt, arbeitet er stark mit Händen und Füßen, ihn von der Au aufwälzend zu Berge. Doch glaubte er ihn jetzo Auf den Gipfeln zu drehn: da mit einmal stürzte die Last um; Hurtig mit Donnergepolter entrollte der tückische Marmor. Und von vorn arbeitet er, angestemmt, daß der Angstschweiß Seinen Gliedern entfloß, und Staub sein Antlitz umwölkte. (*Odyssee*, 11. Gesang)

Leider ist diese Stelle, wie Victor Bérard in seinen großen Arbeiten über die *Odyssee* gezeigt hat, wahrscheinlich eine spätere Hinzufügung, was der ursprünglichen Erwähnung der Hölle die gleichzeitige Bedeutung als Ort der Qualen nimmt. Nur einige wenige Hinweise lassen vermuten, daß das Los für die Guten und die Bösen verschieden ist in den »elysischen Gefilden, am Ende der Welt, wo der blonde Rhadamanthes herrscht, dort, wo das Leben des Menschen am leichtesten ist, kein Schnee, keine kalten Winter und kein Regen, wo der linde Zephir über die Asphodeloswiese streicht« (4. Gesang, 563–569), wo ein bevorzugtes Geschick einige erwartet. Wenn wir uns an die meisten Hinweise halten, die die geläufigsten Auffassungen widerspiegeln, dann scheint die Vorstellung von der Hölle bei den Babyloniern und bei den Hebräern vor dem Exil sehr ähnlich zu sein.

DER URSPRUNG DER HÖLLE

Der Hades ist ein unheilvoller, dunkler, nebliger Ort. Auch die *Ilias* sagt, daß die neblige Finsternis dem Hades und der weite Himmel Zeus zugeteilt wurde. Der Eingang zum Hades befindet sich am äußersten Ende der Welt, weit, weit nach Sonnenuntergang, wo der Okeanos fließt. Odysseus gelangt dorthin, indem er den Ratschlägen der Kirke folgt. Die *Illias* spricht von weiten, schrecklichen Behausungen, die selbst die Götter erzittern lassen. Der Hades mit den verschlossenen Toren ist eine hermetisch abgeriegelte Welt, die man nur mit Grauen anschaut. Achilles pflegt zu sagen, er »hasse etwas wie die Tore des Hades« und Odysseus drückt sich ähnlich aus: »Jener ist mir zuwider wie die Tore des Hades.« Nach Hesiod und Homer ist dies eine feuchte und dumpfe Welt, die ein erstaunliches Netz von Wasserläufen besitzt: »... wo in den Acheron sich der Pyriphlegethon stürzet, und der Strom Kokytos, ein Arm der stygischen Wasser«, eine Beschreibung, die sich gleichermaßen in der *Theogonie* wie in der *Odyssee* findet.

Diese Hölle hat zwei Ebenen, denn unter dem Hades befindet sich noch der Tartaros, das Gefängnis der Titanen, aus dem niemand wiederkehrt. Zeus droht die Unsterblichen, die ihm den Gehorsam verweigern, dorthin zu schicken: »Wen ich jetzt von den Göttern gesonderten Sinnes erkenne, daß er geht und Troer begünstiget oder Achaier, schmählich geschlagen fürwahr kehrt solcher mir heim zum Olympos! Oder ich fass' und schwing' ihn hinab in des Tartaros Dunkel, ferne, wo tief sich öffnet der Abgrund unter der Erde: Den die eiserne Pforte verschleußt und die eherne Schwelle, so weit unter dem Hades wie über der Erd' ist der Himmel.« (*Ilias*, 8. Gesang, 10) Die Unterscheidung zwischen Hades und Tartaros zeigt schon den Beginn einer Differenzierung zwischen den Bestraften an, die man später auch im Christentum wiederfinden wird. Dort wird dann die obere Hölle zum Fegefeuer und die untere Hölle zum Reich Satans.

Odysseus sieht, wie sich die elenden Toten um ihn scharen: »... und aus dem Erebos kamen viele Seelen herauf der abgeschiedenen Toten. Jünglinge' und Bräute kamen, und kummerbeladene Greise, und aufblühende Mädchen, im jungen Grame verloren. Viele kamen auch, von ehernen Lanzen verwundet, kriegerschlagene Männer, mit blutbesudelter Rüstung. Dicht umdrängten sie alle von allen Seiten die Grube mit graunvollem Geschrei; und bleiches Entsetzen ergriff mich« (*Odyssee*, 11. Gesang). Die Hölle nimmt alle Menschen auf bis auf jene, denen keine Grabstätte zuteil ward. Deshalb fleht Patroklos Achilles an: »Schläfst du meiner so ganz uneingedenk, o Achilleus [...], auf, begrabe mich schnell, daß des Hades Tor ich durchwandle« (Ilias, 23. Gesang). Achilles versucht nun, seinen Freund zu erfassen, aber die Seele entweicht schreiend. Ratlos klagt Achilles: »Götter, so ist denn fürwahr auch noch in Aides Wohnung Seel' und Schattenbild, allein ihr fehlt die Besinnung! Diese Nacht ja stand des jammervollen Patroklos Seele mir selbst am Lager, die klagende, herzlich betrübte, und gebot mir manches, und glich zum Erstaunen ihm selber!« (Ebenda)

Das Los derer, die ein Begräbnis erhielten, ist kaum beneidenswerter; sie sind umherfliegende Schatten, die Schreie ausstoßen, die eher denen von Fledermäusen als von Schwalben ähneln. Dies erweist sich am Ende der *Odyssee*, als die Seelen der Freier zum Hades geführt werden. Es ist eine elende, kleine, furchtsame Herde, die dem Gott Hermes folgt. Auch hier kein Gericht, keine Trennung von Guten und Bösen. Die Freier, die wirklich keine Heiligen sind, treffen alle gemeinsam auf der Asphodeloswiese ein, wo sie Achilles, Patroklos und Ajax begegnen:

Aber Hermes, der Gott von Kyllene, nahte sich jetzo, rief den Seelen der Freier, und hielt in der Rechten den schönen, goldenen Herrscherstab, womit er die Augen der Menschen zuschließt, welcher er will, und wieder vom Schlummer erwecket: Hiermit scheucht er sie fort, und schwirrend folgten die Seelen, so wie die Fledermäus' im Winkel der graulichen Höhle schwirrend flattern, wenn eine des angeklammerten Schwarmes nieder vom Felsen sinkt, und drauf aneinander sich hangen: Also schwirrten die Seelen, und folgten in drängendem Zuge Hermes, dem Retter in Not, durch dumpfe, schimmlichte Pfade. Und sie gingen des Ozeans Flut, den leukadischen Felsen, gingen das Sonnentor, und das Land der Träume vorüber, und erreichten nun bald die graue Asphodeloswiese, wo die Seelen wohnen, die Luftgebilde der Toten. (*Odyssee*, 24. Gesang, 1–17)

Diese Seelen können die Lebenden bedrohen, wie Odysseus erfahren muß: Er kann sich nur durch die Flucht retten. Achilles bemerkt, daß er lieber Knecht eines Rinderhirten wäre als Herrscher über die Schatten.

Das germanische Totenreich Hel und die Hölle der Schamanen

Die Vorstellung von einer unterirdischen Hölle für alle, ohne Qualen, wo die Schatten der Verstorbenen in einem kalten Nebel umherirren, herrscht auch weitgehend im Norden Europas, bei den germanischen Völkern vor der Einführung des Christentums. Ihr Totenreich heißt *Hel* (der verborgene Ort), wovon sich englisch *hell* und deutsch *Hölle* ableiten. In dem deutschen Wort *Höhle* aus dem gleichen Stamm findet sich auch die Vorstellung eines Loches wieder, das im Englischen ebenfalls *hole* heißt. Im Lateinischen wählt man bei der Bibelübersetzung den Ausdruck *infernum* (das Untere), während die verschiedenen Höllen der Heiden *inferi* heißen. Nach der *Grimnir Saga* ist die kalte, unterirdische Hel neben der Wohnung der Riesen und der Wohnung der Menschen eine der Wurzeln des Weltenbaumes. Man erreicht sie nach einer Reise voller Hindernisse, die oft wie eine Meeresüberfahrt dargestellt wird. Sie ist von einem großen, reißenden Strom umgeben, der dem griechischen Okeanos ähnelt. Selbst Odin und Freya, die in der Hel die Seher befragen wollten, konnten das Tor nicht öffnen. Zur Zeit der Gemeinschaftsgräber lag Hel im Norden, wurde aber dann von der germanischen Mythologie zur Zeit der Einzelgräber nach Osten verlegt. Die Tatsache, daß man um 1200 v. u. Z. zur Totenverbrennung überging, weist auf eine eher geistige Vorstellung vom Jenseits hin. Ein Gericht oder eine Strafe für Vergehen, die auf Erden ungestraft blieben, wird jedoch erst in einer späteren Dichtung – *Der Seherin Gesicht* – erwähnt. Auch Walhalla, zunächst ein düsterer Aufenthaltsort der toten Krieger, entwickelt sich langsam zu einem Palast, in dem man, an der Seite Odins, ein herrliches Leben führt. Die Vorstellung von Strafe oder Belohnung im Jenseits reift nur langsam heran, wahrscheinlich unter Einflüssen von außen.

Die gleichen Themen finden sich bei den Skandinaviern und den vorchristlichen Kelten. Mircea Eliade hat gezeigt, welch große Bedeutung das Thema der Reise in die Hölle bei diesen Völkern hat.[16] Die keltischen Helden Bran, Cuchulainn, Connla und Oisin sind

---

16 M. Eliade, *Schamanismus und archaische Ekstasetechnik*, Frankfurt/Main (Suhrkamp) 1975.

mit dem Schiff unterwegs und treffen Manannan, den Gott der Toten; andere wie Conn und Nera steigen ins Jenseits hinab über einen unterirdischen Weg; wieder andere machen diese Reise nur im Traum. In der christlichen Ära werden diese Mythen wieder aufgenommen und umgearbeitet und finden sich in den Reisen des heiligen Brandan, Maelduins oder im Traum des heiligen Patrick. Wenn das Reich der Toten, das diese heidnischen Helden entdeckten, auch meistens angenehm ist, so findet sich doch nirgends eine Andeutung moralischer Differenzierung. Die im Verlauf der Reise auftretenden Schwierigkeiten lassen sich mit Initiationsproben vergleichen, was bedeuten könnte, daß der Zugang zur Hölle nur Eingeweihten vorbehalten ist.[17] Manche Helden machen auch eine Blitzreise ins Reich der Toten, um dort etwas Kostbares zu holen, wie den nie versiegenden Kessel, aus dem später der Gral werden sollte.

Die ältesten skandinavischen Sagas betonen ebenfalls die Reise, die ganz offensichtlich den Charakter einer Initiation hat, wobei immer ein Fluß überschritten werden muß sowie eine Brücke und sonstige Schwierigkeiten zu bewältigen sind. Die Hölle befindet sich im Mittelpunkt der Erde, wohin man über neun unterirdische untereinanderliegende Ebenen absteigt, was den neun Himmeln entspricht beim Erlangen der Weisheit. Ein solcher Abstieg erfolgt nicht aus Neugierde, sondern um jemanden zu erlösen. Odin, Hadingus und Hermod unternehmen diese Reise, letzterer, um Balder, Odins Sohn, zu befreien. Der Aufenthalt in der Hölle ist wirklich entsetzlich, aber auch hier ist er für alle der gleiche.

Der Glaube, der sich in den von Mircea Eliade beschriebenen schamanischen Praktiken bei Bergvölkern oder halbnomadischen Steppenvölkern zeigt, ist im wesentlichen immer der gleiche, von den Indianern Nordamerikas über die Völker im nördlichsten Sibirien bis hin zu den Tibetanern. Während einer Ekstase, die zwei oder drei Tage dauern kann, löst sich der Geist des Schamanen vom Körper und steigt hinab in die Unterwelt, sei es, um dort eine Seele zu holen und sie ins Lebens zurückzubringen, sei es, um die Seele eines Verstorbenen zu begleiten und ihr zu helfen, die Hindernisse zu überwinden. Nach seiner Rückkehr erzählt der Schamane, was

---

17 H. Hubert, *Les Celtes et la civilisation celtique*, Paris (Albin Michel) 1974, S. 262f.

er gesehen hat, ein Zeugnis aus erster Hand über die Hölle. Der Schamane kann auch in den Himmel aufsteigen. Möglicherweise könnte diese Zweiteilung Himmel/Hölle auf eine Trennung zwischen Auserwählten und Verdammten hinweisen. Tatsächlich aber sind die verschiedenen Himmel nur der Wohnort der Götter, und für die Menschen bleibt als einziges Ziel nur die Hölle, die immer unterirdisch ist. Fallen und Hindernisse erwarten dort die Seelen und wer sie nicht überwindet, wird von Dämonen gepeinigt. Daher geleitet der Schamane diese Seelen bis zu ihrem Bestimmungsort, welcher der Welt der Lebenden gleicht und wo man wie auf Erden weiterlebt. Dies ist das normale Schicksal für alle, ohne Unterschied zwischen Guten und Bösen. Jene, die unterwegs den Hindernissen zum Opfer fallen, haben eben kein Glück, sind ungeschickt oder sind Unwissende, die nicht eingeweiht waren. Diese Gleichgültigkeit gegenüber dem Schicksal der Seelen fiel einem der ersten abendländischen Reisenden in der Mongolei auf. Es war der Franziskanerpater Jean du Plan Carpin, der im 13. Jahrhundert schrieb: »Vom ewigem Leben und ewiger Verdammnis wissen sie nichts. Sie glauben allerdings, daß sie nach diesem Leben eine andere Welt bewohnen werden, wo sie essen, trinken und ihre Herden mehren und auch sonst nichts anderes tun werden, als sie jetzt als Lebende auf dieser Welt tun.«[18]

Bei den Völkern im Altaigebirge umfaßt die Reise in die Hölle die Durchquerung ausgedehnter Wüsten, Steppen, Wälder und Meere und die Überwindung schwindelerregender Gebirge, bevor man an den Rand eines Loches kommt. Hier beginnt ein senkrechter Abstieg über sieben »Treppen« oder unterirdische Ebenen, *pudak* (Hindernis) genannt, die ebenfalls einen eindeutig initiatischen Charakter haben. Hunde bewachen den Eingang zum Palast des Erlik Khan, des Höllenfürsten. Es gilt auch, eine Brücke zu überschreiten, die nur Haaresbreite hat und die sich über einen Fluß oder einen Abgrund spannt, in den die Nichteingeweihten stürzen. Die gleichen Hindernisse gibt es bei den Tungusen und Juraken in Mittelsibirien. In manchen schamanischen Berichten öffnet sich die Mauer, die die Hölle umgibt, nur ganz kurz, um den Verstorbenen durchzulassen. Bei den Tibetanern und den Mo-So im Junnan

---

18 Von J.-P. Roux zitiert in *La Mort chez les peuples altaïque anciens et médiévaux*, Paris 1963, S. 107.

breitet man vor dem Toten eine Karte aus, auf der der Weg zur Hölle eingezeichnet ist, damit sich die Seele unterwegs nicht verirrt. Die Hölle hat neun Ringmauern, und von einer zur anderen führen von Dämonen bewachte Brücken. Man muß sodann sieben goldene Berge erklimmen, um an die Wurzel des Baumes zu gelangen, in dessen oberster Krone sich die »Medizin der Unsterblichkeit« befindet. Um die Seele zu geleiten und gegen die Dämonen, die sie verschlingen wollen, zu verteidigen, bedarf es eines erfahrenen Schamanen. Die Götter selbst, die Mitleid mit den Menschen hatten, schickten ihnen den »Ersten Schamanen«, um ihnen den Weg zu weisen.[19]

Die wesentlichen Züge der Reisen in die Hölle, ihre Hindernisse und Gefahren, denen kein Mensch entgehen kann, finden sich bei den unterschiedlichsten Völkern, so bei den Polynesiern, den Mandschus, den Indianern Nordamerikas. Bei den Tataren erwarten höllische Qualen diejenigen, welche die Hindernisse nicht überwinden.[20] Felszeichnungen in Neu-Guinea zeigen Schiffe, die ganze Ladungen von Seelen auf dem Fluß hinwegführen. Ebenso geht aus Zeichnungen von Eingeborenen hervor, wie Seelen auf einem mit Hindernissen übersäten Weg reisen. Manchmal haben die Seelen Flügel, wie bei den Jakuten, den Mongolen und den Osttürken.

In der Hölle jedoch haben die Seelen nicht den gleichen Status, vielmehr wird hier die Ungleichheit während des Erdenlebens fortgesetzt. Es kann hier keine Rede sein von Gleichheit nach dem Tod: Die Mächtigen bleiben mächtig, und die Schwachen werden weiterhin unterdrückt. Bei den Mongolen z. B. verfügt der tote Krieger über alle, die er getötet hat, als Diener. Es ist tatsächlich so, daß der soziale Rang in dieser Welt das Schicksal im Jenseits bestimmt, ohne jegliche Unterbrechung etwa durch eine Strafe, die ein Gott von außen her verfügt. Hinter diesen Glaubensstrukturen zeichnet sich der Grundgedanke ab, daß jeder sein ewiges Geschick in diesem Leben bestimmt, daß jeder sein Ich schafft, durch seine Entscheidungen, seine eigene Wahl, seine Taten und seinen freien Willen. Ein uralter und zugleich sehr moderner Glaube, denn er ist im 20. Jahrhundert wieder in den Vordergrund gerückt, sowohl in den

---

19 M. Eliade, *Schamanismus...*, a. a. O., S. 415.
20 Ebenda, S. 207.

großen Religionen wie auch im atheistischen Denken. Wie Michel Hulin sagt, waren wir »derart daran gewöhnt, das Jenseits mit dem Gedanken der Gerechtigkeit zu verbinden, mit dem Mechanismus Strafe/Belohnung, daß eine derartige Eschatologie, ohne jeglichen ethischen Bezug, uns erstaunt oder gar entsetzt. Hüten wir uns jedoch vor einem vorschnellen Urteil, denn zwei Punkte verdienen hier Beachtung. Einerseits bedeutet die Tatsache, daß es im Jenseits keinerlei Bestrafung gibt, keineswegs, daß es keinerlei Verhaltensregeln für das Erdenleben gibt. Andererseits stimmen die moralischen Werte dieser mittelasiatischen Gesellschaften – Heldentum, Ausdauer, Treue zum gegebenen Wort – vielleicht auch nicht ganz mit den unseren überein. Innerhalb dieser Gesellschaften sind sie jedoch absolut bindend und gelten für den Mächtigen wie für den Schwachen.«[21]

Die Indianer Nordamerikas machen einen gewissen Unterschied zwischen den Toten. Die einen haben in einem »Paradies« ein günstiges Geschick, die anderen haben ein schlechtes Los. Die Unterscheidung erfolgt jedoch nicht nach moralischen Kriterien, denn zu den Benachteiligten gehören neben Verbrechern und Dieben auch die Ertrunkenen, die vom Blitz Erschlagenen, die Selbstmörder sowie die Frauen, die im Kindbett sterben, und die Toten ohne Grabstätte. Letztere kommen, wie in Mesopotamien, immer wieder auf die Erde zurück und peinigen die Lebenden. Bei den Eskimos kommen die schlechten Jäger und »Außenseiter« jeder Art nach dem Tod in einen unterirdischen Ort, an dem Hunger und Elend herrschen, während die Helden und alle, die eines gewaltsamen Todes sterben – darunter auch die Selbstmörder –, in den Himmel kommen. Wie J. Baechler zeigt, sind es die sozioökonomischen Bedingungen, die hier weitgehend die Trennungslinie zwischen Himmel und Hölle bestimmen. Eine vom Mangel geprägte Wirtschaft in einer Umwelt mit äußerst harten Lebensbedingungen und einer nicht sichergestellten Ernährung verleiht dem Selbstmord den Wert einer verdienstvollen Opfertat zum Wohl der gesamten Lebensgemeinschaft, während der schlechte Jäger nicht von Nutzen ist und verdient, ewig Hunger zu leiden.[22]

---

21 M. Hulin, *La face cachée du temps. L'imaginaire de l'au-delà*, Paris (Fayard) 1985, S. 132.
22 J. Baechler, *Les Suicides*, Paris 1975, S. 510.

Schwarzafrika und das präkolumbische Amerika

Bei den herkömmlichen Gesellschaftsformen in Schwarzafrika findet sich eine andere Variante. Die verschiedenen Arten, wie man ins Jenseits gelangt, mit all ihren Varianten zwischen den einzelnen Völkern, wollen wir beiseite lassen. Die Afrikaner kennen zwar Unterschiede beim Status der Toten, jedoch keine eigentliche Höllenstrafe. Wie bei den bisher untersuchten Völkerschaften führen die Toten hier ein Dasein, das dem der Lebenden gleicht, wobei die gesellschaftlichen Unterschiede beibehalten werden. Lediglich die Inversion von Tag und Nacht, rechts und links usw. bringt eine gewisse Komponente von Unwirklichkeit ein. Wenn manchmal die Bösen abgesondert werden, dann ist dies immer provisorisch, denn durch die Wiedergeburt erscheinen sie bald wieder auf der Erde. Opfer dieser »Absonderung« sind die wirklich Bösen und diejenigen, deren Todesart es nicht ermöglichte, daß ihnen ein volles rituelles Begräbnis zuteil wurde, sowie die geistig und körperlich Behinderten. In dieser Gruppe, die nicht über den Status der »Ahnen« verfügt, findet man alles zusammengewürfelt: Zauberer, Mörder, vom Blitz Erschlagene, Verschwundene, Selbstmörder, Jünglinge, die während der Initiation sterben, im Kindbett verstorbene Frauen, Irre und Männer ohne Nachkommen.[23] Bei den Serern im Senegal müssen sie zum Mittelpunkt der Erde gehen, *Honulu* genannt, einem unheilvollen Ort, wo man nach und nach seine Kräfte verliert. Bei den Kisi in Guinea sind sie im »Land der Bösen« völlig einsam und in ewige Nacht getaucht. Die Lösung der Diola im Senegal ist etwas eigenwilliger. Für sie gibt es in jedem Menschen einen hervorragenden, einen guten und einen bösen Teil, und das Mischungsverhältnis ist bei jedem Individuum verschieden. Beim Tod wird nur der böse Teil vernichtet, zum Beispiel von wilden Tieren verschlungen. Der hervorragende Teil bleibt im Paradies *(usandyum)* und der gute Teil dient als Basis für eine Wiedergeburt, für ein neues Wesen. Wenn ein Individuum einen übergroßen schlechten Teil hat, wird es zerstört.[24] Im eigentlichen

---

23 L. V. Thomas, *La Mort africaine*, Paris 1982; D. Zahan, *Religion, spiritualité et pensée africaine*, Paris 1978.
24 L. V. Thomas, *Cinq Essais sur la mort africaine*, Dakar 1968, S. 320.

Sinn gibt es also keine Hölle und Verdammnis mit von den Göttern verhängten, ewigen Strafen wegen moralischer Vergehen.

Wie sieht es nun bei den großen präkolumbischen Kulturen Amerikas aus? Hier herrscht viel Unklarheit auf Grund der von den spanischen und portugiesischen Missionaren im 16. und 17. Jahrhundert aufgezwungenen abendländischen Kultur. Mit ihren Predigten, ihrer Katechisierung, den Kunstwerken zwangen sie den Ureinwohnern die Schrecken der christlichen Hölle auf, die dadurch vom 17. Jahrhundert an zum allgemeinen geistigen Gut der mexikanischen Indianer wurden, was ihre Wahnvorstellungen und ihre Visionen beweisen. Mehr als die Hälfte ihrer auf Psychosen oder Alkohol beruhenden »Visionen« weisen einen Bezug zur Hölle auf.[25] Mit Schautafeln und Bildern ausgerüstet, beweisen die Jesuitenprediger den Inkas, daß alle ihre Ahnen und Herrscher wegen Götzendienerei verdammt sind. P. Duviols hat diese Zeit genau studiert, und wir bringen hier seinen Text des Predigers Avendano: »Sagt mir nun, meine Söhne, wie viele der Menschen, die geboren wurden auf dieser Erde, bevor die Spanier das heilige Evangelium predigten, sind gerettet? Wie viele sind in den Himmel gekommen? – Keiner. – Wie viele Inkas sind in die Hölle gefahren? – Alle. – Wie viele Königinnen? – Alle. – Wie viele Prinzessinnen? – Alle. Denn sie haben den Götzen angebetet in den Huacas [Kultstätten].«[26] 1551 wurden die Priester durch das Konzil von Lima angewiesen, die Indianer zu lehren, »daß alle ihre Vorfahren, alle ihre Herrscher jetzt an diesem Ort der Qualen weilten, weil sie Gott nicht gekannt, ihn nicht angebetet hatten, sondern die Sonne, die Steine und sonstige Geschöpfe verehrten«.[27]

Da die Christianisierung die früheren religiösen Schichten überdeckt hat, ist es schwierig, die Vorstellungen der Eingeborenen bezüglich einer eventuellen Hölle zur Bestrafung der Bösen zu erkennen. In Peru glaubten die Inkas dem Konquistador Garcilaso de la Vega zufolge, »daß es nach diesem Leben ein anderes gäbe, das den Bösen Strafe und den Guten Ruhe verspricht [...]. *Ucu Pacha*

---

25 S. Gruzinski, »Délires et visions chez les Indiens du Mexique«, in: *Mélanges de l'École française de Rome*, Bd. 86, 1974, S. 446–480.
26 P. Duviols, *La Lutte contre les religions autochtones dans le Pérou colonial*, Lima/Paris 1972, S. 40.
27 Ebenda, S. 39.

nannten sie den Mittelpunkt der Erde, die Unterwelt, die den Bösen zum Wohnort bestimmt war. Sie hatten auch noch einen deutlicheren Namen dafür, *Cupaipa Huacin*, das Haus des Teufels. [...] Sie versicherten, daß die Unterwelt, die wir Hölle nennen, voll von allen Krankheiten und Übeln ist, die wir auf Erden kennen und ohne Ruhe und Frieden.«[28] Aber hat nicht der am Ende seines Lebens zum Priester geweihte Garcilaso ganz einfach die Tendenz, das christliche Schema auf Religionen zu übertragen, die nur äußerlich dem »orthodoxen« Glauben ähneln? Jedenfalls fügte er hinzu, daß die Hölle, sofern sie existierte, nur vorübergehenden Charakter haben könnte, da »die Inkas noch an eine allgemeine Auferstehung glaubten, ohne sich Ruhm oder Strafe vorzustellen, sondern ein Leben, das dem hienieden ähnlich ist, denn ihr Geist kann sich nicht über dieses Leben hinaus erheben«.[29]

In Mittelamerika hängt das Los des einzelnen im Jenseits niemals von moralischen Kriterien ab, und es läßt sich keine Bestrafung der Bösen feststellen. Bei den Mayas kommen alle in eine unterirdische Hölle und bei den Azteken kommen die gewöhnlichen Sterblichen, ob gut oder böse, ebenfalls in eine unterirdische Hölle, *mictlan*, deren Herrscherpaar *mictlecaci* und *mictlecacihuatl* sind. Die Reise dorthin ist gefahrvoll. Die Ertrunkenen, vom Blitz Erschlagenen und Wassersüchtigen kommen in das kühle und fruchtbare Reich des Regengottes. Die verstorbenen Säuglinge kommen in eine Welt, in der die Bäume brustförmige Früchte tragen, die im Kampf gefallenen Krieger gehen in das Paradies der aufgehenden Sonne ein und die im Kindbett verstorbenen Frauen in das Paradies der untergehenden Sonne. Wie in Sumer und Akkad bestimmt die Todesart das Geschick im Jenseits.[30] Erst unter christlichem Einfluß erscheint bei den heutigen Totonaken der Gedanke einer vergeltenden Gerechtigkeit.

Dieser Überblick zeigt, daß die ältesten Vorstellungen von der Hölle einerseits einen unterirdischen Ort betreffen, der meistens dunkel, feucht, neblig und unheimlich ist und wo die Seelen der Toten schemenhaft dahinvegetieren, und andererseits einen Ort,

---

28 Garcilaso de la Vega, *Commentaires royaux sur le Pérou des Incas*, Paris (Maspero) 1982, Bd. 1, S. 177.
29 Ebenda.
30 Y. Bonnefoy (Hrsg.), *Dictionnaire des mythologies*, Paris (Flammarion) 1981.

der der Erde ziemlich ähnlich ist und an dem die Menschen wie zuvor auf der Erde weiterleben. Zu diesen beiden Orten gelangt man durch eine lange, initiatische Reise und es gibt dort keinerlei Unterscheidung zwischen Guten und Bösen. Das Vergehen gegen die Moral wird im Jenseits nicht bestraft, und es gibt dort auch keine vergeltende Gerechtigkeit. Die Götter, die dort herrschen, sind keine Folterknechte. Wenn der eine oder andere Tote ausgeschlossen wird, was aber nicht bedeutet, daß er Qualen erdulden müßte, so ist dies entweder dadurch begründet, daß er dem Ritual gegenüber Unzulänglichkeiten aufwies, keine Begräbnisstätte hatte oder in irgendeiner Weise unrein war. Die »Verdammten« sind eher jene, die nicht in diese Hölle für alle zugelassen werden, sie sind zum Umherirren oder zur Vernichtung verdammt. Alle Arten von Höllen sichern der Gesamtheit der Toten ein Minimum an Leben.

Diese Kulturen stehen auf dem Standpunkt, daß die Bösen auf Erden bestraft werden, entweder durch die – oft brutale – menschliche Rechtsprechung oder durch eine sofort wirkende göttliche Gerechtigkeit. Die Gesetze, wie die des Hammurabi, sehen Strafen für jedes einzelne Vergehen vor, während die Götter Krankheiten, Verlust aller Güter und anderes Unglück schicken. Der Böse wird also während des Erdenlebens genügend bestraft, und es ist nicht notwendig, ewige Pein für ihn zu erfinden. Die wirkliche Hölle im heutigen Sinn befindet sich für die Bösen auf Erden. All diese Vorstellungen entsprechen einer Mentalität, die das gegenwärtige Leben in den Vordergrund stellt. Das Jenseits ist nur ein billiger Ersatz, der das elendeste Leben unter der Sonne nicht aufwiegen kann, wie Achilles sagt. Die gleichen Vorstellungen finden sich auch bei den hier nicht erwähnten Religionen, die keinen Anspruch auf Universalität erheben. Jedes Volk hat seine Götter, die im Grunde so menschlich sind, daß ein Verstoß gegen ihr Gesetz keine Strafe in alle Ewigkeit nach sich zieht. Was die fremden Völker anbetrifft, so sind für diese deren eigene Götter zuständig, es bedarf also keiner Hölle für die »Ungläubigen«.

Um auf den Gedanken einer Strafe nach dem Tode zu kommen, muß ein Schritt weiter in der Vergeistigung der religiösen Ideen getan werden und auch im moralischen Denken; es muß der Begriff der Gerechtigkeit, der Begriff von Gut und Böse ausgefeilt werden. Das setzt eine große Beständigkeit in der Kultur und eine lange Reifezeit voraus.

II

Die ersten Höllen für Verdammte und ihre zeitliche Begrenztheit

Es ist unmöglich festzulegen, wann und wo der Gedanke aufgetaucht ist, unterschiedliche Arten von Höllen zu konzipieren, was an die Begriffe von Strafe und Belohnung gebunden ist, also an die Unterscheidung zwischen gut und böse. Bei den alten Religionen, deren Schriften nicht auf göttlicher Eingebung beruhen, ist das Gute und das Böse vor allem zur sozialen Ordnung in Bezug gesetzt, die selbst an die Ordnung des Kosmos gebunden ist. Da nun diejenigen, die gegen diese Ordnung verstoßen, schon auf Erden bestraft werden, steht der Tod allen als gemeinsames Schicksal bevor. Von dem Augenblick an, da man ein Weiterleben nach dem Tod für möglich hält, würden dann die Bösen genauso weiterleben wie die Guten, und ihre Existenz wäre eine permanente Herausforderung an die kosmische Ordnung, die somit das Verschwinden der Bösen fordert. So entsteht die Vorstellung von einem »zweiten Tod«, die man bei den alten Kulturen häufig findet. Vor der Vernichtung jedoch kommen die göttlichen Strafen, die das irdische Verfahren von Strafe/Hinrichtung, das in diesem Leben nur unvollkommen ausgeführt wird, im Jenseits, im Absoluten, erneut ansiedeln. In diesem Leben ist das Leiden begrenzt, der Tod vorübergehend. Im Jenseits jedoch sind es die Götter, die strafen.

Die Hölle der Ägypter: Vernichtung der Verdammten

Für einen Ägypter ist die Beschäftigung mit dem Jenseits wichtig, wie zahllose Texte von der Mitte des 3. Jahrtausends bis zur Epoche der demotischen Schrift zu Beginn unserer Zeitrechnung sowie Tausende von Wandzeichnungen zeigen. Im Lauf von drei Jahrtausenden arbeiten die Ägypter ein raffiniertes eschatologisches System aus, das aus verschiedenen sich vermischenden, ja sogar sich

DIE ERSTEN HÖLLEN FÜR VERDAMMTE

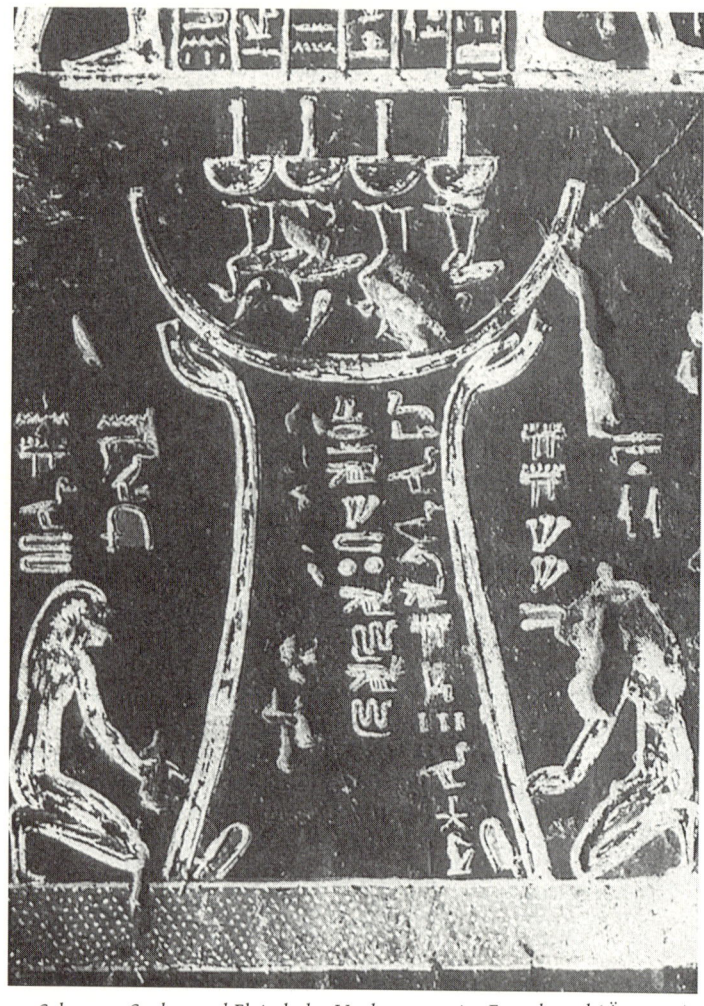

Schatten, Seelen und Fleisch der Verdammten im Feuerkessel (Ägypten)

widersprechenden Glaubensschichten besteht. Dies ist ein gemeinsamer Zug aller antiken Vorstellungen vom Jenseits: Vernunft, Gefühl und Phantasie überlagern sich bei den beunruhigten Menschen.[1]

Soweit man es zurückverfolgen kann, haben die Ägypter an ein Weiterleben der Toten geglaubt in einer Welt, die der Erde ähnlich ist, wo alle das gewohnte Leben weiterführen, zwar etwas gedämpft und mit dem Wissen, daß es sich laufend abschwächt. Der Verstorbene lebt in seinem gewohnten Rahmen, mit seinen Möbeln und seinen persönlichen Gegenständen, aber die sozialen Unterschiede sind abgeschafft. Alle bearbeiten die Erde, selbst der Pharao, wie man auf den Fresken von Medinet Habu sieht, wo Ramses III. hinter dem Pflug geht. Diese sichtliche Gleichheit im Tod setzt allerdings die Erfüllung der Begräbnisriten voraus, die äußerst umfangreich sind und zu denen die Einbalsamierung des Leichnams gehört, was bei den Reichen weitaus besser gewährleistet ist.

Beim Eintritt in den Tod, nach einer beschwerlichen Reise durch Berge und Sümpfe, wo es brennende Seen und Mauern zu überwinden gilt – die Karte ist manchmal auf dem Sarkophag dargestellt –, muß der Verstorbene die schwerste Prüfung bestehen: das Gericht. Die oft dargestellte Szene ist wohlbekannt: Anubis wägt das Herz, und Thot schreibt das Ergebnis nieder, sodann muß der Verstorbene vor dem Gericht des Osiris erscheinen, dem 42 Richter zur Seite stehen, einer für jeden Verwaltungsbezirk. Hier nun muß er aus dem berühmten *Totenbuch* rezitieren, alle schlechten Taten aufzählen und versichern, daß er sie nicht begangen hat:

Nicht hab ich bewirkt das Leiden der Menschen,
Noch meinen Verwandten Zwang und Gewalt angetan.
Nicht habe ich das Unrecht an die Stelle des Rechtes gesetzt,
Noch Verkehr gepflegt mit den Bösen.
Ich habe kein Verbrechen begangen,
Ließ nicht die anderen sich abmühen über Gebühr.
Nicht habe ich Ränke aus Ehrgeiz geschmiedet.
Meine Diener habe ich nicht mißhandelt.

---

1 Hier sei hingewiesen auf *Le livre des portes*, in: »Bulletin de l'Institut français d'archéologie orientale«, Kairo 1939–1962; ferner E. Hornung, *Das Höhlenbuch* und *Ägyptische Unterweltsbücher*, 3 Bde., Zürich/München 1972; sowie S. Morenz, *La Religion égyptienne*, Paris (Payot) 1962.

Die Götter habe ich nicht gelästert.
Dem Bedürftigen habe ich nicht die Nahrung entzogen.
Die von den Göttern verabscheuten Handlungen sind mir fremd.
Ich habe nie zugelassen, daß ein Diener
Von seinem Meister mißhandelt würde.
Nie hab ich ein Leiden veranlaßt.
Die Hungersnot habe ich nie verursacht.
Meine Mitmenschen ließ ich nicht Tränen vergießen.
Ich hab nicht getötet, noch einen Mord angestiftet.
Ich hab keine Krankheit unter den Menschen verbreitet.
Die Opfergaben in den Tempeln habe ich nicht gestohlen.
Das heilige Brot, den Göttern bestimmt, habe ich nicht geraubt.
Die Opfer habe ich nicht den geheiligten Geistern entzogen.
Schändliche Handlungen habe ich nicht in den Tempelmauern
   begangen.
Meine Opfergaben habe ich nicht vermindert.
Durch den Gebrauch verwerflicher Mittel
Hab ich nicht versucht, mein Eigentum zu vergrößern,
Noch fremde Felder mir anzueignen.
Weder hab ich die Gewichte der Waage gefälscht,
Noch den Waagebalken verschoben.
Die Milch habe ich nicht dem Kindesmunde entzogen,
Mir nicht angeeignet das fremde Vieh auf den Wiesen.
Nicht hab ich Fallen gestellt, noch Schlingen gelegt
Für das den Göttern bestimmte Geflügel.
Mit Fischleichnamen hab ich nicht die Fische gefangen.
Die Gewässer habe ich nicht versperrt zur Zeit ihres Fließens.
Die Dämme habe ich nicht beschädigt,
Die auf dem fließenden Wasser gebaut sind.
Ich habe nicht ausgelöscht ein Feuer, das brennen sollte.
Die Regeln über die Opfer des Fleisches habe ich nicht mißachtet.
Ich habe mir nicht angeeignet
Das Vieh, das den Göttertempeln gehört.
Die Götter habe ich nicht verhindert, kund sich zu tun.
Ich bin rein! Ich bin rein! Ich bin rein! Ich bin rein![2]

---

[2] *Das Ägyptische Totenbuch*, Papyrus Nu.

Was soll diese von Eigenlob triefende Litanei bedeuten? Sicher handelt es sich dabei nicht um den Versuch, die Richter zu täuschen, indem man sich als einen Gerechten darstellt und seine Fehler leugnet. Es ist zu vermuten, daß es sich um eine Reinigung handelt, bei der der Gestorbene sich aller schlechten Taten entledigt.³ Von einer Kultur zur anderen erscheint die Liste der Taten erstaunlich gleich: Vernachlässigung der Pflichten gegenüber der Gottheit, stehlen, töten, Ehebruch begehen, die anderen betrügen, ihnen Schaden zufügen, lügen – alles bedeutet einen Mangel an Solidarität. Diese Fehler können nicht alle auf Erden bestraft werden, denn viele werden heimlich begangen. So muß man sich ihrer nach dem Tod entledigen.

Die Unschuldsbeteuerungen scheinen eher einer Beichte gleichzukommen oder dem Verzicht auf alle Formen des Bösen. Sie sind aber auch die Anerkennung der allgemeinen Schuldhaftigkeit des Menschen. Jeder hat mindestens einmal in seinem Leben diese Fehler begangen. Die Rolle des Verstorbenen darf nicht unterschätzt werden: Seine Sache ist es zu zeigen, daß er dem Bösen abschwört, und dies sogar noch nach seinem Tod, der keineswegs ein Schlußpunkt ist, nach dem sich nichts mehr ändern kann.

Der Verstorbene ist nicht der passive Angeklagte, der seinen Richtspruch ohne Verteidigung erleidet, wie er in anderen Religionen erscheint. Manche Ägyptologen glauben sogar, daß diese Szene des Gerichts ein Reinigungsritus ist, der kurz vor dem Tod unter der Teilnahme des Sterbenden stattfindet.

Der Ausgang des Gerichts ist auf jeden Fall ungewiß, es gibt immerhin eine göttliche Gerechtigkeit. Die Selbstfreisprechung genügt nicht immer, um ein friedliches Weiterleben zu sichern. Die Menschen, die sich auf diese Prüfung schlecht vorbereitet haben, weil das Böse schon zu sehr von ihnen Besitz ergriffen hat, müssen den zweiten Tod erleiden. Lediglich eine völlige Auflösung der Person, die durch Qualen erreicht wird, bei denen der Gedanke des Zerreißens, des Zersprengens vorherrscht, ermöglicht ihn. Der zweite Tod ist ein wesentlicher Begriff, der zu der Annahme führt, daß die Ägypter von sich aus an die Unzerstörbarkeit des Individu-

---

3 Das Standardwerk zur Interpretation dieser Riten ist E. Hornung, *Altägyptische Höllenvorstellungen*, Berlin 1968.

ums glaubten. Er ist ein nie endender Vorgang, so als würde das Individuum nie völlig zerstört. Der Mythus von Osiris ist ein Beispiel für diesen Glauben. Osiris wird ein erstes Mal von seinem Bruder Seth getötet, erlebt, nachdem ihn seine Gemahlin Isis gefunden hat, eine Auferstehung. Um sich seiner endgültig zu entledigen, schneidet Seth ihn in Stücke, die er in alle Winde zerstreut, denn um den endgültigen Tod zu erreichen, muß die Person zerstört, müssen die einzelnen Teile voneinander getrennt und, wenn möglich, vernichtet werden.

Es gibt eine ganze Reihe von Folterqualen zur Zerstörung des bösen Menschen, die zu einem zweiten Tod führen sollen. Diese Qualen sind von verschiedenster Art und grausam, aber nicht willkürlich; ihr Sinn ist, ihn in das Nichts aufzulösen. Dies ist es, was der Verstorbene fürchtet, wenn er im Totenbuch erklärt: »Großer Gott, gib, daß meine Seele *(ba)* zu mir zurückkehrt, wo immer sie auch sei [...], daß sie ihren Körper wiederfinde. [...] So wird sie nie und nimmer der Zerstörung anheimfallen.«[4]

Die Vernichtung kann durch Ammit geschehen, ein Ungeheuer mit Krokodilskopf und einem Körper halb Löwe, halb Nilpferd, das die Bösen nach dem Gericht verschlingt, wie auf späten Fresken dargestellt. Oft jedoch geht dieser Vernichtungsprozeß weniger schnell vor sich. Die »Verdammten«, wie die Ägypter die Toten im Gegensatz zu den »Verklärten« nennen, werden in engen, dunklen Orten zusammengepfercht, sind nackt, müssen ihren Urin trinken und ihre Exkremente essen. Es herrscht ein unerträglicher Gestank, Wehklagen und Seufzen sind die einzigen Laute in diesem grauenvollen Gefängnis, wo man auf dem Kopf geht und alles in umgekehrter Reihenfolge abläuft. Auf anderen Darstellungen wird dieser Vernichtungsvorgang durch eine regelrechte Zerstückelung ersetzt oder vervollständigt. Sehr oft handelt es sich um eine Enthauptung, besonders bei den Malereien am Grabmal von Ramses IV., wo die Opfer teils in Rot (Blut), teils in Schwarz (Vernichtung) dargestellt sind. Auf anderen Darstellungen sieht man, wie flammende Schwerter die an einen Marterpfahl gebundenen oder in einen Käfig gesperrten Körper zerstückeln. Jeder Teil der Persönlichkeit wird gesondert vernichtet. Das *ba*, der geistige Teil, der mit

---

4 *Das Ägyptische Totenbuch*, Kap. 89.

der Seele verglichen werden kann, das Herz, selbst der Schatten werden zerrissen, zertreten und sehr häufig durch Feuer vernichtet; sie werden in Kesseln gekocht, in brennende Seen geworfen, auf glühenden Kohlen und von feuerspeienden Schlangen verbrannt, um nur einige Arten der Vernichtung zu nennen.

Diese Darstellungen der Hölle sollten einen großen Einfluß auf die jüdischen, christlichen und griechischen Vorstellungen haben, die allerdings nur den oberflächlichen Aspekt übernahmen, während die Ägypter zweifellos einen viel tieferen Sinn damit zum Ausdruck bringen wollten, nämlich die Auflösung des Individuums in das Nichts durch die Zerstörung seiner Bestandteile. Die Gefahr besteht häufig bei Bildern, Allegorien und Vergleichen: Die Art der Darstellung läßt oft die dargestellte Wirklichkeit vergessen, es tritt eine Verflachung ein, und die vordergründige, sichtbare Darstellung tritt an die Stelle der dahinter liegenden Wirklichkeit. Wir finden hier schon einen großen Teil jener Elemente, die später in der christlichen Hölle die körperlichen Qualen ausmachen sollten: Finsternis, Lärm, Gestank, Feuer und in Stücke gerissene Leiber. »In allen Beschreibungen des Jenseits finden wir feurige Schlünde, finstere Abgründe, üblen Geruch, feurige Schlangen, Ungeheuer mit Tierköpfen und sonstige mörderische Wesen, die denen unserer mittelalterlichen Literatur sehr ähnlich sind. Man kann mit Sicherheit davon ausgehen, daß wir viele unserer heutigen Vorstellungen von der Hölle den Ägyptern verdanken.«[5]

Zweck der ägyptischen Folterqualen ist die Herbeiführung eines zweiten Todes. Sie spielen sich im »Gebiet der Vernichtung« ab, das vom *Totenbuch* unterhalb der Unterwelt angesiedelt wird. Die Qual für den einzelnen dürfte recht bald zu Ende sein. Alles vollzieht sich so, als sei die völlige Auflösung das ideale, nie erreichte Ziel. Die ägyptischen Mythen zeigen, daß man die Kräfte des Bösen, die von den Göttern ständig getötet werden, niemals endgültig auslöschen kann.[6] Hier keimt die Idee von der ewigwährenden Pein, sie bleibt jedoch noch unausgesprochen. Die ägyptische Hölle hat die Auslöschung der Bösen zum Ziel, nicht ihre ewige Qual. Die Motive für eine Verdammung in dieser recht konfusen Hölle sind immer sehr

---

5 E. A. W. Budge, *The Egyptian Heaven and Hell*, Bd. 3, London 1960.
6 S. Morenz, *La Religion égyptienne*, a. a. O., S. 222 ff.

allgemein formuliert. Die Einzelheiten der Vergehen sind nicht so wichtig, wesentlich ist nur, daß der Verdammte die Kräfte der Unordnung gestärkt und somit die gesellschaftliche und kosmische Ordnung *(maat)* gefährdet hat.[7]

Der Iran: die letztendliche Zerstörung der Hölle

Gegen Ende des ersten Jahrtausends vor unserer Zeitrechnung erscheint auch im Iran eine temporäre Hölle, bei der es sich jedoch um eine optimistischere Grundauffassung handelt, denn das Böse muß verschwinden. Seit dem 7. Jahrhundert v. u. Z. findet sich bei den alten iranischen Glaubensvorstellungen – soweit wir sie rekonstruieren können – der Gedanke an eine Belohnung oder Bestrafung nach dem Tod.[8] Bevor sie ins Paradies gelangt, muß die Seele eine Reise durch die Sphäre des Himmels *(humat)*, die Sphäre der Sonne *(huvarst)* und die Sphäre des Mondes *(hûxt)* unternehmen. Nach einer anderen Version trifft sie ihren Schutzengel oder geistigen Vormund, *daênâ*, der je nach dem Leben, das man geführt hat, schön oder häßlich ist.[9]

In Schriften aus der gleichen Zeit ist die Rede von einer Art Verhör, nach dem ein Mädchen mit zwei Hunden die Seele zu einem Hafen geleitet. Auf der anderen Seite befindet sich die Mauer der himmlischen Welt, in der Ahura Mazda herrscht. Die Brücke hat manchmal die Form eines Schwertes. Die gerechte Seele überschreitet sie auf dem Rücken der Schneide, die sündige Seele auf der scharfen Seite und, so sagt der Text, »der Weg wird ihr abgeschnitten, sie fällt vom höchsten Punkt der Brücke kopfüber in die Hölle, wo sie alle nur erdenklichen Qualen erleidet«.[10]

Diese noch etwas undeutliche Vorstellung von Strafe wird in den Schriften Zarathustras präzisiert. Dieser Priester aus dem 7. Jahrhundert, eine historische, jedoch immer noch geheimnisumwitterte Persönlichkeit, soll mit der traditionellen Religion in Konflikt geraten sein und sie in seiner eigenen Lehre umgeformt haben. Neben

---

7 M. Hulin, *La Face cachée du temps*, a. a. O., S. 186.
8 G. Widengren, *Les Religions de l'Iran*, Paris (Payot) 1968.
9 Ebenda, S. 57.
10 Ebenda.

Buddha, Jesus und Mohammed ist Zarathustra einer der großen Religionsstifter in der Geschichte der Menschheit. Seine Lehre, der Mazdeismus, ist im *Awesta* enthalten, dessen älteste Schriften, wie die *Gâthâs*, ihm persönlich zugeschrieben werden, während andere von seinen Nachfolgern stammen.

Der Mazdeismus beruht auf einem Dualismus, da jeder im Leben eine Mischung von Gut und Böse feststellen kann. Ahura Mazda, der gute Gott, hat alles geschaffen, was gut ist, während Angra Mainyu, der böse Geist, alles geschaffen hat, was böse ist. Die Menschen, wie die ganze Welt, sind in diese beiden Prinzipien geteilt, und ihr künftiges Schicksal hängt von der Wahl ab, die sie hienieden getroffen haben.

Beim Tod löst sich die Seele vom Körper, die zwar Geist ist, aber dennoch die Fähigkeit besitzt zu fühlen, zu leiden, Freude zu empfinden und sich im Raum zu bewegen, was vermuten läßt, daß es sich um eine Art ätherischen Körper handelt. Drei Tage lang bleibt sie bei dem Leichnam und wartet auf das Gericht, das am vierten Tag stattfindet. Gemäß einem der Texte wird die böse Seele während der drei Tage von Angst gepeinigt. Wenn der vierte Tag anbricht, macht sie sich, von Dämonen und guten Geistern begleitet, auf den Weg, um vor den drei Richtern Mirh, Rashu und Srôsh zu erscheinen, die ihre Taten auf einer goldenen Waage wägen. Sodann muß sie die »Brücke der Vergeltung« überschreiten, die die Hölle überspannt. Es kommt, wie es kommen muß: Die böse Seele wird von den Dämonen herumgestoßen, sie verliert das Gleichgewicht, Schwindel ergreift sie – die Brücke hat kein Geländer, sie ist sehr hoch und zieht sich zusammen –, und sie stürzt in die Hölle. In anderen Versionen erwacht die sündige Seele am vierten Tag inmitten von pestilenzialischem Gestank und ihre *daênâ*, ein Scheusal, das ihre bösen Taten darstellt, führt sie direkt in die Hölle, in die »endlose Finsternis«.[11]

Dort erwartet sie ein schreckliches Los: »Lang anhaltende Finsternis, schlechte Nahrung, Verzweiflungsgeschrei, das ist das Los, das euch eure eigenen, vom Glauben abgekehrten Taten bereiten

---

11 Siehe M. Molé, »Le Jugement des Morts dans l'Iran préislamique«, in: *Sources orientales*, 4; und *Culte, mythologie et cosmologie dans l'Iran ancien*, Paris (PUF) 1965.

werden.«[12] In den *Gâthâs* werden, noch ohne die Pein der Verdammten genauer zu beschreiben, folgende Fragen aufgeworfen:

> Oh, sage mir, Allmächtiger,
> Was ist, was wird sein
> mit dem Gerechten
> und was widerfährt ihm
> und was jenem, der Unrecht tut?
> Wie werden ihre Taten beurteilt
> und wie ihre Herzen,
> Wenn sie vor Dir stehen, Höchster Richter!
> Oh, sag mir, Allmächtiger,
> Welches wird die Strafe des Bösen sein
> Welcher jene ermutigt hat,
> Die gegen das Leben sich vergehn,
> Die die Gläubigen unterjochen
> Und den Arbeitenden hilflos darben lassen![13]

Spätere Texte bringen hierauf die Antworten. Die Hölle, *dûzokh*, ist klug organisiert, was beweist, daß lange darüber nachgedacht wurde. Aber auch hierbei gibt es mehrere Versionen. Einigen zufolge bestehen unter der Erde drei spezialisierte Abteilungen der Hölle: eine für die bösen Gedanken, eine für die böse Rede und eine für die bösen Taten, und noch tiefer liegt die »ewige Finsternis« für jene, die vollkommen schlecht waren. Anderen Versionen zufolge wird die Einteilung nach der Schwere der Fehler vorgenommen. Hier befindet sich dann gleich unter der Erde das *Hamestagân* der Ungerechten für jene, die nicht allzu böse waren; darunter ist dann die eigentliche Hölle für die Bösen, und noch tiefer liegt *Drujaskân*, der Wohnort des Gottes des Bösen, für die Allerschlimmsten. Selbstverständlich sind hier die Qualen ebenfalls proportional zur Schwere der Verfehlung. Im *Hamestagân* der Ungerechten leidet man nur unter Hitze oder Kälte, je nach dem Luftstrom. In der Hölle hingegen wird man von Dämonen gequält, in denen die begangenen Fehler Gestalt angenommen haben. Es ist völlig finster, eiskalt, und man ist in qualvoller Enge zusammengepfercht.

---

12 G. Widengren, *Les Religion...*, a.a.O., S. 105.
13 Gatha Ahounavaïti, 14, 15, *Les Gathas de Zoroastre*, Paris 1933.

Schmerzensschreie, Gestank, ekelerregende Nahrung, die sich aus Erbrochenem, verwestem Blut und Fleisch voller Maden zusammensetzt und immer wieder ausgespien und erneut geschluckt wird.[14] Darüber hinaus vergeht den Verdammten die Zeit sehr langsam: Drei Tage erscheinen ihnen wie neuntausend Jahre.

Dennoch hat all dies ein Ende, denn die Höllenqualen im Mazdeismus dienen der Läuterung, und in Wirklichkeit ist diese Hölle ein Fegefeuer. Die Verdammten werden sich nach und nach ihrer Verfehlungen bewußt und bereuen sie, während sie auf den Tag der Wiederauferstehung warten.

Der Auferstehungsglaube zeichnet sich bald nach der Zarathustra-Epoche ab:

> Wenn die Toten auferstehen,
> Wird alsbald der Lebendige kommen,
> nach Belieben wird das Leben verklärt.[15]

Der »Lebendige«, der »Erlöser« ist Saosyant, der von Gott Gesandte, Inkarnation der Wahrheit und des lebendigen Odems, geboren von einer Jungfrau und Sieger über das Böse. An diesem Tag des Weltengerichts wird die Welt durch einen alles verzehrenden Brand gereinigt. Das Böse wird verschwinden, alle Menschen werden gerettet und mit Ahura Mazda vereinigt. Der Sieg des Guten ist unausweichlich ... Die Hölle, Ort des Bösen, ist ein Makel, der mit ihm verschwinden muß.

Der Mazdeismus dehnt sich sowohl zeitlich als auch geographisch aus. Die Osseten im Norden des Iran haben ganz ähnliche Glaubensvorstellungen: Zu Pferd stürmt die Seele zu einem Fluß, den sie auf einem schwankenden Balken überqueren muß, nachdem sie die Fragen des Gottes Aminon beantwortet hat. Wenn die Seele die Wahrheit gesprochen hat, läßt sie der Gott passieren. Auf der anderen Seite findet sie drei Wege, von denen einer zum Himmel der Glückseligkeit führt, einer zu den bösen Geistern und der letzte zum Land der Krieger und der heldenhaft Gestorbenen. Bei den Sogdiern, im Nordosten des Iran, ist der Einfluß der Lehre Zarathustras groß: hier ist die Hölle ist ein düsterer Ort.

---

14 P. Gignoux, »L'enfer et le paradis d'après les sources pehlevi«, in: *Journal asiatique*, 256 (1968), S. 237–240.
15 Zitiert bei G. Widengren, *Les Religions ...*, a. a. O., S. 127.

Zur Zeit der Parther, im 2. Jahrhundert v. u. Z., treten apokalyptische Tendenzen auf, und das messianische Denken wird stärker. Eine Sammlung von Weissagungen, Hystaspes-Orakel, nehmen eine Ankündigung Zarathustras wieder auf: »Höret, ich werde euch das tiefe Geheimnis des Großen Königs enthüllen, der in die Welt kommen wird. Wenn die Zeit erfüllt ist, wenn die Auflösung kommt am Ende der Zeiten, dann wird im Schoße einer Jungfrau, ohne daß ein Mann sie berührt hätte, ein Kind empfangen und zur Geburt reifen.«[16] Es wird Mithra, ein Heiland, sein, und die Weisen werden auf den Stern warten, der ihnen am 25. Dezember die Geburt in einer Höhle anzeigen wird. Dieser Heiland wird mit Hilfe der guten Menschen den Sieg des Guten vorbereiten. Seine Ankunft bedeutet also, daß die Hölle in der Zukunft verschwinden wird.

Indien: die periodische und alternative Hölle

Zur gleichen Epoche erscheint im Hinduismus eine dritte Variante der zeitlich begrenzten Hölle. Diese Auffassung, die noch vielschichtiger ist als bei Zarathustra, faßt vom Ende des ersten Jahrtausends vor unserer Zeitrechnung ab langsam Fuß. Zunächst durch die Gesänge des *Rigweda* und des *Arthawaweda*, dann durch die Schriften des *Brâhmana* und schließlich durch die Reform Shankaras im 8. Jahrhundert. Der Hinduismus setzt sich aus Mythen und Glaubensrichtungen zusammen, die weder eine Einheit bilden noch einen echten Zusammenhang aufweisen. Es gibt keinen Religionsstifter, keine Dogmen, keine orthodoxe Lehrmeinung. Eher handelt es sich um eine Zusammenstellung von Praktiken und vorherrschenden Themen, die von der Kaste der Brahmanen weitergegeben wird. Dabei werden zeitlich aufeinanderfolgende Glaubensrichtungen übereinandergeschichtet und nebeneinandergestellt. Die Idee der Seelenwanderung, *samsâra*, einer immer wieder erfolgenden Reinkarnation in einem neuen Körper, dominiert zwar, schließt aber den alten Glauben, daß die Schatten aller Verstorbenen unter der Erde ein schemenhaftes Leben führen, nicht

---

16 Ebenda, S. 237.

aus. Auch besteht die Unterscheidung zwischen einem glückseligen Aufenthalt im Paradies und einem unglücklichen Aufenthalt in der Hölle weiter; selbst die Möglichkeit eines direkten Zugangs zum Himmel durch Verbrennung ist nicht ausgeschlossen. Reinkarnation? Aufenthalt in einer gemeinsamen Hölle? Paradies für die einen, Höllenqualen für die anderen? Alle drei sich gegenseitig widersprechenden Möglichkeiten bestehen nebeneinander.

Läßt man jedoch die Vorstellung von einer gemeinsamen Hölle für alle, die besonders in der frühesten Periode erscheint, beiseite, gibt es zwischen der ersten und der dritten Möglichkeit gemeinsame Elemente. Ist die Wiedergeburt nicht auch eine Art von Hölle? Sie ist, wie Michel Hulin schreibt, »ein erbarmungsloser, strenger Mechanismus, dem man gerne entkommen möchte«.[17] Das Ideal ist, das *Nirwana* zu erreichen, zu den Göttern zu gelangen durch den Verzicht auf das Leben und somit alle individuellen Handlungen zu beenden. Der einzelne, dessen Bestandteile durch die Handlung zusammengehalten werden, löst sich langsam bei der Untätigkeit auf und völlig bei seinem Tod, der für ihn Erlösung bedeutet: Es gibt nun keine Individualität mehr, die einer neuen Persönlichkeit wieder eine Einheit verleihen könnte. Die anderen dagegen, die an die Illusion glauben, man könne durch Tätigkeit mehr Glück erlangen, behalten ihre Individualität und verurteilen sich selbst durch ihren Lebenswillen zur Wiedergeburt. Das Leben aber ist nur Enttäuschung und Leid, eine wahrhafte Hölle auf Erden, zu der wir uns selbst verdammen.

Ein weiterer gemeinsamer Punkt zwischen der Hölle im Jenseits und der Wiedergeburt ist, daß beide nicht durch ein Gericht verhängt werden, sondern daß wir sie selbst wählen durch eine Vermischung von Illusionen und schlechtem, gewolltem Handeln. Eigentlich geht es hier um ein und dasselbe: In beiden Fällen ist das schlimme Los daran gebunden, daß man sich selbst liebt, nicht vom Egoismus ablassen will, der den einzelnen dazu verleitet, ohne Unterlaß seinen Träumen nach Ruhm und Reichtum nachzujagen. In sich selbst verschlossen und doch an die anderen gebunden, die das gleiche Ziel verfolgen, verursacht er selbst die ewige Fortdauer seines eigenen Unglücks und seiner Enttäuschungen, so daß es gar

---

17 M. Hulin, *La Face cachée...*, a. a. O., S. 361.

nicht notwendig ist, ihn zu verdammen. Ebenso gibt es in der Hölle Leute, die durch ihre eigenen bösen Taten gefoltert werden, und zwar in symbolischer Form, ganz besonders wegen Nichtbeachtung der Riten.[18]

Die Riten sind wichtig, ganz besonders die Begräbnisriten, von ihrer Erfüllung hängt die Art des Körpers ab, den der Verstorbene im Jenseits annimmt. Diese Riten nicht zu erfüllen bedeutet, sich dazu zu verdammen, ein elender Schatten, *preta*, zu werden, der um die Wohnungen der Lebenden schleicht. Die anderen bekommen einen leichten, kleinen Körper, der jedoch Gefühle wahrnehmen kann. Der Böse, der nun in diesem »Körper der Qualen« steckt, fährt mit Windeseile hinab zum Reich des Totengottes Yama. Er durchquert in rasender Eile Sümpfe, heiße und kalte Wüsten, dann den ekelerregenden Fluß Waitaranê, der aus einer Mischung von Blut, Eiter und Urin besteht. Dann erscheint Zitragupta mit seinem Register, in dem alle guten und bösen Taten verzeichnet sind. Wenn letztere überwiegen, geht es zur Hölle, *naraka*.

Dieser äußerst ausgeklügelte Ort hat für jeden Fehler eine bestimmte Art von Pein, je nach Schwere der Vergehen. In manchen Schriften ist die Rede von mehreren zehn Millionen von einzelnen Höllen, eine schrecklicher und tiefer liegend als die andere. Die Purâna unterscheiden so sieben Haupthöllen, die jeweils wieder Nebenhöllen haben. Von oben nach unten finden sich nacheinander folgende Höllen:

– *Raurava* (Geheul): Hier gehen die Sünder ständig auf glühenden Kohlen;
– *Mahârauvara* (großes Geheul): Der Ort ist ausgekleidet mit weißglühendem Kupfer;
– *Tamishra* (finster): Hier ist es so kalt, daß die Knochen klappern und daß Knochenmark und Blut aus dem Körper treten;
– *Nikrintana* (Zerstückelung): Die an eine Töpferscheibe gebundenen Verdammten werden mit einem weißglühenden Draht zweigeteilt;
– *Apratishta* (ohne Halt): Hier werden die Verdammten geviertteilt;
– *Asipattravana* (Wald mit den Schwertblättern): Der Verdammte

---

18 J. Varenne, *Mythes et légendes extraits des Brâhmana*, Paris 1967, S. 135 ff.

befindet sich in einem Wald, dessen vom Wind geschüttelte Bäume scharfe Klingen auf ihn herabregnen lassen, die ihm überall Schnittwunden zufügen; er fällt auf glühende Asche und blutgierige Hunde zerreißen ihn;
- *Tâptakumbha* (flammende Kessel): Der Verdammte wird in ein Gemisch aus siedendem Öl und Eisenstücken getaucht.

Die Menschen legen eine unerschöpfliche Phantasie an den Tag, wenn es darum geht, ihre eigenen Fehler zu bestrafen, aber eine derartige Vielzahl und Raffinesse hatte es noch nie gegeben. Hier werden Tausende weiterer Qualen beschrieben für jede Art von Sünden, die zerstückelt, gehäutet, zermalmt, geviertelt, durchbohrt, verschlungen, gebraten und gefroren werden.

Der Aufenthalt in der Hölle ist indessen vorübergehend, selbst für die Allerschlimmsten. Die Dauer der Leiden schwankt je nach Schwere der Sünden, aber wenn die Läuterung einmal vorüber ist, muß man auf die Erde zurück und sich wieder in den Kreislauf der Reinkarnation einfügen. Je schlechter man in seinem früheren Leben war, desto länger und qualvoller ist der Höllenaufenthalt, und desto niedriger ist die nächste Reinkarnationsstufe, die bis zum Ungeziefer und den Pflanzen reichen kann. Dadurch ist es dann noch viel schwerer, das Gute zu tun und dem *Nirwana* näherzukommen. Der Mensch, der einmal in die Spirale des Bösen geraten ist, hat immer weniger Chancen, wieder herauszukommen, selbst wenn in ihm immer noch ein Teil des Göttlichen, *karman*, existiert. Das Böse zieht Böses nach sich, wie wir gesehen haben. Es ist eine pessimistische Vorstellung von einem tragischen Geschick, bei dem die Hoffnung jedoch nicht ganz ausgeschlossen ist und der Mensch nur auf sich selbst zählen kann, um sich vom Bösen zu befreien. Die irdische und die unterirdische Hölle vervollständigen sich also in nie endendem Wechsel.

Der Buddhismus nimmt diese Gedanken auf, wobei er vielleicht die Bedeutung des Gerichts vor jeder Wiedergeburt verstärkt. In Tibet beispielsweise hält ein Richter einen Spiegel, in dem alle während des Lebens begangenen Taten zu sehen sind, was Lügen unmöglich macht. Ein schwarzer Teufel häuft auf einer Waagschale schwarze Kieselsteine auf, die die bösen Taten symbolisieren, während ein weißer Gott weiße Steine in die andere Waagschale legt. Das Ergebnis bestimmt die Wiedergeburt, die auf einer der sechs

Wege, *gati*, stattfinden kann: als Gott, als Mensch, als Titan, als Toter, als Verdammter oder als Tier. Hier bedeutet die Wiedergeburt als Verdammter ein neues Leben in der Kette der Seelenwanderungen. Die Hölle ist gewissermaßen in die Folge der verschiedenen Leben mit eingeschlossen. Es hängt vom einzelnen ab, ob er dort hinkommt, aber auch wie er herauskommt. Man erduldet dort die bekannte Pein, mit 18 verschiedenen Abstufungen von Hitze und Kälte. Man wird von Teufeln geschlagen, wie auf einem Relief am Tempel von Angkor zu sehen ist. Aber kein Aufenthalt in der Hölle ist definitiv.

Andere fernöstliche Kulturen haben dieses Schema mit einigen Varianten übernommen. In Japan schreibt ein Richter die Anklage auf eine Tafel, während ein anderer eine Rolle vorlegt, auf der die Taten während des Lebens eingetragen sind. Auch ein Wägen der Seele findet statt. In den neun Hitze- und Kältehöllen bringen sich die Verdammten gegenseitig um, werden von Schlangen verschlungen, zermalmt oder ertränkt. In China gibt es die gleichen Grausamkeiten in den neun Höllen, aber bei den Gebildeten herrscht ziemliche Diskretion bezüglich des Jenseits. Um 600 v. u. Z. sagt Laotse lediglich: »Wer dem Weg folgt, gibt sich dem Weg hin; wer Tugend übt, gibt sich der Tugend hin; wer Verlust erfährt, gibt sich dem Verlust hin.«[19] Der Weise sagt hier, daß derjenige, der das Ewige nicht kennt, in sein Verderben geht, ohne jedoch näher zu erklären, was dieses Verderben ist. Konfuzius, zu Beginn des 5. Jahrhunderts v. u. Z., scheint jedes Weiterleben auszuschließen. Die wahre Unsterblichkeit liegt in der Erinnerung der Menschen an unsere tugendhaften Taten. Die Bestrafung der bösen Taten findet auf Erden statt und hat sozialen Charakter.

Griechenland und Rom: Reflexionen über die Hölle

Die Unterscheidung zwischen einer Hölle für das Volk einerseits – einer Hölle, wo gequält wird und wo der Gedanke der Vergeltung der Ungerechtigkeiten dieses Lebens sich immer mehr in den Vordergrund schiebt, das Ganze mit zeitlicher Begrenzung – und einer

---

19 *Tao te king*, XXIII.

Hölle der Gebildeten, der Philosophen, Intellektuellen andererseits kann man noch deutlicher in der Epoche der Blütezeit der griechischen Kultur feststellen, im 4. und 5. Jahrhundert v. u. Z. Die Überlegungen über das Böse und seine Vergeltung befinden sich zu dieser Zeit auf ihrem Höhepunkt und zeigen ihre Auswirkungen auf die griechisch-römische Welt, aber auch auf das Judentum und später auf das Christentum.

In Griechenland sprechen sich die philosophischen Klassiker energisch gegen die alte Auffassung vom homerischen Hades aus. Die Dichter und Dramatiker antworten auf das Problem des Bösen mit Fatalismus, betonen aber auch die Idee von einem Gericht nach dem Tod... »Zeus bestraft die Toten für die Vergehen, die sie begangen haben«, sagt Äschylos, der auch die »unerschütterliche Gerechtigkeit des Hades« anspricht. Auch Pindar geht davon aus, daß es in der Unterwelt einen Richter gibt. In *König Ödipus* beschreibt Sophokles, wie die Seelen der toten Thebaner zum Ufer des Sonnenuntergangs fliegen, und Aristophanes unterscheidet in *Die Frösche* ebenfalls die Geretteten, die auf die Weide gehen, von den Verdammten, die in den Morast geführt werden.

Die Philosophen haben keine derart festgefügte Meinung. Die alte Mythologie mit ihren Göttern in Menschengestalt, die den gleichen Leidenschaften wie die Menschen unterliegen, stellt sie, auch wenn sie angepaßt ist, nicht mehr zufrieden. Was gibt ihnen das Recht, Menschen zu strafen und zu verurteilen, führen sie doch selbst keineswegs ein vorbildliches Leben! So lassen die Philosophen die volkstümlichen Vorstellungen hinter sich und versuchen, das Problem des Bösen und dessen mögliche Bestrafung einzuordnen. Die oft recht konfusen Lösungen, die sie anbieten, zeigen ihre mißliche Lage und begünstigen die Skepsis.

Heraklit läßt das Böse in der Weltenharmonie, zu der es beiträgt, aufgehen, was die Idee von einer sofortigen »Gerechtigkeit« impliziert. Leukippos und Demokrit verbinden die Begriffe »gut« und »böse« mit dem Zufall. Die Pythagoräer glauben, daß die Seele sich erhebt oder erniedrigt, je nachdem, ob sie dem Geist oder dem Körper gehorcht, sie sprechen jedoch nicht von Bestrafung. Sokrates verbindet das Böse mit der Unwissenheit und meint, daß es somit seine eigene Strafe in diesem Leben darstellt. Er sieht keinerlei Bestrafung für das künftige Leben vor. Von ganz anderen Prinzipien ausgehend kommt Aristoteles zu der gleichen Meinung: Die

Hölle im Jenseits gibt es nicht. Wie könnte dies auch sein, da der Tod des Menschen ein absoluter ist, der Körper und Geist betrifft? Hier auf Erden schafft sich der böse Mensch sein eigenes Unglück und verwirkt die Vervollkommnung seines Wesens durch die Entwicklung der Tugenden. Er verkennt sein wahres Wesen und hängt sich an falsches Glück, das ihn erniedrigt, dies ist seine Hölle. Gott beschäftigt sich nicht mit derlei Fragen und läßt sich nicht so weit herab, die Menschen zu richten.

Aus der Sicht des Materialisten und Deterministen Epikur interessieren sich die ungerechten und eigennützigen Götter nicht für das, was die Menschen tun; diese haben folglich nach dem Tod auch nichts zu fürchten. Auf dieser Erde ist das Böse alles, was den sozialen Frieden und die Ausgewogenheit des einzelnen bedroht. Alles übrige ist erlaubt. Was jedoch keineswegs bedeutet, daß er ein ausschweifendes Leben voller Auflehnung empfiehlt; vielmehr tritt er für ein äußerst angepaßtes, sittenstrenges Verhalten ein. Wer dem zuwiderhandelt, zieht verschiedene Übel auf sich, die wie eine sofortige Bestrafung wirken. Auch bei den Stoikern ist nichts zu fürchten nach dem Tod, denn alles, so Marc Aurel, »löst sich auf, wenn es nur Atome gibt; aber wenn es eine Rückkehr zur Einheit gibt, erlischt alles«.[20] Für Seneca ist der Tod eine Rückkehr dahin, wo die Dinge sind, die nicht geboren werden. Das Böse besteht darin, der Weltenordnung zu widerstehen. Der Böse ist zum Scheitern verurteilt, das ist seine Strafe.

Rom führt diese Überlegungen weiter. Cicero zieht nicht einen Augenblick die Existenz einer Hölle in Betracht und steht auf dem Standpunkt, daß alles, was die Dichter gesagt haben, nur Fabeln sind. Die Alternative ist das Glück mit den Göttern oder das Nichts: »Löscht der Tod in uns selbst das Leben der Seele aus, so ist er etwas ohne Folgen, und wenn er uns zu einer ewigen Wohnung führt, so ist er etwas Wünschenswertes. Eine andere Hypothese gibt es jedoch nicht. Was also könnte ich fürchten, wenn ich nach dem Tod nicht mehr unglücklich sein kann oder sehr glücklich sein muß?«[21] Das einzige, was die Bösen zu fürchten haben, ist die Reinkarnation.

---

20 *Selbstbetrachtungen*, VII,32.
21 *Über das Alter*, XX.

Interessanter, kühner und moderner sind die Gedanken des Lukrez. Das Leben dieses Dichters, Philosophen und Gelehrten ist so gut wie unbekannt. Durch sein großes Werk *Von der Natur der Dinge*, ein Lehrgedicht in sechs Büchern, in dem er die Gedanken Epikurs darlegt, lernt man einen einsamen Mann kennen, der einem abgeklärten Pessimismus huldigt und voller Mitleid für die Menschen ist. Letztere haben bestimmt nichts zu fürchten im Jenseits, denn dort ist gar nichts, der Tod ist absolut. »Man muß diese Angst vor dem Acheron austreiben, die bis ins Innerste der Menschen dringt und das Leben verunsichert, es völlig mit der schwarzen Farbe des Todes durchtränkt« (III,35). Lukrez wirft den verschiedenen Religionen vor, diese Höllengeschichten, die unsere Angst schüren, geschaffen zu haben, während es »meistens die Religion selbst war, die verabscheuungswürdige und verbrecherische Taten hervorbrachte« (I,80). Die alten Bilder von der Hölle sind nur Allegorien, Mythen ohne objektiven Hintergrund. Die wirkliche Hölle ist das Leben oder, besser gesagt, die Angst, die wir vor erfundenen Drohungen oder echten Übeln empfinden: »Jeder versucht, vor sich selbst davonzulaufen, ohne sich entfliehen zu können, jeder bleibt an sich selbst gebunden, ob er will oder nicht, und beginnt sich selbst zu hassen.« Selbst die Liebe ist eine Qual, ein Wahn, ein heftiges Verlangen, das niemals befriedigt werden kann. Für Lukrez ist die Hölle das Ich mit allen Befürchtungen, sie ist die Lebensangst. Von manchen dieser Ängste kann man sich befreien, wie von der Angst vor Gott und der Angst vor dem Tod, aber die große, höllische Urangst, sie verschwindet erst mit uns selbst.«

Im Jahre 55 v. u. Z. begeht Lukrez Selbstmord, mit 45 Jahren. Die großen Religionen haben die zukünftige Hölle offenbart; Lukrez hat die gegenwärtige Hölle entlarvt, die unendlich viel heimtückischer ist und am Leben der Guten wie der Schlechten klebt, aber die Menschheit wird lange Zeit in der Furcht vor der ersteren, äußerst hypothetischen leben.

Der außerordentlich moderne Aspekt im Denken Lukrez', des Vorläufers der existentialistischen Hölle, scheint an jener Stelle in *Von der Natur der Dinge* durch, wo er die Illusion zukünftiger Qualen anprangert und dem irdischen Leben seine infernale Dimension zurückgibt: »Ebenso ist es mit allen Strafen, die die Tradition in die Tiefen des Acheron verlegt hat: Wir finden sie alle, ganz gleich, wie sie sein mögen, in unserem täglichen Leben. Es geht nicht, wie die Sage es berichtet, um den unglücklichen Tantalos, der ohne Unterlaß sich vor einem riesigen, über seinem Haupt schwebenden Felsblock ängstigt und von einer gegenstandslosen Furcht gelähmt ist, sondern es geht um die eitle Furcht vor den Göttern, die das Leben der Sterblichen vergällt, und um die Angst vor den Schlägen des Schicksals, von denen jeder von uns bedroht ist. Es gibt auch keinen Tityos, der im Acheron von Vögeln zerfleischt wird – übrigens könnten diese in seiner breiten Brust auch nichts finden, daran sie in Ewigkeit picken könnten. So riesengroß sein ausgebreiteter Körper auch gewesen sein mag und wenn er, obwohl seine zerschundenen Glieder nur neun Morgen bedeckten, die ganze Erde bedecken würde, so könnte er doch diese ewige Qual nicht bis zum Ende durchhalten, noch mit seinem Körper eine unerschöpfliche Futterstelle darstellen.

Aber für uns ist Tityos auf Erden. Es ist der in Liebe schwelgende Mensch, den die Geier der Eifersucht zerreißen, an dem die Angst frißt und in dessen Herz noch eine andere Leidenschaft wütet. Sisyphos gibt es auch in unserem Leben, wir haben ihn täglich vor Augen, wie er sich beim Volk um Richteramt und Liktorenbündel eifrig bewirbt und sich dann besiegt und nie geschlagen wieder zurückzieht. Denn sich um die Macht bewerben, die nur eine Illusion ist und niemals wirklich jemandem zuteil wird, und dabei immer alle Kräfte bis zur Erschöpfung einsetzen, das heißt wirklich, einen Felsblock einen Berg hinaufschieben, der, kaum ist er oben, wieder hinab in die Ebene rollt. Ebenso denke ich, daß die unaufhörliche Sättigung der Wünsche unserer undankbaren Seele gleich dem immer neuen Verlangen nach den Früchten und Freuden der immer wiederkehrenden Jahreszeiten von den jung erblühten Mädchen symbolisiert wird, von denen es heißt, daß sie ständig Wasser in ein Gefäß ohne Boden gießen, das bei noch so großem Bemühen niemals voll wird. Ebenso ist es mit Zerberus und den Furien [...] mit dem Tartaros, aus dessen Schluchten grauenvolle Flammen schlagen, die es nirgends gibt und die es in Wirklichkeit auch gar nicht geben kann. Es gibt aber im Leben für abscheuliche Missetaten eine abscheuliche Furcht vor Bestrafung. Für das Verbrechen gibt es die Sühne wie Kerker, Sturz von den hohen Klippen, Auspeitschen, Halseisen, glühendes Eisen; und selbst ohne diese Strafen fügt sich die schuldbewußte Seele, die beim Gedanken an ihre Verbrechen von Entsetzen ergriffen wird, selbst diese Marter zu, ohne jemals das Ende dieser Qualen absehen zu können, und sie fürchtet, daß sie im Tode noch schlimmer werden könnten. So wird hienieden das Leben der Einfältigen zu einer wahren Hölle.« (III,978–1024)

Platon, der Vater der philosophischen Hölle

Unter den klassischen griechischen Philosophen ist Platon derjenige, der den traditionellen Gedanken von der Hölle am meisten geprägt hat. Wir wollen in seinem Werk diesbezüglich keine zusammenhängende Doktrin suchen, sondern Gedankengänge aufspüren, dazu einige Konstanten und Hypothesen. Platon hat viel über das Problem nachgedacht und zögert, was eher beruhigend ist: Gewißheiten auf dem Gebiet des Nichterkennens zeugen immer von großer Naivität. Seien wir Platon also dankbar für sein Zögern und seine Ungenauigkeit!

Für Platon folgt auf den Tod ein Gericht, was wir in den drei Werken bestätigt finden, in denen er von der Hölle spricht. Im *Phaidon* gibt es nach diesem Gericht vier Möglichkeiten: »Sobald die Verstorbenen an dem Ort angelangt sind, [werden] zuerst diejenigen gerichtet, welche schön und heilig gelebt haben und welche nicht. Die nun dafür erkannt werden, einen mittelmäßigen Wandel geführt zu haben, begeben sich zum Acheron [...]. Hier wohnen sie und reinigen sich, büßen ihre Vergehungen ab, wenn einer sich irgendwie vergangen hat, und werden losgesprochen, wie sie auch ebenso für ihre guten Taten den Lohn erlangen, jeglicher nach Verdienst. Deren Zustand aber für unheilbar erkannt wird wegen der Größe ihrer Vergehungen, weil sie häufigen und bedeutenden Raub an den Heiligtümern begangen oder viele ungerechte und gesetzwidrige Mordtaten vollbracht oder anderes, was dem verwandt ist, diese wirft ihr gebührendes Geschick in den Tartaros, aus dem sie nie wieder heraussteigen. Die hingegen heilbare zwar, aber doch große Vergehungen begangen zu haben erfunden werden [...], diese müssen zwar auch in den Tartaros stürzen, aber wenn sie hineingestürzt und ein Jahr darin gewesen sind, wirft die Welle sie wieder aus, die Mörder auf die Seite des Kokytos, die aber gegen Vater und Mutter sich versündigt, auf der des Pyriphlegethon. Wenn sie nun, auf diesen fortgetrieben, an den Acherusischen See kommen, so schreien sie da und rufen die, welche von ihnen getötet worden sind oder frevelhaft behandelt. Haben sie sie nun herbeigerufen, so flehen sie und bitten, sie möchten sie in den See aussteigen lassen und sie dort aufnehmen. Wenn sie sie nun überreden, so steigen sie aus, und ihre Übel sind am Ende; wo nicht, so werden sie wieder in den Tartaros getrieben und aus diesem wieder in die Flüsse, und so hört es nicht auf ihnen zu ergehen, bis sie diejenigen überreden, welchen sie unrecht getan haben; denn diese Strafe ist ihnen von den Richtern angeordnet.« (113–114)

Im *Gorgias* erklärt Platon, daß die Menschen zur Zeit von Kronos vor ihrem Tod in voller Kleidung gerichtet wurden. Dabei konnten die Bösen durch gute Kleidung die Richter täuschen. Zeus jedoch bestimmt, schon zu Beginn seiner Herrschaft, daß die Menschen nicht mehr erfahren dürfen, wann sie sterben, und daß sie nach dem Tod nackt vor drei Richtern – Minos, Rhadamanthys und Aiakos – erscheinen müssen: »Diese werden, wenn sie gestorben sind, Gericht halten auf dem Anger am Dreiweg, wo die Wege sich gabeln, einer nach den Inseln der Seligen, der andere in den Tartaros« (524). Damit waren nun alle vor dem Gericht gleich.

In Platons *Politeia* ist ebenfalls die Rede von einem Gericht, bei dem die Guten von den Bösen getrennt werden (X,614). Was die Dauer der Höllenstrafen angeht, so bleibt freilich immer noch unklar, ob sie ewig sind oder nicht. Sie werden als sehr lang, jedoch immer zeitlich begrenzt angegeben: »Die Hauptsache aber sei dieses, daß sie jeder für alles, was sie jemals und an wem immer Unrechtes getan, einzeln hätten Strafen geben müssen, zehnmal für jedes, nämlich immer wieder nach hundert Jahren, als welches die Länge des menschlichen Lebens sei, damit sie so zehnfach die Buße für das Unrecht ablösten. So zum Beispiel, wenn einige an vielfältigem Tode schuldig gewesen, weil sie Städte verraten oder Heere und in die Knechtschaft gestürzt oder sonst großes Elend mitverschuldet hatten, so mußten sie von dem allen für jedes zehnfache Pein erdulden« (X,615). In diesem Zusammenhang zitiert Platon den Fall des Ardiaios, eines Tyrannen von Pamphylien, der nicht nur Vater- und Brudermörder war, sondern auch noch andere Gewalttaten vollbracht hatte. Jedesmal, wenn er versucht, aus der Hölle zu entkommen, wird er, zusammen mit anderen, von den Dämonen wieder zurückgezerrt: »Sie banden ihnen Hände und Füße und Kopf zusammen, warfen sie nieder und, nachdem sie sie mit Schlägen zugedeckt, zogen sie sie seitwärts vom Wege ab, wo sie sie mit Dornen schabten und den Vorbeigehenden jedesmal andeuteten, weshalb diese solches litten und daß sie abgeführt würden, um in den Tartaros geworfen zu werden« (X,616). Dennoch hat die Hölle für alle ein Ende. Nach einer tausendjährigen Reise im Jenseits findet eine Reinkarnation der Seele statt nach einem System, das halb vom Zufall, halb von der persönlichen Wahl bestimmt wird. Jeder entscheidet sich für eine bestimmte Art von Leben und wird in einem Körper wiedergeboren. Von seiner Vergangenheit weiß er nichts mehr.

Im *Gorgias* hingegen unterscheidet Platon zwischen denen, deren Qualen vorübergehend, und jenen, für die sie ewig sind. Das Böse läßt sich in allen Fällen immer nur durch Strafen ausmerzen, aber während diese Strafe für die einen heilsam ist, sind andere unverbesserlich und müssen sie daher auf ewig erdulden:

»Dies aber kommt jedem in Strafe Verfallenen zu, der von einem andern mit Recht bestraft wird, daß er entweder selbst besser wird und Vorteil davon hat – oder daß er den übrigen zum Beispiel dient, damit andere, welche ihn leiden sehen, was er leidet, sich aus Furcht bessern. Es sind aber die, welchen es selbst zum Vorteil gereicht, daß sie von Göttern und Menschen gestraft werden, diejenigen, welche sich durch heilbare Fehler vergangen haben. Dennoch aber erlangen sie diesen Vorteil nur durch Schmerz und Pein, denn eine andere Art gibt es nicht, von der Ungerechtigkeit frei zu werden. Die aber, welche den ärgsten Frevel begangen haben und durch solche Vergehungen unheilbar geworden sind, aus diesen werden abschreckende Beispiele aufgestellt, und es gereicht ihnen selbst nicht mehr zum Vorteil, wenn sie eben unheilbar sind, anderen aber gereicht es zum Vorteil, welche sehen, wie diese um ihrer Vergehungen willen die ärgsten, schmerzhaftesten und furchtbarsten Übel auf ewige Zeit erdulden, offenbar als abschreckende Beispiele aufgestellt dort in der Unterwelt, im Gefängnis, allen Frevlern, welche dort ankommen, zum Anblick und zur Warnung.« Diese Unverbesserlichen sind insbesondere Tyrannen, Könige und Politiker, »denn diese begehen vermöge ihrer Macht die größten und ruchlosesten Frevel«. (525)

Im *Phaidon* geht Platon noch weiter und denkt an eine dritte Kategorie: Die Menschen, die zeit ihres Lebens Sklaven der Fleischeslust waren, sind dazu verdammt, auf der Erde umherzuirren.

Ihr körperlicher Bestandteil zieht sie nach unten, sie können jedoch nicht zum Hades gelangen, sondern sehen einer baldigen Reinkarnation entgegen, und zwar in Gestalt jener Tiere, die ihr Hauptlaster versinnbildlichen. Diese Doktrin ist der hinduistischen sehr nah: »Wenn sie [die Seele] aber, meine ich, befleckt und unrein von dem Leibe scheidet, weil sie eben immer mit dem Leibe verkehrt und ihn gepflegt und geliebt hat und von ihm bezaubert gewesen ist und von den Lüsten und Begierden, so daß sie auch glaubte, es sei überhaupt gar nichts anderes wahr als das Körperliche, was man betastet und sieht, ißt und trinkt und zur Liebe gebraucht, und weil sie das für die Augen Dunkle und Unsichtbare, der Vernunft hingegen Faßliche und mit Weisheitsliebe zu Ergreifende gewohnt gewesen ist zu hassen und zu scheuen und zu fürchten, meinst du, daß eine so beschaffene Seele sich werde rein für sich absondern können? [...] Durchzogen von dem Körperlichen, [ist] auch die Seele, die es an sich hat, schwerfällig und [wird] wieder zurückgezogen in die sichtbare Gegend aus Furcht vor dem Unsichtbaren und der Geisterwelt, wie man sagt, an den Denkmälern und Gräbern umherschleichend, an denen daher auch allerlei dunkle Erscheinungen von Seelen gesehen worden sind, wie denn solche Seelen wohl Schattenbilder darstellen müssen, welche nicht rein abgelöst sind, sondern noch teilhaben an dem Sichtbaren, weshalb sie denn auch gesehen werden. [...] Und so lange irren sie, bis sie durch die Begierde des sie noch begleitenden Körperlichen wieder gebunden werden in einen Leib. Und natürlich werden sie in einen von solchen Sitten gebunden, deren sie selbst sich befleißigt hatten im Leben.« (81)

Im selben Dialog stellt Platon auch eine Geographie der Hölle auf: In der Tiefe der Erde befinden sich ungezählte, mehr oder weniger große Höhlen. Sie sind von verschiedener Tiefe und miteinander verbunden. Dort fließen Ströme von Schlamm, Feuer, heißem und kaltem Wasser, die – wie in Sizilien – manchmal an die Erdoberfläche treten. Im Mittelpunkt des Ganzen befindet sich der Tartaros, zu dem alle Flüsse hinfließen und von dem sie auch ausgehen, pulsierend im höllischen Rhythmus. Nach Platon sind dies Okeanos, Acheron, Pyriphlegethon, Kokytos, Styx und der Acherusische See. *(Phaidon, 112–113)*

Man muß sich fragen, ob Platon wirklich an all dies glaubt. Jedenfalls läßt er am Ende des *Gorgias* (523) Sokrates zu Kallikles sagen: »Vielleicht hältst du das für einen Mythos, ein Märchen, wie es alte Weiber erzählen, und verachtest es.« Eingeleitet hatte er seine Erzählung bereits mit den Worten: »So vernimm denn – wie man zu sagen pflegt – eine sehr schöne Geschichte, die du wahrscheinlich für ein Märchen halten wirst, ich aber für einen wahren Bericht. Denn als wahre Wirklichkeit werde ich dir sagen, was ich nun sagen will.« Platon ist sich der Skepsis, mit der die übrigen Philosophen seinen »Geschichten« begegnen werden, wohl bewußt. Sie sind ja auch zu verschieden, als daß er sie für etwas anderes als Mythen halten könnte. Für ihn zählt nur ihre wesentliche Bedeutung: Jeder muß nach dem Tod aufgrund eines von den Göttern gefällten Richterspruchs leiden, damit er von seinen körperlichen Banden befreit wird. Der genaue Inhalt dieser Mythen hat nur wenig Bedeutung. Entscheidend ist, daß sie uns helfen, zum Guten fortzuschreiten, und somit unser Glück sichern: »Glaube mir also und folge mir dahin, wo angelangt du glücklich sein wirst, im Leben und nach dem Tode, wie deine eigenen Worte bezeugen.« (*Gorgias*, 527)

Diese Doktrin wurde bei den neuplatonischen Philosophen in vieler Weise weiterentwickelt. Im 3. Jahrhundert unterscheidet Plotin drei Arten von Strafe für die Sünden: die sofortige Bestrafung als natürliche Folge böser Taten in diesem Leben, die auf ihren Urheber zurückfallen; die Reinkarnation in niedere Lebewesen; Höllenqualen. Die Hölle, das ist die in der Materie eingeschlossene Seele, und je mehr sie darin versinkt, desto mehr ist sie in Irrtum und Übel gefangen. Die Hölle ist für Plotin das Versinken der Seele im Körper, wenn sich die Seele ganz mit Materie anfüllt und dann, wenn sie den Körper verlassen hat, in den gleichen Unrat zurückfällt, bis sie ihre Rückkehr in die begriffliche Welt erreicht und ihre Blicke von dem Sündenpfuhl abwendet: Dies bedeutet den wahren Tod. So lange sie in diesem Zustand verharrt, sagt man, daß sie in die Hölle hinabgestiegen ist und dort schlummert.

Diese Hölle gerät immer mehr in Gegensatz zur Hölle der Dichter, die farbig, voller Lärm und Getöse ist, und die von den Gläubigen aller indo-europäischen Religionen angenommen werden sollte.

Vom 4. Jahrhundert v. u. Z. an bestehen die beiden Höllen nebeneinander und machen dialektische Entwicklungen durch, die sich in Opposition einerseits und Synthese andererseits äußern. Die volkstümliche Hölle entwickelt in der Folge die geistigen Themen der Philosophen zu konkreten, bildhaften Darstellungen, während die letztere den Sinn der Mythen, die in der volkstümlichen Hölle entstehen, vertiefen. Es versteht sich, daß eine solche Entwicklung nicht ohne Spannungen und Auswüchse vor sich gehen konnte, da die volkstümliche Hölle in eine teils sadistische, teils malerische, rein imaginäre Version mündete, während die Hölle der Philosophen manchmal, durch die Versuchung des Nichts, bis zur Selbst-Negierung führte.

Vergil, der Vater der volkstümlichen Hölle

Wenn Platon ein gewisses Anrecht darauf hat, als Gründer der philosophischen Hölle zu gelten, dann kann Vergil für sich in Anspruch nehmen, der Begründer der volkstümlichen Höllenvorstellungen zu sein, wählt ihn doch Dante als Führer durch die Hölle. Vergils *Aeneis* ist eigentlich der erste große Reiseführer durch die Hölle. Die vorherigen – babylonischen, ägyptischen oder indischen – Texte brachten alle nur sehr kurze, jeweils beschränkte Beschreibungen der Hölle. Aeneas verbringt dort einen ganzen Tag, was es ihm unter der Führung von Sibylle ermöglicht, den ganzen Hades zu besichtigen. Die Qualität der Beschreibung, die viele bekannte mythologische Elemente beinhaltet, sollte aus ihr das unbestrittene Referenzwerk machen, und dadurch wurden für Jahrhunderte bestimmte Bilder festgeschrieben. Folgen wir kurz der Führung.

Vergil stellt zunächst einen der Eingänge zur Hölle vor, der Sumpf des Acheron, in der Campania, der heutige Lago Fusaro, der einer der Orte sein soll, an denen der Fluß der Unterwelt zutage tritt. Wenn die Rede von der Hölle war, dann wendeten sich jahrhundertelang alle Blicke nach Süditalien und Sizilien, denn Vulkane, Sümpfe und ungastliche Landschaften schienen der geeignete Rahmen zu sein. Aeneas bittet also die Sibylle um Erlaubnis, in die Hölle hinabzusteigen, um seinen Vater Anchises zu besuchen. Die Erlaubnis wird erteilt, es werden jedoch Bedingungen gestellt (die Vollziehung bestimmter Riten), und eine Warnung wird ausgesprochen: Die Reise ist gefahrvoll, und es ist leichter hinab als wieder herauf zu gelangen. Um tot oder lebend in den Hades zu kommen, müssen also unbedingt zwei Voraussetzungen erfüllt sein: Es müssen die begünstigenden Riten vollzogen sein, und man muß ein makelloses Leben geführt haben.

Der Eingang hat die Form einer von schwarzem Gewässer umgebenen Höhle, aus der ekelerregender Gestank dringt. Aeneas und Sibylle stürzen sich hinein, und in völliger Finsternis beginnt der Abstieg. Im Vorraum wohnen unheilvolle Gestalten: Trauer, Angst, Reue, Krankheit, Alter, Hunger, Armut, Krieg, Leiden, Tod, Gefangenschaft und Zwietracht. Es sind dies sehr bedeutsame Allegorien, denn durch sie setzt sich die Hölle auf der Erde fort. So entsteht hier der Gedanke einer schon in diesem Leben beginnenden Hölle. Von dieser Basis ausgehend zögerten spätere Philosophen nicht mehr, das Stammhaus in seine irdischen Filialen zu verlegen.

Plötzlich werden die beiden Besucher von einer Gruppe geflügelter Unwesen angegriffen, von Zentauren, Hydren, Harpien, Gorgonen und anderen schauderhaften Monstren, die die griechische Mythologie erfunden hat. Diese scheußlichen Kreaturen sind jedoch nur Schatten; sie sind die Vorläufer der Dämonen, die nach der christlichen Höllenvorstellung später dann die Rolle haben sollten, sich nach dem Tod auf die Seele zu stürzen.

Nun kommen wir an einer der wesentlichen Stellen des Hades an: zu den Ufern des Acheron, der seine Schlammfluten dahinwälzt und den es im Nachen des Charon zu überqueren gilt. Der zerlumpte Greis ist das Urbild der späteren Darstellungen des Todes. Er ist unglaublich schmutzig, ein dichter, weißer, ungepflegter Bart hängt ihm vom Kinn herab. In seinen starren Augen lodern Flammen und um seine Schultern hängt ein völlig verdreckter Mantel. Trotz seines hohen Alters ist er kräftig und stark wie ein Gott. Die Seelen drängeln, um in den Nachen zu kommen, er aber nimmt nur die auf, denen auf Erden eine Grabstätte zuteil wurde. Die anderen, insbesondere die Ertrunkenen, müssen an diesem Ort hundert Jahre lang umherirren, bevor sie übergesetzt werden. Die Angst, auf dem Meer umzukommen oder nicht ordentlich beerdigt zu werden, war jahrhundertelang in der abendländischen Mentalität fest verwurzelt. Aeneas trifft hier alte Bekannte, die auf dem Meer verschollen waren, und wechselt mit ihnen einige Worte.

Nach der Überfahrt über den Fluß stehen beide nun vor Zerberus, dem Wächter der Hölle, einem Höllenhund, der nach Hesiod fünfzig, nach Vergil drei Köpfe hat und von dem Horaz berichtet, daß sich hundert Schlangen um seinen Hals sträuben. Homer erwähnt die Bestie nirgends, obwohl sie sonst bei allen anderen Autoren auftaucht. Nun beginnt der Besuch der einzelnen Aufenthaltsorte, die den Seelen durch den Spruch des Gerichts des Minos zugewiesen werden. Diesem Gericht wohnen, entsprechend römischem Brauch, durch das Los bestimmte Schöffen bei. Zunächst kommt nun eine Kategorie, die den Höllenarchitekten schon immer Kopfzerbrechen bereitet hat, nämlich die ganz kleinen Kinder, die gestorben sind, ohne daß sie etwas Böses hätten tun können. Was soll mit diesen Unschuldigen geschehen? Vergil gibt hierauf keinerlei Antwort. Er stellt lediglich fest, daß sie da sind und weinen. Er gesellt ihnen übrigens noch andere unangenehme Zweifelsfälle zu, wie zum Beispiel die Selbstmörder, die ein sündenfreies Leben geführt haben, sowie die unschuldig zu Tode Verurteilten. Sodann kommt er zu den Gefilden der Tränen, wo all jene, die an einer unglücklichen Liebe litten, verschwiegene Pfade und Myrtenhaine finden, wo sie sich verbergen können. Selbst im Tod hören ihre Qualen nicht auf. Die Höllenqualen können also ganz einfach die Fortsetzung irdischer Leiden sein, wie bei den Sumerern, ohne daß moralische Gesichtspunkte mitspielen. Übrigens finden sich ganz in der Nähe berühmte, im Kampf gefallene Krieger, die sichtlich nichts anderes zu tun haben, als ihr Mißgeschick wiederzukäuen und sich über die Streiche, unter denen sie gefallen sind, zu empören. Bis hierher also ist die Hölle kein Ort der Qualen. Das Los der Toten ähnelt dem jener Gestorbenen, die wir in den ersten Höllen angetroffen haben, in den Höllen für alle. Die Glücklosen finden wir hier, die verbittert sind, den anderen ihr Glück neiden, ihr Unglück beweinen und ihren traurigen Gedanken nachhängen. Die Götter, so scheint es, haben kein Mitgefühl mit den Kummervollen.

Dann jedoch wird es ernst. Aeneas und Sibylle kommen zur großen Weggabelung. Nach der einen Seite hin führt der Weg zu den elyseischen Gefilden der Glückseligen, zur anderen Seite hin führt der Weg zu den Qualen des Tartaros für die Bösen. Dort erhebt sich eine enorme eiserne Festung mit einem riesigen Tor und stählernen Säulen. Sie ist von einer dreifachen Mauer umgeben, diese wiederum vom Flammenfluß, dem Pyriphlegethon. Am Eingang hält Tisiphone, eine der Erynnien, Tag und Nacht Wache. Aus dieser grauenvollen Burg dringen Schläge, Kettengerassel, Geschrei und Wehklagen. Hier kann kein reiner Mensch eintreten, und so muß sich Aeneas mit den Erklärungen der Sibylle begnügen, die ihm schildert, wie es drinnen zugeht.

Sie berichtet, daß drinnen Rhadamanthys ein sehr hartes Regiment führt, die Bösewichter hochnotpeinlich befragt und foltert, die somit vergebens gehofft hatten, ihre Missetaten blieben verborgen. Die rächende Tisiphone peitscht daraufhin die Schuldigen aus und bedroht sie mit ihrem Schlangengezücht. Im Innern lauert eine ungeheure Hydra mit fünfzig aufgerissenen, schwarzen Schlünden, und dann kommt der Tartaros, der sich bis auf den Grund teilt. Ein riesenhafter Geier mit gekrümmtem Schnabel hackt Tityos die Leber aus, wütet in seinen Eingeweiden, um Nahrung zu finden. Er wohnt in seiner Brust und verschont das stetig nachwachsende Fleisch auch nicht für die Dauer eines einzigen Augenblicks. Sibylle zählt weitere Unglückliche auf, wie Lapithes, Ixion und Pirithoos, deren ausgerenkte Gliedmaßen an den Speichen von Rädern baumeln, die unermüdlich wieder herabrollende Felsbrocken zu Berg wälzen. Die Älteste der Erynnien hindert Phlegias daran, von den bereitstehenden Speisen zu essen. Sibylle erklärt, daß hier alle die sind, die während ihres Lebens den Bruder gehaßt, den Vater mißhandelt oder den Kunden betrogen haben. Zahlreich sind auch jene, die Reichtümer angehäuft haben, ohne ihre Nächsten teilhaben zu lassen, und jene, die wegen Ehebruchs einen Mord begangen haben. Sie alle warten hier auf ihre Strafe. Und Sibylle schließt mit der Bemerkung, daß sie nie alle Vergehen noch alle Strafen aufzählen könnte, selbst wenn sie hundert Zungen, einen hundertfachen Mund und eine eherne Stimme hätte.

Wir finden hier alle beieinander, die den Göttern gleich sein wollten. Stolz ist die größte Sünde, die den Menschen und den Helden dazu verleitet, sich über ihr Menschsein erheben zu wollen, was die Götter niemals verzeihen. Jupiter wacht ebenso eifersüchtig über seine Macht wie Jahwe. Alle, die auf irgendeine Weise in die Vorrechte Jupiters eingreifen, werden verdammt. Ihr Fehler ist ähnlich dem Adams: Es ist der Stolz. Darüber hinaus finden wir in dieser Hölle die üblichen Schuldigen wie Eidbrüchige, Ehebrecher, der Blutschande Schuldige, Geizige, Habgierige, Völler. Es muß unterstrichen werden, wie eng die Liste der Vergehen an das römische Recht angelehnt ist, so als seien die menschlichen Gesetze durch die Götter sanktioniert. Einen Kunden zu betrügen wird durch das Zwölftafelgesetz ausdrücklich geahndet, seine Frau und deren Liebhaber töten ist völlig legal, das Gesetz *Julia de adulteriis* aus dem Jahr 17 v. u. Z. gestattet es immer noch bei einer Feststellung in flagranti. Deshalb findet man in der Hölle nicht den Mörder, den Gatten, sondern seine von ihm ermordete Frau. Wer seinen Diensteid seinem Herrn gegenüber bricht, gehört zu den revoltierenden Sklaven, die in der Epoche Vergils ein Problem darstellen. Wer sein Vaterland gegen Gold eintauscht, ist vielleicht Curion, der Rom an Cäsar verkauft hat. Wer Gesetze macht und sie wieder außer Kraft setzt, ist vielleicht Marcus Antonius, kurz: Die Liste der Vergehen deretwegen man in die Hölle kommt, ist immer eng mit dem Tagesgeschehen verbunden.

Wie dem auch sei – die Hölle Vergils ist vorübergehend. Wenn die Seelen geläutert sind und alles Unziemliche hinter sich gelassen haben, wartet auf sie ein Aufenthalt im Elysium, und tausend Jahre später werden sie, nachdem sie Vergessen aus dem Fluß Lethe getrunken haben, in einem anderen Körper wiedergeboren.

Die *Aeneis* sollte ein großer Erfolg werden. Poetisch, allegorisch und rational zugleich, begeisterte sie Generationen von Intellektuellen und übte über die Volkskunst eine echte Faszination auf die Völker aus. Viele der späteren Darstellungen der Hölle waren nur Varianten oder Weiterentwicklungen der *Aeneis*. Aber diese volkstümliche Hölle ist noch nicht die vollkommene Hölle, ihr fehlt die Ewigkeit, die das Christentum hinzufügen wird, um die absolute Qual zu schaffen.

III

Die Ungewißheiten der jüdisch-christlichen Hölle bis zum 1. Jahrhundert

Während der letzten fünf Jahrhunderte vor unserer Zeitrechnung festigt sich überall die Vorstellung von einer Hölle als Ort der Bestrafung im Jenseits, um die bösen Seelen zu läutern und um die göttliche Gerechtigkeit, die auf Erden so oft verhöhnt wird, wiederherzustellen. Dieser alte, schon bei den Ägyptern, Persern und Indern bestehende Glaube siegt langsam über die Vorstellung von einer undifferenzierten Hölle, in der alle ausruhen. Manche griechischen Denker stellen sie schon in Frage und neigen mehr zur Vorstellung von einer Hölle auf Erden, losgelöst von der Religion und verbunden mit den Lebensumständen des Menschen.

Der historische Rückstand der hebräischen Hölle im 6. Jahrhundert v. u. Z.

Die Welt der Hebräer blieb von dieser Entwicklung nicht verschont, was angesichts der großen benachbarten Reiche, des Exils, der Besetzung und der Tatsache, daß sie ein Durchzugsland für viele Völkerschaften war, nicht ausbleiben konnte. Wie stark ihr Gefühl für ihre Einzigartigkeit sein mochte und wie starr sie auch daran festhielten, es war den einige Hundertausende zählenden Hebräern nicht möglich, sich den sie umgebenden, bestechenden Denkströmungen zu entziehen. Es ist schon sehr erstaunlich, daß die vier Jahrhunderte ägyptischer Gefangenschaft (vom 17. bis zum 13. Jahrhundert v. u. Z.) kaum Spuren bezüglich des Scheol hinterlassen hatten, das sich fast unverändert in der jüdischen Literatur des 6.–5. Jahrhunderts findet, im Deuteronomium, dem Buch Josua und dem Buch der Könige, den Propheten Amos und Hosea sowie in den Psalmen dieser Zeit. Das Scheol bleibt das Land des Vergessens und der Stille, wo sich endgültig eine Generation über die andere stapelt, die Guten wie die Bösen. Es gibt keine Spur von Gericht, Wiederauferstehung, Strafe nach dem Tode wie in der ägyptischen Hölle. Wurden die Hebräer durch ihre Lage und ihre Kultur, die der ihrer Beherrscher weit nachstand, abseits der religiösen Vorstellungen des Niltales gehalten?

Haben zweieinhalb Jahrhunderte Nomadentum, gefolgt von zweieinhalb Jahrhunderten bewegter Monarchie die Erinnerung an Ägypten schwinden lassen? Haben die Religionen der Kanaanäer und Philister, die sie bei ihrer Rückkehr in Palästina vorfanden, ihren eigenen Glauben bestärkt? Haben das Eindringen der Assyrer und ihre Einnahme von Samaria (721), das Eindringen der Babylonier und die Einnahme von Jerusalem (587) in der gleichen Richtung gewirkt? Dies sind lediglich Hypothesen, die jedoch erklären könnten, weshalb die Hebräer am Glauben an eine Hölle festhielten, in der alle auf ewig ruhen.

Lange Zeit glaubte die Exegese, den Beginn einer Hoffnung auf Wiederauferstehung und Jüngstes Gericht beim Propheten Jesaja schon im 8. Jahrhundert zu finden: »Doch deine Toten leben wieder auf, und ihre Leichen werden wieder auferstehen. Erwachet und jubelt, die ihr im Staube ruht! Denn Tau des Lichtes ist dein Tau, und die Erde wird Schatten gebären« (26,19). Andere Stellen bei Jesaja scheinen den Glauben an spätere und ewig währende Bestrafung der Bösen durch Feuer und Würmer zu verkünden: »Denn seht, Jahwe kommt im Feuer, dem Sturmwind gleich sind seine Wagen, um in Glut seinen Zorn auszulassen und sein Schelten in lodernden Flammen. Denn mit Feuer wird Jahwe Gericht halten« (66,15/16). »Sie werden hinausgehen und die Leichen derer schauen, die von mir abgefallen sind. Denn ihr Wurm stirbt nicht, und ihr Feuer erlischt nicht; sie werden zum Abscheu sein für alles Fleisch.« (66,24)

Die heutige Exegese ist sich jedoch fast völlig einig darüber, daß diese Textstellen über Würmer und ewiges Feuer, die von den Evangelien teilweise wörtlich übernommen wurden, bei Jesaja einen völlig konkreten, irdischen Sinn haben. Der Prophet verkündet den zukünftigen Sieg Israels über seine Feinde, deren Leichen im Tale Hinnom, außerhalb der Mauern Jerusalems, den Würmern oder dem Feuer anheimfallen werden. Hinzu kommt, daß die Kapitel 65 und 66 viel später eingefügt wurden, denn sie stammen aus den Jahren 537–520, nach der Rückkehr der Hebräer aus der Babylonischen Gefangenschaft, einer Zeit also, als das Nachdenken über das Jenseits schon angefangen hatte.[1] In diesen Textstellen ist, wie bei der hebräischen Literatur vor dem 5. Jahrhundert, das Gewürm nur eine Metapher für die Zersetzung, der jeder Körper anheimfällt.

Das Feuer seinerseits hat ausschließlich materielle Bedeutung. Es ist die zerstörende Kraft schlechthin, und so ist es nicht erstaunlich, daß es so oft in kriegerischen Texten erwähnt wird. Es ist das Werkzeug der Rache des Siegers, der systematisch Städte, Ernten und Menschen verbrennt. Auch Jesaja gebraucht es in einem durchaus irdischen Sinn: »In Zion erbeben die Sünder, und die Gottlosen erfaßt Entsetzen. Wer von uns kann weilen bei diesem fressenden Feuer, wer von uns kann weilen bei diesen ewigen Gluten?« (33,14) – »Durch die Zornesglut Jahwes Zebaot wird das Land versengt und das Volk zur Speise des Feuers« (9,18). Der erweiterte Begriff des Feuers bezeichnet den Zorn Gottes, der die Gottlosen vernichtet: »Wie lange, Jahwe? Willst du dich verbergen auf immer? Soll brennen wie Feuer dein Zorn?« so fragt Psalm 89,47. Jeremias läßt Gott sagen: ». . . denn mein Zorn hat ein Feuer entfacht, das über euch brennen wird« (15,14). ». . . entreißet den Unterdrückten der Hand seines Bedrückers, damit mein Zorn nicht hervorbreche wie Feuer, das brennt, ohne daß einer es zu löschen vermag« (21,12). Niemand ist vor diesem metaphorischen Feuer sicher, das geht aus dem Deuteronomium hervor, wo Gott erklärt: »Denn Feuer ist ja entflammt durch meinen Zorn und ist entbrannt bis in der Unterwelt Tiefen« (32,22). Immer wieder wurden diese Stellen in den christlichen Betrachtungen über die Hölle zitiert. In dem Index für Predigten *Les Tables pastorales de la Bible* werden nicht weniger als 271 Stellen in der Heiligen Schrift angeführt, die das Feuer erwähnen.[2] Den jeweiligen Höllenerfindern scheint es das Feuer angetan zu haben, denn sie sollten daraus fortan das Hauptkennzeichen der Hölle machen.

Bis zum 6. Jahrhundert ist das Feuer jedoch rein bildlich; die Hölle bleibt der feuchte und dunkle Aufenthaltsort der Schatten

---

[1] Zur Diskussion über diese Frage siehe A. Gelin, *Jérémie, les Lamentations. Le Livre de Baruch*, Paris 1952; J. Steinmann, *Le Prophète Isaïe*, Paris 1950.
[2] *Tables pastorales de la Bible* (index analytique et analogique), Lethielleux 1974.

aller Verstorbenen. Die Propheten aus der Zeit des Exils, Jeremia und Ezechiel[3], entwickeln als erste, noch recht zaghaft, etwas Neues, nämlich die Idee von der persönlichen Verantwortlichkeit und die Idee von der Wiederauferstehung. Ezechiels Vision von den »verdorrten Gebeinen«, die sich wieder mit Fleisch bedecken, wird heute eher als Vorausschau für das Wiedererstehen des Volkes Israel nach den Prüfungen der Gefangenschaft gewertet. (37,1-14)

Klarer formuliert ist die Idee der individuellen Verantwortlichkeit, ein Begriff, der sich nicht trennen läßt von einer möglichen persönlichen Bestrafung. In Kapitel 18 prangert Ezechiel die Ungerechtigkeit der Kollektivverantwortung deutlich an: Die Strafe ist irdisch, aber nur der Schuldige muß büßen: »Und es erging das Wort Jahwes an mich also: Was fällt euch ein, daß ihr im Lande Israel das Sprichwort im Munde führt ›Unsere Väter haben Herlinge gegessen und den Söhnen wurden die Zähne stumpf‹. So wahr ich lebe, spricht Jahwe, der Herr, dieses Sprichwort sollt ihr nicht mehr in Israel gebrauchen. Alles Leben ist mein, das Leben des Vaters, sowohl wie das Leben des Sohnes. Sie sind mein. Nur wer sündigt, der soll sterben« (18,1-4). Sodann legt Ezechiel seine Gedanken dar: »Und nun ist einer gerecht und übt er Recht und Gerechtigkeit [...]. Aber wenn er einen gewalttätigen Sohn erzeugt, der Blut vergießt [...], den Elenden und Armen bedrückt, Raub begeht, das Pfand nicht zurückgibt, seine Augen zu den Götzen hebt, Greuel verübt, auf Wucher leiht und Zins nimmt, der wird sicherlich nicht am Leben bleiben. Alle diese Greuel hat er verübt, darum soll er sterben, seine Blutschuld liegt auf ihm.« (18,5-14)

Dem Volk erscheint diese Idee verwunderlich, deswegen fährt Ezechiel mit Nachdruck fort: »Wer sündigt, der soll sterben. Aber der Sohn soll nicht die Schuld des Vaters tragen und der Vater nicht die Schuld seines Sohnes. Die Gerechtigkeit des Gerechten liegt bei ihm und die Gottlosigkeit des Gottlosen liegt bei ihm« (18,20). Dies bedeutet jedoch nicht, daß Gott gerne straft: »Habe ich etwa so großen Gefallen am Tode des Gottlosen, spricht Jahwe, der Herr, und nicht vielmehr darin, daß er sich von seinem Wandel bekehre

---

3 P. Auvray, *Ézéchiel*, Paris 1947; Béguerie, Leclercq, Steinmann, *Études sur les prophètes d'Israël*, Paris 1954; J. Steinmann, *Le Prophète Jérémie*, Paris 1952.

und lebe?« (18,23). Jeremia drückt ungefähr zur gleichen Zeit den gleichen Gedanken aus: »In jenen Tagen wird man nicht mehr sagen ›Die Väter haben saure Trauben gegessen und den Kindern werden die Zähne stumpf.‹« (31,29-30)

Die ersten Betrachtungen über die göttliche Gerechtigkeit: Hiob, Joel

Nach der Aufstellung des Prinzips der individuellen Verantwortlichkeit befassen sich die biblischen Betrachtungen mit den Sanktionen der göttlichen Gerechtigkeit.

Nachdem es kein Gericht nach dem Tod gibt, greift die göttliche Gerechtigkeit sofort ein: Der Übeltäter stirbt vorzeitig, er wird von Krankheiten befallen, muß Leid ertragen, der Ruin kommt über ihn oder er bleibt ohne Nachkommen. Diese alte Vorstellung, die täglich durch die Tatsachen widerlegt wird, kann sich auf die Dauer nicht halten. 538 v. u. Z. gestatten die Perser Israel die Rückkehr nach Palästina, wo es jedoch hinfort unter der – scheinbar toleranten – Herrschaft der Achämeniden lebt. Ein Jahrhundert lang Kontakt mit der Lehre des Zarathustra und ihrer Eschatologie kann nicht ohne Einfluß auf die jüdischen Intellektuellen bleiben. Die Fragen, mit denen sie sich beschäftigen, finden gegen Ende des 5. Jahrhunderts ihren Niederschlag im Buch Hiob.[4] Als Hintergrund wählt der Autor die Geschichte eines vom Unglück geschlagenen Scheichs, der jedoch ein guter Mensch ist. Die Ungerechten sind die Glücklichen in diesem Leben, und alles gelingt ihnen, während die Gerechten unglücklich sind, und nach diesem Leben wartet auf alle das gleiche Los. Wo bleibt da die göttliche Gerechtigkeit? »Warum denn bleiben die Frevler noch am Leben? Sie werden alt, sind rüstig und gesund. Vor ihnen stehn die Kinder fest gegründet, und ihre Sprößlinge gedeihn vor ihren Augen. Gesichert vor Gefahr sind ihre Häuser, und Gottes Rute kommt nicht über sie [...].

Der stirbt inmitten seines Glückes, ganz sorgenfrei und ruhig. Vom Fette strotzen seine Lenden, sein Knochenmark ist wohlge-

---

4 C. Larcher, *Le Livre de Job*, Paris 1926; J. Steinmann, *Le Livre de Job*, Paris 1955.

tränkt. Ein andrer stirbt mit bitterm Herzen; nie hat er Gutes je verkostet. Zusammen liegen sie im Staube, und beide deckt der Moder zu.« (21,7–9 u. 23–26)

Hiobs Freunde bieten ihm alle klassischen Erklärungen, die sich auf seinen Fall beziehen könnten. Wahrscheinlich hat er im verborgenen gesündigt, vielleicht muß er für seine Väter büßen, vielleicht soll er als Beispiel dienen. Hiob gibt sich mit all dem nicht zufrieden, er beruhigt sich erst, als Gott selbst eingreift, ihn daran erinnert, daß er der Allmächtige ist, dessen Ratschluß unergründlich ist, daß ihm der Mensch alles schuldet und keinerlei Recht besitzt, daß der Mensch bereit sein muß, sich seiner selbst zu entledigen, um Gott in aller Ehrfurcht anzubeten. Gott weiß alles, der Mensch weiß nichts: »Wer Gott will tadeln, der muß Antwort stehn« (40,2). So sagt Gott, und Hiob erkennt, daß jede Diskussion sinnlos ist: »Sieh, zu gering bin ich. Was soll ich dir erwidern? Ich lege meine Hand auf meinen Mund« (40,4). Ist er aber überzeugt? Die Bibel sagt ja, Hiob unterwirft sich: »Ich weiß nun, daß du alles kannst und kein Gedanke dir unmöglich ist. Ich war es, der verdunkelt deinen Plan mit Worten, denen die Erkenntnis mangelt. So sprach ich ohne Einsicht, was mir zu wunderbar und ich nicht kannte. So höre also, bitte! Ich will reden. Ich will dich fragen, du belehre mich. Nur durch Gerüchte wußte ich von dir, jetzt aber hat mein Auge dich gesehen. Drum leiste Widerruf ich und bereue auf Staub und Asche!« (42,2–6)

Die herkömmliche Moral ist, zumindest vorläufig, gewahrt. Zumal Hiob seinen Besitz wiederbekommt und 140 Jahre lang glücklich lebt.

Um den menschlichen Geist zufriedenzustellen, reicht dies jedoch nicht aus, und die Geschichte Hiobs ist schon ein Rückzugsgefecht. Eine einfache Erzählung kann die Fragen über die göttliche Gerechtigkeit nicht beantworten. Diese Fragen werden zur gleichen Zeit in bestimmten Psalmen und in den Sprüchen Salomons gestellt.

Im folgenden Jahrhundert entwickelt Joel den Gedanken eines endzeitlichen Gerichts, durch das die Guten von den Bösen getrennt werden sollen, das Ganze umrahmt von kosmischen Erscheinungen, die ans Wunderbare grenzen und die später häufigen Bilder der Apokalypse vorwegnehmen. Bei ihm finden wir auch den Gedanken vom Messias, der durchaus Beziehungen zur Spätzeit der Lehre

Zarathustras und der Verkündung vom Erscheinen Mithras hat, das den Endsieg des Gutes bedeutet.

Israel ist zu dieser Zeit immer noch eine Provinz des Perserreichs. »Es kommt der Tag des Herrn«, sagt Joel, »er ist nahe. Ein Tag der Finsternis ist's und des Dunkels, ein Tag der Wolken und Wetter [...]. Vor ihm her frißt Feuer, und hinter ihm züngelt die Flamme.« (2,1-4).

331 v.u.Z. bekommt Israel einen neuen Herren. Der Eroberungszug Alexanders des Großen fügt es in die hellenistische Welt ein, wodurch es zunächst unter ägyptischer und dann unter syrischer Herrschaft steht. Drei Jahrhunderte lang macht sich also der griechische Einfluß bemerkbar, und zwar ganz deutlich in den Büchern der Weisheit, wo er die Betrachtungen über das Jenseits fördert, unendlich viele Hypothesen zur Folge hat, nicht aber einen festumrissenen Glauben hervorbringt. Dieses Brodeln der Ideen ist typisch für die hellenistische Welt und auch für die wachsende Beunruhigung bezüglich des persönlichen Heils, die sich seit dem 3. Jahrhundert zeigt.

In Alexandria, der eigentlichen kulturellen Hauptstadt dieser Epoche, gedeihen religiöse Sekten und Schulen in einer kosmopolitischen, synkretistischen Atmosphäre, wobei ägyptische, persische, babylonische und griechische Elemente vermischt werden. Nun gehört aber Palästina zum ägyptischen Königreich, und in Alexandria gibt es eine große jüdische Kolonie. Die Kontakte mit Jerusalem sind rege, und das hellenistische Gedankengut erfreut sich eines großen Prestiges.

In Alexandria laufen alle philosophischen, alle religiösen Strömungen zusammen. Sie finden ihren Ausdruck unter anderem in Grabinschriften, in Dialogen zwischen dem Tod und dem Vorübergehenden. So fragt im 13. Epigramm des Kallimachos der Vorübergehende das Grab: »Hütest du die Ruhe des Charidas? – Wenn du den Sohn des Arimmas von Cyrene meinst, der ruhet hier. – Charidas, was ist die Hölle? – Tiefe Finsternis. – Ist ein Entrinnen möglich? – Lüge. – Was ist Pluto? – Ein Märchen. – Wir sind verloren! – Etwas anderes, was wahr wäre, kann ich dir nicht sagen.« Außer Kallimachos finden wir in Alexandria noch einen anderen, der die Hölle verneint, Theodoros Atheos, sowie eine starke epikureische Strömung, die ihren Ausdruck in den berühmten Zeilen finden: »Ich war nicht, ich wurde geboren, ich war, ich bin nicht mehr, das ist alles. Wenn jemand das Gegenteil behauptet, so ist er ein Lügner: Ich werde nicht mehr sein.«[5]

Andere versichern, daß es ganz differenzierte Höllen gebe, Stätten der Belohnung und der Bestrafung. Um ihr Heil zu sichern, nehmen sie an Initiationsriten oder Mysterien teil, in deren Verlauf sie den Adepten ein Geheimwissen zuteil werden lassen, mit dessen Hilfe diese in Verbindung mit den Göttern treten können. Der dem Pythagoräertum nahestehende Orphismus ist mit am weitesten verbreitet, er wird von Sehern propagiert, die den Dualismus lehren: Die Seele, die dämonischen Ursprungs ist, ist an einen Körper gefesselt, der titanischen Ursprungs ist, und sie ist einer ständigen Reinkarnation unterworfen wegen einer Ursünde. Lediglich eine Initiation ermöglicht eine Befreiung. Die Nichteingeweihten sind dazu verurteilt, in einem dunklen Schlammloch dahinzuvegetieren, Abbild des irdischen Lebens.[6] Manche erwarten sich ihr Heil von einer Art Talisman, einem »Paß für das Jenseits«, in Form von gravierten Plättchen, wie man sie in zahlreichen hellenistischen Gräbern gefunden hat. Magie, Hexerei, ebenso wie der Rückgriff auf die großen Religionen – alles ist willkommen, um die Furcht vor einer möglichen Hölle zu bannen und das Heil zu erlangen. In dieser Zeit voller Wirren, in der sich Völker und Zivilisationen vermischen, ist die religiöse Beunruhigung groß.

Der griechische Einfluß: Kohelet und Ecclesiasticus (3. Jahrhundert v. u. Z.)

Obwohl sie sich ihres Gottes sicher waren, schlägt sich die Beunruhigung der Umgebung auch auf die Juden nieder. Vom 3. Jahrhundert v. u. Z. ab werden die Fragen über das Jenseits immer zahlreicher, die Antworten sind ungewiß und widersprüchlich, und dies teilweise innerhalb derselben Schriften. Die Frage nach der Hölle verwirrt und spaltet Israel.

Das Buch der Prediger oder Kohelet, das aus der Mitte des

---

5 Zitiert bei F. Chamoux, *La Civilisation hellénistique*, Paris (Arthaud) 1981, S. 440.
6 A. Boulanger, *Orphée. Rapports de l'orphisme et du christianisme*, Paris 1925; L. Moulinier, *Orphée et l'orphisme à l'époque classique*, Paris 1955.

3. Jahrhunderts stammt, zeigt diese Unsicherheit. W. Harrington schreibt diesbezüglich: »Sein Autor war von der griechischen Kultur beeinflußt, jedoch nicht, was das Wesentliche anbelangt. Die Epoche, in der er lebte, stand unter der Herrschaft der Lagiden, wodurch ein enger Kontakt zu Ägypten bestand. Es war aber nicht mehr das alte Ägypten, sondern stark vom Hellenismus geprägt. Es herrschte eine griechische Atmosphäre, der sich das Kohelet nicht entziehen konnte. Die Sicht der Dinge ist zwar durchaus die eines Juden, das Werk zeigt aber dennoch eine zunehmende Annäherung an das griechische Denken.«[7]

Das Buch der Prediger zeigt insbesondere einen Einfluß der Skeptiker und Epikureer. Alles ist Nichtigkeit, alles führt zum Tod. Der Narr und der Weise, der Gerechte und der Ungerechte haben das gleiche Geschick. Alles wiederholt sich, alles ist Überdruß, nichts lohnt die Mühe, es zu erlangen. Nach dem Tod ist nichts: »Alles geht zum selben Ort. Alles ist aus Staub geworden, und alles kehrt zum Staube zurück« (3,20). Und dennoch existiert ein Gott, der als gut und gerecht gilt. Wie soll man das begreifen? Es ist unnütz, sich vergebens Fragen zu stellen. Es gilt, das Leben auszunutzen, die kurzen Zeiten der Freude, die Gott der Welt gegeben hat, denn jenseits ist nichts zu fürchten und auch nichts zu erhoffen:

»Genieße das Leben mit der Frau, die du liebst, all die Tage deines nichtigen Lebens, die Gott dir gegeben unter der Sonne. Denn dies ist dein Anteil am Leben und an deiner Mühe, die du dir unter der Sonne machst. Alles, was deine Hand zu tun findet, das tue, so lange du es vermagst. Denn es gibt kein Tun und Planen, nicht Wissen und Weisheit in dem Scheol, dahin du gehst.« (9,9–10)

»Denn alle trifft doch ein und dasselbe Geschick, den Gerechten und den Frevler, den Reinen und den Unreinen; den, der opfert und den, der keine Opfer bringt; den Guten wie den Sünder; den, der schwört, wie den, der den Eid scheut« (9,2). Das Kohelet ist eines der schönsten Bücher der Bibel, es gehört jedoch zu denen, die am wenigsten zitiert und am seltensten benutzt werden. Es ist verständlich, daß diejenigen, die im Alten Testament anhand von Texten göttlicher Eingebung eine ständige Fortentwicklung sehen

---

7 W. Harrington, *Nouvelle Introduction à la Bible*, Paris (Seuil) 1971, S. 430.

möchten, hin zur Bestätigung des ewigen Lebens, der Ankunft eines Heilands, des Jüngsten Gerichts und der Strafen, dieses Buch ausgrenzen. So schrieb M. Richard noch 1913 im *Dictionnaire de théologie catholique*: »Die Entwicklung der jüdischen Lehre von der Hölle ist ein sicherer Weg ins volle Licht, ohne jeglichen Irrtum [...]. Was fremde Einflüsse anbelangt, so darf man davon ausgehen, daß sie in die Bibel nicht eingedrungen sind.« Heute ist man weniger apodiktisch, dennoch wird das Kohelet in der katholischen Kirche kaum geschätzt, und die Erklärungen, an welcher Stelle in diesem Buch die göttliche Eingebung zu finden ist, sind ziemlich gewunden.[8] Wenn ein jüdischer Weiser drei Jahrhunderte v. u. Z. erklärt, daß es »unter der Sonne kein anderes Gut gibt, als zu essen, zu trinken und sich zu freuen« (8,15), so läßt sich das nur schwierig in einen fortschreitenden Prozeß der Wahrheitsfindung einbinden.

Das jüdische Denken wagt sich nur zögernd an die Entdeckung der Hölle, und im 2. Jahrhundert sind kaum Fortschritte zu verzeichnen. Das Buch Jesus Sirach oder Ecclesiasticus stellt sogar einen gewissen Rückschritt dar, eine Rückkehr zum althergebrachten Glauben an die sofortige und irdische Strafe. Im Jenseits ist nichts zu befürchten: »Ob tausend Jahre, hundert oder zehn, im Scheol gibt es keine Klage über das Leben« (41,4). Nur auf Erden belohnt und straft Gott, also: »Tue nichts Böses, so trifft dich nichts Böses. Halte dich fern von der Sünde, und sie weicht von dir« (7,1–2). »Dem, der den Herrn fürchtet, wird es wohlgehen am Ende, und am Tag seines Todes wird er beneidet« (1,13). Das Buch Jesus Sirach ist weniger pessimistisch als das Buch der Prediger; ihm zufolge werden die Bösen zwar bestraft, aber nur in diesem Leben und kollektiv: »Das Erbe der Kinder von Gottlosen gerät in Verlust, und bei ihrem Samen weilt für immer die Schmach« (41,6). Nach ihrem Tod vegetieren sie im Scheol dahin.

Daniel und die Apokalypse (2. Jahrhundert v. u. Z.)

Einige Jahre später macht das Buch Daniel einen entscheidenden Schritt weiter in Richtung auf die Vorstellung von einer Bestrafung oder einer Belohnung im Jenseits. Dieses Buch, das nach der Ex-

---

8 R. Pautrel, *L'Ecclésiaste*, Paris 1949; A. Barucq, *L'Ecclésiaste*, Paris 1968.

egese um 160 v. u. Z. entstanden ist, wäre somit in der Zeit der großen Verfolgung durch den Seleukidenkönig Antiochus IV. (175–164) geschrieben worden, der die jüdische Religion verbot, den Hohenpriester absetzte und versuchte, Palästina mit Gewalt zu hellenisieren. Ein Aufstand war die Folge, in dessen Verlauf sich die Familie der Makkabäer hervortat. Es gab die üblichen Zerstörungen, das übliche Morden, Heldentum und Verrat. Dieser heftige Schock fördert das philosophische und religiöse Denken in Israel. Wie kann man noch die Vorstellung von einer göttlichen Gerechtigkeit auf Erden aufrechterhalten, wenn rundherum Märtyrer und Verräter unterschiedslos fallen? Gott ist gerecht, daran zweifelt Israel nicht, es muß also einen Ausgleich im Jenseits geben für die großen Ungerechtigkeiten dieser Welt. Es muß dort ein Gericht geben, eine Trennung der Guten von den Schlechten und deren ewige Bestrafung. Dies bestätigt Daniel: ». . . Es ist eine Zeit der Bedrängnis, wie es keine je gab, seit Völker sind, bis zu dieser Zeit. Zu dieser Zeit wird dein Volk gerettet, alle, die sich im Buch verzeichnet finden. Viele von denen, die im Staub der Erde schlafen, werden aufwachen, die einen zu ewigem Leben, die anderen zur Schmach, zu ewiger Schande.« (12,1-2)

Das Buch Daniel kündigt Gericht und Strafe besonders drastisch an. So trägt es dann später dazu bei, die Perspektiven bezüglich der Hölle zu verfälschen, indem es zitiert wird, ohne Beachtung des Kontexts. In den Kapiteln 7–12 weist das Buch nämlich einen Stil auf, der im 2. Jahrhundert v. u. Z. apokalyptisch wirkt. Apokalypse, was »Enthüllung« bedeutet, ist eine Bezeichnung für die Schriften, die die Zukunft enthüllen wollen, insbesondere das Ende aller Dinge, die Eschatologie. Der Autor geht folgendermaßen vor: Er erzählt von einer berühmten Persönlichkeit aus der Vergangenheit, die eine Vision hatte, in der Gott ihr seinen Plan für die Zukunft der Menschheit offenbarte. Diese Offenbarung bezieht sich sowohl auf geschichtliche Ereignisse, die zur Zeit der Abfassung des Buches schon Vergangenheit waren und dazu dienen sollen, die Glaubwürdigkeit der Vision zu beweisen, als auch auf das Ende der Welt. Dabei empfiehlt Gott, die Botschaft geheimzuhalten, die er immer symbolhaft ausdrückt, damit die Nicht-Eingeweihten sie nicht verstehen können. So erklärt sich der verwirrende Aspekt dieser Texte, die sich kosmischer Bilder bedienen, um Umwälzungen und Veränderungen anzudeuten. So sagt Gott zu Daniel: »Geh, Daniel, denn verschlossen und versiegelt bleiben die Worte bis zur Zeit des Endes. Viele werden gereinigt und erprobt, doch die Gottlosen freveln weiter; und keiner der Gottlosen kommt zur Erkenntnis; nur die Einsichtigen werden es verstehen« (12,9–10). Die Apokalypse greift auch auf symbolische Zahlen zurück, wodurch die aberwitzigsten Interpretationen entstanden sind. Diese Zahlensymbolik war eine literarische Ausdrucksweise, zu der wir den Schlüssel verloren haben, die aber für die damalige Zeit ganz geläufig war, wie etwa das Ende von Kapitel 12 des Buches Daniel: »Von der Zeit, wo das tägliche Opfer abgeschafft, und der Greuel der Verwüstung aufgestellt wird, sind es tausendzweihundertneunzig Tage. Glücklich, wer ausharrt und tausenddreihundertfünfunddreißig Tage erreicht. Du aber geh und ruhe; und du wirst dich erheben zu deinem Lose am Ende der Tage« (12,11–13). Das Geheimnis der Zahlen ist noch nicht endgültig erforscht.

Der Schreiber einer Apokalypse glaubt, daß das Ende der Zeit ziemlich nah ist, und beschreibt in Symbolen die Ereignisse, die darauf zuführen werden. Diese Literaturgattung gibt es bis ins 2. Jahrhundert u. Z. und deshalb muß man hier Vorsicht walten lassen. Manche dieser Bilder werden zu regelrechten literarischen Klischees, die man bei den verschiedensten Autoren antrifft, einschließlich der Verfasser der Evangelien, insbesondere, was das Feuer anbelangt.[9]

Fortdauer der herkömmlichen Hölle: die Makkabäer und das Buch der Weisheit (1. Jahrhundert v. u. Z.)

Das Buch Daniel legt das Bestehen einer zukünftigen Bestrafung der Bösen nahe, ohne etwas über die Art und Weise zu sagen. Der Gedanke ist jedoch noch längst nicht einmütig. Dies geht aus den letzten Schriften des Alten Testaments hervor, die im 1. Jahrhundert, einige Jahrzehnte vor Christus, verfaßt wurden. So berichtet die Erzählung über das »Martyrium der sieben Brüder« – im 2. Buch der Makkabäer – von sieben jungen Männern, die getötet werden wegen ihrer Treue zum Gesetz Mosis. Einer nach dem

---

9 H. H. Rowley, *The Relevance of Apocalyptic*, New York 1964.

anderen tritt dem Verfolger, Antiochus IV., unerschrocken entgegen und verkündet ihm das Schicksal, das ihn erwartet. Dabei ist nicht die Rede von einer Bestrafung nach dem Tod. Das einzige, was Antiochus droht, ist, daß es für ihn keine Auferstehung geben wird: »Als er dem Tode nah war, sprach er folgendermaßen: ›Trostreich ist es für uns, durch Menschenhand zu sterben, wenn wir die von Gott gegebene Hoffnung hegen dürfen, von ihm auferweckt zu werden. Für dich freilich gibt es keine Auferstehung zum Leben‹« (2. Makk. 7,14). Der fünfte der Brüder sagt jedoch: »Gedulde dich nur, dann wirst du seine gewaltige Kraft erfahren, wie er dich und deine Nachkommen strafen wird« (2. Makk. 7,17). Dennoch handelt es sich dabei um eine irdische Strafe, denn wenig später wird Antiochus tatsächlich von »Schmerzen in den Eingeweiden« befallen, stürzt vom Wagen, zerschlägt sich die Glieder, sein Körper beginnt sich zu zersetzen und strömt einen entsetzlichen Gestank aus. Unter grauenvollen Qualen stirbt er. Auch sein Sohn Antiochus V. stirbt eines unnatürlichen Todes, ebenso wie sein angeblicher Sohn Alexander Balas und dessen Sohn, Antiochus VI. Wir sind immer noch in der herkömmlichen Hölle mit sofortiger Bestrafung, wenn auch von nun an den Gerechten die Auferstehung versprochen wird und den Bösen die Vernichtung droht.

Das Buch der Weisheit ist wahrscheinlich das jüngste des Alten Testaments. Es kam um das Jahr 50 v. u. Z. zustande und stammt aus Kreisen hellenisierter Juden in Alexandria. Auch hier ist kein Fortschritt festzustellen.[10] Die lange Beschreibung der Qualen, die die Bösen erwarten, greift auf die zehn Plagen Ägyptens zurück, die nur irdisch gesehen werden können. Die Plage der Finsternis ist reich an Bildern, die später, ins Jenseits transportiert, in der christlichen Hölle wiederzufinden sind (Kap. 7): Dunkelheit, unheimliche Geräusche, Gespenster, Feuer, Schlangengezisch, Angst. Die einzige für den Tag des Jüngsten Gerichts vorgesehene Strafe sind die Gewissensqualen: »Zitternd erscheinen sie zur Abrechnung ihrer Sünden und ihre Missetaten treten als Ankläger gegen sie auf [...]. Reuevoll sprechen sie zueinander [...]. So sind wir also vom Weg der Wahrheit abgeirrt, und das Licht der Gerechtigkeit hat uns nicht geleuchtet. [...] Dann werden sie zu einem Leichnam, dessen man

---

10 E. Osty, *Le Livre de la Sagesse*, Paris 1950.

nicht achtet, und zum Gespött bei den Toten in Ewigkeit. Denn er wird sie lautlos kopfüber hinabstürzen und bis auf den Grund erschüttern. Sie werden vollständig vernichtet und müssen Qual erdulden; und ihr Andenken wird verschwinden«. (4,19–20 und 5,6)

Es gibt also keine Hölle, und das ist nicht einfach ein Versehen. Das Buch der Weisheit stellt nämlich den jüdischen Glauben in einem neuplatonischen Gewand dar, um den hellenisierten Heiden von Alexandria die »wahre« Religion nahezubringen.[11] Der Autor kennt das Werk Platons und verwendet einige Elemente, die eine Annäherung an die jüdische Religion ermöglichen könnten. Teilweise übernimmt er sie wörtlich, so wie bei der Unterscheidung von Körper und Geist: »Lähmt doch ein hinfälliger Leib die Seele, und belastet das irdische Zelt den vielsinnenden Geist« (9,15). Im *Phaidon* hatte Platon, drei Jahrhunderte zuvor, geschrieben, daß die Seele ganz von körperlichen Elementen durchsetzt sei, die schwer, belastend und irden seien und die Seele herabzögen.[12] Hätte der Autor des Buches der Weisheit die Existenz einer Hölle in Betracht gezogen, so hätte er dies bestimmt betont, um die Verwandtschaft mit der Lehre Platons zu unterstreichen, die klar und deutlich den Gedanken einer Vergeltung im Jenseits zum Ausdruck bringt. Davon ist hier aber nicht die Rede. Der Unterschied zwischen Gerechten und Ungerechten besteht darin, daß »die Gerechten ewig leben« (5,15), während die Ungerechten körperlich und geistig sterben. Wenn es wirklich eine Strafe gibt, dann noch in diesem Leben: »[...] eitel ist ihre Hoffnung, vergeblich ihr Mühen, und unnütz sind ihre Werke. Ihre Frauen sind töricht, ihre Kinder böse, und verflucht ist ihr Geschlecht.« (3,11–12)

Die Ungewißheiten der jüdisch-christlichen Welt (1. Jahrhundert)

Zu Beginn unserer Zeitrechnung stehen die Juden dem Gedanken an eine Hölle im Jenseits so ablehnend gegenüber wie kein anderes Volk. Außerdem sind sie hinsichtlich dieses Problems zutiefst ge-

---

11 W. Harrington, *Nouvelle Introduction*... a. a. O., S. 440.
12 *Phaidon*, 81c.

spalten. Zu Christi Lebenszeit gibt es drei Strömungen innerhalb des Judentums. Die Sadduzäer, die zum Stand der Aristokraten und Priester gehören, glauben an einen absoluten Tod; für sie gibt es weder Überleben noch Auferstehung noch Hölle. Sie halten sich an die mosaischen Gesetzestexte in ihrer wörtlichen Interpretation. »Die Meinung der Sadduzäer«, sagt Flavius Josephus, »ist, daß die Seele mit dem Körper stirbt [. . .]. Diese Sekte ist zwar zahlenmäßig gering, aber es gehören ihr Leute aus den höchsten Kreisen an.«[13] Die Pharisäer, ihre Gegner, sind offener und zahlreicher und gehören der mittleren Schicht an. Sie sind für eine mündliche Überlieferung, die eine größere Bewegungsfreiheit bei der Textinterpretation gestattet. Sie glauben an eine Wiederauferstehung, an ein Gericht und an eine Bestrafung im Jenseits, aber sie fügen, nach Flavius Josephus, auch Elemente der Reinkarnation ein: »Sie glauben, daß die Seelen unsterblich sind, daß sie in einer anderen Welt gerichtet und belohnt oder bestraft werden, je nachdem, ob sie in dieser Welt tugendhaft oder lasterhaft waren. Sie glauben, daß die einen auf ewig in diesem anderen Leben gefangen bleiben und daß die anderen auf diese Erde zurückkehren. Durch diesen Glauben haben sie sich beim Volk eine derart große Autorität erworben, daß es in allem, was den Gottesdienst angeht, ihrer Meinung folgt, ebenso verhält es sich bei den Gebeten. So kommt es, daß ganze Städte voll des Lobes über ihre Tugend, ihre Lebensart und ihre Anschauungen sind.«[14] An anderer Stelle erklärt Flavius Josephus indessen, die Pharisäer glaubten, daß die Seelen der Frevler »Qualen leiden, die ewig währen«.[15] Die Essener, eine Sekte, deren Glaube und religiöse Praktiken so häufig mit denen der ersten Christen übereinstimmten, daß die Vermutung nahelag, Jesus sei Essener gewesen, waren noch kategorischer.[16] Sie traten im 2. Jahrhundert v. u. Z. auf den Plan und bildeten Gruppen, die auf die Städte und Dörfer verteilt waren. Sie waren im allgemeinen Junggesellen und predigten Enthaltsamkeit, lebten fast wie Mönche, nahmen gemeinsam rituelle Mahlzeiten ein, vermieden den Handel

---

13 Flavius Josephus, *Antiquitates Judaicae*, Buch XVIII,2.
14 Ebenda.
15 Flavius Josephus, *De Bellum Judaicum*, Buch II,12.
16 Siehe hierzu J. Van der Ploeg, *La Secte de Qumrân et les origines du christianisme*, Paris 1959.

mit Geld und nahmen täglich eine rituelle Reinigung vor. In ihrer Theologie spielt Belial, der Geist des Bösen, eine bedeutende Rolle: Überall, in der Welt und im Menschen, stehen sich Gut und Böse gegenüber, Licht und Finsternis, Wahrheit und Lüge, Leben und Tod. Sie halten sich für das wahre Volk Gottes. »Auch diese Essener glauben«, schreibt Flavius Josephus, »daß die Seelen als unsterblich geschaffen sind, um nach dem Guten zu streben und sich vom Bösen abzuwenden, daß die Guten in diesem Leben noch besser werden durch die Hoffnung auf eine Glückseligkeit nach dem Tod und daß die Bösen, die glauben, ihre schlechten Taten in diesem Leben verbergen zu können, dafür in der anderen Welt durch ewige Qualen bestraft werden.«[17]

War Johannes der Täufer Essener? Vieles spricht für diese Hypothese, abgesehen von der Tatsache, daß er seine Predigertätigkeit ganz in der Nähe von Qumrâm ausübte. War Jesus Essener? Diese Frage wird stärker debattiert. Sein Beharren auf dem Gedanken des Heils für die ganze Welt unterscheidet ihn zweifellos von dieser Sekte, die ihn jedoch sicherlich beeinflußt hat. Auf die Seite der Essener scheint sich Jesus zu stellen, was die Existenz der Hölle anbelangt als einem Ort ewiger Qualen für die Verdammten, wenn sich auch die Evangelisten diesbezüglich mehr oder weniger ausschweigen.

Zeitlich gesehen ist die erste christliche Glaubenslehre in den Paulus-Briefen enthalten, die nämlich viel früher als die Evangelien entstanden sind. Die Briefe an die Thessaloniker datieren von 50–52, die Korinther- und Galater-Briefe von 54–57, die Briefe an die Römer von 57–58, die an die Kolosser, Epheser und der an Philemon von 61–63, während die ersten Evangelien erst gegen 70 aufgeschrieben worden sind, vierzig Jahre nach dem Tod Christi also, nach einer langen Reifezeit innerhalb der christlichen Gemeinschaften, die von den verschiedensten Einflüssen geprägt waren, besonders von denen der Essener. Was erfahren wir also aus den Texten über die Hölle?

Paulus, der erste Theologe der Kirche, ist äußerst zurückhaltend. Durch seine pharisäische Herkunft müßte er jedoch dem Gedanken von einer Hölle im Jenseits positiv gegenüberstehen. Das Wort

---

17 Flavius Josephus, *op. cit.*

kommt aber kein einziges Mal in seinen Schriften vor, außer in dem Passus: ». . auf daß im Namen Jesu sich jedes Knie beuge im Himmel, auf der Erde und in der Hölle«, was die ökumenische Bibelübersetzung wiedergibt mit »unter der Erde« (2,10). Letzteres bedeutet lediglich die Gesamtheit der Geschöpfe einschließlich des Totenreichs. Paulus benutzt niemals die anderen Ausdrücke, die man in den Evangelien findet, wie »Gehenna«, »Hades«. Sicher spielt er auf das künftige Gericht an, jedoch selten und ohne von dem Schicksal der Bösen zu sprechen: »Denn wir alle müssen vor dem Richterstuhl Christi offenbar werden, damit ein jeder (seine Vergeltung) empfange für das, was er während des Lebens im Leibe vollbrachte, sei es gut oder böse«. (2. Korinther 5,10)

Im Römerbrief warnt er vor dem Zorn Gottes, der am Tag des Gerichts hereinbrechen wird. Er begnügt sich indessen damit zu sagen, daß der Böse umkommen wird: »Gemäß deinem Starrsinn und dem unbußfertigen Herzen häufst du dir Zorn auf für den Tag des Zornes und der Offenbarung des gerechten Gerichtes Gottes, der jedem vergelten wird nach seinen Werken: denen, die in beharrlicher Übung des Guten nach Herrlichkeit, Ehre und Unvergänglichkeit trachten, mit ewigem Leben, denen aber, die aus Auflehnung der Wahrheit ungehorsam, der Ungerechtigkeit aber gehorsam sind, mit grimmem Zorn. Trübsal und Angst kommt über jede Menschenseele, die das Böse tut, über den Juden zuerst und auch über den Heiden. Herrlichkeit und Ehre und Friede über jeden, der Gutes tut, über den Juden zunächst und auch über den Griechen.« (Römer 2,5–12)

Der älteste Zeuge und erste Aufbereiter des christlichen Gedankens setzt sich also souverän über die Hölle hinweg. Diese äußerste Zurückhaltung bei einem Mann, der die Apostel gekannt und lange Diskussionen mit ihnen geführt hat über die Lehre Christi und ihre Auslegungen, zeigt, daß der Glaube an die Hölle bei dem Schöpfer des Christentums eine sehr marginale Rolle gespielt hat, entsprechend den damaligen Ungewißheiten in dieser Frage.

Sagt nun Petrus, das erste Oberhaupt der Kirche, der ein Gefährte Jesu und als sein Nachfolger ausersehen war, mehr dazu? Nicht ein Wort, keine Anspielung findet sich in seinem ersten Brief aus dem Jahr 64, in dem ausführlich vom Jenseits die Rede ist. Im zweiten Brief ist einmal der Tartarus als Wohnort der gefallenen Engel erwähnt (2,4). Leider stammt dieser Brief, wie die Exegese bewiesen hat, nicht von Petrus, da er vom Anfang des 2. Jahrhunderts datieren soll. Dieser Text war übrigens lange Zeit aus dem offiziellen Kanon der Heiligen Schriften ausgeschlossen, und der Kanon Muratori nennt ihn nicht. Der ebenfalls sehr umstrittene Jakobus-Brief hat mit Sicherheit nichts mit dem Apostel zu tun; nach der Exegese gehört er in die Jahre 89–90 und begnügt sich damit, die bösen Reichen mit dem göttlichen Zorn zu bedrohen, ohne jedoch von ihrem Geschick zu sprechen. So erfahren wir aus den ältesten und unmittelbarsten Zeugnissen vom Leben Jesu so gut wie nichts darüber, ob dieser etwas über die Hölle gelehrt hat, was sehr verwirrend ist, wenn man bedenkt, welch wichtigen Platz die Kirche später diesem Glauben zuordnen sollte.

Wenden wir uns nun dem ersten geschichtlichen Buch des Christentums zu, der Apostelgeschichte. Diese Chronik der ersten christlichen Gemeinden, die um das Jahr 80 entstand, vielleicht in der Umgebung von Paulus, enthält mehrere Glaubensbekenntnisse und dogmatische Abhandlungen, die uns über das Urchristentum Auskunft geben können. Aber nicht ein einziges Mal ist darin die Rede von einer Hölle, in der die Frevler nach diesem Leben Qualen erdulden müssen. Die einzige Bemerkung, die allerdings sehr umstritten ist, befindet sich in der Predigt des Petrus in Jerusalem, wo er erklärt, daß Gott den Messias nicht im Totenreich gelassen habe (2,31–32). Hier muß aber darauf hingewiesen werden, daß Petrus einen Psalm zitiert: »[...] denn nicht dem Totenreich gibst du meine Seele anheim« (Psalm 16,8–11). Dieses Totenreich ist der Hades, der Scheol, der Ort, an dem alle Toten ruhen, und keineswegs ein Ort der Qualen. Diese Stelle entspricht einem Fragment des ersten Petrus-Briefes, in dem es heißt, nach seinem Tod »[...] ging Jesus hin und predigte den Geistern im Kerker, die einst ungehorsam waren, als die Langmut Gottes zuwartete in den Tagen Noahs, damals, als die Arche gebaut wurde« (3,19–20). In den Römerbriefen (10,7) und in den Briefen an die Epheser (4,8–10) erwähnt Paulus ebenfalls ganz kurz, daß Jesus zwischen Karfreitag und dem Ostermorgen sich zu den Toten des Alten Testaments begab, die auf die Erlösung warteten. Überall unklare Andeutungen, in denen der Ausdruck »Hölle« niemals verwendet wird.

Der Ausdruck »zur Hölle niederfahren« erscheint zum ersten Mal um die Mitte des 4. Jahrhunderts in der sogenannten »Vierten Formel von Sirmium«, die 359 von dem Syrer Markus Arethusa niedergelegt wurde.[18] Das »Apostolische Glaubensbekenntnis«, das die Form festlegt, wie man sie jahrhundertelang auswendig lernen wird, entstand in Gallien und Spanien im 5. Jahrhundert und wurde erst im 10. Jahrhundert in Rom eingeführt, und zwar durch Kaiser Otto I., der damit das Bekenntnis von Nicea und Konstantinopel ersetzte. Die Vorstellung von einer Niederfahrt Christi zur Hölle scheint eine spätere Hinzufügung zu sein, die sich auf eine zweideutige Stelle in der Apostelgeschichte und bei Paulus gründet. Hans Küng stellt fest, daß in den meisten Religionen die Niederfahrt eines Gottes in die Unterwelt zu finden ist, und spricht von der »mythologischen Vorstellung einer Predigt Jesu in der Vorhölle [...]. Man muß dafür nicht eine so problematische Leidens- oder Triumphfahrt Jesu in eine (heute von vornherein nicht mehr vorstellbare) Unterwelt bemühen [...]. Aus all dem erhellt sehr deutlich die *geschichtliche Relativität gerade der Glaubensaussage vom Decensus.*«[19] Adolf von Harnack bezeichnet seinerseits diese Vorstellung als eine »vertrocknete Glaubensreliquie«. Jedenfalls dürfte es sich in den Texten des Neuen Testaments nur um ein Äquivalent des Scheol handeln, nicht aber um eine Hölle der Qualen.

Die Hölle in den Evangelien

Bis hierher scheint Christus also nichts Bestimmtes hinsichtlich der Existenz einer Hölle für die Bösen gesagt zu haben. Diese Lücke wird von den Evangelien ausgefüllt, obwohl keineswegs bewiesen werden kann, daß die Worte, die Christus zugeschrieben werden, wirklich genau zutreffen. Die Evangelien sind nämlich in Kollektivarbeit und sehr spät in den Gemeinden entstanden, die sich sowohl auf schriftliche Fragmente als auch auf mündliche Überlieferungen stützten. Diese Gemeinden hatten zum Teil unterschiedliche Auffassungen, und die Essener scheinen bei all dem eine wesentliche Rolle gespielt zu haben. Die Texte der drei synoptischen Evangelien zeigen jedoch eine unbestreitbare Übereinstimmung bezüglich der Hölle. Am zurückhaltendsten ist das Markus-Evangelium, das am

---

18 Siehe hierzu Hans Küng, *Ewiges Leben?*, München (Piper) 1984, S. 161–175.
19 Ebenda, S. 165 f.

ältesten und vielleicht um das Jahr 70 entstanden ist. Es erwähnt die Hölle nur ein einziges Mal, während Matthäus und Lukas häufiger davon sprechen.

Nun findet eine bemerkenswerte Begriffsverschiebung statt: Die Hölle wird fast immer mit dem Terminus »Gehenna« bezeichnet, einem wirklichen, konkreten Ort, denn es handelt sich dabei um »Gî-Hinnom« oder Tal der Seufzer bei Jerusalem, einen verfluchten Ort für die orthodoxen Juden, wo unaufhörlich die Opfer für Baal Melek oder Moloch brannten, eine Gottheit des ehemaligen kanaanäischen Kults. Zu Zeiten der Könige Achaz (733–727), Manasse (696–641) und Josias (622) hatten dort Menschenopfer stattgefunden. Jeremia hatte die Praktiken angeprangert: »Haben doch die Kinder Judas getan, was mir zuwider ist, spricht Jahwe. Sie haben ihre Scheusale aufgestellt in dem Hause, das nach meinem Namen genannt ist, um es zu beschmutzen. Und sie haben die Opferstätte des Tophet gebaut im Tale Ben-Hinnom, um ihre Söhne und Töchter im Feuer zu verbrennen, was ich sie nicht geheißen habe. Deshalb werden Tage kommen, spricht Jahwe, da wird man nicht mehr Tophet sagen und Tal Ben-Hinnom, sondern Würgetal« (7,31–32). Einigen Quellen zufolge soll das Tal nach der Rückkehr aus dem Exil ein öffentlicher Abfallplatz geworden sein, wo Kadaver und Abfälle verbrannt wurden.[20] Jedenfalls brannten dort Abfälle oder Opfer, von Würmern zerfressen, Tag und Nacht. Und dieser schaurige Ort bot das perfekte Bild des ewigen Grauens. »Und wenn dir dein Auge Ärgernis gibt, dann reiß es aus. Es ist besser, einäugig in das Reich Gottes einzugehen, als mit beiden Augen in die Hölle geworfen zu werden, wo ihr Wurm nicht stirbt und ihr Feuer nicht erlischt« (Markus 9,47–48). Kann man diese Schilderung nun ausdehnen auf ein Jenseits mit unaufhörlichen Qualen? Dies ist nicht gewiß. Wie so oft bezieht sie sich nur auf alte Texte, die mit der neuen Bedeutung nichts zu tun haben. Folgendes ist ein Zitat aus Jesaja, der Gott in absolut irdischem Sinne sagen ließ: »Sie werden hinausgehen und die Leichen derer schauen, die von mir abgefallen sind. Denn ihr Wurm stirbt nicht und ihr Feuer erlischt nicht; sie werden zum Abscheu sein für alles Fleisch« (66,24). Der Ausdruck steht hier lediglich für Zerstörung.

---

20 *L'Enfer* (ouvrage collectif), Paris (Foi vivante) 1950, S. 121.

Eine der Rechtfertigungen für die Hölle ist das Gleichnis vom reichen Prasser und dem armen Lazarus bei Lukas (16,19–31). Nach seinem Tod befindet sich der Reiche an einem Ort der Qualen, wo er vom Feuer gemartert wird. Er bittet Abraham, ihm aus Barmherzigkeit einen Tropfen Wasser zu geben, was dieser ablehnt. Diese Geschichte bringt Lukas als einziger. Er greift dabei auf ein Thema zurück, das in Ägypten und bei den Juden bekannt ist: ein didaktischer Dialog mit einem Toten, der die Lebenden dazu anhalten soll, ihr Verhalten zu bessern. Der tiefere Sinn ist natürlich ein Aufruf zur Bekehrung. Das Gleichnis unterscheidet außerdem zwei Aufenthaltsorte, nämlich Abrahams Schoß, wohin die Seele des Armen geht, und das Totenreich, Ort der Qualen im Feuer. Die Kommentatoren sollten hinfort Abrahams Schoß als Aufenthaltsort der Gerechten des Alten Testaments betrachten, die Jesus bei seiner zweiten Niederfahrt zur Hölle erlösen würde. An einer anderen Stelle will Lukas offenbar zum Ausdruck bringen, daß es nur wenige Auserwählte geben wird. Alle anderen werden verdammt zu »Heulen und Zähneknirschen«: »Da fragte ihn jemand: ›Herr, sind es wenige, die gerettet werden?‹ Er aber sprach zu ihnen: ›Mühet euch darum, durch die enge Pforte einzugehen! Denn viele, sage ich euch, werden hineinzukommen suchen und nichts vermögen. Wenn der Herr des Hauses sich erhoben und die Türe geschlossen hat und ihr draußen steht und an die Tür zu klopfen beginnt und zu sagen: Herr, mach uns auf!, so wird er antworten und euch sagen: Ich weiß von euch nicht, woher ihr seid. Hinweg von mir alle, ihr Übeltäter!‹ Dort wird Heulen und Zähneknirschen sein, wenn ihr Abraham und Isaak und Jakob und alle Propheten im Reiche Gottes sehen werdet, euch selbst aber hinausgestoßen. Und sie werden kommen von Osten und Westen, von Norden und Süden und im Reiche Gottes zu Tische liegen« (13,23–29). Matthäus sagt ungefähr das gleiche: »[...] Die Söhne des Reiches aber werden hinausgestoßen werden in die Finsternis draußen. Dort wird Heulen und Zähneknirschen sein« (8,11–12). Soll man darin die Ankündigung einer Verdammnis sehen, die eine Züchtigung im Jenseits des größten Teils der Menschheit beinhaltet? Dies scheint etwas voreilig. Der Text soll die Haltung der Juden geißeln, die dem Christentum gegenüber feindlich eingestellt sind. Er ist in zahlenmäßig noch sehr kleinen Gemeinden erstellt worden und drückt die Geisteshaltung der kleinen christlichen Minderheit aus, die sich aus

Erwählten aus allen Himmelsrichtungen zusammensetzte. Er ist eine erneute Aufforderung zur Bekehrung, ausgestattet mit immer noch sehr vagen Drohungen.

Matthäus spricht auch von »den Pforten der Hölle« (16,18). Er beschreibt auch ausführlich das Jüngste Gericht, das die Guten von den Bösen trennt, die Schafe von den Böcken, und schließt mit den Worten: »Und sie werden hingehen, diese in ewige Pein, die Gerechten aber in das ewige Leben« (25,46). Dabei wiederholt er Daniel: »Viele von denen, die im Staub der Erde schlafen, werden aufwachen, die einen zu ewigem Leben, die andern zur Schmach, zu ewiger Schande« (12,2). Wenn er auch der einzige Evangelist ist, der diese Beschreibung gibt, so bringt Matthäus im Verhältnis zu Daniel doch nichts Neues, das zur Aufklärung des Schicksals der Bösen beitragen könnte. Er sagt noch, daß derjenige, der seinen Bruder als Narren bezeichnet, das Höllenfeuer zu gewärtigen habe (5,22). Insgesamt erwähnt er sechsmal »Heulen und Zähneknirschen«, dreimal die »äußere Finsternis« und weitere dreimal das »ewige Feuer«.

Bei Johannes finden wir das Feuer sehr viel häufiger, da er die stereotypen Bilder der apokalyptischen Strömung übernimmt. In der Apokalypse finden wir den »Feuerpfuhl, der von Schwefel brennt« (19,20), das ist »der zweite Tod« (21,8). Die Bösen, die das Tier anbeten, sollen »gepeinigt werden mit Feuer und Schwefel vor den heiligen Engeln und vor dem Lamme. Und der Qualm ihrer Qual steigt auf von Ewigkeit zu Ewigkeit, und keine Ruhe haben sie Tag und Nacht« (14,10-11). Der Teufel, das Tier, spielt hier eine bedeutende Rolle als Herr des Ortes der Qualen, und zwar in einer dualistischen Optik, die der der Essener ziemlich gleich ist; der Gegensatz Gut und Böse, Licht und Finsternis steht im Mittelpunkt bei Johannes. Was die apokalyptischen Bilder anbelangt, von denen es bei ihm wimmelt, so gehören sie zum Stil dieser Ausdrucksweise, ebenso wie die vielen symbolischen Zahlen.

Bei der um das Jahr 95 entstandenen Apokalypse, die den Abschluß der kanonischen Bücher des Neuen Testaments bildet, geht es um die Lehre Christi. Hier zeigt sich, daß der Gedanke an eine Hölle, der in den Worten Jesu sicherlich mitschwingt, von ihm jedoch niemals weiterentwickelt worden ist. Es ist zum Beispiel auffallend, daß in den Texten über die Passion jegliche Erwähnung der Hölle fehlt. Da ist nur die Rede von Vergebung für die Schergen und unmittelbarem Heil für den armen Schächer, selbst Judas, der

Sünder schlechthin, wird in keinem Text der Verdammnis geweiht. Johannes bezeichnet ihn zwar als »Sohn der Verdammnis«, was aber nur ein weiterer feststehender Ausdruck des apokalyptischen Stils ist, den er des öfteren verwendet. Bei Matthäus erhängt sich Judas, in der Apostelgeschichte endet er durch einen Sturz. Über sein Schicksal im Jenseits jedoch sagt die Heilige Schrift nichts.

Die Hölle ist also schlimmstenfalls ein Detail der Lehre Jesu. Sie ist im Hintergrund sicherlich vorhanden als Element von Gleichnissen, die zur Bekehrung auffordern sollen, aber sie ist weder Paulus noch Jakobus noch dem Schreiber der Apostelgeschichte wichtig erschienen. Wenn sie bei den ersten christlichen Gemeinden an Bedeutung gewinnt, so hängt dies weitgehend vom Einfluß der Umgebung ab, über die uns die apokryphischen und rabbinischen Texten Auskunft geben.

DIE HÖLLE IM VOLKSGLAUBEN VOM 1. BIS ZUM 3. JAHRHUNDERT

Die Verdammten des Jüngsten Gerichts, Baptisterium Florenz (10./11. Jh.)

IV

Die Hölle im Volksglauben vom 1. bis zum 3. Jahrhundert

Zu Beginn unserer Zeitrechnung kommt immer mehr der Glaube an die Hölle auf, was durchaus nicht nur für das Christentum zutrifft. Der zunehmende Einfluß der östlichen Religionen, deren Jenseits von Dämonen bevölkert ist, die zunehmende Sorge um das persönliche Heil, die Beunruhigung über das, was nach dem Tode kommt, und die sich durch eine starke Vermehrung der Sekten zeigt – all dies trägt zur Verallgemeinerung der Hölle bei.

Die Topographie der Hölle und ihre Strafen gewinnen langsam Gestalt. Die Theorien kommen später hinzu. Die Hölle bleibt zunächst ein Phänomen des Volksglaubens. Im Christentum pfropft sich dieser Höllenglaube auf die Lehre Christi auf, und zwar dadurch, daß einige vage Textstellen bezüglich des Jüngsten Gerichts und der Strafe erweitert werden. Christus hat das Heil versprochen, da dieses aber nicht jedem widerfahren kann, bedarf es eines Gegenpols, nämlich der Hölle. Und so beginnen die Gläubigen an diesem Thema, das einer überschäumenden Phantasie so sehr entgegenkommt, fleißig weiterzuspinnen. Erst in zweiter Linie beginnen die Kirchenväter eine Theologie für diesen Glauben zu schaffen, wenn auch recht widerstrebend.

Die ersten Schriften, die ausführlicher das Thema Hölle abhandeln, sind nicht kanonischer Natur, sondern sie sind apokryph oder apokalyptisch und spiegeln den Glauben oder Aberglauben des Volkes wider. Die kargen Anspielungen in der Bibel können die Neugierde der Gläubigen nicht befriedigen, die auf Einzelheiten und faßbare Darstellungen aus ist. Sie müssen also erfunden werden. Nun sind diese Beschreibungen aber so beliebt und haben einen solchen Erfolg, daß sie in das offizielle Dogma eingefügt werden.

Talmudische und rabbinische Höllen

Diese »Urzeugung« der Hölle ist nicht typisch für die Christen. In der jüdischen Welt stellt man die gleiche Entwicklung fest, wo die Befürworter einer später einsetzenden Gerechtigkeit die Oberhand gewinnen. Die apokryphe Literatur des Judentums verbreitet dieses Thema und ganz besonders die apokalyptische Strömung. Schon zu Beginn des 1. Jahrhunderts v. u. Z. beschreibt das *Buch Henoch*, von dem nur einige äthiopische Fragmente bestehen, die Hölle aufs genaueste.[1] Der Patriarch Henoch wird von Engeln ins Jenseits getragen; er überquert einen Strom von Feuer und ein Gebirge der Finsternis. Die Hölle scheint im Westen, in einem großen Gebirge zu liegen, und der Eingang ist ein Abgrund bei den Feuersäulen des Himmels. Die Folter hat noch nicht begonnen, obschon alles vorbereitet ist in einem engen, unheilvollen Tal. Die Toten, die auf das Gericht warten, das am Ende der Zeiten kommen wird, sind schon in vier Kategorien eingeteilt, nämlich die Märtyrer und die Gerechten, die belohnt werden, die Sünder, die hienieden schon Unglück erlitten haben und zu mittleren Strafen verdammt sind und die Sünder, die ein glückliches irdisches Leben hatten und ewige Strafen erdulden müssen. Hier wird also die sofort einsetzende Gerechtigkeit, die noch in den offiziellen Glaubenssätzen vorherrscht, bestritten. Das *Buch Henoch* ist eine Kompilation von Fragmenten, die aus mehr als einem Jahrhundert von 170 bis 50 v. u. Z. zusammengetragen sind, was gewisse Inkohärenzen erklärt. Die ersten christlichen Gemeinden sollten später daraus gewisse Züge der Hölle entnehmen.[2] Auch andere apokalyptische Werke bezogen sich auf dieses Buch, so das *Buch der Geheimnisse Henochs* im 1. Jahrhundert und das *Dritte Buch Henoch*, eine rabbinische Kompilation aus dem 3. Jahrhundert.

In diesem Zusammenhang müssen auch die Psalmen Salomons aufgeführt werden, die pharisäisch beeinflußt sind und aus dem 1. Jahrhundert v. u. Z. stammen, und ganz besonders die *Apokalypse des Baruch*, ein rabbinischer Text, der zur gleichen Zeit wie die Evangelien entstanden ist. Er kündigt das Ende der Welt und die

---

1 F. Martin, *Le Livre d'Hénoch*, nach äthiopischen Texten ins Französische übersetzt, Paris 1906.
2 J. Bonsirven, *la Bible apocryphe, en marge du Nouveau Testament*, Paris 1952.

Verdammnis der Bösen an, die in abscheulicher Gestalt auferstehen und die Qualen des Feuers erleiden werden: »Sie alle gehen ihrem Verderben entgegen, unzählbar sind jene, die das Feuer verschlingen wird. [...] es gibt dort die Strafe der Verderbnis, einen Weg voller Flammen, einen Pfad, der zum ewigen Feuer führt.«[3] Wie im *Buch Henoch* befinden sich die Toten zunächst im Scheol, wo sie das Jüngste Gericht erwarten, welches kommen wird, wenn alle geboren sind, die durch den Sündenfall Adams zum Leben vorgemerkt sind: »Als nach dem Sündenfall Adams der Tod für alle, die aus ihm geboren werden, beschlossen wurde, wurde die Zahl derer, die noch geboren werden, festgelegt, und für diese große Menge wurde ein Ort vorausbestimmt, an dem die Lebenden wohnen, und ein Ort für die Toten. Solange also die Zahl derer, die geboren werden sollen, noch nicht erfüllt ist, kann auch die Schöpfung nicht erlöst werden, denn mein Geist schafft das Leben und der Scheol empfängt die Toten.«[4]

Die *Apokalypse des Baruch* versucht, Kollektivverantwortlichkeit, wie sie aus der Erbsünde hervorgeht, und individuelle Verantwortlichkeit zu vereinen. Damit geht sie eines der heikelsten Themen bezüglich der Verdammnis an, worüber bei den Christen noch viel geschrieben werden sollte: »Denn wenn Adam, der erste Mensch, gesündigt und somit auf alle, die zu seiner Zeit noch nicht lebten, den Tod herabgezogen hat [so ist es doch wahr], daß auch jeder von denen, die aus ihm geboren wurden, sich seine eigene zukünftige Verdammnis und seine eigene zukünftige Glückseligkeit bereitet. [...] Denn Adam ist nicht verantwortlich, außer für sich selbst, und wir alle sind für uns selbst Adam.«[5] Bewahret eure Tränen für den Tag des Gerichts: »Und warum trauern wir noch um die Toten und beweinen jene, die zum Scheol gehen? Besser ist es, das Klagen für den Beginn der zukünftigen Folter aufzusparen und die Tränen bis zum Eintritt der ewigen Verdammnis.«[6]

Zur gleichen Zeit bestätigen die sogenannten Esdras-Bücher eine zukünftige Bestrafung. Das *Vierte Buch Esdras* aus den 70er Jahren u. Z., das aus sieben Visionen in hebräisch oder aramäisch besteht,

---
3 *Apokalypse des Baruch,* LXVIII,43 und LXXXV,12.
4 Ebenda, XXIII,4–5.
5 Ebenda, LIV,15–19.
6 Ebenda, LII,2–3.

wäre beinahe in die kanonischen Schriften aufgenommen worden; in einigen Versionen der Vulgata ist es übrigens als Anhang zu finden, was den Einfluß erklärt, den es auf die Christen ausüben sollte.[7] Dort heißt es, daß jene, die das Gesetzt nicht beachtet, und jene, die die Gläubigen mißhandelt haben, in Trübsal umherirren und dann auf sieben verschiedene Arten gezüchtigt werden sollen. Eine dieser Arten soll ganz einfach das Betrachten der Ruhe der Glückseligen sein. Nachdem dieser Text kurz nach dem Fall Jerusalems im Jahre 70 geschrieben wurde, findet man darin selbstverständlich auch Angaben über die zukünftige Bestrafung der Feinde Israels.[8]

Aus allen diesen Schriften geht hervor, daß die Idee von der Hölle bei den Juden im 1. und 2. Jahrhundert u. Z. schließlich Fuß faßt, ganz besonders nach den beiden politisch-militärischen Katastrophen von 70 und 135. Die Vorstellung von einem gerechten Gott ist nicht zu vereinbaren mit den wiederholten Katastrophen, die über die Gläubigen hereinbrechen, es sei denn, man sieht eine Wiedergutmachung des Unrechts im Jenseits vor. So gewinnt die Auffassung der Pharisäer ganz deutlich die Oberhand über die Auffassung der Sadduzäer. Gewiß, das Bild der Hölle, wie es in den rabbinischen und talmudischen Texten erscheint, ist nicht sehr klar, es gibt immer noch Ungereimtheiten. In großen Zügen jedoch ist es vorhanden: Beim Tod begibt sich die Seele – oder ihr hebräisches Äquivalent – entweder zum Scheol, um dort das Jüngste Gericht zu erwarten, oder direkt zur Gehenna oder zum Garten Eden. Im ersten Fall ruhen die Guten und die Bösen in verschiedenen Abteilungen, was schon auf ein individuelles Gericht hinweist. Die Gehenna ihrerseits ist ein im Westen gelegener, unterirdischer Ort, in Gebirgshöhlen, unter dem Meer oder unter der Wüste. Manche glauben, daß sich einer der Eingänge direkt im Tal Gehenna selbst befindet. Im Innern ist die Gehenna, die wegen der Unzahl von Menschen riesengroß ist, in mehrere Abteilungen unterteilt. Der Talmud spricht von sieben, die untereinander angeordnet sind, und bei jeder Stufe, die man hinabsteigt, herrscht eine sechsfach größere Hitze. Hier findet sich also schon der Gedanke an Strafen, deren

---

7 W. Harrington, *Nouvelle Introduction...*, a. a. O., S. 609.
8 *The Fourth Book of Ezra. The Latin Version*, hrsg. v. R. L. Bensley, Cambridge 1895.

Härte proportional zur Schwere des Vergehens ist. Das Feuer ist das wesentlichste Folterinstrument, jedoch keineswegs das einzige: Hitze und Eiseskälte wechseln ab, man kommt in finstere Räume, in denen es von Skorpionen wimmelt, man verzehrt seine eigenen Glieder, man wird geschlagen. Andere wiederum erfahren eine ausgeklügeltere Behandlung: Im Jerusalemer Talmud ist eine gewisse Maria an den Brustwarzen aufgehängt, und die Angel der Höllenpforte befindet sich in ihrem Ohr – eine Art Folter, die schon in dem ägyptischen Roman *Setna* erwähnt ist.[9] Wohlgemerkt, die gefolterten Körper erstehen immer wieder neu, damit sich die Qualen auf ewig wiederholen können.

Diese Hölle scheint jedoch nicht ewig zu sein; um in den Garten Eden zu gelangen, müssen alle hindurch. Der vorübergehende Aufenthalt dauert je nach der begangenen Sünde mehr oder weniger lang, zwischen sieben Wochen und zwölf Monaten. Diese läuternde Hölle hat sogar tägliche Pausen für das Gebet und das Bereuen und eine wöchentliche Unterbrechung durch die Sabbatruhe. Aber es gibt auch unrettbare Fälle, besonders hartgesottene Sünder oder Christen zum Beispiel. Die einzelnen rabbinischen Schulen machen diesbezüglich Unterschiede, so ist Hillel weniger hart, Schammay dagegen unduldsamer. Im Grunde gibt es drei Möglichkeiten: Entweder völlige Vergebung, selbst für die Schlechtesten, nach einer letzten Prüfung. Wenn sie bis zum Jüngsten Gericht gelitten haben, wird ihr Körper aufgelöst und dann ersteht er wieder. Oder das völlige Auslöschen. Oder das endlose Fortdauern der Strafe, das »ewige Grauen«, wovon die Schule Schammay spricht. Eine *Abhandlung über die Gerichte* aus dem Jahr 135 ungefähr geht auf diese verschiedenen Möglichkeiten ein:

»Die Schammaiten sagen: Es gibt zwei Gruppen, die eine für das irdische Leben, die andere für ewige Schmach und Schande, das sind die gottlosen Frevler, die, wenn es sich um weniger schlimme Fälle handelt, in die Gehenna hinabsteigen müssen, um dort bestraft zu werden und von wo sie – nach Zacharias 13,9 – geheilt zurückkehren. Von ihnen heißt es (1. Samuel 2,6): Gott nimmt das Leben und gibt es. Die Anhänger von Hillel sagen (Exodus 34,6), daß Gott voller

---

9 Siehe J.-P. Osier, *L'Évangile du ghetto*, Paris 1984, S. 152, und J. Mew, *Traditional Aspects of Hell*, London 1903.

Erbarmen ist, er neigt zum Erbarmen, und von ihnen spricht David in Psalm 116,1.

Die Sünder Israels, die in ihrem Fleische schuldig geworden sind, und die Sünder aller Völker der Welt, die in ihrem Fleische schuldig geworden sind, fahren zur Gehenna nieder und erleiden dort zwölf Monate lang ihre Strafe, dann wird ihre Seele zerstört und ihr Körper verbrannt, und die Gehenna speit ihn aus; sie werden zu Asche und der Wind weht sie unter die Füße der Gerechten.« (Maleachi 4,3).[10]

Die jüdische Philosophie des Mittelalters hält sich kaum mit diesem Glauben auf, dessen allzu konkrete und anthropomorphe Vorstellungen sichtlich Ablehnung hervorrufen. Moses Maimonides erklärt lediglich, daß die Feststellung, daß die Frevler zu Asche werden, nur bedeutet, daß sie nicht auferstehen werden. Ansonsten bleibt er in seinen eschatologischen Aussagen sehr vage.

Gnostiker und Manichäer: Das Leben auf Erden ist die Hölle

Neben den jüdischen und christlichen Höllenvorstellungen entstehen im Lauf der ersten drei Jahrhunderte, besonders im Vorderen Orient, noch weitere. Sie alle sind das Ergebnis von Betrachtungen über das Böse und von dualistischen Tendenzen, wie wir sie bei Zarathustra finden, stark beeinflußt. Es kommt immer mehr der Glaube auf – besonders bei den Gnostikern –, daß in der Welt zwei Grundprinzipien miteinander ringen, beide von einer Gottheit geleitet. Die Kräfte des Guten werden siegen, und wer sich im Leben auf die Seite des Bösen gestellt hat, wird seine Strafe bekommen. Dem Dualismus Gut/Böse ordnen die Gnostiker den griechischen Dualismus Geist/Körper über, wodurch schließlich der Körper, und dann die Materie im allgemeinen, verachtet wird.

Der Gnostizismus ist nicht einfach eine Spielart des Christentums oder des Judentums, denn er hat seinen eigenen Ursprung in den Randgebieten des griechisch-persischen Gedankenguts und

---

10 J. Bonsirven, *Eschatologie rabbinique d'après les Targums, Talmuds, Midraschs. Les éléments communs avec le Nouveau Testament*, Rom 1910.

in der Suche nach einem individuellen Heil. Um das Jahr 70 gewinnt er stark an Bedeutung, insbesondere die Ophiten, auch als Naassener bekannt, und weitere Untergruppen wie die Ebioniten, Menaditen, die Anhänger des Basilidismus, des Elkesaismus, des Simonismus, des Cerinthismus, des Sethismus und noch viele andere.[11] Ab dem 3. Jahrhundert ist das Manichäertum die bedeutendste unter all diesen Lehren.

Für die Gnostiker ist die Hölle gewissermaßen das Leben auf Erden, und bei manchen kann man geradezu von einer Existenzangst sprechen. Die Idee erscheint schon bei Lukrez und kehrt im Laufe der Geschichte immer wieder. Der Gnostiker hat das Gefühl, in dieser Welt gefangen zu sein, ohne die Möglichkeit zu entfliehen, denn nach diesem Leben ist die Reinkarnation für die Seele zwangsläufig. Die materielle Welt ist das Werk eines bösen Gottes und somit infernalischer Natur. »Wer wird mich aus der Höllenangst erretten?« fragt eine gnostische Hymne. Die Welt ist den Mächten des Bösen unterworfen, alles menschliche Tun ist absurd, und so ähnelt sie einer geschlossenen Festung, die von Mauern und Gräbern umgeben ist, einer Grube voller Unrat, einem finsteren Gefängnis, einer Wüstenei, einem Chaos, kurz, sie ist eine Übertragung der Bilder der klassischen Hölle in dieses Leben. Die Naturgesetze sind teuflisch, Ordnung und Lauf der Welt sind schlecht, besonders die Zeit, die eine absurde Bewegung hin zum Tod darstellt, wobei jeder Augenblick den vorhergehenden zerstört. Dieser Zeit gilt es zu entkommen, die physischen, sozialen und moralischen Gesetze der Welt müssen zerstört werden.[12]

Um dieser Hölle zu entrinnen, muß man ein Eingeweihter sein, eine gewisse Erkenntnis, die Gnosis, erlangt haben, die jedem einzelnen sein höheres Wesen und das Heil offenbart.[13]

Die dämonischen Wesen leben in einem Reich der Finsternis, in dem es keine Zeit gibt, wo man nur den Augenblick, das Jetzt, wahrnimmt, sich gegenseitig ohne Sinn und Zweck im absoluten Chaos zerstört.[14] Manche manichäischen Hymnen beschreiben

---

11 R. M. Grant, *Gnosticism and Christianity*, New York 1959.
12 H.-C. Puech, *En quête de la gnose*, 2. Bde., Paris (Gallimard) 1978, Bd. I, S. 199.
13 J. Doresse, *Les Livres secrets des gnostiques d'Égypte*, Paris (Plon) 1958.
14 H.-C. Puech, *En quête...*, a. a. O., Bd. I, S. 247.

diese Höllenwelt, und es ist nicht leicht festzustellen, ob darin die derzeitige Welt oder der Wohnort der Dämonen beschrieben wird:

Befreie mich aus diesem tiefen Nichts,
Aus diesem finsteren Abgrund, der Verzehrung ist,
Nur Folter, Qual bis in den Tod
Und wo kein Retter und kein Freund erscheint!

Nie, nimmermehr, ist hier das Heil zu finden.
Wo ringsum Finsternis [...],
Wo Kerker sich an Kerker reiht, und nie ein Ausweg ist zu sehen,
Wo jeder, der hier ankommt, mit harten Schlägen wird verletzt.

Von Dürre ausgetrocknet und von heißem Wind versengt,
Gedeiht hier nimmer nur das kleinste Grün.
Wer wird mich aus den Qualen, die ich dulde, retten,
Wer wird mich von der Höllenangst befrein?[15]

Bei den Manichäern kann die Hölle auch der böse Baum oder Todesbaum sein oder ein weites, schwarzes, von Pesthauch erfülltes Land. »Die Finsterniserde«, lehrt Mani, »enthält lauter Untiefen, Abgründe, Schluchten, Schichten, Dämme, Sümpfe, Teiche; sie ist ein Gebiet, zerklüftet und zerrissen, voll Waldungen und Quellen, aus denen von Land zu Land und von Damm zu Damm Rauch aufsteigt, wo ferner von Land zu Land Feuer und Finsternis hervorquillt. Der eine Teil liegt höher, der andere niedriger. Der Rauch, der daraus hervorquillt, ist das Gift des Todes. Er quillt aus einer Quelle, deren unterster Boden aus trübem, mit Staub überdecktem Schlamme besteht, in welchem die Elemente des Feuers, die groben, finsteren Elemente des Windes und die Elemente des schweren Wassers sich befinden.«[16]

Diese Hölle besteht aus fünf übereinandergeschichteten Regionen: der Welt des Rauches, der Welt des Feuers, der Welt des Windes, der Welt des Wassers und der Welt der Finsternis. Jede dieser Welten ist entweder von Zweifüßlern oder von Vierfüßlern, von Vögeln, Fischen oder Reptilien bevölkert. Und gemäß der Entsprechung zwischen Makrokosmos und dem menschlichen Mi-

---

15 »Manichäischer Psalm«, in: *Yggdrasill*, August 1937, S. 9.
16 K. Kessler, *Mani. Forschungen über die manichäische Religion*, Berlin 1889, S. 397f.

krokosmos sind unsere inneren Höllen aus den fünf Bäumen des Bösen gebildet.[17]

Für Mani wird nach dem Weltuntergang die Masse der Finsternis in eine Kugel eingeschlossen, zusammen mit allen Seelen, die im Laufe dieses Lebens nicht geläutert wurden; dies wird ihr ewiges Gefängnis sein. Die Ebioniten hingegen schwanken zwischen einer ewig währenden Hölle und einer endgültigen Vernichtung der Bösen. Alle diese verschiedenen Arten von Glauben mit ihren verwirrenden Absonderlichkeiten geben ein sehr deutliches Bild von der herrschenden Unsicherheit, die dadurch hervorgerufen wurde, daß die großen Religionen mehr als zurückhaltend waren, was das Böse, seinen Ursprung und seine Folgen betrifft.

Die ersten Beschreibungen der christlichen Hölle

Die gleiche Unsicherheit herrscht auch in den christlichen Gemeinden, nur daß hier die Beunruhigung noch größer ist durch den Glauben an ein unmittelbar bevorstehendes Ende der Welt. Die von den jüdischen und gnostischen Betrachtungen angeregte Phantasie der Gläubigen läßt nun eine ausgiebige apokryphe Literatur entstehen, welche die diesbezüglichen Lücken in der Heiligen Schrift ausfüllt und in der die Hölle eine immer deutlichere Gestalt annimmt.

Nach dem Abschluß der kanonischen Bücher erscheinen immer mehr zusätzliche Schriften. Die Zwölfapostellehre, die *Didache*, die zwischen den Jahren 100 und 150 in Syrien entstand, ist eine der ältesten Zusammenfassungen der christlichen Lehre. Man hat sie manchmal sogar den Aposteln zugeschrieben, und teilweise wurde sie für ebenso wichtig erachtet wie das Neue Testament. Der Text wurde erst 1883 wiederentdeckt aufgrund eines griechischen Manuskripts aus dem Jahr 1057. Die Eschatologie nimmt darin keinen großen Raum ein. Es heißt lediglich, die Wiederkehr des Herrn ist nahe, und »dann wird jedes Geschöpf durch das Feuer geläutert«, wobei viele verloren sein werden.[18]

---

17 H.-C. Puech, »Le prince des ténèbres en son royaume«, in: *Études carmélitaines*, 1948, Sonderheft zum Thema Satan, S. 152.
18 J. Quasten, *Initiation aux Pères de l'Église*, Paris (Cerf) 1955, Bd. I.

Bedeutend mehr Einzelheiten bringt die *Apokalypse des Petrus*. Dieser Text wurde wahrscheinlich zwischen 125 und 150 in der christlichen Gemeinde von Alexandria von einem bekehrten Juden geschrieben und hatte in der urchristlichen Kirche eine große Bedeutung, was sich darin zeigt, daß Clemens von Alexandria ihn ebenso wie den Kanon von Muratori für kanonisch hält, allerdings eine gewisse Skepsis walten läßt. Das Konzil von Karthago entfernt ihn 397 aus den kanonischen Schriften, dennoch wird er bis zum 5. Jahrhundert in den Kirchen von Palästina für die Karfreitagsliturgie benutzt. Erst 1910 wurde diese lange verlorene Schrift wiedergefunden, und zwar in einer äthiopischen Übersetzung. Darin findet man die erste genaue Beschreibung der Höllenqualen, die eindeutig vom Mazdeismus beeinflußt ist, ebenso wie vom orphischen Pythagorismus und vom Judaismus. Man findet hier auch zum ersten Mal eine Klassifizierung der Strafen, die sich auf die jeweilige Art von Sünde beziehen:

»Gegenüber sah ich auch einen anderen Ort, entsetzlich traurig. Es war ein Ort der Strafe. Diejenigen, die bestraft wurden und die Engel, die sie straften, trugen schwarze Kleider, schwarz wie die Luft an diesem Ort.

Manche von denen, die man dort sah, waren an der Zunge aufgehängt: sie hatten die Gerechtigkeit verhöhnt; und unter ihnen brannte ein Feuer, das loderte und sie quälte.

Es gab dort einen großen See voll glühendheißem Schlamm, in dem sich Menschen befanden, die sich von der Gerechtigkeit abgekehrt hatten, und über ihnen schwebten die Engel, die sie züchtigten.

Wieder andere, Frauen, waren an den Haaren über diesem Schlamm aufgehängt, die hatten sich zum Ehebruch geschmückt.

Die Männer, die mit ihnen Unzucht getrieben hatten, waren an den Füßen aufgehängt mit dem Kopf im siedenden Schlamm und sie sprachen: Nie hätten wir geglaubt, an diesen Ort zu kommen.

Mörder sah ich und ihre Komplizen, die man in ein enges Gelaß voller Reptilien geworfen hatte. Diese Tiere quälten sie zur Strafe. Wolkengleich krochen die Würmer auf ihnen herum. Und die Seelen ihrer Mordopfer sahen die Züchtigung ihrer Mörder und sprachen: ›O Gott, gerecht ist Dein Richterspruch.‹

Ganz in der Nähe sah ich einen anderen Ort, in den Eiter und Unflat von der Gezüchtigten floß und eine Art See bildete. Darin lagen Frauen, bis zum Hals eingetaucht, und ihnen gegenüber lag eine große Anzahl von vor der Zeit geborenen Kindern, die schrien. Von ihnen gingen flammende Strahlen aus, die die Frauen in die Augen trafen, diese Frauen hatten außerhalb der Ehe empfangen und ihre Kinder getötet.«[19]

Die *Apokalypse des Petrus* ist die erste Beschreibung der Höllenqualen, der noch sehr viele folgen werden. Sie ist gewissermaßen tonangebend, denn von nun an geht es darum, den Vorgänger an bis ins Detail beschriebenen Grausamkeiten zu übertrumpfen. Die Wucherer werden in einem kochenden See aus Eiter und Blut ertränkt; denen, die falsches Zeugnis ablegen, wird ein Feuer im Mund brennen, und sie beißen sich selbst die Zunge ab. Jeder erhält eine eigens ihm zugemessene Strafe, und es tauchen von jetzt ab auch ungetaufte Kinder in der Hölle auf, die genauso leiden müssen wie alle anderen. Es zeigt sich die riesige Kluft zwischen einerseits den Texten des Evangeliums, die äußerst zurückhaltend sind, was die Hölle angeht, und andererseits diesen ersten volkstümlichen Visionen, die einen ausgesprochenen Sadismus an den Tag legen.

Einen völlig anderen Geist atmet »*Der Hirte des Hermas*«, eine seherische Folge im apokalytischen Stil, die zwischen 136 und 145 geschrieben wurde. Hermas hält sich nicht mit der Beschreibung von Folterqualen auf, sondern beschreibt, in der III. Vision, die Hölle symbolisch. Er sieht sechs Jünglinge, die einen viereckigen Turm bauen. Von den Steinen, die herbeigebracht werden, werden manche wieder ins Feuer geworfen, andere rollen zum Wasser hin, ohne es zu erreichen, wieder andere verschwinden an unzugänglichen Orten. Dies ist folgendermaßen zu verstehen: Der Turm ist die Kirche; die Steine, die ins Feuer geworfen werden, sind die Menschen, die sich für immer vom lebendigen Gott losgesagt haben und nicht bereuen wollten; sie kennen nur noch ihre Ausschweifungen und ihre anderen Schandtaten.[20] Aber diese Sünder können noch Buße tun, und danach kommen sie an einen angenehmeren Ort.

Vom Beginn des 2. Jahrhunderts an betonen die Texte also den

---

19 Ebenda. S. 165.
20 *Der Hirte des Hermas*, III,7,2.

läuternden Wert der Leiden im Jenseits, wodurch noch ein Zugang zum Heil möglich ist: Hier keimt bereits der Gedanke des Fegefeuers, worüber Jacques Le Goff sehr aufschlußreich geschrieben hat.[21]

Zwischen der sadistischen Darstellung der *Apokalypse des Petrus* und der symbolisch gemilderten Darstellung des Hermas bewegen sich die weiteren Beschreibungen, wobei jede ihre eigenen Nuancen hat. Gegen Ende des Jahrhunderts entsteht der *Brief des Barnabas*, der mehr oder weniger die Abschrift einer jüdischen Moralabhandlung ist, die in den urchristlichen Gemeinden zirkuliert. *Das Buch von den zwei Wegen* wiederum beschäftigt sich mit der Endzeit: Das Böse in der Welt nimmt zu; durch die Taufe wird Gott eine zweite Schöpfung vornehmen, dann kommt die endgültige Vernichtung, der ewige Tod in Qualen.[22]

Die apokalyptische Sicht beeinflußt auch die Hölle der Heiden, wobei die Reisen in die Unterwelt und die Überlieferungen der Seher mit einbezogen werden. So erzählt zum Beispiel Plutarch, zu Beginn des 2. Jahrhunderts, in seinen *Moralia* zwei Visionen. In der einen erhält Timarchos, der in einer Grotte auf ein Orakel wartet, einen Schlag auf den Kopf. Seine Seele entschwebt und sieht unter anderem ein Meer, in das zwei Flüsse münden. Es befindet sich über einem Abgrund, in den Seelen geschleppt werden und aus dem Stöhnen dringt: Es ist der Eingang zur Hölle.[23] Die andere Vision, die des Thespesios, geht mehr in die Einzelheiten. Der drei Tage nach seinem Tod wiederauferstandene Held ändert sein Verhalten von Grund auf und wird sehr tugendhaft. Denn im Jenseits hat er gesehen, wie es den Bösen ergeht: Ihre völlig schwarzen Seelen ächzen und stöhnen, die schlimmsten von ihnen werden von den Erinnyen in einen bodenlosen Abgrund gestürzt; andere werden von Dämonen in einen See aus siedendem Gold geworfen, sodann in einen See aus gefrorenem Blei und schließlich in einen See mit eisernen Wellen. Andere Dämonen schmieden die Seelen um, bevor sie in einen Körper zurückgeschickt werden. Alles in allem gleichen sich die Bilder bei Heiden und Christen. Der Ge-

---

21 J. Le Goff, *Die Geburt des Fegefeuers*, München (dtv) 1990.
22 *Der Barnabas-Brief*, hrsg. v. H. Windisch, Tübingen 1920.
23 H. R. Patch, *The Other World According to Descriptions in Medieval Literature*, Cambridge, Mass., 1950, S. 82 f.

danke, daß ein Mensch sein Leben ändert, nachdem er die Hölle gesehen hat, taucht in der Folge immer wieder auf.[24]

Christi Niederfahrt zur Hölle

Ein Ereignis, das im Neuen Testament kaum erwähnt wird, hat die ersten Christen stark beschäftigt, nämlich die angebliche Höllenfahrt Christi. Im Evangelium wird sie überhaupt nicht erwähnt, Paulus macht nur kurze Andeutungen. Ignatius von Antiochien geht in seinem Glaubensbekenntnis stillschweigend darüber hinweg: »Christus ist gestorben, sowohl für den Himmel wie für die Erde und für die Hölle, und er ist auch wahrhaftig wieder auferstanden von den Toten.« Einige Jahre später heißt es in den *Oden des Salomon*, deren syrisches Manuskript im Jahr 1905 aufgefunden wurde, daß Christus zum Scheol niedergefahren sei; ihm werden folgende Worte in den Mund gelegt:

Ich bin nicht gestorben, wenn sie mich auch verurteilt haben.
Ich fuhr zur Hölle und habe sie besiegt.
Der Tod ließ mich zurückkehren und viele noch mit mir.
Gift und Galle war ich für ihn und stieg mit ihm hinab bis in die tiefsten Tiefen.
Von Kopf bis Fuß hat er sich abgewandt, denn er konnte nicht mein Gesicht ertragen.
Die Lebenden unter seinen Toten habe ich um mich versammelt und habe mit lebenden Lippen zu ihnen gesprochen.
So war mein Wort nicht eitel.
Sie kamen zu mir, die Toten, riefen und sprachen:
»Erbarme Dich unser, Sohn Gottes, und verfahre mit uns nach Deiner Gnade.
Laß uns diesem Ort der Finsternis entweichen und öffne uns die Tür, auf daß wir durch sie zu Dir hineinschreiten.
Denn wir sehen, daß unser Tod Dir nichts anhaben konnte.
Auch wir mögen gerettet werden, mit Dir, denn Du bist unser Retter.«

---

24 E. J. Becker, *A Contribution to the Comparative Study of the Medieval Visions of Heaven and Hell, with Special Reference to the Middle English Versions*, Baltimore 1899, S. 27 ff.

Ich aber hörte ihre Stimme und zeichnete ihr Haupt mit meinem Namen.
Deshalb sind sie frei und gehören mir. Halleluja!²⁵

Im 2. Jahrhundert bringt Meliton, der Bischof von Sardes, die Worte, die Jesus in der Hölle gesprochen hat, in einer Homilie von der Passion noch präziser. Wahrscheinlich aber stammt diese Stelle aus einer liturgischen Hymne, die älter ist, was bedeuten würde, daß das Ereignis schon zu Beginn des 2. Jahrhunderts Bestandteil der Religion war: »Und er stand von den Toten auf und rief euch zu: ›Wer ist mein Widersacher? Er möge vor mir erscheinen. Ich habe die Verdammten befreit, ich habe die Toten erweckt und ich ließ auferstehen, die in der Grube lagen. Wer will die Stimme gegen mich erheben? Ich bin es, sprach Christus, der den Tod zuschanden gemacht hat, der den Feind besiegt, die Hölle vernichtet, den Starken gebunden und den Menschen in die Höhen des Himmels gehoben hat, ich, Christus, sprach er.‹«²⁶

Es erhob sich also die Frage, wie man die Lücken der Evangelien ausfüllen konnte, um die Wißbegier des Volkes zu befriedigen. Die Antwort war einfach: Man brauchte sie nur neu zu schreiben! So entsteht zwischen dem 2. und 4. Jahrhundert eine apokryphe Literatur, die jene Zeiten im Leben Jesu, die im Neuen Testament im Dunkel geblieben waren, ausführlicher beschreibt. Das gilt besonders für die Kindheit Jesu und seine Niederfahrt zur Hölle. Diese Schriften enthüllen vertrauliche Berichte, die bis dahin angeblich geheimgehalten worden waren. Die »Enthüllung« ist bei allen Sekten ein ganz geläufiges Mittel, um unorthodoxe populäre Doktrinen zu heiligen. Viele apokryphe Schriften, die gnostisch gefärbt sind, bestehen auf einer unmittelbaren Konfrontation zwischen Christus und dem Teufel. Die Apotheose ist dann der letzte Kampf, der in der Hölle stattfindet und bei dem der Teufel Christus herausfordert. Christus zeigt seine Macht, indem er alle Toten des Alten Bundes erlöst.

Das Dekret von Papst Gelasius I. bringt im 6. Jahrhundert eine Aufstellung der apokryphen Schriften, um sie von den kanoni-

---

25 J. P. Harris, *The Odes and Psalms of Solomon*, Cambridge 1909, Ode 42.
26 P. Nautin, »L'Homélie de Méliton sur la Passion«, in: *Revue d'histoire ecclésiastique*, Löwen 1949, Nr. 44, S. 101 f.

schen, die schon 367 zusammengestellt worden waren, zu trennen. Diese apokryphen Schriften machen deutlich, womit sich das christliche Volk der ersten Jahrhunderte beschäftigte. Die Kirche schöpft daraus Material, von dem in den Evangelien zwar nicht die Rede ist, das aber dennoch einen fast kanonischen Status erreicht: Die Geburt Jesu in einer Grotte, eingerahmt von Ochse und Esel, Darbringung einer Krone von den Weisen, Jungfräulichkeit Mariä nach der Geburt Christi. In der mittelalterlichen Kunst finden wir die Darstellung vieler solcher Ereignisse, die aus dieser Literatur stammen.[27]

Eines der ersten Werke dieser Art ist die *Epistola apostolorum*, die zwischen 140 und 160 in Ägypten oder Kleinasien entstand und im Jahr 1895 in einer koptischen Übersetzung gefunden wurde. Hier wird geschildert, wie Christus zum Limbus hinabsteigt, um die Gerechten und die Propheten zu taufen, denn ohne Taufe gibt es kein Heil: »Und ich goß über sie, sprach Jesus, mit meiner Rechten das Wasser des Lebens, Vergebung und Erlösung von allem Bösen, wie ich es für euch und alle, die an mich glauben, getan habe.«[28] Vom 3. Jahrhundert ab werden die Apostel dann sehr ausführlich, was die Niederfahrt zur Hölle anbelangt. Im Nikodemus-Evangelium wird der Bericht von zwei unmittelbaren Zeugen gegeben, den Söhnen des Simeon, die zu den von Christus Wiedererweckten gehören. Das Evangelium des Bartolomäus berichtet ebenfalls in allen Einzelheiten davon.

Die *Pilatus-Akten* aus dem 4. Jahrhundert, die auf bedeutend ältere Schriften zurückgehen, geben eine sehr dramatische Darstellung und beschreiben die Reaktionen der Unterwelt auf die Taten Christi. Es ist eine merkwürdige Vermischung von griechischer und jüdischer Hölle: Satan ist zwar der Herrscher an diesem Ort, aber Hades, der Totengott, ist gewissermaßen sein Beauftragter, der sich um alle Verstorbenen des Alten Bundes kümmert. Beim Tod Christi hofft Satan, daß sich seine Seele natürlich zu all den anderen geselle. Allein, er ist mißtrauisch und befiehlt Hades, wachsam zu sein: »Du, der alles verschlingst und nimmer satt wirst, merke wohl auf. Ein Jude mit Namen Jesus nennt sich Gottes

---

27 D. Rops, *Évangiles apocryphes*, Paris 1952; C. Mopsik, *Les Évangiles de l'ombre*, Paris 1983; *Évangiles apocryphes*, hrsg. v. F. Quéré, Paris (Seuil) 1983.
28 J. Quasten, *Initiation...*, a. a. O., S. 27.

Sohn, ist aber nur ein Mensch. Die Juden haben ihn gekreuzigt, und ich habe ihnen gar wohl dabei geholfen. Nun, da er tot ist, bereite für ihn starke Fesseln. Ich weiß, daß er nur ein Mensch ist, hörte ich ihn doch also klagen: ›Meine Seele ist zu Tode betrübt.‹ Als er jedoch noch in der Welt unter den Sterblichen lebte, bereitete er mir viel Ungemach. Wo er die meinigen antraf, vertrieb er sie, und die Menschen, die ich bucklig, blind, hinkend oder aussätzig gemacht oder mit einem anderen Leiden bedacht hatte, heilte er mit einem einzigen Wort. Viele, die durch mein Wirken reif für die Grube waren, rief er ins Leben zurück und dies auch mit einem einzigen Wort.«[29]

Nun folgt ein Dialog zwischen Satan und Hades, der die Seele Christi nicht haben will. Dieser Mensch, so sagt er sinngemäß, ist für uns zu stark: »Wenn er die Menschen aus dem Grab befreit hat, mit welchen Mitteln sollen wir ihn dann gefangenhalten? Ich hatte einmal einen Toten verschlungen, mit Namen Lazarus, und kurz darauf hat ihn ein Lebender mit einem einzigen Wort meinen Eingeweiden entrissen. Das ist wohl der, von dem du sprichst. Wenn wir ihn zu uns holen, befürchte ich, daß wir mit unseren Toten einige Schwierigkeiten bekommen werden. Alle, die ich seit Anbeginn verschlungen habe, machen mir nicht wenig zu schaffen, und mein Bauch schmerzt von ihrem Treiben. Dieser Lazarus, der mir als erster entrissen wurde, läßt mich nichts Gutes ahnen. Er flog davon nicht wie ein Leichnam, sondern wie ein Adler, so heftig spie das Grab ihn aus. Deshalb beschwöre ich dich, in deinem und meinem Interesse, bringe ihn nicht hierher, denn ich vermute, daß er nur hierher kommt, um alle diese Sünder, meine Toten, zu erretten. Ich sage es nochmals, beim Reich der Finsternis, läßt du ihn herabsteigen, wird nicht ein einziger Toter in meiner Macht bleiben.«[30] Als die Ankunft Jesu gemeldet wird, läßt Hades die bronzenen Tore der Hölle schließen und mit Stangen fest verriegeln, so daß sie stark an die Gefängnisfestung Vergils erinnern. Doch es ist vergebens, denn die Tore geben nach. Jesus erscheint, und es wird Licht in der Hölle.

»Da ergriff der König der Ehren den obersten Herrscher, Satan, beim Schopf, überlieferte ihn den Engeln und sagte: ›Legt ihm

---

29 *Évangiles apocryphes*, a. a. O., S. 154.
30 Ebenda, S. 155.

Ketten um Hände und Füße, um den Hals und über den Mund!‹ Sodann überantwortete er ihn Hades und sagte: ›Nimm ihn und bewache ihn streng bis zu meiner Rückkehr.‹«

Hades übernimmt Satan und spricht: »Beelzebub, Herrscher über Feuer und Vergeltung, Feind der Heiligen, was hat dich dazu getrieben, den König der Ehren kreuzigen zu lassen? Er ist zu uns herabgestiegen und hat uns alles genommen. Alle, die du über den Weg der Erkenntnis gewonnen hattest, hat das Kreuz dir genommen. Aus deiner Wonne ist Schmerz geworden. Du wolltest den König der Ehren töten und hast dich selbst getötet. Ich habe den Auftrag erhalten, dich wohl zu bewachen. Nun wirst du selbst feststellen können, welche Qualen ich bereiten kann. O Herr der Teufel, Todesfürst, Ursprung aller Sünde, Krone des Bösen! Welchen Fehl fandest du an Jesus, daß du sein Verderben wolltest? Wie konntest du es wagen, ihm zu schaden? Warum hast du versucht, einen Menschen in die Finsternis zu stürzen, der all jene von dir genommen hat, die seit Anbeginn gestorben sind?«[31]

Bei den nun beginnenden Höllenqualen ist Hades der Folterknecht. Satan ist, entgegen der klassischen Meinung, passiv. Er foltert nicht, er ist das Hauptopfer. Mit einer schönen, symbolischen Geste streckt Jesus die Hand nach Adam aus und erweckt ihn: ein zweiter Schöpfungsakt. Der erste Mensch, durch den die Sünde in die Welt kam, verläßt Hand in Hand mit dem Heiland der Menschheit die Hölle. Es folgen »die Patriarchen und die Propheten, die Märtyrer und die Vorfahren«. Dieser Zug besteht nur aus Männern, von Eva und den anderen Frauen des Alten Bundes ist nirgends die Rede.

Die Auffassung der Gnostiker, die in der Teilung in zwei Geschlechter ein Werk des Bösen sieht, verstärkt die sehr frauenfeindliche Tendenz der letzten Schriften des Alten Testaments und der Paulus-Briefe. Das *Thomas-Evangelium* verheißt, daß die Frauen in Männer verwandelt werden, damit sie ins Himmelreich gelangen können. Simon Petrus sagt: »Maria soll unsere Runde verlassen, denn die Frauen sind des Lebens nicht würdig!« Und Jesus sagt: »Wahrlich, ich werde sie zu mir nehmen, um sie männlich werden zu lassen, damit auch sie ein lebendiger Geist werde wie die Män-

---

31 Ebenda, S. 157.

ner! Denn jede Frau, die in einen Mann verwandelt wird, kann ins Himmelreich kommen.«³²

Andere apokryphe Schriften sind sehr von den griechischen und orientalischen Anschauungen über die Wanderungen der Seele nach dem Tod beeinflußt. In der *Geschichte von Joseph, dem Zimmermann* lauert der Tod auf die Seele des Sterbenden. Der personifizierte Tod trägt den ägyptischen Namen Amenti und ist vom Teufel und vielen feurigen Dämonen begleitet, die Schwefel und Rauch speien. Die Seele muß die sieben Äonen der Finsternis durchschreiten, die Emanationen der höllischen Mächte sind; sodann muß sie durch ein enges Tal und einen Fluß aus Feuer gehen, dies alles Prüfungen, die man nur bestehen kann, wenn man ein sündenfreies Leben geführt hat.

Im 3. Jahrhundert liefert die apokalyptische Bewegung noch einige Werke, die in hohem Maße zur Ausstattung der christlichen Hölle beitragen. Ganz besonders trifft dies zu für die *Apokalypse des Paulus*, die zwischen 240 und 250 in Ägypten entstanden ist. Diese Schrift erfreute sich während des ganzen Mittelalters allergrößter Beliebtheit beim Volk, was sich darin zeigt, daß es sehr viele lateinische Versionen und Kurzfassungen davon gibt; auch in den Werken der bildenden Kunst findet sie ihren Niederschlag, und Dante erwähnt sie an einer Stelle seiner *Hölle*.³³ Es ist das klassische Thema: Ein Engel führt Paulus zum feurigen Fluß, von wo aus er sehen kann, welche Qualen die Verdammten erleiden müssen. Wenn diese Schrift sich auch weitgehend auf die *Apokalypse des Petrus* stürzt, so ist sie doch ausgeklügelter und bringt Elemente aus der griechischen, orientalischen und ägyptischen Mythologie. So erklärt der Engel Paulus, daß es in der Hölle 140 000 verschiedene Arten von Folterqualen gibt und daß hundert Menschen, selbst wenn sie seit Anbeginn der Welt sprächen und jeder von ihnen vier Zungen besäße, mit deren Beschreibung noch nicht fertig wären.

Die Vision des Paulus bietet also nur ein bescheidenes Angebot an Qualen! Deutlich ist hingegen die Tendenz zu einer Klassifizierung mit einer bestimmten Art von Strafe für eine bestimmte Art

---

32 Ebenda, S. 182.
33 Dante, *Göttliche Komödie. Die Hölle*, II,28.

von Sünde, es zeigt sich aber auch der Anfang einer Einteilung in soziale Kategorien.³⁴ Am Eingang zur Hölle findet man Sünder, die an den Füßen, an den Händen, an der Zunge oder an den Ohren an feurigen Bäumen aufgehängt sind. In sieben Feueröfen schmoren heulend jene, die nicht bereuen wollten. Tausend Seelen sind auf ein flammendes Rad gebunden, das sich täglich tausendmal dreht. Auch das orientalische Motiv der Brücke ist vorhanden. Die Gerechten können sie überschreiten, die Sünder jedoch fallen in einen grausigen Fluß, in dem es von Ungeheuern wimmelt, die darauf warten, sie zu verschlingen. Die Unkeuschen versinken darin bis zum Nabel, und jene, die sich an den Leiden anderer erfreuten, bis zu den Augenbrauen. Umgeben von undurchdringlicher Finsternis verschlingen die Wucherer ihre eigene Zunge. Drachen und Schlangen quälen sexuell die ledigen Mütter, die ihre Kinder umkommen ließen. Ein eisiges Feuer verbrennt diejenigen, welche sich Waisen gegenüber vergangen haben, und jene, die das Fasten nicht eingehalten haben, versuchen vergebens, die saftigen Früchte an den Ästen der Bäume zu erreichen – sichtlich eine Adaptation der Qualen des Tantalos –, und die nicht an Christus glauben wollten, werden in einen bodenlosen Abgrund gestürzt, aus dem schwarzer Qualm und unerträglicher Gestank aufsteigen.

Die *Apokalypse des Paulus* übernimmt auch ein jüdisches Detail, nämlich den wöchentlichen Ruhetag in der Hölle. Der heilige Paulus und Sankt Michael erbitten gemeinsam mit den Verdammten diese Pause, die *mitigatio poenarum*. Dabei wird ein solcher Lärm vollführt, daß Christus selbst kommt, um nachzusehen, was es gibt. Paulus legt ihm die Forderungen der Verdammten dar, worauf eine Diskussion erfolgt, bei der Christus die Verdammten an seine eigenen Leiden erinnert, dann aber schließlich nachgibt: »Für den Tag meiner Auferstehung von den Toten gewähre ich euch allen, die ihr Höllenqualen erdulden müßt, einen Tag und eine Nacht lang Erholung für alle Ewigkeit.«³⁵ So wird also die riesige Maschinerie der Hölle jede Woche von Samstag abend bis Montag morgen stillstehen – eine Vorstellung, die in der christlichen Welt lange Zeit gerne akzeptiert wurde. In irischen Texten

---

34 T. Silverstein, *Visio Sancti Pauli. The History of the Apocalypse in Latin Together with Nine Texts*, London 1935.
35 *Apokalypse des Paulus*, XLIV.

wird diese Ruhepause sogar auf ein echtes Wochenende ausgedehnt.[36] In den *Apokalypsen der Heiligen Jungfrau* aus dem 4. Jahrhundert übernimmt Maria die Fürsprache für die Verdammten.

Eine Schrift, die ebenfalls einen großen Einfluß auf das Mittelalter ausgeübt hat, ist die *Apokalypse des Esra*.[37] Auch hier vermischen sich heidnische, christliche und jüdische Elemente auf engste Weise, und es werden, wie in den Apokalypsen üblich, häufig symbolische Zahlen genannt. So wird Esra von sechs Engeln begleitet, er steigt siebzig Stufen hinab und kommt an Türen aus Feuer, die von zwei feuerspeienden Löwen bewacht werden. Und nun beginnt das Schauspiel: Hunde verschlingen die Menschen, die am Sonntag morgen vor dem Gang zur Messe mit ihren Ehefrauen Unzucht getrieben haben. Das Feuer verbrennt die Gottesleugner zu Asche, andere werden von Dämonen in Kessel voller Flammen gestoßen, wieder andere fallen von einer Brücke aus in ein großes Feuer. Zum ersten Mal wird hier ein Verdammter namentlich genannt: Herodes sitzt auf einem feurigen Thron. Allerdings hat Esra weniger Erfolg als Paulus, denn als er Gott um Milde für die Verdammten bittet, erfährt er ein kategorisches Nein.

Die Hölle der Apologeten

Neben diesen volkstümlichen Visionen gibt es jedoch auch Schriften, die bedeutend nüchterner sind und versuchen, das Thema Hölle auf eine intellektuellere Art zu behandeln. Wenn sich die Apologeten bemühen, die Heiden von der Existenz eines Ortes der Qualen zu überzeugen, so gibt es unter ihnen auch manche, die diese Existenz überhaupt nicht in Frage stellen, sondern sich mit ihren Charakteristiken beschäftigen. So beginnt sich neben der volkstümlich bildhaften eine abstrakte, systematisierte Hölle abzuzeichnen. Sie ist im 3. Jahrhundert noch recht vage, wird aber in der

---

36 L. G. A. Getino, *Del gran número de los que se salván y de la mitigación de las penas eternas*, Madrid 1934.
37 *Apocalypsis Esdrae. Apocalypsis Sedrach. Visio beati Esdrae*, hrsg. v. O. Wahl, Leyden 1977.

Folge von den Kirchenvätern des 4. und 5. Jahrhunderts konsequent ausgebaut.

Der erste erwähnenswerte Apologet, Sankt Justin, spricht sehr wenig von der Hölle. Im 2. Jahrhundert als Sohn heidnischer Eltern in Palästina geboren, wird er in Ephesus bekehrt und lebt fortan als Wanderprediger. In Rom gründet er unter Antoninus Pius eine eigene Schule. Seine erste Apologie zeigt, daß schon zu dieser Zeit die Angst vor der Hölle in den christlichen Gemeinden ein Thema für die Predigten war. Justin erklärt nämlich, daß eben von dieser Angst ihre moralische Überlegenheit herrühre. Der Text zeigt weiterhin, daß man den Christen damals schon vorwarf, Seelsorge mit der Angst zu treiben, ein Vorwurf, den sich die Kirche bis ins 20. Jahrhundert machen lassen mußte:

»Man mag vielleicht sagen, wie das die sogenannten Philosophen tun, daß es nur Worte sind oder Schreckgespenster, was wir von der Strafe der Sünder im ewigen Feuer sagen, und daß wir die Menschen durch die Angst und nicht durch die Liebe zum Guten tugendsam machen wollen. Darauf will ich in wenigen Sätzen antworten. Wenn dies nicht ist, dann ist auch Gott nicht, oder wenn er existiert, dann kümmert er sich nicht um die Menschen; dann sind Tugend und Laster bedeutungslos; dann verurteilen die Gesetzgeber jene, die ihre guten Anordnungen übertreten, ungerechtfertigt.

Ihr findet bei uns mehr als bei allen anderen Helfer und Verbündete für den Frieden, da wir verkünden, daß niemand Gott entkommen kann, der Böse, der Geizige oder der Hinterhältige nicht weniger als der ehrenhafte Mensch, denn jeder erhält je nach seinen Taten seine Strafe oder das ewige Heil. Wenn alle Menschen dies wüßten, würde keiner auch nur das kleinste, schnellste Verbrechen begehen, da er mit ewiger Qual im Feuer rechnen muß. Jeder wird, im Gegenteil, sich im Zaume halten und tugendhaft leben, um das von Gott versprochene Heil zu erlangen und der Züchtigung zu entgehen.«[38]

Für Justin bleiben die Seelen der Toten bis zum Jüngsten Gericht in der Hölle, mit Ausnahme derjenigen der Märtyrer, die sofort in den Himmel gelangen. In der Hölle sind die Seelen der Guten und der Bösen schon voneinander getrennt, wobei letztere bis zum

---

38 Sankt Justinus, *Apologie* I,9 und *Apologie* II,12.

Jüngsten Tag in Angst vor der Züchtigung leben. Der Gedanke einer individuellen Bestrafung gleich nach dem Tod ist hier also implizit bereits vorhanden.[39]

Währen nun die Höllenqualen ewig? Justin scheint zu zögern, denn er läßt durchblicken, daß Gott durch die Vernichtung der Verdammten ihnen ein Ende bereiten könnte. Er schreibt: »Ich sage nicht, daß alle Seelen sterben, denn dies wäre wahrlich ein gutes Geschick für die Frevler. Ganz im Gegenteil: Die Seelen der Frommen verweilen an einem besseren Ort und die der Bösen an einem schlechteren Ort in Erwartung des Tags des Jüngsten Gerichts. So sterben diejenigen, die Gott wohlgefällig waren, nicht mehr, und die anderen werden gestraft, solange Gott will, daß sie existieren und Strafe erleiden.«[40]

Justin gibt zu, daß eine gewisse Anzahl von Heiden nicht in die Hölle kommt, insbesondere jene, die sich zur Kenntnis des Wortes erhoben haben. Wie könnte auch ein Bewunderer der Philosophie Sokrates und Platon in die Hölle schicken? »Christus«, schreibt er, »ist der eingeborene Sohn Gottes, sein Wort, an dem alle Menschen teilhaben. Dies haben wir gelernt, und dies haben wir auch verkündet. Wer nach dem Wort gelebt hat, ist ein Christ, mag er auch als Atheist gelten, wie bei den Griechen Sokrates, Heraklit und ihresgleichen, und wie bei den Nichtgriechen, Abraham, Ananias, Azarias, Missael, Elias und viele andere, deren Namen und Taten hier nicht aufgezählt werden können. Und wer gegen das Wort gelebt hat, ist verderbt, ein Feind Christi, ein Mörder der Anhänger des Wortes. Wer aber mit dem Wort lebt oder gelebt hat, der ist ein Christ, unerschrocken und furchtlos.«[41]

Auch Sankt Irenäus, der um das Jahr 180 schreibt, glaubt, daß alle Toten in der Hölle warten müssen bis zum Tag des Gerichts, mit Ausnahme vielleicht der Märtyrer, die unmittelbar in den Himmel gelangen. In den Schriften über das Martyrium des heiligen Polykarp, der 156 starb, heißt es, daß die Märtyrer überzeugt waren, sie würden durch ihren Opfertod dem ewigen Feuer entgehen. Der Scheiterhaufen schien ihnen kurz und kühl, zumal er ihnen ein viel schlimmeres und unlöschbares Feuer ersparte. So soll der Bischof

---

39 Ders., *Dialog mit Tryphon*, V,80.
40 Ebenda, V,3.
41 Ders., *Apologie I*, XLVI,1–5.

von Smyrna dem Prokonsul geantwortet haben: »Du drohst mir mit einem Feuer, das nur eine Stunde brennt und dann verlischt, aber du weißt nicht, daß das Feuer des künftigen Gerichts und der ewigen Strafe die Gottlosen erwartet!«[42]

Für jene Christen jedoch, die das Sakrament der Taufe nicht anerkennen, ist die Verdammnis gewiß. Der zweite Brief des heiligen Clemens an die Korinther verheißt ihnen das ewige Feuer und daß sie von Würmern zerfressen werden.[43]

Minucius Felix, der seinen *Octavius* zwischen 200 und 245 in Form eines Dialogs zwischen einem Christen und einem Heiden schrieb, bemüht sich, die Kontinuität zwischen der heidnischen und der christlichen Hölle aufzuzeigen. Er beruft sich auf die *Aeneis*, wobei er allerdings der heidnischen Hölle eine Ewigkeit zuspricht, die sie nicht hatte: »Die Schriften der gelehrtesten Weisen und die Verse der Dichter gemahnen den Menschen an diesen Feuerstrom, diese Glut, die aus dem Styx kommt und sich mehrmals überschlägt. Und dies alles ist vorbereitet, wie sie sagen, für die ewigwährenden Qualen und bekannt durch die Drohungen der Dämonen und die Weissagungen der Propheten [...]. Und es gibt weder Maß noch Zeit für diese Folter, dieses intelligente Feuer [der Ausdruck stamm von Heraklit und von den Stoikern] brennt den Leib und stellt ihn gleichzeitig wieder her, zerfrißt und nährt ihn zugleich. So wie das Feuer des Blitzes die Körper trifft, ohne sie zu verzehren, wie die Feuer des Ätna, des Vesuv lodern ohne zu verlöschen, so nährt sich dieser strafende Feuerbrand nicht durch das Zerstören der Gefolterten, sondern er nährt sich von den Fetzen, die er ihrem Körper entreißt, ohne sie jedoch zu verbrennen.«[44]

Nach Minucius Felix sind die Bilder, derer sich die Heiden bedienen, nur Deformationen von Berichten, die der Bibel entliehen sind. Die Plünderung der Weisheit der Bibel durch die griechischen Autoren sollte die christliche Apologetik als Thema lange beschäftigen. Für den Autor des *Octavius* kann die Hölle, die in allen Zivilisationen vorkommt, keine Erfindung sein: Sie ist eine Gewißheit und dazu bestimmt, all jene aufzunehmen, die Gott nicht kennen.

---

42 *Das Martyrium des heiligen Polykarp*, II,3.
43 *2. Clemens-Brief*, VII,8.
44 Minucius Felix, *Octavius*, 35,1–3.

Der um 190–200 in Alexandria auf griechisch verfaßte *Brief an Diognet* gründet seine moralischen Empfehlungen – wenn auch diskreter – auf die Angst vor der Hölle. »Du wirst erkennen, was leben wirklich heißt, wenn du das, was hienieden der Tod genannt wird, verachtest, wenn du den wahren Tod fürchten lernst, der alle ereilt, die zum ewigen Feuer als der endgültigen Strafe verdammt sind.«[45]

Zur gleichen Zeit definiert Tertullian, ein Apologet großen Stils, seinerseits die Hölle. Dieser ungestüme, sittenstrenge und rigoristische Afrikaner, der vom bevorstehenden Weltengericht überzeugt ist, gibt dem Ganzen strengere Züge. Im allgemeinen folgt er dem heiligen Justin: Nach dem Tod ruhen die Seelen im Hades und warten auf das Jüngste Gericht. Die wahre Hölle mit den Folterqualen ist noch nicht in Betrieb. Die Seelen sind jedoch schon getrennt: Diejenigen der Märtyrer sammeln sich in einem Paradies, das aber anders ist als jenes, in welches sie später kommen. Die Seelen der Gerechten sammeln sich an einem angenehmen, kühlen Ort, dem Schoß Abrahams, wo sie einen Vorgeschmack auf die ewige Glückseligkeit erleben. Die Seelen der Bösen kommen in provisorische Höllen, wo sie schon brennen.

Diese Konzeption ist etwas vage und hat sich bei Tertullian auch weiterentwickelt, denn in seinen ersten Werken versicherte er schon, daß die vom Körper getrennten Seelen, da sie nicht leiden können, das Jüngste Gericht abwarten müssen.[46] Offenbar hat ihn die Parabel vom armen Lazarus und dem bösen Reichen vom Gegenteil überzeugt.

Ob sie nun brennen oder nicht, die Verdammten leiden schon beim bloßen Gedanken an das, was sie erwartet. Denn am Jüngsten Tag, der bald kommen muß, »wird das ganze Menschengeschlecht auferstehen, um das zu erhalten, was ihm gebührt auf Grund seiner Verdienste, und diese Vergeltung wird von Ewigkeit zu Ewigkeit fortdauern. Es wird also weder Tod noch Auferstehungen geben, sondern wir werden die gleichen sein wie heute, Diener Gottes, immer mit Gott vereint, angetan mit der Substanz der Ewigkeit.

---

45 *Diognetos-Brief*, X,7.
46 Das behauptet er jedenfalls in seiner Schrift *De anima* (LV), während er in *De resurrectione carnis* (XVII) erklärt, daß selbst die getrennten Seelen leiden können.

Die Gottlosen und all jene, die Gott nicht wahrhaft anbeten, werden zur Strafe des ewigen Feuers verurteilt – jenes Feuers, das seinem Wesen nach der Diener ihrer Verderbtheit ist.«[47]

Tertullian freut sich schon im voraus auf den Anblick. »Dann werde ich lachen, wenn ich sehen werde, wie in der Finsternis mit Jupiter und seinen Anbetern alle die Könige schmachten, die man im Himmel glaubte; wenn ich sie sehen werde, alle die Richter, die die Christen verfolgt haben, wenn sie von den Flammen verschlungen werden, Flammen, die viel heißer sind als jene, mit denen sie unsere Brüder gefoltert haben; wenn ich sie sehen werde, alle die Weisen und Philosophen, wie sie geröstet werden zusammen mit ihren Jüngern, die sie gelehrt haben, daß Gott sich nicht um die Welt kümmere!«[48] Tertullian rät den Christen, nicht in den Zirkus zu gehen, weil das unmoralisch sei und dem Glauben schade. Aber tröstet euch, meint er, denn nach dem Jüngsten Gericht werdet ihr ein viel schöneres Schauspiel erleben, nämlich die Qualen der Verdammten.[49] Dieses Schauspiel kostet keinen Eintritt und hört nie auf, denn das Feuer der Hölle brennt, aber es verbrennt nicht.

Diese heikle Frage, die jahrhundertelang diskutiert werden sollte, ruft allmählich Einwände auf den Plan, und so versuchen die Apologeten, welche die Heiden überzeugen wollen, rationale Antworten zu finden. Diese Mischung aus oft recht extravaganten Phantasien und strengster Vernunft ist typisch für die Diskussionen über die Hölle, die sich bald als ein Gebilde präsentieren sollte, bei dem sich interne Logik mit einem Phantasierahmen umgibt, eine Art zusammenhängender Traum, dem die Sterblichen nichts anhaben können. So sieht Tertullian das Feuer der Vulkane und den Blitz genauso wie Minucius Felix und spricht auch vom Intelligenten Feuer, ein Ausdruck, den die Stoiker schon lange benutzten, um die Kraft zu bezeichnen, welche die Wärme des Universums aufrechterhält.

Die christlichen Denker sind nun dabei, den Höllenglauben vernünftiger zu gestalten, was durch die unmäßige Vermehrung der

---

47 Tertullian, *Apologeticum*, 48.
48 Ders., *De spectaculis*, 30.
49 J. Pelican, »The Eschatology of Tertullian«, in: *Church History*, Nr. 21, 1953, S. 108–122.

diesbezüglichen Vorstellungen im Volk notwendig geworden ist. Aus der Ära der Kirchenväter wird die intellektuelle Hölle festgefügt und offizialisiert hervorgehen, für Jahrhunderte festgeschrieben.

V
Die Systematisierung der Höllendoktrin durch die Kirchenväter (3.–5. Jahrhundert)

Die Bedeutung der volkstümlichen Hölle

Der Glaube an eine zukünftige Hölle für die Übeltäter dieses Erdenlebens wurde zu Beginn des 3. Jahrhunderts Allgemeingut. Die Hölle, die sich das Volk ausgedacht hat, ist eine reichlich konfuse Angelegenheit, bei der nur ein Element konstant ist: die Qual. In ihrer äußerst fruchtbaren Phantasie haben die Gläubigen eine Unmenge von Folterqualen zusammengestellt, ohne jeden Zusammenhang. Diese Hölle ist eine Welt, in der absolute Willkür herrscht, die keine Naturgesetze kennt und von den aberwitzigsten Phantasiegestalten bevölkert ist. Sie erscheint wie eine Befreiung für das niedrige, geknechtete Volk, das hier seiner Erbitterung freien Lauf lassen kann, wenn es sich gegen die Bösen wendet. Das Ganze ist ein Alptraum, in dem ein grenzenloses Grauen herrscht, der jedoch die wesentliche Funktion der Enthemmung erfüllt und für die Gläubigen, die sehr strikten moralischen Forderungen unterworfen sind, sogar notwendig ist.

In Zeiten der moralischen Strenge verdoppelt die Hölle ihre Grausamkeit. Je strenger die moralischen Forderungen sind, desto abschreckender müssen die verheißenen Strafen sein. Während der ersten Jahrhunderte der christlichen Kirche und während der Gegenreformation im 17. Jahrhundert z. B. erklärt die auf Furcht begründete Seelsorge diese Verschärfung. Gleichzeitig aber werden die Frustrationen der Gläubigen mit zunehmend strenger Moral größer. In Form von symbolischen Qualen drückt die Hölle die angestaute Aggressivität und die gehemmte Sexualität der Gläubigen aus. Die von Hieronymus Bosch zu Beginn des 16. Jahrhunderts gemalten Höllen zeigen die unglaubliche Enthemmung. Hier treffen sich die Bedürfnisse der Geistlichen mit denen der Gläubigen: Um ihre moralischen Forderungen aufzuzwingen, greifen die Geistlichen zu diesen Horrordarstellungen, die wiederum symbolisch die verdrängten Wünsche des Volkes befriedigen. Der lang andauernde Erfolg der Hölle ist weitgehend durch diese doppelte Funktion bedingt. Die grauenvollen Qualen erfahren wenig Widerspruch, da sie sowohl den Interessen der einen wie auch der anderen dienen. Die unbewußte Komplizenschaft zwischen Geistlichkeit und Gläubigen bei all dieser Grausamkeit ist um so unbedenklicher, als sich diese Folterqualen nur in der Vorstellung abspielen. Folterknechte sind die Dämonen, eine Inkarnation des Bösen, und Gott, die Inkarnation des Guten, hat die Hölle erlaubt. Zum Gefühl der Unwirklichkeit kommt hier noch das der völligen Nichtverantwortlichkeit gegenüber dem, was sich in der Hölle abspielt.

Die Höllenvisionen des 2. und 3. Jahrhunderts entwickeln sich nach diesem Muster. Die ersten Christen, meistens einfache Leute, die drakonischen moralischen Forderungen unterworfen werden, ertragen diesen Zwang dadurch, daß sie für die Ungläubigen Züchtigungen erfinden, die ihren eigenen Frustrationen entsprechen. Diese einfachen Menschen, von denen man verlangt, daß sie ihre Existenz opfern, in Kargheit leben und sonstige Unbilden erdulden, sollen aus Gründen, deren hehre Größe sie nicht erkennen können, neben Heiden leben, die sich ihres Lebens auf dieser Welt freuen, und schlechten Christen, die die strengen Regeln einfach nicht beachten. Wie soll sich in ihnen nicht, zumindest unbewußt, Neid, Rachsucht und Haß gegenüber diesen Mitmenschen anstauen, die in diesem Leben glücklicher sind? Nun läßt man der Phantasie freien Lauf: Da es eine Hölle gibt, müssen die Qualen dort fürchterlich sein und dem entsprechen, was die Guten freiwillig auf der Erde leiden, von denen man Armut, Enthaltsamkeit, Fasten, Arbeit und Demut verlangt. Ist es da ein Wunder, wenn die Höllenvisionen vor allem die Qualen der Reichen, Bestechlichen, Geizigen, Unzüchtigen, Prasser, Faulen und Hochmütigen beschreiben?

Während des Mittelalters stehen Habgier und Hochmut bei den Verdammten deutlich im Mittelpunkt. Machthunger und Reichtum sind der Ausdruck des elementaren Wunsches nach Selbstbestätigung. Nun ist aber das Wesentliche an der christlichen Lehre die Selbstverleugnung, die Demut, die um des Glücks der anderen willen bis zum Verzicht getrieben wird, also genau das Gegenteil von dem, wonach die menschliche Natur strebt. Lebenslange

Selbstverleugnung erweckt im Unterbewußtsein den fortwährend zurückgedrängten Wunsch, sich auszuleben. Aus dieser ungeheuren Frustration erwächst das Streben nach der Vernichtung des anderen, eben dessen, der sich in diesem Leben bestätigen konnte. Ort dieser Vernichtung ist die Hölle mit ewig währenden Qualen, die so grausam sind, daß sie die Persönlichkeit zerstören. Eine solche Qual ist gleichbedeutend mit Vernichtung, wozu noch, als höchste Raffinesse, das Bewußtsein des Zerstörten kommt. Er ist ein Nichts, und er weiß es, was viel schlimmer ist als die vollkommene Auflösung.

In gewisser Weise kann man hier schon sagen »Die Hölle, das sind die anderen«, jedoch in einem anderen Sinn als Sartre es meint. Die Hölle, das sind die anderen, für die ich mich in diesem Leben aufopfern muß, und auch die anderen, deren Vernichtung ich im nächsten Leben beiwohne.

Die Antithese dieser Interpretation der Hölle als symbolisches Ventil für den angestauten Wunsch nach Selbstbestätigung erscheint bei den Gnostikern und in allen religiösen Strömungen, die glauben, daß alle die Hölle hier auf Erden erleben. Wenn diese Bewegungen im allgemeinen nicht das Bedürfnis verspüren, die Hölle ins Jenseits zu verlegen, so deshalb, weil ihre Anhänger nicht diese Frustration empfinden gegenüber jenen, die den Normen der Moral zuwiderhandeln. Alle Menschen erfahren die Hölle in diesem Leben, alle sind den natürlichen Grenzen und der Existenzangst unterworfen, die das Wesen der Hölle ausmachen. Hier ist jeder einzelne selbst die Hölle, sein Leben ist die Hölle. Diese gegenwärtige Hölle wird aufhören mit dem vollen, endgültigen Sieg des Guten, ganz gleich, wie man sich diesen Sieg vorstellt. Es ist also nicht notwendig, zukünftige Qualen für die Bösen zu erfinden, denn die grundlegende Frustration, ein wesentlicher Faktor für eine zukünftige Hölle, ist nicht gegeben.

Die volkstümliche Anschauung von der Hölle entwickelt sich also in den apokryphen und apokalyptischen Schriften des 3. Jahrhunderts. Da das Jüngste Gericht nahe scheint, ist die Phantasie um so zügelloser. Das unmittelbar bevorstehende Ende der Welt ist in den ersten christlichen Gemeinden eine weitverbreitete Vorstellung. In der Erwartung der somit auch unmittelbar bevorstehenden Einsetzung der Hölle erfinden die erhitzten Gemüter die unmöglichsten Torturen. Die Kirche unternimmt auch noch keinen Versuch, diesen Wildwuchs in geordnete Bahnen zu lenken. Auch die Oberen der Kirche glauben, daß das Ende nah ist und daß es kaum sinnvoll scheint, Hypothesen über etwas aufzustellen, was man ohnedies bald erleben wird.

Um die Mitte des 3. Jahrhunderts geht der Glaube an das baldige Ende der Welt zurück. Die Wiederkehr Christi läßt auf sich warten, und ewig kann man nicht mit einem Provisorium leben. Die unkontrollierten Vorstellungen im Volk führen zu Irrglauben oder, besser gesagt, zu einem sehr unklaren und verwirrten Glauben. Die Heiden zeigen sich immer kritischer; schon der Philosoph Celsus beschuldigte im Jahr 175 die Christen, Unwissen und Aberglauben zu fördern: »Sie gewinnen nur die Einfältigen, die Nichtswürdigen und Dummen, Sklaven, einfache Frauen und Kinder«, schreibt er. Die Absurditäten der volkstümlichen Hölle ziehen den beißenden Spott der heidnischen Intellektuellen auf sich. Man muß also diese Auswüchse beschneiden und das Christentum mit glaubwürdigen Argumenten verteidigen. Die ersten Apologeten beginnen damit, aber die volkstümliche Konzeption der Hölle stellt die Vernunft vor zahlreiche Probleme: Wer kommt in die Hölle? Wann beginnen die Qualen? Sind sie ewig? Wie kann die Seele körperliche Qualen wie Feuer empfinden? Um das Jahr 250 beginnen mehrere christliche Denker von hohem Niveau, die auch in der Kultur der Heiden bewandert sind, nämlich die Kirchenväter, verschiedene Antworten auf diese Fragen zu entwickeln, allerdings noch recht zögernd. Die offizielle Doktrin kristallisiert sich erst langsam heraus.

Die allegorische und provisorische Hölle: der Origenismus

Eine bedeutende Gruppe von Theologen zeichnet sich zunächst durch die Negierung der »Hölle in alle Ewigkeit« aus. Die Hölle, so argumentieren sie, sei unvereinbar mit der göttlichen Güte und Gerechtigkeit. Wie könnte ein Gott der unendlichen Güte seine eigenen Geschöpfe endlosen Qualen ausliefern? Dieser Einwand, der heute noch zu hören ist, besteht ganz besonders im Milieu von Alexandria, der geistigen Hauptstadt der hellenistischen und griechisch-römischen Intellektuellen, wo man offener und duldsamer ist. Hier vollzieht sich seit dem Ende des 2. Jahrhunderts eine

Angleichung des Christentums an die griechisch-römische Kultur. Keine Stadt eignet sich besser für religiöse Synkretismen und Osmosen. Hier hatten die griechischen Götter, selbst zu Manifestationen des universellen Logos geworden, die alten ägyptischen Götter abgelöst, während Philon, zur Zeit Christi, eine umgreifende Synthese von Judaismus und Hellenismus geschaffen hatte. Hier war die Septuaginta entstanden, mit einer Abschwächung der anthropomorphen Vorstellungen, wobei die Anwendung eher abstrakter Konzeptionen eine Annäherung an den Neuplatonismus ermöglichte.

Es ist also nicht erstaunlich, daß die Christen in Alexandria eine Höllenvorstellung entwickelten, die dem Neuplatonismus verhaftet war. Die ersten Anzeichen kann man zu Beginn des 3. Jahrhunderts im Werk von Clemens I. feststellen. Als Konvertit und Bewunderer der griechischen Weisheit versucht er zunächst, die heidnischen Philosophen aus der Hölle auszuschließen, was Justin und Apollonius schon versucht hatten. Sie verglichen das Schicksal von Sokrates, der wegen seiner guten Taten getötet wurde, mit dem von Jesus.[1] Clemens schlägt eine rationale Erklärung vor. Gott, sagt er, hat zwei Methoden angewandt, um die Menschen zur Gerechtigkeit zu führen: Den Juden hat er das Gesetz gegeben, den Griechen die Philosophie.[2] Die Philosophen entgehen der Hölle also nicht durch eine besondere Gnade, sondern durch die Anwendung der Vernunft. Diese Anschauung unterscheidet sich stark von der des heiligen Irenäus, Bischof von Lyon, für den das Heil der Philosophen einem mehr traditionellen und viel wirksameren Geschehen zu verdanken ist, nämlich der Niederfahrt Christi zur Hölle.[3]

Clemens von Alexandria nimmt auch Abstand von der volkstümlichen Beschreibung der Hölle, indem er das Feuer für eine Metapher hält. Wenn die Schrift vom höllischen Feuer spricht, meint sie damit die brennenden Gewissensbisse der Verdammten. Dieses Feuer ist nicht materiell, es ist geistig, es durchdringt die Seele und nicht den Körper. Es ist der Schmerz über die begangenen Sünden. Eine andere Qual ist das Anschauen der Glückseligkeit der Auserwählten. Aber auch die rein geistigen Qualen müssen ein Ende

---

[1] *Acta Apollonii*, 38–43.
[2] Clemens von Alexandria, *Stromateis*, VI,8.
[3] Irenäus, *Adversus haereses*, IV,27,2.

haben. Gott straft nicht, um zu rächen, sondern um die Schuldigen zu bessern. Wenn sich der Sünder gebessert hat, ist die Bestrafung vorbei. Genaugenommen wird diese Auffassung bei Clemens nicht ganz deutlich, denn manchmal gebraucht er auch den Ausdruck »ewige Qual«.

Der vorläufige Charakter der Hölle wird ganz eindeutig von Origenes gelehrt. Dieser geniale alexandrinische Lehrer, der über ein enormes Wissen verfügte und stark von der neuplatonischen Renaissance geprägt war, spricht für eine allegorische Auslegung der Bibel.[4] Diese wendet er ganz besonders in bezug auf das Feuer an, in dem er, wie Clemens, einen Ausdruck für die bittere Reue des Sünders sieht. Er geht sogar noch weiter und behauptet, daß die Qual des Verdammten daher kommt, daß er sich selbst außerhalb der von Gott geschaffenen Harmonie der Welt stellt, was in ihm unerträgliche Schmerzen hervorruft. Nicht Gott schickt den Menschen in die Hölle, sondern er selbst bringt sich durch sein schlimmes Verhalten in eine höllische Lage und leidet darunter. Dies ist eine sehr kühne und moderne Auffassung der Schuldhaftigkeit. Was bedeutet die Androhung der ewigen Pein im Feuer? Wir lesen bei Jesaja, daß jeder sein eigenes Feuer zu seiner Züchtigung hat. »Gehet hin«, sagt er, »im Schein eures Feuers und in der Flamme, die ihr euch selbst entzündet habt«. (50,2)

Diese Worte scheinen anzuzeigen, daß jeder Sünder selbst die Flamme seines eigenen Feuers entzündet und daß er nicht einem Feuer übergeben wird, das ein anderer entfacht hat oder vor ihm existierte. Stoff und Nahrung für dieses Feuer sind unsere Sünden, die der Apostel »Holz, Heu, Stroh« nennt (1. Korinther 3,12). »Ebenso wie im Körper zu viele oder schlechte Nahrung die verschiedensten Arten von Fieber verursachen, [...] so entzündet sich in der Seele, wenn sich in ihr eine Unzahl schlechter Werke und Sünden angehäuft haben, dieses Schlechte zur gegebenen Zeit und brennt als Züchtigung. Wenn der Seele durch das göttliche Walten alle Sünden, die sie in Schmach und Schande begangen hat, vor Augen geführt werden, dann regt sich auch das Gewissen, von sich selbst angestachelt und wird sein eigener Ankläger und sein eigener Zeuge. [...] Jene nun, die sich im Bösen verstrickt haben und die

---

4 G. Minois, *L'Église et la Science*, Paris, (Fayard) 1990, Bd. I. S. 75–84.

sich zu Lebzeiten nicht bessern konnten und sündig aus dieser Welt gegangen sind, werden sie genügend gestraft sein, wenn sie durch Schuldgefühle gequält werden, die in ihnen weiterbestehen, wie Zorn, Wut, Unverstand, Trauer, gegen deren tödliches Gift es in diesem Leben kein Heilmittel gibt, oder müssen sie die Schmerzen einer gemeinsamen Strafe erdulden? Ich meine, daß man sich eine andere Pein vorstellen kann: so wie die gewaltsame Zerstückelung unserer Glieder und das Zerreißen der Gelenke unserem Körper unsägliche Schmerzen verursachen, so leidet auch die Seele, wenn sie sich außerhalb der Ordnung, der Harmonie befindet, für die sie von Gott geschaffen wurde, um gut und nützlich zu handeln, wenn sie einsieht, daß sie nicht mehr in Einklang mit dem göttlichen Geschehen ist. Sie erduldet dann für sich allein die Qual und die Strafe für ihr Abweichen, ihre Unbeständigkeit und ihren Ungehorsam.«[5]

Origenes gibt allerdings zu, daß diese Lehrmeinung den Intellektuellen vorbehalten bleiben muß, denn das einfache Volk könnte durch sie verwirrt werden und sie falsch interpretieren. Die Hölle des einfachen Volkes und die der Gelehrten sind nicht kongruent.[6] Andererseits glaubt Origenes, daß Christi Niederfahrt zur Hölle deshalb geschah, weil er den Gerechten der Antike predigen wollte, von denen so viele gerettet wurden.

Das Neue, das er bringt, ist jedoch die Apokatastasis, die Lehre von der Rückführung aller Dinge in ihren ursprünglichen, rein geistigen Zustand. Origenes betrachtet die Geschichte des Universums als eine immense Entfaltung ab der Schöpfung, gefolgt von einer Rückkehr zum Ausgangszustand. Alles kehrt in seinen ursprünglichen Zustand im Schoße des wahren, guten Gottes zurück. Dies würde bedeuten, daß die Verdammten, nach Verbüßen ihrer Strafe, auch gerettet werden: »Also wird das Ende der Welt kommen, wenn die Sünder mit dem Erdulden der angemessenen Strafe fertig sind. Wie lange das dauern wird, weiß nur Gott. Aber wir glauben, daß die Güte Gottes durch Christus als Mittler jedem Wesen das gleiche Ende schenken wird, nachdem die Feinde bezwungen und unterworfen sind [...]. Wenn alle Feinde Christi

---
5 Origenes, *De principiis*, II,X,4–5.
6 Ders. *Contra Celsum*, VI,26.

unterworfen sind und der letzte, der Tod, vernichtet ist und Christus das Reich dem Vater wieder zurückgibt, dann ist das Ende gekommen. Und dieses Ende läßt uns den Beginn ahnen. Das Ende ist dem Anfang in der Tat immer gleich; da aber das Ende aller Dinge ein einziges ist, muß auch der Anfang ein einziger gewesen sein. Alle Wesen haben, trotz ihrer Verschiedenheit, ein gleiches Ende. So ist die Vielfalt aus einem identischen Anfang entstanden, und die heutigen Unterschiede werden durch die Güte Gottes und den demütigen Glauben an Christus und den Heiligen Geist zu einem gemeinsamen Ende geführt, das dem Anfang gleich ist.«[7]

Wird er so weit gehen, den Teufel selbst zu retten? Origenes äußert sich zu dieser Frage nicht eindeutig, sondern stellt die Entscheidung jedem einzelnen anheim: »Unter den Gefallenen gibt es freilich auch solche, die in einen derartigen Abgrund des Bösen gestürzt sind, daß sie der heilsamen Prüfung, welche die Himmelsmächte dem Menschengeschlecht vorbehalten haben, für unwürdig erachtet wurden und daß sie Todfeinde der Menschheit geworden sind [...]. Einige von ihnen, die sich der Macht des Teufels und seiner Bosheit anheimgegeben haben, werden sich in späteren Jahrhunderten aufgrund ihrer freien Willensentscheidung bekehren können; oder sollte ihnen die eingefleischte Verderbtheit gar zur zweiten Natur geworden sein? Es ist an dir, Leser, zu urteilen, ob diese Art von Kreaturen von der endgültigen Einheit und Harmonie – sei es in irdisch bemessenen Zeiträumen, sei es in der Ewigkeit – völlig ausgeschlossen bleiben wird.«[8]

Später, nach heftigen Angriffen seitens der hohen Würdenträger, tritt Origenes den Rückzug an und gibt zu, daß gewisse, unrettbare Menschenseelen ewig in der Hölle bleiben müssen. Seine persönliche Überzeugung bleibt jedoch die Theorie der allgemeinen Wiederherstellung in Gott: Alle Menschen müssen im Feuer geläutert werden, das kann mehr oder weniger lang dauern, aber keinesfalls ewig.

Diese Lehrmeinung, der nur eine Minderheit unter den Maßgeblichen der Kirche beipflichtete, übte dennoch auf viele Kirchenväter eine starke Anziehungskraft aus, und ihr immer wieder erneutes

---

7 Ders., *De principiis*, I,6.
8 Ebenda.

Auftauchen sollte den Vertretern der offiziellen christlichen Theologie bis ins 20. Jahrhundert zu schaffen machen. In der zweiten Hälfte des 3. Jahrhunderts folgt Ambrosius ganz klar der allegorischen Interpretation der Höllenstrafen: Feuer und ekles Gewürm sind nichts anderes als die Gewissensbisse: »Was ist diese äußere Finsternis? Soll das bedeuten, daß es ein Gefängnis gibt, in das der Schuldige gesperrt wird? Sicher nicht. Aber jene, die außerhalb des göttlichen Willens und seiner Verheißung leben, sind in der äußeren Finsternis, denn Gottes Wille ist das Licht, und wer ohne Christus lebt, lebt ebenfalls in der Finsternis. [...] Es gibt also kein wirkliches Zähnekirschen und kein ewiges, von echten Flammen genährtes Feuer, es gibt auch keinerlei Gewürm im körperlichen Sinn. Der Sinn jener Stellen ist der: Genauso wie bei Gärung Fieber und Ungeziefer entsteht, genauso läßt derjenige, der seine Sünden nicht durch Enthaltsamkeit verdorren läßt und Fehler auf Fehler häuft, seine alten Sünden gewissermaßen mit den neuen zusammen gären und wird so durch sein eigenes Feuer und von seinem eigenen Ungeziefer zerfressen. Dieses Feuer kommt aus der Reue über die Vergehen, dieses Ungeziefer ist der Stachel mit dem aus Unbedacht begangene Sünden Herz und Sinn des Schuldigen quälen und so gewissermaßen die Eingeweide seines Gewissens zermartern.«[9]

Was die Ewigkeit der Höllenpein anbelangt, so ist Ambrosius weniger kühn als Origenes. Er sagt, daß alle Christen durch den Glauben und die Taufe gerettet werden. Die Strafe des Feuers sei nur für einige hartgesottene Sünder etwas länger. Für alle Ewigkeit bleiben nur die Gottlosen und die Abtrünnigen in der Hölle.[10]

Auch Didymos der Blinde folgt den Spuren des Origenes. Diesen zu seiner Zeit – im 4. Jahrhundert – sehr berühmten alexandrinischen Gelehrten kennen wir aus den Worten des heiligen Hieronymus, denn von seinem umfangreichen Werk sind nur spärliche Fragmente übriggeblieben. Sein Vokabular könnte irritieren, denn oft spricht er von »ewigen Strafen« und »nie verlöschendem Feuer«. Dies sind jedoch nur Redensarten, denn auf der anderen Seite behauptet er, daß selbst die gefallenen Engel, die Dämonen,

---

9 Ambrosius, *Expositio evangelii secundum Lucam*, VII,204.
10 Ders., *In Psalm. XXXVI*,26.

von Christus erlöst wurden und gerettet werden. Für ihn bedeutet »ewig« nur »langwährend« und wenn der Ausdruck auf das Jenseits angewendet wird, bedeutet er »außerhalb der Zeit«. Das Feuer läutert den Menschen und vollendet das Werk der Taufe. Gott straft nicht aus Rache, sondern um zu erziehen. Didymos ist überzeugt, daß das Böse nur zufallsbedingt ist und nicht eine Essenz, und daß Gott es völlig vernichten wird. Als Anhänger des Origenismus wurde er vom Konzil von Konstantinopel im Jahre 553 posthum verurteilt, wodurch er innerhalb der Kirche einen sehr schlechten Ruf hat.

Selbst der heilige Hieronymus entgeht nicht den Verdächtigungen. Seine Einstellung ist schwierig zu umreißen, denn sie ist nicht frei von Widersprüchen. In seinem *Kommentar zum Epheser-Brief* zeigt er sich als überzeugter Verfechter einer ganz konkreten Hölle, mit echtem Feuer und echtem Gewürm und greift Origenes' Doktrin ohne Umschweife an: »Die meisten behaupten, es gebe keine Qualen für die Sünder und es gebe keine körperlichen Qualen, sondern die Sünde selbst und das Wissen um die Verfehlung stellten die einzige Züchtigung dar. Der Gewissenswurm nage am Herzen des Sünders und in seinem Herzen brenne ein Feuer, ähnlich wie ein Fieber, das den Menschen auch von innen her angreift [...]. Der Apostel nennt diese trügerischen, unechten Doktrinen eitle und leere Worte, die zwar blumig seien und den Sündern schmeicheln, sie aber, da sie ihnen falsches Vertrauen einflößen, geradewegs zu den ewigen Qualen leiten.«[11] Später, in seinem *Kommentar zu Jesaja* (um 410), gibt sich Hieronymus bedeutend differenzierter und zweideutiger und deutet wie Origenes an, daß die allegorische und zeitlich begrenzte Hölle vielleicht nicht für alle Ohren bestimmt ist. Das Volk braucht die Angst vor einem schrecklichen Los, um auf dem rechten Weg zu bleiben. Die Intellektuellen können sich ihrerseits von diesem Punkt distanzieren. Es ist nicht das erste Mal, daß wir auf die Idee einer Seelsorge mit der Angst für das einfache Volk stoßen. Hieronymus schreibt: »Es heißt, daß man über diesen Punkt Stillschweigen bewahren soll, um diejenigen in der Furcht zu belassen, die ihrer bedürfen, um gegen die Sünde gefeit zu sein. Wir aber müssen es Gott überlassen zu

---

11 Hieronymus, *In epistolam ad Ephesios*, III,V,6.

bestimmen, wo er die Grenzen seines Erbarmens und auch der Qualen ziehen will. Seine Sache ist es festzusetzen, wen er wie und wann vereint.«[12]

Hieronymus steht auch nicht an zu behaupten, daß die Christen, all jene, die an Christus glauben, gerettet werden, während die Heiden und Gottlosen, ganz gleich, wie sie leben, verdammt werden. Diese äußerst erbarmungslose Einstellung steht im Gegensatz zur Milde, die Clemens und Origenes in bezug auf die Weisen der Antike an den Tag legen. Pythagoras, Zenon, die Brahmanen und alle anderen heidnischen Philosophen haben auf Sand gebaut, denn ohne Christus wird jede Tugend zum Übel. Die Gottlosen, so ist seine Meinung, sind, da sie kein Gesetz haben, in alle Ewigkeit verloren. Der Sünder jedoch, der an Gott glaubt, lebt im Gesetz und wird durch das Gesetz gerichtet und wird so nicht umkommen. Die Ungereimtheiten bei Hieronymus spiegeln die Streitigkeiten und die Verlegenheit wider, die in seiner Epoche bezüglich dieses Themas herrschen.

Gregor von Nyssa nimmt die Apokastasis wieder auf. Nach ihm hat die Hölle nur läuternde Bedeutung, sie wird verschwinden, wenn alle Bösen von ihrem Übel befreit sein werden. Das wird der Schluß der Heilsgeschichte, die geistige und allgemeine Wiederherstellung sein. Für diesen kappadokischen Mystiker, der zuerst Mönch, dann Bischof und allen geistigen Strömungen seiner Zeit gegenüber sehr offen war, können Gott und seine Geschöpfe nicht auf ewig voneinander getrennt sein. Wie ein Feuer wird Gott alle Menschen reinigen. Tod, Korruption, Finsternis und alle Früchte des Bösen hängen dem Übeltäter an. Wenn er sich der göttlichen Macht nähert, so zerstört diese wie ein Feuer das Widernatürliche. Dies ist eine wohltuende Reinigung für den Menschen, obwohl das Loslösen schmerzhaft ist. Wenn der Arzt eine Wunde ausbrennt, so beklagt sich der Patient wegen der Schmerzen, wenn das Brennen jedoch nachläßt, empfindet er dem Arzt gegenüber große Dankbarkeit. Wenn nun der Mensch durch lange und oft nicht durchschaubare Prozeduren von dem Übel, das ihn befallen hatte, befreit worden ist, wenn die, welche nun dem Laster frönen, ihre ursprüngliche Bedingung wieder erhalten haben, dann wird sich das

---

12 Ders., *Esaiam Comment*, XVIII.

Lobpreisen dieses Gnadenbeweises aus dem Mund aller Geschöpfe hören lassen. Und nicht nur die Geläuterten werden des Lobes voll sein, sondern auch diejenigen, die keiner Läuterung bedurften. Der fleischgewordene Gott hat alles Gesagte vollbracht, er hat den Menschen vom Übel befreit und »hat selbst den Erzeuger des Übels geheilt«. Soll das nun heißen, daß der Teufel selbst auch gerettet wird? Der letzte Satz spricht sehr dafür. Nach der offiziellen Verwerfung der Apokastasis wird auch Gregor heftig angegriffen, so daß einer seiner Bewunderer, der Patriarch Germanus von Konstantinopel, im 8. Jahrhundert die Origenisten bezichtigte, Gregors Werke nachträglich verfälscht zu haben.[13]

Was das Feuer und das Gewürm anbelangt, nimmt Gregor von Nyssa eine Haltung ein, die zwischen den beiden Extremen liegt. So sagt er, daß es sich nicht um das gleiche Feuer und die gleichen Würmer handeln könne, die wir auf der Erde kennen. Sie haben andere Eigenschaften, sind vielleicht aber keine reinen Allegorien. Nach ihm kann das qualvolle Leben der Sünder im Jenseits mit nichts verglichen werden, was die Sinne hier auf Erden leiden läßt. Selbst wenn man den Züchtigungen im Jenseits Namen gibt, die wir auf der Erde kennen, bleibt doch ein riesiger Unterschied. So ist Feuer auf der Erde und Feuer im Jenseits nicht das gleiche. Man hat viele Möglichkeiten gefunden, um das irdische Feuer zu löschen, aber das Feuer im Jenseits erlischt nie, es ist also etwas ganz anderes. Wenn von Würmern die Rede ist, darf man sich auch nicht von der Namensgleichheit täuschen lassen. Es handelt sich nicht um das Tier, das auf der Erde lebt. Die Komponente der Ewigkeit, die hier hinzukommt, läßt uns an etwas denken, das anders beschaffen ist als der Wurm, den wir kennen.

So behauptet also ein nicht zu vernachlässigender Teil der christlichen Denker, daß das Höllenfeuer rein allegorisch sei und daß die Qualen ein Ende hätten. Nach Hieronymus soll dies sogar am Ende des 4. Jahrhunderts die vorherrschende Meinung gewesen sein.

Warum hat diese auf den ersten Blick verführerische Idee von einer vorübergehenden Hölle, quasi einem Purgatorium für alle,

---

13 E. Michaud, »Saint Grégoire de Nysse et l'apocatastase«, in: *Revue internationale de théologie*, Nr. 10, 1902, S. 37–52; J. Daniélou, »Comble du mal et eschatologie chez Grégoire de Nysse«, in: *Festgabe J. Lortz*, Baden-Baden 1958, S. 27–45.

nicht den Sieg davongetragen? Der erste Grund ist, daß sie vom christlichen Volk schlecht aufgenommen wurde. Der einfache Gläubige kann die Praktik der Vergebung in dieser Welt akzeptieren, unter der Bedingung allerdings, daß die Verdammung in der anderen Welt definitiv ist. Wenn der allerschlimmste Verbrecher, wenn der Teufel selbst auf ein Ende seiner Pein hoffen kann, dann lohnt die Tugend nicht die Opfer, die man ihretwegen auf sich genommen hat. Wir haben gesehen, daß die Apokastasis eine Sache der Intellektuellen war, und es ist so, daß ein Glaube in der Kirche niemals zum Dogma geworden ist, wenn er nicht zuvor in der Meinung des Volkes weit verbreitet war.

Der zweite Grund beruht darin, daß ein religiöser Glaube immer unmittelbar mit den Menschen zusammenhängt, in deren Mitte er entstand. Der Begriff der christlichen Hölle bildet sich im spätrömischen Reich, in dem das Strafrecht fühlbar strenger wird, wie Jean Gaudemet gezeigt hat.[14] Die sehr formalistische und verbürokratisierte Justiz neigt dazu, die Feinheiten der klassischen Periode fallenzulassen. Die strafende Funktion des Urteils gewinnt die Oberhand gegenüber seiner erzieherischen Funktion, die den Schuldigen bessern will. Zur gleichen Zeit werden die Strafen härter. Jetzt, da das Reich auseinanderfällt und der Staat totalitär wird, muß man die Gesellschaft schützen, vor allem durch schwere Strafen. Die Kirchenväter sind alle für die Todesstrafe. Die Darstellung des Jüngsten Gerichts, die jetzt entsteht, paßt sich diesem Rahmen an: ein äußerst zeremonielles, formales Gerichtsverfahren, bei dem die Hauptstrafe die ewige Verdammnis ist, ebenso endgültig wie die Todesstrafe auf Erden. Der richtende Christus ist riesengroß im Vergleich zu den anderen Personen, wie es bei den Kaiserstatuen üblich war, und er ist genauso unbarmherzig.

Die realistische, ewige Hölle: die rigoristische Strömung

Die Mehrheit der Kirchenväter vertritt also die strikteste Auffassung von der Hölle – echtes Feuer und ewige Pein –, wobei es, insbesondere was die Aktion der Flammen anbelangt, zu Nuancen

---

14 J. Gaudemet, *L'Église dans l'Empire romain*, Paris (Sirey) 1958.

kommt. Im 3. Jahrhundert nimmt der heilige Cyprianus sogar den Gedanken Tertullians wieder auf, demzufolge ein Teil der Glückseligkeit der Auserwählten darin besteht, sich am Anblick der gepeinigten Verdammten zu ergötzen.[15] Da er zu einer Zeit der Verfolgung lebte, der er selbst zum Opfer fallen sollte – er wurde 258 bei Karthago enthauptet –, ist es verständlich, daß er von Rache träumte, wenngleich diese nicht mit der christlichen Lehre vereinbar ist. Ihm zufolge kommen die Märtyrer unmittelbar in den Himmel, während die Christen, die unter dem Druck der Verfolgung ihrem Glauben abschwören, dies durch Leiden bis zum Jüngsten Gericht büßen müssen, bevor sie alle gerettet werden. Die übrigen kommen in die Hölle, die erst zu diesem Zeitpunkt ihre Pforten öffnet.

Hippolyt von Rom, ein Zeitgenosse des heiligen Cyprianus, liefert uns genauere Auskünfte über den Wartesaal der Hölle, den Hades. Hippolyt ist ein merkwürdiger Mensch. Er war griechischer Herkunft und arbeitete eine Doktrin aus, die voller ketzerischer Eigenwilligkeiten steckte. Aufgrund zweifelhafter Machenschaften wird er zum Gegenpapst gewählt, ist mehrere Jahre lang das Haupt einer schismatischen Gruppe und wird trotz alledem kanonisiert wegen seines Martyriums. Er hat sehr viel geschrieben, aber nur wenig ist davon übriggeblieben, und bei mehreren Werken wird seine Urheberschaft bestritten.[16] Dies ist auch der Fall bei der Abhandlung *Über das Universum*, die vor 225 geschrieben wurde und die bekannt ist durch den Bezug, den Johannes Damascenus in seinen *Sacra Parallela* darauf nimmt.[17] Ganz gleich, wer der Autor war, dieses Buch vom Beginn des 3. Jahrhunderts erklärt jedenfalls, daß die Guten und die Bösen bis zum Ende der Welt in zwei getrennten Abteilungen des Hades warten, wo sie einen Vorgeschmack von dem bekommen, was sie erwartet. Die Dämonen zeigen den Verdammten das Feuer und die brandneuen Kessel, in die sie bei der Auferstehung der Leiber getaucht werden.

Hier finden wir eine Anlehnung an die volkstümlichen Schriften: »Der Hades ist ein unwirtlicher Ort, wo man die Gerechten

---

15 Cyprianus, *Ad Demetrianum*, 23–24; *De mortalitate*, 14; Brief VI,3.
16 M. Richard, »Dernières remarques sur saint Hippolyte et le soi-disant Josipe«, in: *Revue de sciences religieuses*, 1955, S. 379–394.
17 P. Nautin, *Hippolyte et Josipe*, Paris 1947.

und die Bösen findet. Hier leuchtet nicht das Licht der Erde, und es herrscht hier ständige Dunkelheit. [...] Engel sind als Wache aufgestellt und weisen, je nach den Werken der Einzelnen, die provisorischen Strafen zu. Ein nie erlöschender feuriger See ist abgegrenzt, in den, wie wir glauben, noch nie jemand geworfen wurde, der jedoch bereitsteht für den Tag, den Gott im voraus bestimmt hat. [...] Ein einziger Weg führt zu diesem Ort, an dessen Tür, wie wir glauben, ein Erzengel mit seinen Heerscharen steht.

Nach dem Durchschreiten dieses Tores, geleitet von den Engeln, die für die Seelen verantwortlich sind, gehen nicht alle den gleichen Weg. Die Gerechten werden nach rechts zum Licht geführt. [...] Die Bösen aber werden nach links geschleift von rächenden Engeln, die sie mit Sarkasmen und Vorwürfen überhäufen, sie mit ihrem drohenden Anblick schrecken und sie in die tiefsten Teile der Hölle stoßen. Wenn sie einmal dort angelangt sind, schleppen sie die Engel in die Nähe der Gehenna. Wenn sie in die Nähe kommen, hören sie ohne Unterlaß ein Brodeln, dessen heißer Hauch ihnen entgegenweht. Beim Anblick dieses schrecklichen, lodernden Feuers, das ganz nah ist, werden sie von Grauen gepackt, und durch die Erwartung des kommenden Gerichts werden sie schon im voraus gestraft. Sie sehen aber auch den Aufenthalt der Gerechten und die Gerechten selbst, was auch eine Strafe ist, denn zwischen ihnen wurde ein tiefer Abgrund geschaffen, damit die Gerechten nichts aus Mitleid unternehmen und die Bösen nicht versuchen können hinüberzugelangen.«[18]

Im 4. Jahrhundert sehen die Autoren die Wartezeit bis zum Gericht etwas weniger mit menschlichen Maßstäben. Für den orientalischen Mönch Aphraates der Perser verweilen die Verdammten bis zum Tag des Gerichts in einem schlafähnlichen Zustand. »Der Schlaf ist auf die Gottlosen gefallen«, schreibt er. »Sie machen den Eindruck eines Menschen, den ein sehr schweres Fieber befallen hat. Er wälzt sich in seinem Bett hin und her, Angst quält ihn die ganze lange, nicht endenwollende Nacht, und er fürchtet den Morgen, an dem ihn sein Herr verurteilen wird.« Tatsächlich ist es »der zweite Tod, den man fürchten muß, der voller Heulen

---

18 Zitiert bei Johannes Damascenus, *Sacra Parallela*, 353.

und Zähneklappern ist, voller Ächzen und Stöhnen«. Auch hier wohnt der zweite Tod »in der äußeren Finsternis«. Beim Erwachen kommt die Qual.[19]

Fast alle Kirchenväter des 4. Jahrhunderts sind sich darüber einig, daß die Hölle erst nach dem Jüngsten Gericht wirklich beginnt, denn damit die Qualen vollständig sind, muß der Körper auferstehen. Dies schreibt Athanasius[20], der übrigens wieder behauptet, daß die Seele Christi zur Hölle gefahren sei, um zu predigen. Kyrill von Jerusalem schreibt das gleiche, und Kyrill von Alexandria hält es für selbstverständlich: »Da der Weltenrichter noch nicht vom Himmel herabgestiegen ist und die Auferweckung der Toten noch nicht stattgefunden hat, wäre es da nicht töricht anzunehmen, daß einige schon den Lohn für ihre guten und schlechten Taten erhalten haben?«[21]

Zur gleichen Zeit stellt sich hinsichtlich des Höllenfeuers eine Art Konsensus her, trotz einigen Zögerns, das angesichts eines solch mysteriösen Themas wohl verständlich ist. Das Feuer wirkt auf den Körper und auf die Seele; es braucht keinen Brennstoff; es verzehrt den Körper und erschafft ihn gleichzeitig neu; es ist ein stoffliches Feuer, jedoch von anderer Art als das Feuer auf Erden. Zu Beginn des 4. Jahrhunderts schreibt der Rhetor Lactantius, ein afrikanischer Konvertit, daß das Höllenfeuer rein ist, ohne Rauch brennt, flüssig wie Wasser ist, nicht nach oben strebt, sich von den Verdammten nährt und sie gleichzeitig neu erschafft.[22]

Die beiden großen kappadokischen Bischöfe Basilius von Caesarea und Gregor von Nazianz, hochgebildet und durchdrungen von der klassischen Kultur, waren es, die die zweifache Natur, körperlich und seelisch, der Höllenpein festlegten. Basilius, der keineswegs die körperlichen Schmerzen unterschätzt, die er mit sehr viel Realismus schildert, glaubt, daß die schlimmste Strafe die Scham ist, die man empfindet, wenn man die Unordnung erkennt, die durch die Sünde entsteht: »Wenn dich die Sünde lockt, so denke an das Gericht Christi, an den tiefen Abgrund, die undurchdringliche Finsternis, an das Feuer ohne Glanz, das in der lichtlosen Finsternis

---

19 Aphraate le Sage Persan, *Les Exposés*, Paris (Cerf) 1988, S. 464–465.
20 Athanasius, *De Incarnatione Verbi*, 56.
21 Kyrill von Alexandria, *Adversus anthropomorph.*, LXXVI,1104.
22 Lactantius, *Divinae institutiones*, VII,XXI.

brennt, an das giftige Gewürm, das das Fleisch zerfrißt und nimmer satt wird und dessen Biß unerträgliche Schmerzen bereitet; denke schließlich an die ewige Scham und Schmach.«[23]

Gregor von Nazianz unterscheidet das läuternde Feuer, dessen Gott sich bedient, um die kleineren Sünder zu retten, und das strafende Feuer: »Es gibt ein anderes Feuer, das nicht läutert, sondern für die begangenen Missetaten bestraft, wie das Feuer, das die Sodomiter verschlungen hat, wie das Feuer, das für den Teufel und seine Engel bereitet ist, wie das Feuer, das aus dem Antlitz Gottes hervorbricht und seine Feinde verbrennt, wie das Feuer endlich, das furchtbarste von allen, dem das unermüdliche Gewürm beigegeben ist, ein nie verlöschendes Feuer, das die Missetäter in Ewigkeit bestraft, es sei denn einer möchte dies lieber auf menschlichere Art verstehen, auf eine Art, die Gottes würdiger ist.«[24] Gregor weist auch schon auf die »ewige Verdammnis« hin, d. h. auf die Pein, die durch ewige Gottesferne entsteht, durch die Trennung von Gott. Dies ist, so sagt er, die schlimmste Strafe für die Verdammten.

Zugeständnisse an die volkstümliche Hölle: Johannes Chrysostomos

Etwa zur gleichen Zeit entwickelt Johannes Chrysostomos diese Idee bei seinen Predigten in Antiochia und Konstantinopel. In einer seiner erbaulichen Auslegungen des Matthäus-Evangeliums versucht er, das Volk davon zu überzeugen, daß es unendlich viel schmerzvoller sei, von Gott getrennt zu sein als Feuerqualen zu erleiden, was zu glauben seinen Zuhörern schwerfällt: »Sobald wir zum Feuer verdammt sind, verlieren wir das Reich, und dies ist das größte Unglück. Ich weiß, daß viele beim Gedanken an die Gehenna zittern, ich aber erkläre den Verlust des Himmelreichs für viel schlimmer als alle Höllenqualen [...]. Die Gehenna ist etwas Entsetzliches, eine fürchterliche Strafe; aber wenn man uns auch mit tausend Höllen drohte, es wäre nichts gegen den Verlust dieses

---

23 Basilius, *In Psalm.* XXXIII,4 und 8.
24 Gregor von Nazianz, *40. Predigt.*

Heils, das uns auf ewig glücklich macht. Welche Qual, ein Gegenstand der Abneigung Christi zu sein, aus Seinem Munde zu hören: ›Ich kenne euch nicht mehr‹, von Ihm angeklagt zu werden, Ihn nicht gespeist zu haben, als Ihn hungerte!«[25]

In der gleichen Predigt legt Johannes Chrysostomos an einer anderen Stelle die von nun ab allgemeine Vorstellung von der Hölle dar. Dieses Fragment ist eine Art Prototyp, denn Tausende von Predigern werden es hinfort unverändert übernehmen oder an ihre Fastenpredigten angleichen, bis zum Beginn des 20. Jahrhunderts. Es sind die klassischen Vorstellungen: ein fürchterliches Feuer, die Verlorenheit des jeweiligen Verdammten, der weder Freunde noch Aussicht auf Hilfe hat, von Feinden umgeben und voller Verzweiflung ist wegen der ewig währenden Strafe. Auf Erden hat man die Möglichkeit, sich an den Kaiser zu wenden, ihn anzuflehen. Manchmal hat man Erfolg und der Verurteilte wird begnadigt. Diese Möglichkeit gibt es nach Chrysostomos in der Hölle nicht, denn hier gibt es keine Vergebung, der Verdammte muß für immer seine unsäglichen Qualen erdulden.[26]

Die Hölle währt also ewig. Daran zweifelt der Prediger nicht. Er ist sich jedoch klar, daß sich hier Einwände erheben lassen. Zwischen dem Vergehen, das zeitlich begrenzt ist, und der Strafe, die unbegrenzt dauert, besteht ein Mißverhältnis. Indem er sich auf die irdische Rechtsprechung bezieht, sucht er nach einer Analogie, die er darin sieht, daß auf manche Delikte, die in kürzester Zeit begangen werden, eine lebenslängliche Zwangsarbeit in den Bergwerken steht. Da jedoch im Jenseits das Leben ewig währt, hört auch die Strafe nie auf. Andererseits steht er auf dem Standpunkt, und dies erstaunt seine Zuhörer noch mehr, daß, wenn die Hölle ein Ende hat, wir uns eines Tages in Gesellschaft der ärgsten Missetäter, ja sogar des Teufels wiederfinden.

Dies ist eine unvorstellbare Situation und zutiefst ungerecht. Johannes Chrysostomos trifft am Eingang zum Paradies eine sehr strenge Auswahl und hat dabei die Gläubigen ganz auf seiner Seite. Die Heiden werden ausnahmslos zurückgewiesen. Wenn es wirklich Tugendhafte unter ihnen gibt, so ist dies nicht ihr eigenes

---

25 Johannes Chrysostomos, *Predigt zu Matthäus*, XXIII, 7–8.
26 Ebenda, XLIII,4.

Verdienst, sondern nur eine Veranlagung, oder sie sind tugendhaft, um sich hervorzutun, dann aber ist ihre Tugend nur Hochmut. Die Worte des Bischofs sind ungemein hart: »Aber auch ich weiß, daß es Christen gibt, die Böses tun, aber ob es Heiden gibt, die tadellos leben, das weiß ich noch nicht ganz genau. Sprecht mir nicht von jenen, die von Natur aus mit dem Guten begabt und ehrbar sind, denn das ist keine Tugend. Sprecht mir lieber von dem Mann, der ein ganzes Leben lang den Leidenschaften widerstanden hat und sich als Weiser zeigte. Einen solchen werdet ihr nicht finden. Denn wenn das Versprechen des Himmels und die Drohung der Hölle die Menschen kaum auf dem Pfad der Tugend halten können, dann handelt es sich bei jenen, die nichts von alledem glauben, noch viel weniger um Tugend. Wenn es welche gibt, bei denen es doch der Fall zu sein scheint, so handeln sie nur ihres Rufes wegen gut. Und jedesmal, wenn einer, der seines Rufes wegen gut handelt, unbeobachtet ist, dann gibt er sich vorbehaltlos seinen schlechten Wünschen hin.«[27]

Dies ist weit entfernt von der Großzügigkeit eines Origines oder eines Clemens von Alexandria. Es zeigt sich erneut der Unterschied zwischen der volkstümlichen Hölle und jener für die christlichen Intellektuellen. Erstere ist übervölkert, da sie die Unmenge von Heiden umfaßt. Die Gläubigen der ersten Jahrhunderte halten sich gerne für eine Elite, die allein gerettet wird. Dies entspricht der Auffassung von Sektierern, die das Ressentiment gegenüber einer heidnischen Welt zum Ausdruck bringt, die sie verfolgt hat und die nicht den gleichen moralischen Zwängen unterliegt wie die Christen. Es ist dies eine sehr enge Auslegung der Worte des Evangeliums: »Wer sein Leben retten will, der wird es verlieren. Wer aber sein Leben verliert um meinetwillen, der wird es gewinnen.« Dies ist eine der wenigen Stellen, die sich in allen Evangelien finden, im Lukas-Evangelium kommt sie sogar zweimal vor.[28] Der Gedanke ist bei den Frühchristen fest verwurzelt, die den Sinn umkehren, um zu einer volkstümlichen Interpretation der Elite zu gelangen, die geradezu brutal ist: Wozu soll es gut sein, sein Leben zu verlieren, wenn man dadurch nicht im Jenseits ein besseres Los als die anderen

---

27 Ders., *Erste Predigt zu Johannes*, XXVIII,2.
28 Markus VIII,35; Lukas XVIII,33 und IX,24; Matthäus XVI,25; Johannes XII,25.

gewinnt? Also sind wir die einzigen Geretteten. Clemens, Origenes und Gregor von Nyssa waren mißtrauisch gewesen gegenüber dem einfachen Volk, das unfähig war, gewisse anspruchsvollere Doktrinen zu begreifen. Sie waren hingegen bereit, die tugendhaften Heiden ins Paradies aufzunehmen. Sie sind also in diesem Leben elitär eingestellt, jedoch universalistisch in bezug auf das Jenseits. Die Hölle der Gebildeten ist bedeutend dünner bevölkert als die volkstümliche Hölle.

In letzterer finden sich nämlich neben den Heiden aus allen Zeiten auch die Christen wieder, die schwer gesündigt haben. Chrysostomos fragt sich, weshalb die Heiden alleine in der Hölle sein sollten. Ihm zufolge genügt es nicht, daß ein Christ von Gott weiß, er muß auch sündenfrei leben. Sündigt er aber, so wird er härter bestraft als ein Ungläubiger.[29]

So steht zu Beginn des 5. Jahrhunderts nichts endgültig fest, außer daß es eine Hölle gibt. Die Gedanken der Kirchenväter im 4. Jahrhundert haben die Probleme zwar nicht gelöst, sie jedoch enger umrissen. Ist die Hölle ewig? Wann beginnt sie? Mit dem Tod des einzelnen oder mit dem Jüngsten Tag? Welcher Art sind die Qualen, die man dort erduldet? Wie wirkt das Feuer? Wer fällt der Verdammnis anheim? Die Antworten auf all diese Fragen sind bei den Kirchenvätern im Ansatz vorhanden, doch enthalten sie viele Widersprüchlichkeiten. Wenn man grob schematisiert, so kann man von einer Strömung sprechen, die von Milde, allegorischem Verständnis und universalistischem Denken geprägt ist, und von einer zweiten Strömung, die rigoristisch, realistisch und selektiv denkt, wobei diese letztere dem Denken des Volkes näherliegt. Zwischen diesen beiden Strömungen gibt es zahlreiche Überschneidungen, denn dieselben Autoren neigen zeitweilig mehr zu der einen und dann wieder zu der anderen Tendenz. So ist zu Beginn des 5. Jahrhunderts noch eine große Meinungsfreiheit möglich, und viele christliche Autoren lassen es bei Allgemeinheiten bewenden, wie Johannes Cassianus, wenn er schreibt, daß dort, wo sich des Teufels Reich befindet, zweifellos auch Tod und Hölle sein müssen.[30]

---

29 Johannes Chrysostomos, *Predigt zum Römer-Brief*, XXXI,5.
30 Johannes Cassianus, *Conférences*, Paris (Cerf) 1955, S. 93.

Die augustinische Hölle

Um diese Zeit nun versucht Augustinus eine Synthese der widersprüchlichen Vorstellungen zu schaffen, die zum Leitfaden für die offizielle kirchliche Doktrin werden soll. In seinem Werk findet man die Schnittstelle zweier Welten. Entstanden am Ende des Weströmischen Reichs, zeigt es den letzten Glanz des klassischen Gedankenguts, indem es sich auf die großen griechischen Philosophen stützt, aber nicht wenige Aspekte künden schon das mittelalterliche Christentum an.

Als Bischof von Hippo Regius steht er mitten in den geistigen Auseinandersetzungen mit den häretischen Strömungen. Jede seiner Schriften ist eine Antwort auf eine kontroverse Herausforderung, was oft zu einem harten Stil führt. Das Werk des Augustinus, das von einer bisher unerreichten Tiefe ist, besteht aus Kampfschriften und läßt so gewissermaßen die Gelassenheit vermissen, die zu einer ausgewogenen Sicht der Dinge notwendig ist. Gemäß den jeweiligen polemischen Erfordernissen überbetont er teils diesen, teils jenen Aspekt und bewegt sich dadurch oft hart an der Grenze der Widersprüchlichkeit.

Dies trifft auch für seine Auffassung der Hölle zu. Von 410 bis 413 und auch in der Folge verhärtet sich seine diesbezügliche Haltung unter der Einwirkung von zwei Umständen. Einerseits erweckt die Einnahme Roms durch Alarich im Jahre 410 die alten Feindseligkeiten zwischen Heiden und Christen zu neuem Leben, da erstere die letzteren beschuldigen, das Reich geschwächt zu haben.[30] Andererseits scheint sich die Strömung der sogenannten »Barmherzigen« zu verstärken. Es handelt sich dabei um eine recht heterogene Gruppe von Theologen und Predigern, die in der Nachfolge der Origenisten die Ewigkeit der Hölle bestreiten. Augustinus teilt sie in sechs verschiedene Gruppen ein, angefangen bei jenen, die glauben, daß es keinerlei vorläufigen Aufenthalt in der Hölle gibt, bis hin zu denen, die glauben, daß nur die Katholiken des Heils teilhaftig werden können. Da er in diesen Theorien gefährliche Irrtümer sieht, greift er sie, besonders im *Gottesstaat*, heftig an, wodurch er sich in exzessive Positionen hineinmanövriert. So ver-

---

30 Siehe J. Le Goff, *Die Geburt des Fegefeuers*, a. a. O., S. 84 f.

weigert er zum Beispiel in seiner Abhandlung *Vom Wesen und Ursprung der Seele* den Kindern, die ohne Taufe sterben, den Eintritt ins Paradies und gesteht ihnen auch keinen Zwischenstatus zu. Ihr Schicksal ist das der Verdammten, die Hölle. Manche Passagen im *Gottesstaat*, die sich gegen die Pelagianer wenden, bestätigen den Gedanken der Prädestination. Es ist unnütz für jene zu beten, die schon von vornherein für die Hölle bestimmt sind: »Wenn die Kirche bezüglich des Loses gewisser Menschen so sicher wäre, daß sie wüßte, wer, auch wenn er in diesem Leben etwas darstellt, dazu prädestiniert ist, zum Teufel in das ewige Feuer zu gehen, dann würde sie nicht mehr für sie beten als sie für den Teufel betet.«[32]

Alle Heiden kommen in die Hölle, hier ist Augustinus einer Meinung mit Chrysostomos. Die Argumentation ist äußerst einfach: Der Sündenfall hat die gesamte Menschheit ins Verderben gestürzt; Christus ist gekommen, sie zu erlösen, aber um der Gnade teilhaftig zu werden, muß sich der Mensch ihm durch die Taufe verbinden. »Wer aus dem Wasser und dem Geist Gottes nicht wiedergeboren ist, kann nicht ins Himmelreich gelangen« (Johannes 3,5). Alle Nichtgetauften sind also verdammt. Die Tugendhaftigkeit der Heiden hat keinen Wert, sie nützt ihnen nichts, ihre Weisheit, ihre Barmherzigkeit und ihre Güte helfen ihnen nicht, weil diese nicht im Glauben verankert sind, im Gegenteil: Die tugendhaften Werke sind Sünde, denn Paulus sagt im Römerbrief (14,23), daß alles, was nicht aus dem Glauben kommt, Sünde ist. In seinem blinden Eifer gegen die Pelagianer läßt sich Augustinus zur Ungerechtigkeit hinreißen. Nach Pelagius kann der Mensch sein Heil aus eigener Kraft gewinnen durch seine freie Entscheidung und seinen Willen. Augustinus hingegen schickt ohne Umschweife Heiden und nicht getaufte Kinder in die Hölle: Es gibt immer Menschen, die ihr Heil nicht allein erlangen können! Diese Argumentation ist um so beklagenswerter, als Augustinus durch sein Prestige in der Folge ein beträchtliches Gewicht erhalten wird.

Die Taufe allein bewahrt jedoch keineswegs vor der Hölle, denn die Christen, die hartnäckige Sünder sind, fallen ebenfalls der Verdammnis anheim. Daran erinnert Augustinus ausdrücklich die

---

32 Augustinus, *Vom Gottesstaat*, XXI,24.

Gläubigen, bei denen sich anscheinend eine gewisse Nachlässigkeit breitmacht: »Es gibt Dinge, die vom Reich Gottes ausschließen. Wer solche schlimmen Dinge getan hat, darf sich nicht täuschen und meinen: ›Da ich das Zeichen und die Sakramente Christi habe, werde ich nicht für immer ausgeschlossen sein. Und wenn ich wirklich gereinigt werden muß, so wird das Feuer mich retten.‹ [...] Brüder, es ist besser, euch keiner trügerischen Sicherheit hinzugeben, beruhigen würde ich euch, wenn ich selbst sicher wäre. Aber ich fürchte die ewigen Qualen [...]. Mancher sagt, dies betreffe nur die Gottlosen und nicht ihn selbst; obwohl er ein Sünder, ein Ehebrecher und alles andere auch ist, habe er doch die Taufe erhalten. Er werde durch das Feuer gereinigt und durch seine christlichen Grundlagen könne er nicht verderben.«[33]

Sind nun in dieser übervölkerten Hölle die Qualen wenigstens den Sünden angemessen? Augustinus läßt dies durchblicken, wenn er von den Gebeten für die Toten spricht. Hier unterscheidet er – neben den völlig Guten und den völlig Schlechten, deren Geschick geregelt ist – noch zwischen denen, die nicht völlig gut und denen, die nicht völlig schlecht sind. Für die ersten gibt es ein vorübergehendes, läuterndes Feuer, für die anderen können die Gebete der Lebenden eine »erträglichere Verdammnis« erreichen, über deren Art sich der Bischof allerdings nicht weiter ausläßt.[34]

Wohlgemerkt: Die Hölle ist ewig. Im *Gottesstaat* bezieht sich Augustinus auf die menschliche Rechtsprechung. Seit der Gesetzgebung des Servius Tullius, argumentiert er, werden alle Zuwiderhandlungen, deren Ausführung meist in kürzester Zeit geschieht, mit Strafen belegt, die viel länger dauern: »Wenn es nun vernünftig ist, jemanden, der die Frau seines Nächsten geküßt hat, mit Auspeitschen zu bestrafen, muß er eine bedeutend längere Strafe erdulden als der Kuß gedauert hat, und das Vergnügen eines flüchtigen Augenblicks der Wollust wird mit viel länger dauernder Strafe gebüßt.«[35] Die Todesstrafe löscht das Leben definitiv aus, während das Delikt in kürzester Zeit begangen wurde. Es ist nur logisch, daß ein Vergehen gegen Gott vom ewigen Leben ausschließt.

---

33 Ders., *In Psalm. XXX narratio*, 20.
34 Ders., *Enchiridon ad Laurentium*, Kap. CIX und CX.
35 *Gottesstaat*, XXI,2.

Wann beginnt die Hölle? Wie wir bereits gesehen haben, lassen die meisten Kirchenväter sie mit dem Jüngsten Gericht beginnen. Da nun aber das Ende der Welt auf sich warten läßt, beginnen manche ungeduldig zu werden. Die Auserwählten scheinen freilich schon im Genuß der ewigen Seligkeit zu sein: Man preist die Heiligen, betet zu ihnen, verehrt ihre Reliquien – sie müssen also schon im Himmel sein. Logischerweise müßten dann die Verdammten auch schon in der Hölle sein. So gewinnt unter dem Druck des Volksempfindens und der kultischen Bräuche die Vorstellung vom sofortigen Eintritt in die Hölle immer mehr an Boden. Augustinus zögert und entscheidet sich für eine Mittellösung: Die Trennung von Guten und Bösen gleich nach dem Tod beinhaltet, meint er, die Existenz eines ersten Gerichts, eines individuellen Gerichts für jeden Menschen. Angesichts der Tatsache, daß fortlaufend Menschen sterben, würde dies ein permanentes Gericht bedeuten. Dies ist jedoch kein Argument für die Kirchenväter, sie halten sich an die heiligen Texte, und in diesen ist nirgendwo die Rede von einem Gericht für jeden einzelnen. In der Heiligen Schrift ist nur die Rede vom Jüngsten Gericht. Hier wohnen wir der Entwicklung einer rein argumentativen Theologie bei, die jeglicher Grundlagen in der Schrift entbehrt. Ein Text jedoch wirft Probleme auf: das Gleichnis vom armen Lazarus und dem bösen Reichen, denn dieser scheint schon in der Hölle zu sein. Dazu sagt nun Augustinus, daß die Seelen der Bösen gleich nach dem Tod leiden, daß sie aber nach dem Jüngsten Gericht noch viel mehr leiden müssen.

Dies läßt die Frage nach der Zeit zwischen Tod und Jüngstem Gericht offen. Ist die vorläufige Hölle die gleiche wie die endgültige Hölle? Der böse Reiche brennt schon im Feuer: Ist dies die Hölle, in die Christus niedergefahren ist? Augustinus hat hier Zweifel und meint, in diese vorläufige Hölle sei Christus wahrscheinlich niedergefahren und habe daraus erlöst, wen er wollte, wahrscheinlich die Patriarchen und vielleicht Adam.[35]

Viel bestimmter ist er jedoch bezüglich der eigentlichen Hölle, denn hier stützt er sich auf deutlichere Stellen der Schrift. Die Hölle

---

35 Ders., *Brief 164 an Evodius*. Der gleiche Gedanke findet sich in *Brief 187 an Dardanus*.

ist ein realer Ort, nur verschieden von dieser Welt. Er warnt davor, auf jene zu hören, die sagen, die Hölle sei von dieser Welt, und es gebe danach keine andere. Die Hölle ist nicht dieses Leben, wie die Gnostiker behaupten. Augustinus siedelt die Hölle unter der Erde an, sagt aber an anderer Stelle, daß er dies nur für eine Allegorie halte.

Hinsichtlich des Feuers ist Augustinus sehr weitschweifig. Im *Gottesstaat* kann er sich nicht genug über die Flammen auslassen, die unvorstellbare Eigenschaften haben, sowohl schwärzen als auch reinigen können, also strafen und läutern. Vom Feuer fasziniert, widmet er ihm einen wahren Hymnus:

> Und wer will die Wunder des Feuers erklären?
> Alles schwärzt es, was es verbrennt,
> und ist doch selbst leuchtend.
> Und allem, was es umzüngelt und einhüllt,
> nimmt es die Farbe, wo doch erst Farbe es selber verschönt!
> Und aus der funkensprühenden Glut
> macht es die stumpfe Kohle.
> Doch dies ist nicht immer das gleiche,
> so werden Steine in einem Feuer selber weiß.
> Das Feuer ist eher rötlich,
> die Steine werden weiß,
> mit dem Licht paßt zusammen, was weiß ist,
> mit der Finsternis paßt zusammen, was schwarz.
> Wenn so das Feuer im Holz brennt,
> um Steine zu heizen,
> wirkt es gegensätzlich auf Dinge,
> die nicht gegensätzlich sind.«[36]

Wenn schon das irdische Feuer wunderbar und geheimnisvoll ist, um wieviel wundersamer ist dann das höllische Feuer! Dieses materielle Feuer brennt den Körper, ohne ihn zu verbrennen, was gar nicht so unglaublich ist, wie es scheint. Augustinus beruft sich auf die *Naturgeschichte* des Plinius und zählt Tiere auf, die im kochenden Wasser oder im Feuer leben, insbesondere den Salamander. Selbst auf der Erde gibt es soviel Wunderbares, das die Naturgesetze

---

36 *Gottesstaat*, XXI,4.

nicht erklären können, schreibt er, daß man sich über die Eigenschaften des Höllenfeuers nicht zu wundern braucht. Brennen nicht auch die Vulkane, ohne zu verbrennen? Er fordert die Ungläubigen auf, ihm zuerst diese Naturwunder zu erklären, bevor sie das Wirken des Höllenfeuers in Frage stellen. Wie wir aus der Heiligen Schrift erfahren, sagt er weiter, war der menschliche Körper vor dem Sündenfall auch unzerstörbar, und so wird er nach der Auferstehung sein wahres Wesen wieder annehmen und nicht vergehen. Selbstverständlich muß auch die Seele leiden, denn es ist absurd, daß es keinerlei Qualen für die Seele und für den Körper geben soll. Er hält es für leichter, dem Körper sowohl die Qual des Feuers als auch des Gewürms zuzuschreiben, als keine von beiden. Wenn in der Heiligen Schrift von den Seelenqualen nicht die Rede ist, so deshalb, weil es selbstverständlich ist, daß die Seele bei solchen körperlichen Qualen ebenfalls von aussichtsloser Reue gefoltert wird.[38]

Energisch allerdings verwahrt sich Augustinus gegen den Volksglauben bezüglich der Hölle: »Es haben sich einige angemaßt, in ihrer Dummheit, die *Apokalypse des Paulus* zu erfinden, die von der Kirche zu Recht nicht akzeptiert wird und voller Fabeln steckt. Sie sagen, es sei die Erzählung von seiner Entführung in den dritten Himmel und die Offenbarung der unaussprechlichen Worte, die er dort gehört hat und die kein Mensch wiederholen darf. Wie ist eine solche Frechheit möglich? Hätte er selbst denn etwas wiederholt, von dem er selbst sagt, daß es niemand wiederholen dürfe? Wer darf sich soviel Unverschämtheit und Schamlosigkeit erlauben?«[39]

Mehr denn je trennt ein tiefer Graben die volkstümliche Hölle, die aus den Apokalypsen und den apokryphen Schriften entstanden ist, von der theologischen Hölle, die aus Gedankenspekulationen über gewisse biblische Ausdrucksweisen entstanden ist. Die volkstümliche Vorstellung räumt sehr konkreten Bildern den ersten Platz ein, ohne sich um logische Zusammenhänge zu kümmern und ist, was den Begriff des Leidens und der Rache anbelangt, detailliert, mit einem Hintergrund sadistischer Gewaltanwendung. Die theologische Vorstellung ist mehr geistiger Art und faßt Begriffe zu-

---

38 Ebenda, XXI,9.
39 *Tractatus in Johannem*, XCVIII,8.

sammen, die aus einer Kombination von Offenbarung und Argumentation bestehen. Sie drückt die Existenzberechtigung und das Wesen der Höllenqualen in abstrakten Formulierungen aus.

Hinter der Verschiedenartigkeit der Ausdrucksweise steht jedoch dieselbe Hölle. Die eine vervielfacht die Folterqualen, um die absolute und ewige Pein zum Ausdruck zu bringen, welche die andere zu definieren versucht. Diese beiden Höllen sind komplementär und untrennbar. Naivität und Auswüchse der einen werden durch die Argumentationen der anderen unterstützt. Wenn Augustinus auch gegenüber der *Apokalypse des Paulus* seine volle Verachtung zum Ausdruck bringt, so sind doch alle Grauen, die sie beschreibt, in seiner eigenen Doktrin impliziert, denn wenn die Hölle ewige Pein bedeutet für Körper und Seele, dann ist der Einbildung freier Lauf gelassen, verdammt doch der Bischof von Hippo Regius drei Viertel der Menschheit dorthin: Heiden, nicht getaufte Kinder und sündige Christen.

Die katholischen Prediger sind im übrigen auf die volkstümliche Hölle angewiesen, die sie in ihren Predigten sorgfältig kultivieren, wie das Beispiel des Johannes Chrysostomos zeigt. Seit dem 2. Jahrhundert bedienen sich diese guten Hirten der Angst vor der Hölle, um die Gläubigen auf dem rechten Weg zu halten. Diese Tendenz ist bis zum 5. Jahrhundert noch verdeckt, tritt jedoch in der Epoche der Barbaren in den Vordergrund. Die theologische Auffassung von der Hölle wird übrigens immer mehr von der volkstümlichen Hölle beeinflußt, und so finden einige dieser volkstümlichen Vorstellungen schließlich ihren Platz in der offiziellen Doktrin, die bislang noch nicht festgeschrieben ist. Die dogmatischen Definitionen reifen ab dem 6. Jahrhundert erst langsam aus, und zwar unter dem Druck der verschiedenen häretischen Strömungen, die eine genauere Abgrenzung zwischen wahrem Glauben und Irrglauben erforderlich machen. Augustinus hat nicht alle Fragen gelöst. Es bleiben noch Unklarheiten, die Raum für zukünftige Diskussionen lassen. Das Wesentliche steht jedoch fest, es muß nur zum Dogma geformt werden, dessen man sich dann bedienen kann.

Wie wir gesehen haben, machen die Diskussionen über die Hölle die Gefahr deutlich, die in der Verwendung eines geoffenbarten oder visionären Texts besteht. Da die Hölle ins Gebiet des Unvorstellbaren und Nichtsagbaren gehört, wird sie in Reden und Darstellungen vorgeführt, die nur irreführend sein können. Die Ausarbeitung der Höllendoktrin selbst gründet auf den Bildern und Worten der Heiligen Schrift, die als Realitäten betrachtet werden. Das riesige Höllengebäude, das von der Epoche der Kirchenväter an aufgerichtet wird, ruht auf Allegorien und Symbolen, die wörtlich genommen werden. Das kleinste Wort löst Fluten von Kommentaren, Spekulationen und Hypothesen aus. Feuer, Gewürm, Finsternis, Zähneklappern – alles wird auseinandergenommen, analysiert, in seinen letzten Konsequenzen erklärt, als handle es sich dabei um völlig eindeutige, präzise mathematische Zeichen, als sei jedes einzelne Wort der Bibel vor seiner Niederschrift genau abgewägt und geprüft worden, als gäbe es dort keine unklaren oder unzutreffenden Ausdrücke. Es ist die Gefahr der symbolischen Ausdrucksweise, daß sie mehr verdunkelt als sie erhellt, daß sie mehr Spiegel als Fenster ist, daß sie den Geist eher fesselt als aufklärt und daß sie verdinglicht anstatt zu vergeistigen. Symbole werden schließlich zur Realität und halten den Geist in Bildern gefangen. Dem Unerklärlichen gebürt nur Schweigen.

Wenn sie von der Hölle sprechen, kämpfen die Kirchenväter mit diesem Problem. Sie fügen den biblischen Symbolen ihre eigenen hinzu, die von den griechischen Philosophen inspiriert sind, während das Volk und die Prediger ihre eigenen Bilder den biblischen zugesellen. So entwickelt sich im Jenseits eine riesige Strafvollzugsanstalt, und das Hochmittelalter wird dieses Gebäude sanktionieren, allen zugänglich machen und es zu praktischen Zwecken nutzen.

VI

Die Hölle im Zeitalter der Barbaren (6.–10. Jahrhundert)

Im 6. Jahrhundert beginnt die Kirche, die offizielle Doktrin über die Hölle zu formulieren. Konzile legen ein Dogma fest, dem sich jeder beugen muß, der im Schoße der Kirche verweilen will: Auf diese Weise will man der Ketzerei entgegenwirken. Die Umstände jedoch, unter denen die ersten Definitionen der Hölle ausgearbeitet werden, sind mehr als undurchsichtig.

Seit Gründung der Kirche waren die Grundsätze des Glaubens in einem Lehrbuch für Neophyten und Katechumenen, in einer Art Glaubensbekenntnis zusammengefaßt. Bis zum 4. Jahrhundert wurde die Hölle darin nicht erwähnt. Erst im *Fides Damasi*, einem Credo aus dem 4. Jahrhundert, erscheint zum ersten Mal die »ewige Pein«. Im athanasianischen Glaubensbekenntnis des 5. Jahrhunderts ist von der Hölle die Rede, und 476 bestätigt Papst Simplicius, mitten im Kampf gegen die ketzerischen Monophysiten begriffen, in einem Brief, daß diese dem ewigen Feuer bestimmt seien. Bis dahin handelt es sich aber nur um einzelne, persönliche Aussagen.

Im Jahre 527 wird Justinian oströmischer Kaiser. Als leidenschaftlicher Theologe will er auch über Doktrin und Disziplin der Kirche bestimmen, die von den gegenläufigen Strömungen des Monophysitismus und des Nestorianismus zerrissen scheint. Er wendet Zwang an, physischen und psychischen Druck, befiehlt Verhaftungen und Deportationen, wovon auch der Papst nicht ausgenommen ist, beruft Konzile ein, die er manipuliert, arbeitet zweideutige Versöhnungserklärungen aus, und doch bringt er es in 38 Jahren Regierungszeit nur dazu, daß die Verwirrung in der Kirche größer denn je ist. Wir wollen hier nicht über die Kämpfe berichten, bei denen das letzte, höchste Ziel des Menschen nur eine sehr untergeordnete Rolle spielt, sondern es soll gezeigt werden, daß die Atmosphäre, in der zum ersten Mal die ewige Hölle offiziell bestätigt wird, alles andere als heiter und gelockert ist.

Als gnadenloser Anti-Origenist verfolgt Justinian, sobald er an die Macht gelangt, die Verfechter dieser Gedankenrichtung. Im Jahre 543 läßt er schließlich einen Bannfluch ausarbeiten mit zehn Artikeln gegen die hauptsächlichen »Irrtümer« des Origenismus. Einige sorgfältig ausgewählte Bischöfe beruft er zu einer Synode nach Konstantinopel ein, damit sie diesen Bannfluch gutheißen. Der neunte Artikel lautet: »Wenn jemand sagt oder denkt, die Pein der Dämonen oder Geister sei nicht ewig, daß sie ein Ende habe und dann die Wiederherstellung [Apokatastase] der Dämonen und Gottlosen erfolge, so sei er verflucht!« Fünfzehn weitere Bannflüche verurteilen den Orgenismus, wobei erneut die Apokatastase und die endgültige universelle Vereinigung im Wort Gottes verworfen wird.

Im gleichen Jahr verbietet Justinian durch ein dogmatisches Edikt die *Drei Kapitel*, eine Textsammlung, die, wie man annimmt, die Ansichten der Nestorianer darlegt. Dagegen lehnt sich die weströmische Kirche auf. Der Kaiser läßt daraufhin 547 Papst Vigilius gefangennehmen und hält ihn sieben Jahre in Konstantinopel fest. Nach langem Hin und Her findet sich der alte und kranke Papst schließlich bereit, das kaiserliche Edikt gutzuheißen. 553 beruft Justinian ein Konzil in Konstantinopel ein, und auf diesem fünften allgemeinen Konzil wird die Apokatastase erneut verurteilt. Hierzu schreibt Henri Marrou: »Unsere Theologen sind sich noch nicht klar über die Bedeutung, die man den von Vigilius unterzeichneten Dokumenten beimessen soll, ebensowenig wie über die Verbindlichkeit der Beschlüsse des vierten Konzils, das auf Verlangen Justinians Vigilius vom 26. Mai ab als abgesetzt betrachtete, ihn allerdings nicht exkommunizierte. Es kam auch nicht zum Bruch mit dem apostolischen Stuhl, da man recht durchsichtige Mittel gefunden hatte, zwischen der Person und der Institution zu unterscheiden.«[1] Alle diese Umstände waren kaum dazu angetan, eine offizielle Version bezüglich der Hölle zu begünstigen.

---

1 *Nouvelle Histoire de l'Église*, hrsg. v. L.-J. Rogier, R. Aubert und M. D. Knowles, Paris (Seuil) 1963, Bd. I, S. 411.

Die »barbarische« Hölle

600 Jahre lang sollte sich nun die Kirche auf diese mehr als fragwürdige Basis stützen. Erst zu Beginn des 13. Jahrhunderts erfolgte, unter Innozenz III., eine neue, offizielle Entscheidung bezüglich der Hölle. In der Zwischenzeit erfanden Bischöfe, Prediger, Mönche und Theologen immer wieder neue Visionen, Reisen ins Jenseits, schrieben Abhandlungen über die Natur des Feuers und die Art der Qualen. Die große Zeit der Kirchenväter ist vorbei, und das Niveau der Spekulationen sinkt. Der unleugbare kulturelle Rückgang, der die Barbarenreiche bis zum Ende des 11. Jahrhunderts kennzeichnet, macht sich sogar im Jenseits bemerkbar. In der Hölle geht es immer bunter zu, aber sie verliert an Würde. Die Höllenfahrten kommen wieder in Mode, wobei die Beschreibungen von Land zu Land variieren. Die irischen, angelsächsischen, bretonischen und römischen Höllenvarianten weisen schwer vereinbare Besonderheiten auf. Vor allem in den religiösen Schriften erscheint die Hölle in erster Linie als seelsorgerisches Instrument, denn die Angst vor dem ewigen Feuer scheint das einzige – in seiner Wirkung übrigens fragwürdige – Mittel zu sein, um die derben Gemüter der Bevölkerung zu lenken, welche die von den Barbaren beherrschten Länder bewohnt. Man braucht nur die Handbücher der Beichtiger jener Epoche zu lesen, um sich ein Bild vom moralischen Niveau der Landbevölkerung dieser Zeit zu machen. Allein die Tatsache, daß Blutschande, Kindsmord, andere Arten von Mord, Verstümmelung, Hexerei, Vergewaltigung, Sodomie und Aberglaube als ganz geläufige Sünden angesehen werden, ist aufschlußreich.

Angesichts dieser Gegebenheiten hätte die Angst vor der Hölle durchaus eine zivilisatorische Rolle spielen können. Schwere Krankheiten erfordern starke Heilmittel. Und so entwickelt der Klerus, um dieses ungehobelte Volk einzuschüchtern, Bilder von einer volkstümlichen Hölle ohne jegliche Angst vor Übertreibung. Es ist zudem gar nicht leicht, schlimmere Qualen zu erfinden als jene, die die Merowinger-Fürsten im Erdenleben ersannen. Wenn man die *Geschichte der Franken* des Gregor von Tours liest, kann man sich wirklich fragen, ob die Hölle nicht eher auf als unter der Erde ist. Man denke etwa an Theudrich II., der dem Sohn von Theudebert den Kopf zermalmen und dem heiligen Didier den

Schädel einschlagen ließ; an Clothar I., auf dessen Befehl seine Neffen und sein Schwager ermordet, sein Sohn, seine Schwiegertochter und seine Enkelinnen lebendig verbrannt wurden, an Chilperich I., der den Präfekten Mommulus grausam foltern und all jenen die Augen ausreißen ließ, die ihm mißfielen, nicht zu vergessen, daß er seine Frau Galswintha ermorden ließ, von den lasterhaften Ausschweifungen einer Fredegunde ganz zu schweigen. All diese schlimmen Menschen lebten Seite an Seite mit heiligen Bischöfen, die sich bemühten, die Sitten zu verbessern, aber in einer solchen Umgebung ist selbst das Schreckgespenst der Hölle kaum wirksam. Als der Bischof von Rouen Fredegunde Vorhaltungen macht, läßt sie ihn kurzerhand mitten in der Kathedrale ermorden. Alle diese Herrscher sind nur daran interessiert, den Himmel auf ihre Seite zu ziehen. Deshalb unternehmen sie Wallfahrten, machen Schenkungen an die Kirche und schleppen ganze Reliquiensammlungen mit sich herum.[2] Gott ist nur ein Element ihrer Politik.

Da das Volk den Fürsten gleicht, muß man sich stets die Verrohung der Sitten in der Zeit der Merowinger und auch der Karolinger vor Augen halten, wenn man die »Barbarisierung« der Hölle verstehen will, die sich vom 6. bis zum 10. Jahrhundert vollzieht. Die Seelsorge verstärkt diese Entwicklung noch, um mit einer Hölle aufwarten zu können, die wirklich schlimmer ist als die tagtäglich erlebten Grausamkeiten. Hinzu kommt ein anderes Element, das die Hölle noch schwärzer erscheinen läßt. Während in der vorausgehenden Periode die Theologie die Sache echter Aristokraten des Geistes war, meistens Bischöfe oder Patriarchen, die von der klassischen Kultur durchdrungen waren, verlagert sich der Mittelpunkt des theologischen Denkens nunmehr in die Klöster. Die Mönche jedoch haben keinen Kontakt mehr zum Gedankengut der griechischen Philosophen. Besonders im Orient fehlt ihnen oft sogar das weltliche Wissen. Sie sind von Jugend an mit Hilfe von liturgischen und biblischen Texten geschult worden und meditieren nun in ihren Klöstern in völliger Einsamkeit über die letzten Dinge bei strengster Askese und gequält von der Angst vor den Mächten des Bösen. Die Mönche dieser Epoche, die einfachen Geistes sind,

---

2 Zur Beziehung zwischen den merowingischen Herrschern und ihrer kirchlichen Umgebung siehe G. Minois, *Le Confesseur du Roi. Les directeurs de conscience de la monarchie française*, Paris (Fayard) 1988, S. 42–51.

entwickeln somit ein Gedankengebäude, das vom Volksglauben beeinflußt ist und in dem Teufel und Dämonen eine große Rolle spielen. Selbst die Schriften der Besten unter ihnen bleiben im Aberglauben und Wunderglauben stecken. Es finden sich immer mehr Geschichten von Gespenstern, Teufelserscheinungen, vom Eingreifen des Fürsten der Finsternis, von zweifelhaften Visionen und Höllenfahrten. Durch seine ständige Gegenwärtigkeit wird das Jenseits zum Spiegelbild unserer Welt und geistig anspruchslos; das Hauptunterscheidungsmerkmal ist, daß es den physikalischen Gesetzen nicht unterworfen und von ewiger Dauer ist. Der religiöse Gedanke erfährt hier eine Mythologisierung. Die Rolle der Heiligen und der Dämonen ist mit der Rolle der homerischen Götter vergleichbar. Sie mischen sich ständig in die Angelegenheiten der Menschen, unter der Aufsicht eines Gott Vater, der mehr olympisch als christlich ist. Die Grenzen zwischen Erde, Himmel und Hölle verwischen sich, Menschen und Geister verkehren sowohl hier wie dort, das Reich Satans ist, wie der griechisch-römische Hades, besser bekannt und wird öfter besucht als Afrika.

Die mönchische Hölle ist zwar einerseits schrecklicher, andererseits aber alltäglicher als die Hölle der Kirchenväter. Da die Mönche nun zu dieser Zeit quasi das Monopol für die Betrachtungen über die Hölle haben, prägen sie auch nachdrücklich die Vorstellungen.

So zum Beispiel Caesarius von Arles (470–542), ein ehemaliger Mönch der Abtei von Lérins, der später Bischof von Arles wird und im Südosten Galliens predigt. Das Jüngste Gericht, das für die meisten den Beginn der ewigen Feuerqualen bedeutet, stellt das Hauptthema seiner Predigten dar. Er empfiehlt den Predigern Strenge und die Verbreitung der Angst vor der Hölle. Mit vollem Bewußtsein setzt er die Drohung als seelsorgerische Waffe ein. Die besten Ärzte sind die strengen Ärzte, so meint er, und daran hält er sich auch. »Das sündige Volk, in die Tiefen des Tartaros gestürzt, ohne Hoffnung auf Mitleid oder Vergebung, wird in seiner Finsternis ausgeschlossen sein vom glückseligen Licht der Heiligen und immer weiter in den Abgrund stürzen, der es verschlingt und dabei, ohne sterben zu können, ewige Qualen erdulden und einen nie endenden Tod sterben.«[3] Immer wieder und überall spricht er vom

---

3 Caesarius von Arles, *Sermons au peuple*, Paris (Cerf.) 1971–1986, 3. Predigt.

»schrecklichen Richter«, von »ewigen Qualen« und er erklärt, daß die Bösen nur deshalb in diesem Leben nicht leiden, weil sie wegen ihrer übergroßen Schuld für die ewigen Qualen bestimmt sind.

Es hat den Anschein, als seien die Gläubigen seiner Drohungen überdrüssig geworden, denn in einer seiner Predigten hält er es für notwendig, sich für seine Horrordrohungen zu rechtfertigen. »Ich bitte euch, meine lieben Brüder, mit großer Demut: Möge keiner von euch sich gegen mich wenden oder es vielleicht für unangebracht und unnötig halten, wenn ich mich bemühe, euch immer wieder zu sagen, daß der Tag des Jüngsten Gerichts gefürchtet werden muß. Mancher mag fragen, warum ich immerfort so harte Wahrheiten sage? Nun, ich sage sie, weil es besser ist, hienieden etwas Bitterkeit zu erdulden und später in die ewige Milde einzugehen, als hier auf Erden zunächst eine falsche Freude zu erleben und dann in der Hölle der ewigen Pein anheimzufallen.«³ Und er beruft sich auf die Bergpredigt: Selig sind die Trauernden, denn sie sollen getröstet werden. Diese Warnungen hält er für seine Aufgabe.

Inflation der Höllenvisionen: Beda Venerabilis

Die Angst vor der Hölle ist auch für die Mönche selbst vonnöten, denn im 6. Jahrhundert verlangt die Ordensregel des Benedikt von Nursia von den Mönchen, »den Tag des Gerichts zu fürchten und vor der Hölle zu zittern«. Der Mönch muß demütig sein »aus Angst vor der Gehenna«, er muß sich von aller Sünde fernhalten und sich im Geiste stets die Gehenna vergegenwärtigen, die jene brennt, die Gott nicht ehren, sowie das ewige Leben, das jene erwartet, die Gott fürchten.⁴

Als Warnung vervielfachen die Mönche die Visionen und Reiseberichte: Tote auferstehen und erzählen, was sie dort unten gesehen haben, um die Lebenden vor der Sünde zu bewahren. Um diesen Erzählungen mehr Gewicht zu verleihen, scheuen sich die Mönche nicht, sie in ihre geschichtlichen Chroniken einzuarbeiten,

---

3 Ebenda, Bd. III, S. 19ff.
4 *Die Regel Benedikts*, IV,44–45; V,3; VII,11.

wo sie inmitten völlig authentischer Ereignisse auftauchen. Inwieweit sie selbst diese Geschichten, die ihr Werk oft ziemlich verworren scheinen lassen, glauben, wissen wir nicht. Ein Meister auf diesem Gebiet ist Beda Venerabilis, der Ehrwürdige, ein angelsächsischer Mönch aus dem Kloster Jarrow in Northumberland. Er ist eine der herausragenden Persönlichkeiten der ersten Hälfte des 8. Jahrhunderts, ein großer Gelehrter, der wissenschaftliche Werke u. a. über die Gezeiten und die Astronomie geschrieben hat sowie eine Kirchengeschichte Englands.

Bei ihm finden sich vier Visionen, die sichtlich ein pädagogisches Ziel haben. Die erste handelt von einem irischen Mönch, Fursy, der im Kloster Cnoberesborough krank darniederliegt. Eines Nachts verläßt seine Seele den Körper und erhebt sich, von einem Engel geleitet, hoch über ein Tal, in dem vier Feuer brennen. Die Engel erklären ihm, daß dies die Feuer seien, die die Welt verbrennen werden. »Eines davon ist die Lüge, wenn wir Satan und seinen Werken nicht abschwören, wie wir es bei unserer Taufe versprochen haben; das zweite ist die Habgier, wenn wir die Liebe zu weltlichen Gütern vor die Liebe zu Gott setzen; das dritte ist der Streit, wenn wir unseren Nächsten grundlos beleidigen; das vierte ist die Grausamkeit, wenn wir ohne Gewissensbisse stehlen und den Armen seiner Habe berauben.«[6]

Es ist nicht schwer, darin die vier Hauptlaster der barbarischen Gesellschaft zu erkennen. In den Flammen sieht Fursy Dämonen, die sie schüren, so daß sie nach den Menschen greifen. Von den Engeln beschützt schreitet Fursy unbehelligt durch die Flammen, einem Dämon gelingt es jedoch, einen der brennenden Verdammten auf ihn zu werfen. Er erkennt in ihm einen Menschen, der ihm, bevor er starb, einige seiner Kleider gegeben hatte. »Weise keinen deiner Freunde zurück«, sagt der Dämon, »da du die Habe dieses Sünders angenommen hast, mußt du auch seine Strafe teilen.« Fursy sollte für den Rest seines Lebens an der Schulter und am Kiefer ein Brandmal tragen. Die Lektion dieser Vision besteht darin, daß jeder durch seine eigene Sünde bestraft wird; jeder Mensch ist selbst verantwortlich für das Feuer, das er in sich selbst entfacht hat. Die Flammen können Fursy nichts anhaben, und ein

---

6 Beda, *Historia ecclesiastica gentis Anglorum*, III,19.

Engel erklärt ihm, warum: »Das Feuer wird dich nicht brennen, da du es nicht entfacht hast. Denn obwohl es wie ein furchtbares und mächtiges Feuer erscheint, brennt es jeden nur je nach seinen Taten und verzehrt sein böses Verlangen. Denn so wie der Körper jedes Menschen durch sein böses Verlangen entbrennt, so muß er, wenn der Tod ihn seines Körpers entledigt, seine Sünden durch das Feuer büßen.«[7] Die zusätzliche Lehre besteht darin, daß man jeden Kontakt mit Sündern meiden soll, um sich nicht von ihren Sünden anstecken zu lassen. Es scheint jedoch, daß das Feuer in dieser Vision läuternden Charakter hat, daß es also zeitlich begrenzt ist.

In drei weiteren Visionen handelt es sich um die Hölle im eigentlichen Sinn. Die eine nimmt ein gutes, die beiden anderen nehmen ein böses Ende. Alle haben sie aber das gleiche Ziel: Den Sündern soll gezeigt werden, was sie erwartet, wenn sie ihr Leben nicht ändern. Ein Mann aus Cunningham in Nordengland mit Namen Drycthelm starb eines Abends und erwachte am nächsten Morgen wieder zum Leben. Da verteilte er all seine Habe an seine Frau, seine Kinder und an die Armen und zog sich ins Kloster Melrose zurück, um dort ein Gott wohlgefälliges Leben zu führen. Dazu hatten ihn die Erlebnisse während der Nacht, als er tot war, gebracht. Ein Engel hatte ihn nach Nordosten geführt, was bezeichnend ist für die angelsächsische Vorstellung von der geographischen Lage der Hölle. »Wir kamen zu einem breiten, tiefen, nicht enden wollenden Tal«, erzählt er, »die linke Seite brannte mit lodernden, entsetzlichen Flammen, während auf der rechten Seite von überall her Schnee- und Hagelstürme wüteten. An beiden Abhängen wimmelte es von Menschenseelen, die von einem tosenden Sturm ständig von der einen Seite auf die andere geworfen wurden. Wenn die Unglücklichen die entsetzliche Hitze nicht mehr aushalten konnten, sprangen sie mitten in die Eiseskälte hinein, wo sie aber keine Linderung fanden und deshalb aufs neue in den nie verlöschenden Feuerbrand zurücksprangen.« Diese Qual war ohne Ende, und Drycthelm dachte, dies sei die Hölle, aber der Engel klärte seinen Irrtum auf: »Hier werden die Seelen jener gerichtet und bestraft, die nicht beichten und ihren Lebenswandel nicht

---

7 Ebenda.

bessern wollten und erst in der Stunde ihres Todes bereuten. Da sie aber, wenn auch im letzten Augenblick, gebeichtet und bereut haben, werden sie am Tag des Gerichts alle ins Himmelreich kommen.«[8] Es handelt sich hier also um ein Fegefeuer im wahren Sinn des Wortes.

Als sie nun ihre Reise fortsetzten, kamen sie an einen völlig finstern Ort, an dessen Ende sich ein großer Schacht öffnete, aus dem in regelmäßigen Abständen riesige Flammen schlugen, dabei wurde jedesmal ein Funkenregen in die Luft geschleudert, der wieder zurück in den Feuerschlund stürzte. Er erfuhr, daß dies die Seelen der Verdammten waren und blieb lange Zeit voller Entsetzen stehen, nicht wissend, was er tun sollte oder was ihm geschehen würde. »Plötzlich hörte ich hinter mir einen schrecklichen, verzweifelten Klagelaut, begleitet von einem fürchterlichen Gelächter, so als verhöhne das Volk gefangene gefesselte Feinde. Als der Lärm stärker wurde und näher kam, sah ich eine Unmenge böser Geister, die fünf schreiende und stöhnende Menschenseelen zu den finsteren Gründen schleppten und dabei ungebärdig lachten. Unter den Unglücklichen sah ich einen Mann mit einer Tonsur wie ein Geistlicher, einen Mann aus dem Volk und eine Frau. Sie wurden zu dem Feuerschlund gezogen und da sie darin versanken, konnte ich das Gelächter der Dämonen und das Wehgeschrei der Menschen nicht mehr unterscheiden und nahm nur noch einen konfusen Lärm wahr.«[9] Hier handelt es sich nun wirklich um den Eingang zur Hölle, und es ist durchaus verständlich, daß Drycthelm nach dieser Erfahrung beschloß, Mönch zu werden, und dies um so mehr, als er beinahe von einem übereifrigen Teufel mit in die Hölle gestoßen worden wäre. Vor seiner Rückkehr zur Erde ließ man ihn noch einen kurzen Blick in den Himmel werfen und auch auf einen anderen, sehr angenehmen Ort, voller Licht und Blumen, wo die guten Seelen, die aber nicht ganz reif für den Himmel waren, warteten, dieser Ort wurde später Limbus genannt. Wie Augustinus unterscheidet auch Beda vier Stationen im Jenseits: zwei provisorische für die nicht ganz Guten und für die nicht ganz Schlechten, und zwei definitive für die Guten und die Bösen.

---

8 Ebenda.
9 Ebenda.

Drycthelm sprach in Melrose nicht über das, was er gesehen hatte, mit sorglosen oder gleichgültigen Menschen, sondern nur mit jenen, die Angst vor der Strafe hatten. Daß die Vision eher ein Geheimnis war, erinnert an die gnostischen Offenbarungen oder an die apokryphen Schriften. Die Vision ist für solche bestimmt, die daraus Nutzen ziehen wollen. Die anderen, wie Abraham in der Parabel vom armen Lazarus sagt, haben das Gesetz und die Propheten. Wenn ihnen das nicht genügt, dann kann selbst ein von den Toten Auferstandener sie nicht davon überzeugen, daß sie ihr Leben ändern müssen. Dies ist ein zweischneidiges Argument, denn es soll zwar das Gewicht der Vision verstärken, beweist aber ebenso ihre Nutzlosigkeit. Beda sagt, er habe die Geschichte von Haemgils, einem noch lebenden Mönch, der sie wiederum von Drycthelm selbst hat.

Die folgende Geschichte handelt von einem Heerführer des Königs von Mercia. Dieser ist zwar mutig, führt aber ein lasterhaftes Leben und schiebt Beichte und Reue immer weiter hinaus. Auch als er erkrankte, war er noch immer nicht zur Buße bereit, da er fürchtete, es könne ihm als Angst ausgelegt werden. Dieser Stolz, meint Beda, war nur eine List des Teufels und wurde ihm zum Verhängnis. Es kamen zwei schöne junge Männer an sein Krankenlager und setzten sich auf sein Bett. Einer von ihnen zog ein wundervolles, aber ganz dünnes Buch hervor und gab es ihm zu lesen: Es war das Buch seiner guten Taten. Dann kam eine Horde Dämonen angestürmt. Deren Anführer, schauerlich anzusehen, ließ ein häßliches, riesiges dickes Buch bringen, das er ihm reichte. In schwarzen Buchstaben waren darin seine bösen Taten aufgeführt, auch die Gedanken und Worte. Nun wandte sich Satan an die beiden immer noch anwesenden Engel: »Was wollt ihr noch hier? Ihr wißt sehr wohl, daß dieser hier uns gehört!« – »Ihr habt recht«, sagten die Engel, »nehmt ihn mit zu eurem Heer der Verdammten.«[10] Zwei Teufel schlugen ihm nun mit einem Dreizack auf den Kopf und auf die Fußsohlen. Beim Zusammentreffen dieser beiden Schmerzempfindungen starb er und fuhr zur Hölle. Beda zieht nun ganz deutlich die Lehre aus der Geschichte: Verschieben wir die Reue nicht auf morgen, dann ist es vielleicht schon zu spät. Das

---

10 Ebenda, V,13.

Buch mit den guten und schlechten Taten, das es bei den Ägyptern schon gab, gewinnt hier wieder an Bedeutung und wird auch weiterhin sehr beliebt bleiben.

Die letzte Vision betrifft einen Mönch, der sich nicht an die klösterlichen Regeln hält. Sie ist zwar für den internen Gebrauch bestimmt, kann jedoch auch zur Erbauung aller dienen. Dieser Mönch war ein geschickter Handwerker, der lieber sein Metall bearbeitete, als den Gottesdienst zu besuchen. Als er krank wurde, hatte er eine Vision von der Hölle, die sich vor ihm auftat. Im Hintergrund sah er Satan mit Kaiphas und jenen, die Jesu verurteilt hatten. Bei ihnen war für ihn ein Platz hergerichtet: Es war zu spät für die Reue.[11]

Zur gleichen Zeit berichtet Bonifatius von der Höllenvision eines Mönches aus Wenloch. Dieser wurde von Engeln aufwärts getragen und sah unter sich die Erde von Feuer umgeben. In den lodernden Flammen, die aus den Schluchten aufstiegen, flatterten Seelen in Form von schwarzen Vögeln mit lautem Jammergeschrei. Über einen Fluß aus Feuer führte eine schwankende Brücke, über die sich Seelen bewegten, von denen viele herabfielen, die jedoch am anderen Ufer wieder auftauchten, um hell glänzend in das himmlische Jerusalem einzugehen. Wie bei Drycthelm handelt es sich hier um eine Vision vom Eingang zur Hölle (die Schluchten) und vom Fegefeuer (der Fluß)[12], ein Thema, das der *Apokalypse des Paulus* entnommen ist.

Die Brücke und der Feuerfluß finden sich auch in der Vision des Mönches Sinniulf, dem Abt des Klosters Randan bei Clermont-Ferrand, von der Gregor von Tours berichtet. Dieser gute Abt hatte eine Schwäche: Er war zu nachsichtig mit seinen Mönchen. Eines Tages hatte er eine Vision und sah »einen feurigen Fluß, in den sich die am Ufer versammelten Menschen wie Bienen in einen Bienenkorb hineindrängten. Die einen versanken bis zum Bauch, andere bis zu den Achseln und manche sogar bis zum Kinn, und alle schrien und klagten laut über die brennenden Schmerzen. Über den Fluß führte eine Brücke, die so schmal war, daß nur ein Mensch jeweils darübergehen konnte. Am anderen Ufer stand ein großes weißes

---

11 Ebenda, V,14.
12 Bonifatius, *10. Brief.*

Haus. Sinniulf fragte seine Genossen, was dies sei, und sie antworteten ihm, daß »von dieser Brücke kopfüber all jene gestürzt werden, die ihren Untergebenen gegenüber nicht genügend Autorität gezeigt haben«.[13]

Bei den Visionen und Reisen ins Jenseits zeigen sich die Kelten zu dieser Zeit als besonders einfallsreich. Da sie am Meer und in nebeligen Gegenden wohnen, verlegen sie die Hölle auf eine Insel. Einer der ältesten Berichte, *Navigatio Sancti Brendani*, der wahrscheinlich aus dem 9. Jahrhundert stammt, erzählt, wie dieser Mönch mit seinen Gefährten nach einer langen Seefahrt zu einer unheimlichen Insel kommt, die aus brandgeschwärzten Felsen besteht und von der Lärm von Blasebalg und Schmiedehämmern herüberdringt. Die Mönche können nicht landen, denn die Dämonen werfen ihnen rotglühende Eisenblöcke entgegen, die das Meer zum Sieden bringen. Etwas weiter, auf einer kleineren, verbrannten Insel, finden sie einen in Ketten geschmiedeten, laut klagenden Mann. Es ist Judas, der Prototyp des Verdammten, der gerade seine wöchentliche Ruhepause hat, von Samstagabend bis zur Vesper am Sonntag. Brandan fragt ihn, wo der Ort seiner Qualen sei. »In dem Gebirge, das ihr gesehen habt«, antwortet er, »dort wohnt der Teufel Leviathan mit seinen Gesellen. Ich war dort, als er euren Bruder verschlang. In der Hölle herrschte darob große Freude und man ließ die Flammen hoch auflodern, wie immer, wenn die Seele eines Gottlosen verschlungen wird. Ich erleide dort meine Qualen zusammen mit Herodes, Pilatus, Anna und Kaiphas. Montags werde ich ans Rad genagelt und drehe mich wie der Wind, dienstags werde ich auf eine Egge gelegt und mit Felsblöcken beschwert – seht nur meinen durchlöcherten Körper. Mittwochs steckt man mich in siedendes Pech, davon bin ich so schwarz, und dann werde ich an einen Spieß gesteckt und geröstet wie ein Stück Fleisch. Donnerstags stürzt man mich in einen eisigen Abgrund, und es gibt keine größere Qual als diese Eiseskälte. Freitags werde ich gehäutet, gepökelt und die Dämonen tränken mir flüssiges Kupfer und Blei ein. Samstags werde ich in einen ekelerregenden Kerker geworfen, wo der Gestank so unerträglich ist, daß ich meine Eingeweide erbrechen würde, hätten sie meine

---

13 Gregor von Tours, *Historia Francorum*, IV,33.

Lippen nicht mit Kupfer versiegelt. Sonntags schließlich bin ich hier und erhole mich.«[14]

Und da kommen auch schon die Dämonen, um Judas zur Arbeit abzuholen, der Brandan anfleht, für ihn ausnahmsweise eine Verlängerung seiner Ruhepause bis zum Montag zu erwirken. Der Heilige läßt sich erweichen. Wenn das Thema der Ruhepause für die Verdammten auch nicht ganz neu ist, so ist doch bemerkenswert, daß diese eigenartige Vorstellung von einem höllischen Wochenkalender, der den Tag des Herrn ausnimmt, sich mehrere Jahrhunderte lang in der volkstümlichen Hölle gehalten hat. Diese Idee, die vom Kontinent kommt, findet sich auch in der *Reise des heiligen Brandan* der Iren und in der *Vision des Adamnan*, wo die Ruhepause allerdings nur drei Stunden in der Woche beträgt und in der *Reise der Söhne des O'Corra* aus dem 11. Jahrhundert. Hier steht man, daß man jeden Sonntag eigenartige Vögel sieht, »die jeden Sonntag entweichen können«. Später findet man diesen Gedanken erneut auf dem Kontinent, besonders in Italien. Um die Mitte des 11. Jahrhunderts schreibt Peter Damian an Papst Nikolaus II., daß man jeden Samstag in Pozzuli schauderhafte Vögel davonfliegen sieht und daß das Volk glaubt, dies seien die Seelen der Verdammten, die sich erholen bis zum Montagmorgen. Diese Vorstellung kehrt in den liturgischen Büchern bis zum Ende des Mittelalters immer wieder.[15]

Der Bericht des heiligen Brandan enthält einen seht gut durchorganisierten Zeitplan der Hölle, der sich allerdings nicht nach der Art der Sünden richtet, sondern nach den Wochentagen. Die Folterqualen stammen aus der *Apokalypse des Paulus*: Es wird gerädert, zermalmt, aufgespießt, gehäutet, mit siedendem Pech verbrüht, dazu kommen Kälte und Gestank. Ein weiterer realistischer Zug ist, daß man nicht mehr davor zurückschreckt, gewisse Verdammte beim Namen zu nennen, wenn auch noch selten. Nicht die geringste Aussicht, das Heil zu erlangen, haben jene, die an der Verurteilung Christi unmittelbar beteiligt waren. Ihrer sind zur Zeit fünf,

---

14 *Le Voyage de saint Brandan à la recherche du paradis*, Paris (Artisan du livre) 1925, S. 164–165. Auf deutsch zuletzt: *St. Brandans wundersame Seefahrt*, übers. und komment. v. G. E. Sollbach, Frankfurt/Main 1987.
15 A. Cabassut, »La mitigation des peines de l'enfer d'après des livres liturgiques«, in: *Revue d'histoire ecclésiastique*, 1927, S. 65.

als Täter oder Mittäter beim Gottesmord: Judas, Herodes, Pilatus, Anna und Kaiphas; sie nehmen in der Menge der namenlosen Verdammten einen sichtbaren Platz in der Hölle ein.

Die Hölle als Mittel der Politik

Im Hochmittelalter beginnen allerdings Mönche und Bischöfe zu entdecken, welche außerordentliche politische Waffe die Furcht vor der Hölle darstellen könnte. Wenn die Angst ein Instrument der Seelsorge für das einfache Volk ist, könnte sie sich dann nicht auch als politisches Instrument im Umgang mit den Großen der Welt erweisen? Durch die Exkommunikation und das Sakrament der Buße hält der Klerus die Schlüssel zum Paradies und zur Hölle in der Hand. Wenn er die Absolution oder die Rekonziliation verweigert, bedeutet dies die Verdammnis. Und wenn er nachträglich diesen oder jenen Herrscher in die Hölle verdammt oder kanonisiert, dann wird damit eine politische Linie verworfen oder gutgeheißen. Freilich ist dies eine sehr vorsichtig zu handhabende Waffe, denn allzu häufiger Mißbrauch könnte die Kirche in Verruf bringen.

Als einer der ersten wendet Papst Gregor der Große das Mittel an. In seinen *Dialogi* berichtet er von einem Zolleinnehmer des ostgotischen Königreichs, der 526 auf der Insel Lipari gestrandet war und dort einen Einsiedler traf, der ihm mitteilte, daß König Theoderich tot sei. Der Einsiedler hatte eine Vision gehabt, die ihm Theoderich zeigte, wie er in Anwesenheit seiner Opfer (Papst Johannes und der Patrizier Symakus) mit bloßen Füßen, nur mit einem Hemd bekleidet und gefesselt in den Krater des Volcano geworfen wurde.[16] Nebenbei gesagt eignet sich der Süden der Halbinsel mit seinen vielen Vulkanen als Pforte zur Hölle. Peter Damian kultiviert die Legende und Jacobus de Voragine erzählt noch im 13. Jahrhundert, daß man in der Nähe eines Vulkans auf Sizilien die Dämonen wüten hört, weil ihnen die Seelen der Sünder durch die Almosen und Gebete der Christen entrissen werden.[17]

---

16 Gregor der Große, *Dialogi*, IV,30.
17 Jacobus de Voragine, *Legenda aurea*, dort: »Das Leben des heiligen Odilon«.

Zu Beginn des 9. Jahrhunderts wird ein anderer Herrscher Opfer einer Vision: Karl der Große. Dies überrascht um so mehr, als der Kaiser, wenn auch kein Heiliger, doch bedeutend zivilisierter ist als seine Vorgänger, und der Schutz, den er dem Papst und der Kirche angedeihen läßt sowie sein Bekehrungseifer tragen ihm die Dankbarkeit des Klerus ein. Wetti jedoch, ein Mönch des vom heiligen Pirmin gegründeten Benediktinerklosters auf der Insel Reichenau im Bodensee, hat, als er 824 während einer Krankheit kurz die Hölle besuchte, Karl den Großen dort gesehen. Auch bei dieser Höllenfahrt ist ein Engel als Begleiter dabei, der ihn die Verdammten und die üblichen Qualen sehen läßt. Wetti beschäftigten offenbar besonders die Sünden des Fleisches, denn ein großer Teil der Verdammten, die er sieht, sind Opfer der Fleischeslust. Zahlreiche Priester sind dort, die diesem Laster erlegen waren, und ihre Konkubinen brennen bis zur Scham im Feuer. Drei Tage später, erklärt ihm der Engel, erhalten sie Peitschenhiebe auf den Geschlechtsteil, und er ergeht sich auch weiterhin sehr fachmännisch in langen Darlegungen über die Sodomie, das schlimmste aller Laster, das der Grund für die Epidemien ist, die Gott auf die Erde schickt. Wenn nun Karl der Große in dieser Hölle ist, dann wegen sexueller Verfehlungen. Einem mittelalterlichen Gerücht zufolge soll er Blutschande mit seiner Schwester getrieben haben. Auf diese Weise würden die Familienbande mit Roland enger geknüpft, der demnach sein Sohn gewesen wäre. Was der Wahrheit näherkommt, ist, daß Karl der Große neben seinen vier legitimen Ehefrauen etwa zwölf Konkubinen und eine Unmenge unehelicher Kinder hatte. Die Situation, in der Wetti den Kaiser gesehen hatte, war nicht gerade schmeichelhaft: Ein wildes Tier verschlang seine Geschlechtsteile, die ständig nachwuchsen. Der Engel jedoch erklärte, daß diese Qual ein Ende habe. Diese Vision wurde von Heito, dem Abt des Klosters Reichenau, berichtet und später von Walahfrid Strabo, Abt von Sankt Gallen, in Verse gebracht.[18] In anderen Visionen landete Karl Martell, der Großvater des Kaisers, in der Hölle, allerdings gab es einen seriösen Grund, nämlich die Aneignung von Kirchengut. Was die Vision des Wetti anbelangt, so blieb

---

18 Walahfrid Strabo, *Visio Wettini*, lat.-dt., hrsg. v. H. Knittel, Sigmaringen (Jan Thorbecke) 1986, S. 67.

sie ein Einzelfall, und die Kirche sah bei Karl dem Großen wegen seiner geleisteten Dienste über einiges hinweg.

Bei der Vision von Karl dem Dicken, die der Klerus von Reims am Ende des 9. Jahrhunderts verfaßte, wird die Manipulation der Hölle zugunsten eines politischen Anliegens klar ersichtlich.[19] Es geht darum, die Herrschaftsansprüche Ludwigs des Blinden, des Urgroßneffen von Karl dem Dicken zu stützen, nachdem er von seinem Rivalen Bérenger entthront und geblendet worden war. Die Vision, die fiktiv Karl dem Dicken, der 888 starb, zugeschrieben wird, läuft nach dem üblichen Schema ab. Vor dem Einschlafen hört der Kaiser eine Stimme, die ihm verkündet, daß er die Hölle und das Paradies besuchen wird. Sein Führer ist ein Engel, der ihn einen glänzenden Faden hinter sich entrollen heißt, damit er zurückfindet und gegen die Dämonen geschützt ist. Er kommt »in glühende, tiefe Täler, voller Brunnen, in denen Pech, Schwefel, Blei, Wachs und Ruß brodeln«. Dort sieht er die Kirchenfürsten seines Vaters und seiner Onkel. Auf seine Frage, weshalb sie so schrecklich leiden müssen, antworten sie: »Wir waren die Bischöfe deines Vaters und deiner Onkel, aber anstatt sie und ihr Volk zu Frieden und Eintracht anzuhalten, säten wir Zwietracht und stifteten zu manchem Übel an. Hierher kommen auch deine Bischöfe und die Menge deiner Satelliten, die gleicherweise handeln.«

Nun kommt er auf Feuerberge, von denen sich kochende Ströme und Sümpfe herabwälzen, in denen die Metalle schmelzen. Dort hineingetaucht bis zu den Haaren, bis zum Kinn und bis zum Nabel sieht man andere raubgierige Ratgeber. Wieder andere befinden sich in kochendem Pech und Schwefel, umgeben von Drachen, Schlangen und Skorpionen. Am Abhang eines Tales, der finster ist und zugleich brennt, halten sich mehrere Könige aus seiner Familie auf, darunter sein Vater, Ludwig der Deutsche, dessen Beine in einem Zuber mit kochendem Wasser stecken. Er gibt zu verstehen, daß er, dank der Gebete der Geistlichkeit von Reims, seine Füße von Zeit zu Zeit ins kühle Wasser halten kann und daß er, falls man der Kirche von Reims genügend Messen zahlt und Schenkungen macht, endlich ins Paradies kommen wird. Lothar, der Bruder

---

19 Diese Vision ist vollständig wiedergegeben bei J. Le Goff, *Die Geburt des Fegefeuers*, a. a. O., S. 146–149.

Ludwigs des Deutschen und sein Sohn, Ludwig II., sind schon im Paradies und fordern, daß das Kaiserreich an den Enkel Ludwigs II., Ludwig den Blinden, geht. Karl der Dicke gibt ihm den Faden, den er in der Hand hält und der das Kaisergeschlecht symbolisiert. Durch diese Vision hofft man, die legitime Anwärterschaft Ludwigs zu stützen und gleichzeitig, den Gabenfluß an die Geistlichkeit von Reims zu aktivieren.

Nicht alle Höllenvisionen zielen auf derart handfeste Interessen ab, sondern sind erbauliche Erzählungen, die zeigen sollen, welches Geschick die schlechten Diener oder die schlechten Herren erwartet. Notker der Stammler aus Sankt Gallen, ein Biograph Karls des Großen, lieferte dafür Beispiele. So erzählt er vom Hausmeier Luitfried, der sich auf Kosten der Arbeiter auf den kaiserlichen Baustellen und des Staatsschatzes bereicherte. Im Schlaf sah der Mönch einen Riesen, der ein großes, mit Reichtümern beladenes Kamel führte: Es waren alle Reichtümer, die Luitfried entwendet hatte. Der Riese begab sich zum Hausmeier, um ihn auf das Kamel zu setzen und in die Hölle zu führen. Im gleichen Augenblick starb Liutfried beim Verrichten seiner Notdurft.[20]

Gregor der Große, der Mönch war, bevor er Papst wurde, erzählt viele Geschichten von Menschen, die aus dem Jenseits zurückkehren und berichten, was sie erlebt haben. Ein Soldat, der auf dem Schlachtfeld gefallen, dann aber wieder ins Leben zurückgekehrt war, hat ebenfalls die berühmte Brücke gesehen, nur war der Fluß nicht aus Feuer, sondern schwarz und ekelerregend, einen unerträglichen Gestank ausströmend. Die Bösen fielen hinein und manche wohnten am Ufer in elenden Häusern, umgeben von einer Wolke von Gestank. In einer anderen Geschichte stirbt ein gewisser Stephanus irrtümlich, denn als er bei Satan ankommt, stellt dieser das Versehen fest, es war Stephanus der Schmied, den man erwartete. Wieder ins Leben zurückgekehrt, erzählt auch Stephanus vom Fluß und von der Brücke. Beim Hinübergehen war er ausgerutscht und schwarze Dämonen zogen ihn an den Beinen, während Engel ihn an den Armen zogen – auf der einen Seite die Versuchung des Unreinen und auf der anderen Seite die Almosen, die ihn auf die Seite des Guten ziehen.[21]

---

20 Notker le Bègue, *Charlemagne*, L. Thorpe 1969, S. 129.
21 Gregor der Große, *Dialogi*, IV,36.

Gregor mangelt es nicht an Geschichten, so erzählt er u. a., sein Freund Deusdedit habe ihm versichert, daß Reparatus eine Vision hatte, in der Tiburtius, ein lasterhafter Priester, bei seinem Tod in die Flammen geworfen wurde.[22]

Die hohe Zeit der volkstümlichen Hölle

Es ist sehr schwierig, die Auswirkungen dieser Inflation von Höllenvisionen und Höllenfahrten auf die Gläubigen zu ermessen. Es hat den Anschein, als ob während der merowingischen und der karolingischen Epoche der Höllenglaube einen Höhepunkt erreicht hat. Alles trägt dazu bei, die Auffassung von der Hölle gleichzeitig zu relativieren und zu diversifizieren: die noch sehr vagen dogmatischen Formulierungen, der mythologische Beitrag neu bekehrter Völker – besonders der Kelten und Germanen –, die alle ihre eigenen Vorstellungen vom Jenseits hatten, und die Vielfalt der Visionen, deren Inhalte sehr unterschiedlich sind. Vielleicht haben sogar die übertriebenen Geschichten, die ins Volkstümliche abglitten, in manchen Geistern eine gewisse Skepsis entstehen lassen. Schwingt sie nicht mit in der Frage, die Petrus Gregor dem Großen stellt in bezug auf die vielen Visionen: »Wie kommt es, daß so viele die Seele betreffenden Dinge, die verborgen geblieben waren, heute klar sind? Man möchte meinen, daß die jenseitige Welt sich uns durch Offenbarungen und eindeutige Visionen zeigt?«[23] Durch die Preisgabe ihrer Geheimnisse verliert die Hölle in gewisser Weise ihre Glaubwürdigkeit. Dies berührt Gregor jedoch keineswegs: Da das Ende der Welt bevorsteht, ist es nur natürlich, daß die Zahl der Offenbarungen zunimmt: »Unsere zu Ende gehende Welt vermischt sich mit der beginnenden neuen Welt.«

Alle teilen diesen Standpunkt jedoch nicht. Gregor von Tours gibt sogar zu, daß unter der Geistlichkeit seiner Kathedrale einige Priester sind, die weder an die Hölle noch an die Auferstehung glauben, und er berichtet von einer langen Diskussion, die er mit einem der Geistlichen führte, der ihm Stellen aus der Heiligen

---

22 Ebenda, IV,31.
23 Ebenda, IV,40.

Schrift entgegenhielt; Gott habe zu Adam gesagt, er werde wieder zu Staub werden. Auch im Psalm heißt es:

> Des Menschen Tage gleichen dem Gras,
> er blüht wie die Blume des Feldes.
> Ein Hauch des Windes, schon ist sie dahin:
> und der Ort, wo sie stand, er hat sie vergessen. (103,15–16)

Und, so fährt er fort, wenn Jesus sagt: »Wer nicht glaubt, ist schon gerichtet« (Joh. 3,18), so bedeutet dies lediglich, daß er nicht auferstehen wird. Selbstverständlich kann der Bischof den Priester überzeugen, indem er nun seinerseits eine bedeutend größere Anzahl von einschlägigen, das Gegenteil beweisenden Passagen anführt, aber der Bericht beweist doch, daß eine gewisse Skepsis fortbesteht. Das letzte Argument Gregors ist übrigens rein utilitaristisch: »Wenn kein Gericht zu erwarten ist, dann können alle Menschen ihren Wünschen nachgeben und jeder von uns kann tun, was ihm gefällt. Du schlechter Mensch! Hast du keine Angst vor dem, was der Herr selbst zu seinen Aposteln gesagt hat? Wenn der Menschensohn in seiner Herrlichkeit kommen wird, werden sich alle Völker vor Ihm versammeln, und er wird sie von einander scheiden, wie ein Schäfer die Schafe von den Böcken scheidet!«

Es sind nicht wenige, die dieses Priesters Skepsis teilen, die Verneinung der Hölle erscheint jedoch teilweise in recht subtilen Formen, die später von der Theologie ihre Benennungen bekommen, wie die Konditionalisten, die den Anschauungen des Apologeten Arnobis anhängen. Ihrer Meinung nach gibt Gott das Leben fakultativ und bedingt, und es wird jenen genommen, die dem göttlichen Willen nicht folgen. Wer nicht gerettet wird, der wird vernichtet, und eine Hölle gibt es nicht. Für die »Barmherzigen«, die sich insbesondere auf Origenes berufen, ist die Hölle nicht ewig, und am Ende der Zeiten erfolgt eine allgemeine Versöhnung. Der Bischof Jonas von Orleans stellt zu Beginn des 9. Jahrhunderts fest, daß trotz aller Bannflüche der Konzilien, die Ewigkeit der Hölle immer noch von einigen geleugnet wird. Eine andere Variante vertritt im 9. Jahrhundert der Ire Johannes Scotus Eriugena, ein großer Denker, der wegen seiner unorthodoxen Ansichten auf vielen Gebieten von den kirchlichen Autoritäten abgelehnt wird. In seinem Werk *De praedestinatione* behandelt er das Thema der Ewigkeit der Hölle. Für ihn zeigt die Parabel vom armen Lazarus und dem bösen Reichen, daß selbst die Verdammten eine Linderung ihrer Pein erbitten können. Das Feuer ist Sinnbild für die innerlichen Qualen, die eigentliche, schwere Strafe ist das Getrenntsein von Gott.

Ansonsten nehmen die Diskussionen weiterhin ihren Lauf, es geht um die Sünden, die zur Hölle führen, um die verschiedenen Kategorien von Verdammten und um den Zeitpunkt, zu dem die Qualen beginnen. Ganz allgemein läßt sich feststellen, daß man immer unnachsichtiger wird: Immer mehr Menschen kommen in die Hölle, und die Qualen setzen immer früher ein. Die Kirchenväter standen im allgemeinen auf dem Standpunkt, daß die Hölle am Tag des Jüngsten Gerichts beginnt, und Spuren dieser Meinung findet man noch im 5. Jahrhundert bei Chromacius von Aquileja. In den Predigten dieses Bischofs wird die Periode zwischen Tod und Auferstehung als Zeit der Ruhe dargestellt, während Gute und Böse nebeneinander in den Höllen – der Begriff wird im Plural gebraucht – wie in einer Art Gefängnis auf den Tag des Gerichts warten.[24] In einer um das Jahr 500 in Nordafrika entstandenen Vision, dem *Carmen ad Flavium Felicem*, wird erklärt, daß Gott die Seelen in gewissen Regionen aufbewahrt, von der Hölle ist noch keine Rede, zumal der Autor sich mehr mit dem Paradies beschäftigt.

Die gregorianische Hölle: ein Kanon

Die Schriften Gregors des Großen sollten die Ausarbeitung der offiziellen Doktrin prägen. In ihnen findet sich eine sehr deutliche Radikalisierung des Jenseits. In den *Dialogi* erklärt der Papst, daß das ewige Schicksal sofort nach dem Tod beginnt. Es gibt keinen Grund, die Seelen der Guten jahrhundertelang warten zu lassen, bevor ihnen die Pforten des Himmels geöffnet werden. Und da Gerechtigkeit sein muß, müssen die Bösen, wenn die Guten sofort ihre Belohnung erhalten, auch sofort ihre Strafe erhalten. Dies sagt Petrus, der fiktive Gesprächspartner Gregors: »Wie die Dinge liegen, muß man ohne jeden Zweifel glauben, daß die Seelen der Bösen auch in der Hölle sind und nicht anderswo.« Die Antwort des

---

24 Chromacius von Aquileja, *Predigten* (16, 17, 24 und 29).

Papstes ist klar: »Wenn du glaubst, nach den heiligen Orakeln, daß die Seelen der Heiligen im Himmel sind, dann mußt du auch unbedingt glauben, daß die Seelen der Bösen in der Hölle sind, denn die Gerechtigkeit macht es notwendig, daß, wenn die Gerechten sofort in den Himmel kommen, die Bösen auch sofort gestraft werden.«[25]

Selbstverständlich ist die Hölle ewig. Gregor rechtfertigt diese Ewigkeit mit einem Argument, daß die Scholastiker wieder aufnehmen werden: Wenn die Sünder ewig lebten, so würden sie in alle Ewigkeit fort sündigen: »Die Sünden der Bösen haben nur ein Ende, weil der Tod sie aufhören läßt. Sie hätten aber ewig weiterleben wollen, wenn sie gekonnt hätten, damit sie ewig weitersündigen können. Denn alle, die zeit ihres Lebens nicht aufhören zu sündigen, beweisen, daß sie ewig in der Sünde leben möchten. Es ist also nur gerecht, wenn der Richter diejenigen niemals ohne Strafe ausgehen läßt, die immer nur in Sünde leben wollten.«[26]

Immerhin bleibt das Problem der Gerechten des Alten Bundes bestehen. Da sie Gerechte sind, können sie zwar nicht gefoltert werden, da jedoch Christus zu ihrer Zeit noch nicht gekommen war, um die Menschheit von der Erbsünde zu erlösen, können sie auch nicht im Himmel sein. Also muß die Hölle aus zwei Teilen bestehen, im vorliegenden Fall aus zwei Etagen: eine obere Etage als einfacher Wartesaal zum Paradies für die Gerechten aus der Zeit vor Christus und eine untere Etage als Ort der ewigen Qualen. Christus ist selbstverständlich in die obere Etage der Hölle niedergefahren, um die Gerechten zu erlösen, und so müßte dieser obere Teil der Hölle logischerweise jetzt leer sein, denn seit Christi Auferstehung kommen die Seelen unmittelbar in die Hölle der ewigen Pein oder in den Himmel: »Daß vor der Ankunft des Mittlers zwischen Gott und den Menschen jeder Mensch, so rein sein Leben auch gewesen sein mag, in die Kerker der Hölle niedergestiegen ist, das unterliegt keinem Zweifel mehr. Denn der Mensch, der durch sich selbst gefallen war, konnte nicht zur Ruhe des Paradieses gelangen, wenn nicht Der gekommen wäre, der durch das Mysterium seiner Fleischwerdung uns auch den Weg zum Paradies öffnen sollte.

---

25 Gregor der Große, *Dialogi*, IV,27–28.
26 Ebenda, IV,44.

Deshalb wurde nach dem Sündenfall, nach den Worten der Schrift, ein flammendes Schwert an der Pforte zum Paradies aufgestellt. Aber es steht auch geschrieben, daß dieses Schwert beweglich ist, weil ein Tag kommen wird, da es auch von uns entfernt werden könnte. Hiermit soll nicht gesagt sein, daß die Gerechten in die Hölle hinabgestiegen sind, um gequält zu werden. Es gibt in der Hölle eine obere und eine untere Region, das müssen wir glauben. Die obere Region dient der Ruhe der Gerechten, die untere der Qual der Bösen. [...] Für die Seelen der Gerechten jedoch hat das Verweilen in der Hölle ein Ende genommen mit der Ankunft unseres Erlösers, denn durch seine Niederfahrt hat der Mittler zwischen Gott und den Menschen, in seiner göttlichen Güte, die Gerechten aus den Kerkern der Hölle zu den himmlischen Freuden hinaufgeholt. [...] Hiob, der Knecht des Herrn, bittet vor dem Allmächtigen, daß die Zeit festgesetzt werde, da der Herr sich seiner erinnern wird. Und deshalb sagt der Herr im Evangelium: Und ich habe mich über die Erde erhoben und werde alle Menschen zu mir ziehen. Dies soll heißen alle Gerechten. Denn als er aus der Hölle kam, hat der Herr nicht die Gerechten und die Verdammten zusammen mitgebracht. Er hat alle die ausgesondert, von denen er dank seiner Voraussicht wußte, daß sie nach seinem Wort leben. Tod, ich werde dein Tod sein, das heißt, in meinen Erwählten werde ich dich vernichten. Hölle, ich werde dein Biß sein, daß heißt, indem ich dir die Erwählten wegnehme, durchtrenne ich einen Teil von dir.«[27]

Gregor der Große bringt diese Auffassung von der Hölle in Verbindung mit den kosmologischen Anschauungen seiner Zeit. Im geschlossenen, sphärischen, aus der Antike übernommenen und von den Christen adaptierten Universum ist die Sphäre der Fixsterne, die alles umhüllt, die Grenze des göttlichen Himmels; darunter befindet sich die ätherische, unveränderliche Welt; die Mondsphäre umhüllt die sublunare Welt, in deren Mitte sich die Erde befindet, der Mittelpunkt der Welt. Die sublunare Welt ist also im Verhältnis zum Himmel eine niedere Welt, die Atmosphäre. Sie fällt zusammen mit der oberen Hölle, während sich die untere Hölle unter der Erde befindet:

---

27 Ders., *Moralia in Iob*, IXX,13–15.

»Es steht fest, daß die Gerechten nicht in den Gefilden der Qual, sondern in den höheren Regionen der Ruhe festgehalten wurden, und so ersteht vor unserem Geist das große Problem der Bedeutung der Worte Hiobs: Alles, was ich bin, wird in die Tiefen der Hölle hinabsteigen. Denn wenn er vor der Ankunft des Mittlers zwischen Gott und den Menschen in die Hölle hinabsteigen mußte, so ist es doch klar, daß er nicht in die Tiefen der Hölle hinabsteigen mußte. Sollte er nicht eben der höheren Region den Namen ›Tiefen der Erde‹ geben? Denn wir wissen, daß vom Himmelsgewölbe aus gesehen die Region unserer Atmosphäre zu Recht eine Hölle genannt werden kann. Daher kommt es, daß der Apostel Petrus, in bezug auf die abtrünnigen Engel, die aus dem himmlischen Bereich in diese dunkle Atmosphäre gestürzt worden waren, sagt: Er hat die sündigen Engel nicht verschont. Er hat sie in die Ketten der Hölle geschlagen, um sie dem Tartaros auszuliefern und sie den Qualen des Gerichts zu überantworten. Wenn also im Vergleich zu den Höhen des Himmels eine solche dunkle Atmosphäre eine Hölle ist, dann kann auch, von der Höhe dieser Atmosphäre her, die Erde, die von dort her gesehen eine niedere Region ist, eine tiefe Hölle genannt werden. Von der Höhe dieser Erde her gesehen aber kann die Region der Hölle, die sich über den übrigen höllischen Orten befindet, durchaus die Bezeichnung ›Tiefe der Hölle‹ erhalten, denn, was die Luft für den Himmel ist, die Erde für die Luft, das ist dieser obere Höllenraum für die Erde.«[28]

Wie die Kirchenväter vor ihm läßt sich auch Gregor der Große über das Wesen des Höllenfeuers aus und über seine Wirkungsart. Dieses Feuer ist wunderbar, eine ideale und unerschöpfliche Energiequelle: als materielles Feuer braucht es kein Holz, um weiterzubrennen. Es brennt zugleich das Äußere wie das Innere der Verdammten, die einem Ofen gleichen. In weiser Voraussicht hat Gott dieses Feuer gleich bei der Erschaffung der Welt ebenfalls erschaffen, denn er wußte, daß er es eines Tages zur Züchtigung der Bösen brauchen würde. Wie Augustinus, ist auch Gregor von diesem Feuer fasziniert:

»Er wird von einem Feuer verzehrt werden, das nicht angezündet werden muß. Dies ist eine wirklich bewundernswerte Art, mit

---

28 Ebenda, XIII,53.

wenigen Worten vom Feuer der Gehenna zu sprechen. Ein echtes Feuer braucht nämlich, um wirkliches Feuer zu sein, einen Stoff, aus dem es entsteht. Und wenn es weiterbrennen soll, muß man Holz aufschichten, um es zu nähren. Es kann nicht sein, ohne entzündet zu werden, und es kann nicht weiterbrennen, ohne genährt zu werden. Das Feuer der Gehenna ist materiell und brennt stofflich alle Verdammten, die man seinen Flammen übergibt, jedoch wird es von keinem Menschen entzündet und von keinem Stück Holz genährt: Ein für allemal erschaffen, verlischt es nie, es muß nie neu entzündet werden und verliert seine Hitze nie. Es ist also weise, von diesem Gottlosen zu sagen: Er wird von einem Feuer verzehrt werden, das nicht entzündet werden muß. [...] Andererseits muß man wissen, daß alle Verdammten, die zugleich mit ihrem Körper und ihrer Seele gesündigt haben, dort unten gleichzeitig an Körper und Seele bestraft werden. Deshalb sagt der Psalmist: Du wirst aus ihnen einen Feuerofen machen an dem Tag, da Du Dein Angesicht zeigst. Und der Herr in seinem Zorn wird sie zuschanden machen, und das Feuer wird sie verzehren. Ein Ofen brennt innen, aber was verbrannt wird, beginnt von außen zu brennen. Um also zu zeigen, daß die Verdammten äußerlich und innerlich brennen, sagt die Heilige Schrift, daß sie vom Feuer verzehrt werden und stellt sie als Feuerofen dar: Das Feuer quält das Äußere ihres Körpers, und der Schmerz verzehrt ihre Seele.«[29]

Außer dem Feuer gibt es weitere Strafen, die der jeweiligen Sünde entsprechen. Hiob hatte schon gesagt, daß entsetzliche Wesen über den Sünder immer aufs neue herfallen, und Gregor kommentiert dies so, daß diese bösen Geister jeweils zu einer bestimmten Sünde gehören. Ihm zufolge findet man unter den Verdammten in erster Linie die Habgierigen, die nach irdischem Gut und Lob trachten. Sie werden eine »ewige Kreuzigung« erleiden. Die Habsucht, die mit Gewalt einhergeht und die Ordnung stört, scheint in diesen barbarischen Gesellschaften, die in ständigem Mangel lebten, die Hauptsünde gewesen zu sein. Der Habgierige nimmt mehr als seinen Teil, er hortet und schmälert den Anteil der anderen.

Die Hölle ist nicht nur für die Heiden da, denn die Christen, die schwer gesündigt haben, kommen ebenfalls dorthin. Diese Mei-

---

29 Ebenda, XXIX,35.

nung teilen hinfort fast alle Theologen. Die von Gregor dem Großen festgelegte Linie wird jahrhundertelang der Leitfaden für den Höllenglauben sein, insbesondere durch die Auslegungen des Bischofs Julian von Toledo, der 690 starb. Er unterscheidet zwei Höllen. Die obere ist für die Gerechten des Alten Bundes bestimmt und leer seit Christi Niederfahrt zur Hölle. Die untere liegt unter der Erde, und dorthin kommen die Verdammten sofort nach ihrem Tod. Die Seele besitzt dann eine Art von scheinbarem Körper, der physisches und psychisches Leiden ermöglicht. Am Ende der Zeit jedoch wird sich der auferstandene Körper wieder zu seiner Seele gesellen, und die Qual wird dann zweifellos noch größer sein. Die Qualen sind in ihrer Art und Härte den Sünden angepaßt. Der Erfolg der Eschatologie, die Julian von Toledo in seinem *Prognosticon* entwickelt, ist nicht zuletzt auf seine systematische und geordnete Darlegungsweise zurückzuführen. Bis zum 12. Jahrhundert sollte er der Klassiker auf diesem Gebiet bleiben.

Auch Alkuin stützt sich, mehr als ein Jahrhundert später, auf diese Anschauung. In seiner Abhandlung *Über den Glauben an die Dreieinigkeit* spricht er viel vom reinigenden Feuer, das notwendig ist für die Läuterung aller, bevor sie in den Himmel gelangen können. Über ein Jahrhundert später greift Atto von Vercelli (gestorben 961) erneut auf Gregor den Großen zurück. Bei ihm jedoch sind die schwersten Sünden, die zur ewigen Verdammnis führen, Verstöße gegen die Doktrin, und er ist einer der ersten, die einen Unterschied machen zwischen läßlichen Sünden und Hauptsünden. Es ist sogar möglich, daß die gregorianischen Vorstellungen von der Hölle einen Einfluß auf die germanische Auffassung vom Jenseits ausgeübt haben. Die *Dialogi* sollen schon im 7. und 8. Jahrhundert ins Altnordische übersetzt worden sein, was vielleicht zur Verbreitung des Themas von der Brücke beigetragen hat.[30] Die gregorianische Hölle wird nach und nach Standardhölle der eschatologischen Literatur, während sich daneben die verschiedenen Varianten der volkstümlichen Höllenvorstellungen weiter vermehren.

---

30 H. R. Ellis, *The Road to Hell. A Study of the Conception of the Death in Old Norse Literature*, Cambridge 1943.

Das Anwachsen der Angst vor der Hölle

Es stellt sich nun die Frage, in welchem Maß der Gedanke von der Hölle die Mentalität des Volkes in jener Zeit geprägt hat. Die spärlichen Beispiele, über die wir verfügen, scheinen darauf hinzuweisen, daß die Menschen immer mehr an die Hölle glauben und sich davor fürchten, wenngleich diese Entwicklung auch nur sehr langsam vor sich geht. Die wenigen ikonographischen Zeugnisse aus der Zeit der Merowinger und der Karolinger lassen so gut wie nichts von einer Furcht vor der Hölle erkennen. Philippe Ariès schreibt dazu: »Wenn es ausnahmsweise vorkam, daß bei der Grabkunst das Jüngste Gericht dargestellt wurde, so war dies nie etwas Schreckliches, das man fürchten mußte, sondern es ging dabei immer nur um die Wiederkehr Christi und die Auferweckung der Gerechten, die aus ihrem Schlaf ins Licht eingingen. Der Bischof Agilbert war im Jahr 680 in einem Sarkophag der merowingischen Krypta von Jouarre beigesetzt worden. Auf einer Schmalseite des Sarkophags befindet sich ein Relief des glorifizierten Christus mit seinen vier Evangelisten. Dies ist die übliche Darstellung, die auch von der romanischen Kunst übernommen wird. Auf einer Langseite sieht man die Auserwählten, die mit erhobenen Händen die Wiederkehr des Erlösers bejubeln, aber man sieht nur Auserwählte und keine Verdammten. Nirgends ist eine Anspielung auf die von Matthäus angekündigte Verfluchung zu sehen.«[31]

Die Betonung liegt ganz klar auf der Wiederauferstehung zum Heil und zum ewigen Leben. Die christlichen Grabinschriften bestätigen diesen Eindruck ebenso wie das älteste Totengebet, das uns überkommen ist. Darin wird an das Geschick der Gerechten des Alten Bundes erinnert, die Gott gerettet hat: Noah, Abraham, Isaak, Hiob, Loth, Moses, Daniel, Susanna, David, Petrus und Paulus. Diese Episoden schmücken auch die berühmten Sarkophage von Arles. Der Tod ist das Ende aller Prüfungen und der Beginn eines bedeutend besseren Lebens. Das Gewissen, das noch wenig entwickelt ist und recht konfuse Moralgrundlagen hat, kennt kein Schuldbewußtsein. »Die *commendacio animae*, das Totengebet,

---

31 P. Ariès, *L'Homme devant la mort*, Paris (Seuil) 1977, S. 101. Auf deutsch: Geschichte des Todes, München 1980, 7. Aufl. 1995.

spricht nicht von Gewissensbissen wegen begangener Sünden, es fleht auch nicht um Gnade für den Sünder, so, als sei ihm schon verziehen. Das Totengebet reiht den Gestorbenen unter die Heiligen ein und die Qualen des Todeskampfes werden als Prüfung der Heiligen angesehen.«[32] Die Liturgie folgt der gleichen Spur, sie erbittet Gesundheit für die Lebenden und Ruhe für die Toten; von der Hölle ist nirgends die Rede.

Trotz der Behauptungen der Theologen ist die Hölle für die meisten ausschließlich den Heiden vorbehalten, und der Getaufte hat nichts zu fürchten: Sein Gott rettet ihn. Die Predigten über die Höllenqualen sind für die anderen bestimmt. Darüber hinaus zeigt sich noch eine Inkongruenz zwischen dem theologischen Denken und der Vorstellung des Volkes, denn für das Volk beginnt die Hölle erst nach dem Jüngsten Gericht. Bis dahin ruhen die Toten und erwarten den Eingang ins Paradies. Die Lebenden halten für sie Gedächtnisgottesdienste ab. Nach J. Ntekida waren die Seelenmessen in den ersten Jahrhunderten keine Bittgottesdienste, denn das Heil war dem Toten sicher.[33] Bald aber tritt ein Wandel ein, sie werden zu Bittgottesdiensten, was zeigt, daß die Beunruhigung wächst. Sollte es etwa doch möglich sein, daß die Christen in die Hölle kommen? Bis zum Jüngsten Gericht ist jedenfalls nichts sicher.

So wird also diese schöne Zuversicht – oder diese Sorglosigkeit, wie die Theologen meinen – bald schwinden. Langsam trägt das Predigen Früchte. Caesarius von Arles und seine Schüler wiederholen unermüdlich, daß jedem die ewige Strafe droht, daß das Heil nicht von vornherein gewonnen ist. Die ersten Anzeichen von Angst gewinnen Wort in der westgotischen Liturgie: »Richte nicht über Deinen Diener [...], möge die Gnade es ihm ermöglichen, der gerechten Strafe zu entgehen [...]. Rette mich, Herr, vor dem ewigen Tod [...]. Ich zittere und ängstige mich vor der Abrechnung der Schuld eines jeglichen, wenn der Zorn über uns hereinbrechen wird. Bewahre die Seelen der Ruhenden vor der ewigen Qual, auf daß sie der Strafe, dem brennenden Feuer entrinnen mögen. Daß sie von den Ketten des Tartaros befreit werden, daß sie von allen Qualen und Leiden der Hölle befreit sein mögen. »Das *Meßbuch*

---

32 Ebenda, S. 102.
33 J. Ntekida, *L'Évocation de l'au-delà dans les prières pour les morts*, Löwen 1971.

von Bobbio, im 8. Jahrhundert, enthält ein Gebet für den Verstorbenen, damit er dem Ort der Züchtigung, dem Feuer der Gehenna, den Flammen des Tartaros entkomme und in die Gefilde der Lebenden gelange‹.« Und weiter, an anderer Stelle: »Befreie ihn, Herr, von den Fürsten der Hölle und aus dem Ort der Züchtigung, aus allen Gefahren der Hölle und aus den Fesseln der Qual.«

Die Tatsache, daß man es für nützlich hält, sich mit solchen Gebeten an Gott zu wenden, beweist das Fortbestehen des Glaubens an eine »Zwischenzeit«, eine Periode zwischen dem Tod einerseits und dem Aufenthalt im Himmel oder in der Hölle andererseits. Die Lebenden können auf den göttlichen Richterspruch nachträglich Einfluß nehmen und Gott Vergebung abringen, die von vornherein nicht gewährt ist. Der Gedanke des Heils für alle Christen und der Verdammnis für alle Ungläubigen wird langsam abgelöst vom Glauben an ein besonderes Geschick für jeden einzelnen, wobei jeder für sein Tun verantwortlich ist und die entsprechende Strafe abbüßen muß. Die Pönitentialbücher der Beichtväter weisen zu dieser Zeit eine sehr genaue Abstufung der aufzuerlegenden Strafen auf. So schreibt zum Beispiel das irische Bußbuch von Finnian im 6. Jahrhundert unter anderem vor: Der Geistliche, der seinen Nächsten in einem Wutanfall tötet, muß drei Jahre bei Wasser und Brot büßen, dann drei Jahre ohne Brot und ohne Fleisch leben; wer eine Nonne schändet und schwängert, muß drei Jahre fasten; wer einen Meineid schwört, muß sieben Jahre Buße tun undsoweiter.

Der heilige Colomanus verbreitet die Verwendung von Pönitentialbüchern auf dem Kontinent mit dem Beginn des 7. Jahrhunderts. Diese Abstufung der Strafen auf Erden, die in Beziehung zum germanischen *Wergeld* steht, begünstigt die Idee von einer ähnlichen Abstufung der Strafen im Jenseits bis hin zur Kapitalstrafe, der Hölle. Bei den kleineren Sünden kommen die Strafen einer Läuterung gleich und dauern, je nach Schwere der Sünde, mehr oder weniger lang. Hier keimt der Gedanke des Fegefeuers, es gibt sogar einen Ort, der nur darauf wartet, es aufzunehmen: Es ist der ehemalige Schoß Abrahams, der Ort der Ruhe für die Gerechten des Alten Bundes, der nicht mehr benötigt wird seit der Erlösung durch die Niederfahrt Christi zur Hölle. Nur einige kleinere innere Veränderungen sind notwendig, und diese obere Hölle kann unter dem neuen Namen »Fegefeuer« wieder eröffnet werden.

Die Geschichte dieser Umwandlung hat Jacques Le Goff nachgezeichnet. Der Beginn dieses Prozesses liegt zwischen dem 6. und dem 10. Jahrhundert und wird von einer wachsenden Angst vor der Hölle begleitet.

Während dieser Zeit spielt sich eine der großen Veränderungen der religiösen Mentalität ab: Dem Optimismus der ersten Jahrhunderte, der eng verbunden ist mit der Überzeugung, daß allen Christen das Heil zuteil wird, folgt die angstvolle Ungewißheit, denn niemand ist vor der Hölle sicher. Das individuelle Gewissen entwickelt sich, die Moralbegriffe werden strenger als Folge der weiteren Christianisierung und der großen Zeit der Prediger. Durch diese Predigten gewinnt die theologische Auffassung von der Hölle Einfluß auf die volkstümliche Vorstellung.

Seit Beginn des Christentums schwankt die Auffassung von der Hölle ständig hin und her, da sie mit beiden Seiten in Berührung kommt: Mit den Theologen durch die Schriften und mit dem einfachen Volk durch die tägliche Seelsorge. Unter dem Druck der Gläubigen hat die volkstümliche Höllenvorstellung dazu beigetragen, die Strafen zu konkretisieren und zu »barbarisieren« und den Aspekt der primitiven Qual bei der Züchtigung zu verstärken. Die theologische Hölle dagegen verbreitet Beunruhigung und Ungewißheit bezüglich des Geschickes jeder einzelnen Seele. Durch die Prediger wird die Hölle zu einer Eventualität, die jeder einzelne in Betracht ziehen muß.

Die Zeichen der wachsenden Beunruhigung lassen sich sowohl an den liturgischen Formeln ablesen, als auch an den Vorsichtsmaßnahmen, die bei der Beerdigung getroffen werden. Jeder versucht, die Seinen so nah wie möglich beim Grab eines Märtyrers oder eines Heiligen zu beerdigen. Die Nähe der kostbaren Reliquien stellt eine zusätzliche Absicherung dar, denn sie halten die Kräfte des Bösen ab, die den Verstorbenen in die Hölle bringen möchten. Die Grabinschriften der Franken zeigen dies ab dem 6. Jahrhundert deutlich. So liest man auf einem Sarkophag in Vienne aus dem Jahr 515: »Unter dem Schutze der Märtyrer findet man die ewige Ruhe; der große, heilige Vincent und alle Heiligen, seine Gefährten und Mitstreiter im Glauben wachen über diesen Ort und weisen die Finsternis von ihm, indem sie das Licht des wahren, ewigen Lichtes verbreiten.« Und an anderer Stelle: »Dessen Gebeine in diesem Grabe ruhen, er hat verdient, nahe der Grabstätte der Heiligen zu liegen; möge er vor den Schrecken des Tartaros und der Grausamkeit seiner Qualen bewahrt bleiben.«[34]

Schon im 5. Jahrhundert schreibt Maximus von Turin in seiner *Patrologia latina*: »Die Märtyrer behüten uns, die wir mit unserem Körper leben, und nehmen sich unser an, wenn wir unseren Körper verlassen haben. Hier bewahren sie uns davor, der Sünde anheimzufallen und dort schützen sie uns vor den Schrecken der Hölle *[inferni horror]*. Darum achteten unsere Ahnen darauf, unsere Körper in die Nähe der Gebeine der Heiligen zu bringen, denn der Tartaros fürchtet sie, und so entgehen wir der Strafe; Christus erleuchtet sie, und sein Licht vertreibt die Finsternis.« Die unzähligen Sarkophage, die bei den Basiliken der christlichen Barbarenreiche zu finden sind, von Nordafrika bis England, geben ein bewegendes Zeugnis von der Suche nach Schutz gegen die Hölle und ihre Trabanten.

Die Angst der Theologen greift schließlich auf die Gläubigen über. Augustinus, Gregor der Große, Caesarius von Arles, alle gestehen sie, daß sie beim Gedanken an die Hölle vom Grauen erfaßt werden. Gregor von Narek, ein Mönch, der in der zweiten Hälfte des 10. Jahrhunderts in Kleinasien lebte, also am anderen Ende der damaligen christlichen Welt, hat ein Gebetbuch hinterlassen, aus dem auch deutlich die Angst vor der Hölle spricht:

> Unerbittlich sind die Engel,
> Und unbestechlich der Richter;
> Mächtig ist der Rat
> Und unparteiisch das Gericht;
> Grauenvoll sind die Drohungen,
> Und erbarmungslos die Züchtigungen;
> Fürchterlich ist der Urteilsspruch,
> Und offenkundig die Bestrafungen;
> Aus Feuer sind die Flüsse
> Und unüberschreitbar die Bäche;
> Dicht ist die Finsternis,
> Und das Dunkel verwehrt den Zugang;
> Tödlich ist die Kluft,
> Und ewig die Angst;

---

34 *Dictionnaire de l'archéologie chrétienne*, Artikel »Ad sanctos«.

> Ringsum nur der Tartaros,
> Und keiner entkommt dem eisigen Nebel!
> Lindere die übergroße Pein,
> Die meiner, Sohn der Gehenna, harrt,
> Würdig nur dem ewigen Tod anheimzufallen!
> Gewähre mir Buße, um Dein mildes Erbarmen zu erlangen,
> Auf daß die unerträglichen, grauenvollen Qualen
> Mir nicht vor Augen stehen.[35]

Am Ende des 10. Jahrhunderts gibt es noch immer sehr viele verschiedene Auffassungen von der Hölle: dogmatisch sehr vage, theologisch in den Grundzügen festgelegt und beim Volk mit zahlreichen regionalen Varianten versehen. Die Hölle ist konkreter, inhaltlich barbarischer und für alle eine Bedrohung geworden. Sie hat die Heilsbotschaft überflügelt. Sie braucht jetzt nur noch vereinheitlicht, systematisiert und dogmatisiert zu werden. Dies sollte das Werk der Kirche während der großen Jahrhunderte des Mittelalters sein.

---

35 Gregor von Narek, *Buch der Gebete*, 8. und 79. Gebet.

VII

Eine Spielart der volkstümlichen Hölle: die Hölle des Islam

Als im Jahr 632 die arabischen Stämme, die durch Mohammed zum Islam bekehrt worden sind, den Heiligen Krieg beginnen, um ihren Glauben zu verbreiten, verfügen sie schon über sehr genaue eschatologische Vorstellungen. Der Koran hat nämlich in großem Maße auf die sehr stark entwickelte Höllenmythologie des Vorderen Orients zurückgegriffen. Ägyptische, semitische, indo-europäische, jüdische und christliche Elemente vermischen sich unentwirrbar miteinander, um eine ganz besonders detaillierte Höllenvorstellung zu schaffen. So zurückhaltend die Bibel ist, wenn es um Einzelheiten über die Hölle geht, so ausführlich und konkret geht der Koran darauf ein.

Stärke und Schwäche der islamischen Hölle

Die islamische Hölle ist von Anfang an eine volkstümliche. Ihre sehr konkreten Elemente machen es leicht, daran zu glauben. Die Anhänger Mohammeds haben es nicht nötig, irgend etwas hinzuzufügen, und so sollten sie denn auch diese recht malerische Hölle so akzeptieren, wie sie war. Im Islam sollte es nicht zu einer solchen Wucherung von Spekulationen über das Geschick der Bösen kommen, wie wir es im Christentum erlebt haben. Da das Neue Testament in dieser Beziehung sehr ungenau ist, kam es zu der beschriebenen Vielfalt von Anschauungen, ganz im Gegensatz zum Islam: In dem heiligen Buch ist von Anfang an alles festgelegt, was einen stark vereinheitlichenden Faktor darstellt. Lediglich die ungewisse Periode zwischen Tod und Gericht gibt Anlaß zu bedeutenden Hinzufügungen zu den religiösen Schriften während der ersten Jahrhunderte.

Die bilderreichen Details des Korans werden jedoch zu einer Quelle von Schwierigkeiten für die Theologen, wenn eine wörtliche

Interpretation des Textes nicht mehr möglich ist. Es ergibt sich dann die Notwendigkeit einer allegorischen Interpretation mit allen ihr innewohnenden Unsicherheiten. Es kommt die Zeit des Auseinanderstrebens, von der wörtlichen Interpretation bis hin zum höchsten Grad der Spiritualisierung und zum Mystizismus. Die Zersplitterung ist um so stärker, als der Islam kein doktrinales Magisterium kennt. Im Mittelalter werden die verschiedenen Strömungen immer zahlreicher: Zwölferschiiten, Seiditen, Ismaliden, Drusen, usw. Die spirituelle Exegese ist am stärksten im Schiismus ausgeprägt. In der ismailischen Strömung, den Gnostikern, erheben sich die Bösen in die astronomische Region vom Kopf und Schwanz des Drachen, d. h. zu den Schnittpunkten von Sonnenbahn und Mondbahn, eine Gegend, in der Finsternis herrscht, Aufenthaltsort der Dämonen, der schlechten Taten und Gedanken. Im Sunnismus bestehen die Motaziliten auf der Verantwortung des Menschen, die die Grundlage für die Strafen im Jenseits darstellt. Gewisse Suren, die dazu neigen, die moralische Freiheit zu leugnen, interpretieren sie als Metapher: Wenn alles, was uns geschieht, von Gott gewollt ist und wenn alles in einem Buch geschrieben steht, so bedeutet dies lediglich, daß Er die ganze Zukunft kennt. Die Motaziliten unterscheiden zwischen leichten und schweren Vergehen mit mehreren Zwischenstufen.

Die metaphorische und allegorische Interpretation wird im 19. und 20. Jahrhundert stärker, insbesondere in den liberalen Teilen des Islam. Hier führt man ins Feld, daß das Arabische, die Sprache des Koran, sehr konkret und metaphorisch ist und einen Mangel an abstrakten und spirituellen Begriffen aufweist und daß sich deshalb eine Neuinterpretation der Suren, die sich mit der Eschatologie beschäftigen, als notwendig erweist. So sei die Waage beim Jüngsten Gericht lediglich ein Sinnbild für das Richten, schrieb zu Beginn des 20. Jahrhunderts Mohammed Abdul. Eine rationalistische oder gemäßigt traditionalistische Interpretation versucht, die anthropomorphen Aspekte der Hölle und des Paradieses abzuschwächen, ebenso den Sadismus bei den Strafen. Dies seien, so erklärt man, lediglich Bilder zur Darstellung nicht ausdrückbarer Realitäten. Die muslimischen Denker sehen sich größeren Schwierigkeiten gegenüber als die katholischen und protestantischen Theologen, weil der Koran bezüglich der Hölle sehr präzise ist. Sie müssen bei ihren Interpretationen große Vorsicht walten lassen, denn das Prestige des heiligen Buches ist so groß, seine Ausdruckskraft ist so in den Geist der Gläubigen eingegraben, daß die Kommentatoren sich meist damit begnügen müssen, die Realitäten bestehen zu lassen und sie nur abzuschwächen oder – stillschweigend darüber hinwegzugehen. Aber bei diesem Stillschweigen fühlen sie sich nicht wohl. Letzten Endes ist der Islam, was die Hölle anbetrifft, ebenso stumm geworden wie die katholische Kirche.

Die präislamischen Araber hingen der alten Vorstellung von der Hölle für alle an, sie glaubten also, daß das Leben im Jenseits weitergeführt wird, ohne jede Vergeltung oder Strafe. Die Kamele wurden an das Grab gebunden, denn sie sollten den Verstorbenen in ihrem zukünftigen Leben weiterdienen. Manche Suren scheinen übrigens den Gedanken an eine allgemeine Auferstehung der Tiere beizubehalten: »Kein Getier gibt es auf der Erde, keinen Vogel, der auf seinen zwei Schwingen dahinfliegt, die nicht Gemeinschaften wären gleich euch. Nichts haben wir in dem Buch ausgelassen. Zu ihrem Herrn sollen sie dann versammelt werden« (6:39). Gewisse mittelalterliche Kommentatoren, wie Tabari im 12. Jahrhundert, geben zu, daß die Tiere am Gericht teilnehmen werden und dem Gesetz der Vergeltung unterliegen.[1]

Die Prüfung der Gräber

In der Lehre Mohammeds finden sich viele nahöstliche und jüdische Elemente, was das Gericht und die Hölle anbelangt. Diese Lehre wird rasch vervollständigt durch *Hadîth*-Sammlungen (Worte des Propheten), Predigten *(Gâss)* und eine Sammlung traditionalistischer Korankommentare *(Tafsîr)*. Genau wie das Christentum verfügt der Islam bald über apokryphe Schriften, wodurch die ursprüngliche Botschaft mit den verschiedenartigsten Elementen aufgebläht wird, welche in die Tradition eingehen. Wir wollen hier kurz auf die wesentlichen Züge eingehen, die das Geschick der Bösen betreffen.

Während des Erdenlebens werden die Taten eines jeden von Engeln registriert, sie werden am Tag des Gerichts vorgewiesen:

---

[1] Tabarî, *Tafsîr al-Quarân*, Kairo, Ausg. v. 1953.

»Wer auch nur eines Stäubchens Gewicht Gutes tut, der wird es dann schauen. – Und wer auch nur eines Stäubchens Gewicht Böses tut, der wird es dann schauen« (99:8 und 9). Genau wie das christliche Denken zu dieser Zeit ist der Koran besonders streng gegen die Habgierigen: »[Wehe dem] ... der Reichtum zusammengescharrt hat und ihn berechnet Mal um Mal. Er wähnt, sein Reichtum habe ihn unsterblich gemacht.« (104:30)

Jeder Mensch hat zwei Seelen. Wenn er stirbt, holt ein Engel eine davon ab, die erst bei der Auferstehung wieder zu dem Menschen zurückkehrt. Im Grab bleibt also nur eine Seele zurück. Wie bei den Christen hat die Wartezeit zwischen Tod und Jüngstem Gericht viele Spekulationen entstehen lassen. Gestützt auf einige unklare Suren hat sich bald die Meinung herausgebildet, daß die Seelen der Bösen sofort der Pein unterliegen. »Wahrlich, Wir werden sie von der näheren Strafe (hienieden) kosten lassen vor der größeren Strafe ...« heißt es in Sure 32:21. Ähnlich lauten auch andere Suren, in denen zum Teil ebenfalls von einem ersten Tod die Rede ist. Daraus hat man geschlossen, daß die Qualen sofort nach dem Tod beginnen, jedoch weniger hart sind als die definitiven Höllenqualen. Was die Ungläubigen angeht, so ist überliefert, daß sie in den Bauch großer, schwarzer Vögel verdammt sind und zweimal täglich brennen müssen.[2] Der am weitesten verbreitete Glaube ist, daß sich der Tote zwei Engeln gegenübersieht; sie haben flammende Augen, lange schwarze Haare, bedrohen ihn mit einer Eisenstange und befragen ihn über seinen Glauben. Wer dann nicht fähig ist, das Glaubensbekenntnis *(Schahâda)* zu rezitieren, wird von den beiden strafenden Engeln, *Nakîr* und *Munkar*, geschlagen. Sie weisen ihm seinen Platz in der Hölle an, und er sieht, wie die Mauern des Grabes sich auf ihn zu bewegen und zu erdrücken drohen. Bedrängt, geängstigt und gequält, erwartet der Böse ohne Hoffnung den Tag des Gerichts, was das Gebet eines *Hadîth* verständlich macht: »Schütze mich vor der Strafe des Feuers, gegen die Versuchung des Bösen, gegen die Prüfung des Grabes.«[3] Die Gerechten jedoch werden zur Himmelspforte geführt, während die gewöhnlichen Sünder einschlafen.

---

2 Ebenda, 24, 29, 42.
3 Zitiert bei M. Gaudefroy-Demombynes, *Mahomet*, Paris (Albin Michel) 1957.

Das Jüngste Gericht:
Sündenregister, Waage und Brücke

Das Ende der Welt, dessen Datum unbestimmt ist, wird durch Zeichen angekündigt, die weitgehend der jüdischen Überlieferung entstammen: Einbruch der Völker des Gog und Magog, Ankunft eines Ungeheuers, wie bei Daniel. Das Ereignis wird von einer kosmischen Katastrophe begleitet, die an die Apokalypse erinnert. Der Koran beschreibt sie auf verschiedene Weise, entsprechend der Zeit, in der die Suren entstanden: »Die Erde wird fürchterlich erzittern«; »der Himmel wird auseinanderbrechen«; »die Mauern werden sich heben«; »die Gräber werden sich öffnen«; »die Sonne wird ein dunkler Ball sein, die Sterne werden ihren Glanz verlieren und die Berge werden sich in Bewegung setzen«, so künden die ältesten Suren; andere sehen die völlige Zerstörung der Welt voraus.

Wenn die Trompete des Engels Isrâfil erklingt, auferstehen die Toten. Nach Ghâzâli müssen sie nur eine vierzig Jahre währende Zeit der Prüfungen bestehen, die sich nach ihren Taten richten: In erstickender Hitze werden sie auf einer großen Esplanade versammelt, es ist siebzigmal heißer als an einem normalen Nachmittag in Arabien; das Gedränge ist unerträglich, nur die Gerechten stehen im Schatten, die anderen sind in ein Meer von Schweiß getaucht, manchmal bis zu den Ohren, und so bleiben sie vierzig Jahre lang, bis zum zweiten Stoß der Trompete, der den Beginn des Gerichts anzeigt.[4]

Nun erscheint, getragen von acht Engeln, Allah, umgeben vom himmlischen Hofstaat der Geister. Jeder zittert, jeder hat Angst um sich, denn jeder Mensch steht jetzt allein seinen Taten gegenüber und kann von seiner Familie keine Hilfe mehr erwarten. Der individuelle Charakter der Verantwortung und des Gerichts wird klar herausgestellt: »Der Tag der Entscheidung ist die festgesetzte Zeit für alle.« – »Der Tag, an dem der Freund dem Freunde nichts nützen kann [...]« – »Am Tage, da der Himmel wie geschmolzenes Erz sein wird, und ein Freund nicht nach dem Freunde fragen wird. Sie werden in Sehweite zueinander gebracht und der Schuldige

---

4 Ghâzâli, *La Perle précieuse*, übers. v. L. Gauthier, Genf 1978.

würde sich wohl loskaufen [...] mit seinen Kindern, seiner Gattin [...] und seiner Verwandtschaft [...], ob sie ihn nur retten wollte« (44:41/42; 70:9–11). Es finden sich viele Ähnlichkeiten mit der christlichen Auffassung, an manchen Stellen übernimmt der Koran fast wörtlich Paulus, so auch wenn dieser in den Galater-Briefen schreibt: »Jeder trage seine eigene Last. Was der Mensch sät, das wird er ernten.« Ghâzâli beschreibt die Einsamkeit des Menschen vor dem Jüngsten Gericht: »Der Tag, an dem eine Seele nicht von einer anderen Seele getröstet wird; der Tag, an dem ein Schützling nichts von seinem Beschützer erwarten kann; der Tag, an dem keine Seele Macht über eine andere Seele hat; der Tag, an dem kein Vater Hilfe von seinem Sohn erfährt; der Tag, an dem das Kind Haare hat und der Greis weint; an dem Tag wird die Waage aufgestellt und das Sündenregister ausgebreitet. Denn das einzige Gut des Menschen werden dann seine früheren Taten sein. Und es wird zu spät sein, um das Böse, das durch einen Fehler geschehen ist, wieder auszugleichen.«[5]

Der Gerechte wird keine Angst haben, aber die anderen werden zittern, und der Koran läßt Allah sagen: »Alle Menschen werden Wir kniend um die Gehenna versammeln [...] und in dieser Gemeinschaft werden Wir wohl jene erkennen, die das Feuer am meisten verdienen. Und keiner von ihnen wird ausgenommen sein.« Bedeutet dies, daß alle durch das Feuer gehen müssen? Tabarî glaubt, daß dem so sei, damit die Gerechten erfahren, wovon sie verschont bleiben.[6]

Das Gericht selbst besteht aus zwei Elementen, nämlich der Vorlage des Sündenregisters und der Probe der Waage. Diese beiden Aspekte sind in fast allen Religionen wohlbekannt. Das Buch mit dem Sündenregister, in dem alle Taten während des Lebens eingetragen sind, wird aus einer schwarze Wolke vom Himmel fallen und liegt dann rechts oder links von jedem einzelnen. Der Koran zeigt, wie jeder Mensch Allah voller Furcht sein ganz persönliches Buch vorweist: »Wer das Buch zu seiner Rechten hat, wird sagen ›Nehmet und leset mein Buch‹. Wer aber das Buch zur Linken hat, wird sagen ›Wolle Gott, daß ich kein Buch hätte‹« (90:17).

---

5 Ghâzâli, *Ihyâ ulûm ad-dîn*, 541.
6 Tabarî, a. a. O., XVI, 71.

Manchmal werden auch die einzelnen Bücher durch einen großen, dicken Band – *Sidjdjîn* – ersetzt, in dem alle bösen Taten verzeichnet sind und einen anderen – *Ilyîn* – der alle guten Werke enthält. Auf jeden Fall sind diese schriftlichen Zeugnisse unwiderlegbar: »Und das Buch wird ihnen vorgelegt, und du wirst die Schuldigen in Ängsten sehen ob dessen, was darin steht, und sie werden sprechen ›O wehe uns, was für ein Buch ist das! Es läßt nichts aus, klein oder groß, sondern hält alles aufgezeichnet.‹ Und sie werden alles gegenwärtig finden, was sie getan; und dein Herr tut keinem Unrecht« (18:50). Manchmal bestätigt auch das mündliche Zeugnis eines Engels das Geschriebene.

Und nun kommt noch – als reichte dies nicht aus – die Probe der Waage hinzu: »Und Wir werden genaue Waagen der Gerechtigkeit aufstellen für den Tag der Auferstehung, so daß keine Seele irgend etwas Unrechtes erleiden wird. Und wäre es das Gewicht eines Senfkorns, wir wollen es hervorbringen. Und Wir genügen als Rechner« (21:48). Es hat den Anschein, als würden nur die sündigen Gläubigen dieser Prüfung unterzogen, um festzustellen, ob ihre guten Werke schwerer wiegen als die schlechten. Die Ungläubigen sind schon vorab für die Hölle bestimmt. In die Waagschalen werden handgeschriebene Rollen geworfen, auf denen alle Sünden aufgeführt sind. Es genügt jedoch ein ganz kleines Stückchen Papier mit dem Glaubensbekenntnis, damit sich das Zünglein zur richtigen Seite neigt. Hier ist vieles aus anderen Religionen übernommen, und so stammt auch die Vorstellung von der Brücke Sirât wohl aus dem Mazdeismus: Dünn wie ein Haar und scharf wie ein Schwert spannt sie sich über die Hölle. Die Bösen werden von Dämonen gestoßen und fallen, während die mit dem Glaubensbekenntnis ausgerüsteten Auserwählten hinübergelangen. Die Brücke wird im Laufe der Zeit immer länger, um hinüberzugelangen braucht man Tausende von Jahren, und die Hindernisse werden zahlreicher.[7]

Im Widerspruch zu der völligen Einsamkeit stehen gewisse Fürsprecher, die für ihre jeweiligen Gemeinden eintreten. So sprechen Noah, Moses und Jesus für die Ihren. Jesus greift auch gegen die Juden und die schlechten Christen ein. Im Grunde ist aber nur ein Fürsprecher wirksam, nämlich Mohammed, dessen Getreue ganz

---

7 S. El-Saleh, *La vie future selon le Coran*, Paris 1971, S. 116.

eindeutig im Vorteil sind, denn Allah kann ihm nichts abschlagen. So kann ein Hadîth sagen: »Sie werden zu mir kommen«, sagt Mohammed, »und ich werde Gott um eine Audienz bitten. Man wird sie mir gewähren. Und wenn ich vor Ihn trete, werde ich vor Ihm auf die Knie fallen. So werde ich verharren, solange es Ihm gefällt, und dann wird er sagen: ›Erhebe dich, Mohammed und sprich, du wirst gehört werden; trage eine Fürbitte vor, und sie wird erhört werden; trage einen Wunsch vor, und er wird gewährt.‹«[8]

Gerechtigkeit und Barmherzigkeit Allahs

Allah ist nicht gefühllos. Seine Gerechtigkeit zeigt Milde und Güte gegenüber den Bösen, die ernsthaft bereuen während ihres Lebens. Er verzeiht auch jenen, die aus Unwissen gesündigt haben oder vom Satan verführt wurden und die dann bereut haben. Auch Gaben von Almosen oder großherzige Werke können die Sünden kompensieren. Der Gläubige kann immer auf die Gnade Allahs hoffen. Für den Ungläubigen jedoch gibt es kein Pardon: »Also ergeht es auch denen, die ihren Herrn verleugnet haben; ihre Werke sind wie Asche, die der Sturm aufwirbelt.« »Weder der Prophet noch die Gläubigen können für Ungläubige um Vergebung bitten, selbst wenn es Verwandte sind, nachdem es klar ist, daß sie der Hölle geweiht sind.« (6:54; 9:3)

Wenn es, außer man ist ungläubig, keine bestimmte Sünde gibt, die automatisch in die Hölle führt, so kennt der Koran doch gewisse schwere Sünden wie Habgier, das Verstoßen einer Waise oder eines Armen, immer wieder Vergehen, die an die Verteilung des Reichtums gebunden sind. Es sind ebenfalls zahlreiche Sünden gegen das Ritual aufgezählt, jedoch wird nie gesagt, daß man deswegen in die Hölle kommt. Von Anfang an zieht die Lehre etwas wie ein Fegefeuer in Betracht, und zwar für die sündigen Gläubigen, die *fâsiq*. Einige Suren untermauern die Existenz dieser Kategorie, die die Menschen umfaßt, die sich auf dem schmalen Grat befinden, der die Guten von den Bösen trennt. Der Ausdruck *fâsiq* kommt etwa

---

[8] Zitiert bei D. Sourdel, »Le jugement des morts en Islam«, in: *Souces orientales*, 4, S. 190.

dreißigmal im Koran vor, und um diese Kategorie haben sich verschiedene Meinungen gebildet. Einige glauben, daß es Gottlose seien, die Allah jedoch retten wird nach einem längeren Aufenthalt im Feuer. Sagt doch der Koran:

»Jene aber, die ungehorsam sind – ihre Wohnstatt wird das Feuer sein. Sooft sie daraus entfliehen möchten, werden sie wieder dahin zurückgetrieben, und es wird zu ihnen gesprochen werden ›Kostet nun die Strafe des Feuers, die ihr zu leugnen pflegtet‹. Und Wir werden sie von der näheren Strafe kosten lassen, vor der größeren, ob sie sich nicht doch noch bekehren« (32:21/22). Als Mohammed im Traum durch die Hölle ging, sah er scheußliche Wesen, die schön wurden, sobald das Wasser vom Fluß des Lebens sie benetzte. Im Paradies sind noch Plätze frei. Sie gehören den Sündern, die noch in der Hölle sind. Allah schickt Erwählte aus, damit sie Wasser des Flusses des Lebens über sie gießen. Daraufhin werden sie schön und können in den Himmel gelangen.[9] Ghâzali erzählt sogar eine amüsante Geschichte, die einen zum Scherzen aufgelegten Allah zeigt, der einem guten Muslim Angst macht, indem er ihn glauben läßt, er sei verdammt. Der Mann fällt von der Brücke Sirât und kommt an die Pforte der Hölle, von wo ihn Allah im letzten Augenblick zurückruft. Ein anderer fleht Allah an, ihn vor der Hölle zu bewahren, und erklärt, daß ihm das genüge und er nichts weiteres erbitten werde. Nachdem er erhört wurde, ist sein Selbstvertrauen gestärkt, und er bittet darum, ins Paradies zu kommen. Allah lacht über seine Keckheit und erfüllt auch diesen Wunsch.[10]

Diese Geschichten lassen vermuten, daß es Situationen zwischen Himmel und Hölle gibt und daß die Ungewißheit bis zum letzten Augenblick herrscht. Allahs Gerechtigkeit ist nicht übermäßig starr, sie kann durch Gebete und das Glaubensbekenntnis auch etwas verändert werden. Keine Milde jedoch für die Verstockten und die Hoffärtigen: »Sind nicht Gesandte aus eurer Mitte zu euch gekommen, euch die Zeichen eures Herrn vorzutragen und euch zu warnen vor dem Eintreffen dieses eures Tages? Sie werden sprechen ›Ja! doch das Strafurteil ist fällig geworden nach Gerechtigkeit wider die Ungläubigen‹. Es wird gesprochen werden: ›Geht denn

---

9 Bukhârî, *Les Traditions islamiques*, übers. v. Houdas, 4 Bde. Paris 1903–1914.
10 Bukhârî, a. a. O., 81,51,22.

ein in die Pforten der Hölle, darin zu bleiben. Und übel ist die Wohnstatt der Hoffärtigen.‹« (39:72/73)

Am Tag des Gerichts werden die Verdammten erkennen, daß Satan sie betrogen hat. Sie wenden sich an ihn, erhalten aber keine Hilfe und Satan sagt: »Ich habe nichts mit dir zu schaffen, denn ich fürchte Allah, den Herrn der Welt« (59:17). Satan läßt jene, die ihm vertraut haben, fallen und gibt die Verantwortung für ihre Sünden an sie selbst zurück.

Die Qualen der Hölle

Nach dem Gericht werden die Verdammten an den Haaren oder an den Füßen in die Hölle geschleift, dies verrichten die Höllenengel, die unter dem Befehl von Malik stehen. Sobald sie mit Ketten gefesselt sind, werden die Verdammten schwarz. Die Höllenpforte wird von neunzehn weiteren Engeln gehütet. Die Zahl kommt wahrscheinlich von den sieben und den zwölf kosmischen Persönlichkeiten der gnostischen Texte. Alle Zahlen sind hier symbolisch: Malik hält sechzigmal einen Appell, um sich zu versichern, daß niemand fehlt; die Hölle hat sieben Tore und sieben Etagen und die Hitze wird jedesmal, wenn man eine Stufe tiefer steigt, siebzigmal stärker.

Die muslimische Hölle hat verschiedene Namen, teilweise ist sie auch personifiziert. Gewissen Überlieferungen zufolge wird die Hölle erst voll sein, wenn Allah seinen Fuß darauf setzt, anderen zufolge hat sie Augen, Ohren, eine Zunge und wird von siebzigtausend Engeln gezogen.

Die einzelnen Stufen der Hölle – *darakât* – entsprechen den verschiedenen Sünden, von den weniger schlimmen – ganz oben – bis hin zur Heuchelei – ganz unten. Auf jeder Stufe ist das Feuer in all seinen Formen das Hauptelement der Qual. Wie immer, so hat auch hier die Überlieferung dazu beigetragen, die Qualen in geradezu sadistischer Weise auszufeilen: Glühende Kohlen werden unter die Fußsohlen der Verdammten gelegt, um ihnen das Gehirn auszukochen; sie tragen Kleider und Zwangsjacken aus Feuer, Hemden aus brennendem Teer, Schuhe aus glühendem Eisen; sie sind eingeschlossen in weißglühenden Metallsärgen; Drachen bohren ihnen ihre feurigen Krallen in die Augen; sie müssen brennende Berge erklimmen unter einem Flammenregen. »Ihre Nahrung ist Feuer, ihr Getränk ist Feuer, ihr Kleid ist Feuer und ihr Bett ist Feuer«, sagte Ghâzâlî.[11] Am Ende des Abgrunds, ein Meer aus Feuer, und wer versucht herauszukommen, wird von den Wächtern mit einem großen Hammer brutal zurückgeschlagen. Am Ufer dieses Meeres lauern Schlangen und Riesenskorpione, die alle, die herauskommen, angreifen. Sie stechen sie in die Augen, in die Lippen, in die Scham, und ihr Gift brennt grausam zehn Jahre lang. Die Körper der Verdammten sind grotesk auseinandergezogen, damit sie für die verschiedenen Qualen eine größere Angriffsfläche bieten. Unaufhörlich erneuern sie sich. »Wir werden sie im Feuer brennen lassen, bis ihre Haut gekocht ist, dann ersetzen wir sie durch eine neue, damit sie die Strafe gründlich auskosten« (4:59). Den heuchlerischen Predigern werden die Lippen mit feurigen Zangen abgeschnitten, aber sie wachsen immer wieder nach.

Auch eiskalte Regionen gibt es sowie Qualen durch Hunger und Durst. Als Nahrung dient in der Hölle die Frucht des Baumes *Zaqqûm*, der auf dem Grund des Höllenbrandes steht. An diesem Dornenstrauch wachsen Dämonenköpfe. Wenn man davon ißt, brennen Hals und Magen, und zum Erfrischen gibt es nur kochendes Wasser – es sei denn, man trinkt lieber ein Gemisch aus verfaultem Blut und dem Eiter, der aus den Wunden der Verdammten fließt. Sobald man davon trinkt, erbricht man sich und man muß sich wieder mit den Früchten des *Zaqqûm* nähren. Alle tausend Jahre wird das Feuer noch heftiger und schließlich ist es schwarz, brennend und finster zugleich. Seine Nahrung sind die Verdammten und die Djinnen.

Schon in den ältesten Suren gibt der Koran viele Hinweise auf das Höllenfeuer: »Wahrlich, die Hölle ist ein Hinterhalt, ein Heim für die Widerspenstigen, die auf endlose Zeiten darin bleiben müssen. Sie werden dort weder Erquickung noch Getränk kosten, es sei denn siedendes Wasser und stinkende Flüssigkeit. Eine angemessene Belohnung.« »Sie werden inmitten von glühenden Winden und siedendem Wasser sein und im Schatten schwarzen Rauches, weder kühl noch erfrischend.« »Gehet nun hin zu einem Schatten, der drei Wandlungen hat, der keine Erleichterung bietet, noch vor der

---

11 Ghâzâlî, *Ihyâ* . . . a. a. O., 4,80.

Flamme schützt! Siehe, sie wirft Funken empor gleich Türmen, als wären sie Kamele von hellgelber Farbe« (78:21; 56:40; 77:30) An diesem vom Meer bedeckten unterirdischen Ort sind Zeit und Raum auseinandergezogen, er hat kosmische Maßstäbe: Wenn man von der obersten Etage einen Stein wirft, so kommt er erst nach siebzig Jahren am Grund an. Auf jeder Etage braucht man länger als ein Menschenleben, um in die tiefen Täler hinabzusteigen, in denen Flüsse aus Eiter und Blut sich wälzen. Die Fristen sind unendlich lang. Verdammte, die Allah darum bitten, ihren Qualen durch den Tod ein Ende zu setzen, müssen jedesmal tausend Jahre auf die Antwort warten, die immer negativ ist. Die Hölle währt über alle Maßen lang, jede Aktion zieht sich über Jahrhunderte hin, so als ob die unermüdliche Hoffnung unter den grausamsten Qualen die Zeit langsamer vergehen ließe. Im Paradies hingegen zieht sich die Zeit gewissermaßen zusammen, so als ob Glück und Beschwingtheit alle Ereignisse zum Augenblick werden ließen.

Die Qualen werden noch intensiviert durch eine Besonderheit: Auserwählte und Verdammte können sich sehen, sich gegenseitig ihre Eindrücke über ihren Aufenthaltsort mitteilen. Die Überlieferung sagt, daß Satan jedem Gläubigen im Leben einen Genossen zugesellt, der ihn ins Verderben führen soll. Im Jenseits treffen sich die beiden, und jeder zeigt dem anderen den Platz, den er jetzt einnähme, wenn er ein anderes Leben geführt hätte. Die Erinnerungen machen die Lage der Verdammten noch schlimmer. Sie bitten die Seligen um Hilfe, um ein wenig Wasser, werden aber immer abgewiesen. Wie bei manchen christlichen Autoren findet man auch hier die Idee, daß es den Auserwählten Spaß macht, in die Hölle zu schauen, sie machen sich über die Verdammten lustig: »Seht, wir haben als Wahrheit gefunden, was unser Herr uns verhieß. Habt ihr auch als Wahrheit gefunden, was euer Herr verhieß?« (7:45)

Nach der Überlieferung gibt es in der Hölle eine Mehrheit von Frauen: Ihre Makel sind zahllos, vor allem sind sie undankbar. In einem *Hadîth* erklärt Mohammed die Gründe, derentwegen sie verdammt werden.[12] Aber es gibt dort auch viele Reiche und Mächtige.

---

12 Bukhârî, a. a. O., 81,16,1.

Eine unvollständige Hölle

Die große Frage jedoch bleibt: Ist die Hölle ewig? Hierauf gibt der Koran keine klare Antwort, und beide Möglichkeiten bleiben offen. Die *fâsiq*, die sündigen Gläubigen, die sich auf dem schmalen Grat bewegen, werden gerettet, nachdem sie mit dem Wasser des Lebens besprengt worden sind. Und dies trifft anscheinend auch für die Verdammten der oberen Höllenetagen zu.

Das Los der Ungläubigen ist bedeutend ungewisser. Mehrere Stellen im Koran bestätigen, daß für sie die Hölle ewig ist, wobei sie die entgegengesetzte Meinung der Juden kritisieren. Für die Heuchler jedenfalls ist die Pein ohne Ende. Der Begriff »Ewigkeit« ist in der arabischen Sprache ziemlich ungenau und wird im Koran auf zweierlei Weise ausgedrückt. Wenn es um die ewige Dauer des Paradieses geht, wird der Ausdruck *dar al-khuld* benutzt, was soviel bedeutet wie »ewiger Aufenthalt«; geht es um die ewige Dauer der Hölle, wird der Ausdruck *ahqab* benutzt, was »Zeitraum von sechzig Jahren« bedeutet, im Plural aber auch »Ewigkeit« heißen kann.

Die berühmte Sure 11:107/108 ermöglicht alle Hoffnungen durch ihre restriktive Klausel: »Was nun die betrifft, die unselig sein sollen, so werden sie ins Feuer gelangen [...] darin zu bleiben, solange die Himmel und die Erde dauern, es sei denn, daß dein Herr es anders will. Wahrlich, dein Herr bewirkt alles, was ihm gefällt.«

Daraus haben sich nun zwei Grundanschauungen entwickelt. Einerseits die Rigoristen, die sich an den Buchstaben halten und auf den ewig dauernden Qualen bestehen, andererseits die Strömung, die unter bestimmten Umständen ein Ende der Hölle für möglich hält. Die Schule von Ibn Safwân lehrt, daß Hölle und Himmel akzidentiell und nicht substantiell sind und wie jede geschaffene Realität eines Tages zerstört werden; Allah wird seine absolute, anfängliche Einsamkeit wiederfinden. Es gibt eine Sure, die diese Hypothese stützen könnte: »Wenn er will, so kann er euch fortnehmen, ihr Menschen, und andere bringen; und Allah hat volle Macht, dies zu tun. Alle Dinge sind vergänglich, außer seinem Angesicht« (4:134). Für andere bedeutet diese Sure hingegen, daß nach jeder Zerstörung einer Welt eine neue sofort ersteht, in einem unaufhörlichen Kreislauf. Einigen *Hadîth* zufolge soll Mohammed gesagt haben, daß die Hölle zu einem Ruheort für jene werde, die

Allah aufrichtig um Gnade anflehen.[13] In anderen Überlieferungen findet man zur Zeit des Freitagsgebets schon eine wöchentliche Ruhepause für die Verdammten, während der das Höllenfeuer vorübergehend erlischt. Wieder andere glauben, daß die Qualen während des ganzen Ramadan ausgesetzt sind.

Trotz aller Divergenzen zeigt sich, daß die Haltung des Islam der Hölle gegenüber bedeutend geschmeidiger ist als die des Christentums. Sie ist gewiß in den Prinzipien weniger rational, dafür aber auch nicht so rigoristisch. Es gibt im Islam keinen definitiven Schlußpunkt für die göttliche Barmherzigkeit, die immer noch weiter gehen kann als die strikte Gerechtigkeit. Die muslimische Hölle ist keine totale Hölle, denn es fehlt die Verzweiflung, die absolute Hoffnungslosigkeit. Die Verdammten bitten um ihr Heil, also hoffen sie. Und selbst wenn sich alles sehr lange hinzieht, wie immer bei der Justiz, bleibt doch eine Berufung möglich.

Es gibt auch nicht die ewige Trennung von Gott, die ewige Verdammnis der Seele. Die Verdammten des Islam werden auf die grausamste Art und Weise gefoltert, aber diese Qual der Sinne, wenn auch spektakulärer, ist für die Christen nicht die schlimmste. Der Islam hat vieles übernommen und etwas orientalisch gewürzt, aber das Ganze bleibt doch oberflächlich und unvollständig. Es fehlt die wesentliche Strafe, und es bleibt ein Hoffnungsschimmer. Die christliche Hölle ist die perfekteste, totalitärste und alle Hoffnung zunichte machende Maschine, die der menschliche Geist zum Verderb der Bösen je erfunden hat. Vom 11. bis zum 13. Jahrhundert legen die Scholastiker die letzte Hand an dieses Gebilde und führen es zu seiner Vollendung.

---

13 El-Saleh, a. a. O, S. 59.

VIII

Die Hölle wird zur Selbstverständlichkeit (11.–13. Jahrhundert)

Ab dem 11. und ganz besonders ab dem 12. Jahrhundert fügt sich die Hölle, die bis dahin zwischen Folklore und theologischen Spekulationen hin- und hergerissen wurde, vollkommen in die Kultur ein. Von der Elite und vom Volk gleichermaßen akzeptiert, wird sie zum festen Bestandteil des kollektiven wie des individuellen Denkens, zu einem unverzichtbaren Stützpfeiler des Weltbildes – sie wird selbstverständlich. Die Strafen der Hölle werden katalogisiert, klassifiziert, sie wird dem Dogma einverleibt, die Predigten bedienen sich ihrer und die weltliche Literatur reiht sie unter ihre Themen ein. Die Visionen von Besuchen in der Hölle werden zahlreicher und erfahren ihre Krönung mit Dante; die Mönche meditieren darüber und die Theologen schaffen eine in sich geschlossene Theorie.

Im 12. Jahrhundert ist die Hölle sicherlich der bestbekannte Ort der Christenheit. Die Künstler stellen zwar nur den Eingang dar – aber ist das Innere nicht selbstverständlich? Die Hölle ist eine ebenso reale Institution geworden wie die Gefängnisse der Lehnsherren und Könige und die Richtstätten vor den Toren der Städte. Im *Rolandslied* (Ende des 11. Jahrhunderts) kommen die getöteten Muslims sofort in die Hölle, daran gibt es keinen Zweifel, genauso wie bei den Muslims die getöteten Christen sofort in die Hölle kommen. In beiden Kulturen sind Himmel und Hölle fester Bestandteil des militärischen Arsenals.

Die Skepsis ist nicht ausgemerzt

Sicher gibt es immer noch einige Skeptiker, die nicht an die Hölle glauben. Julian von Vézelay berichtet von solchen im 12. Jahrhundert, der englische Eremit Richard Rolle hat zu Beginn des 14. Jahr-

DIE HÖLLE WIRD ZUR SELBSTVERSTÄNDLICHKEIT

Die Höllenqualen, Gloucester Psalter, 13. Jh.

hunderts in Yorkshire welche getroffen, und 1394 hat Froissart sich mit einem englischen Edelmann unterhalten, William Lisle, der ziemlich skeptisch bezüglich der irischen Hölle war.[1] Dies sind aber nur seltene Fälle. Die meisten Ketzer bestreiten die Existenz des Fegefeuers. Für die Ketzer von Arras, zu Beginn des 11. Jahrhunderts, für Pierre de Bruys, ein Jahrhundert später, für seinen Mitstreiter Henri, der 1134 eingesperrt wurde, gab es nur die Alternative Himmel oder Hölle. Bernhard von Clairvaux greift in seiner Predigt über das Hohelied wie üblich »diese perfiden Tiere, die ungebildeten, verachtungswürdigen Lümmel«, die das Fegefeuer leugnen, heftig an. Um 1190 weist der Prämonstratenser Bernard de Fontcaude in seinem *Traktat über die Waldenser* diesen Irrtum erneut zurück.[2] In der gleichen Zeit erwähnt die englische Chronik des Zisterziensers Raoul of Coggeshall in Reims Ketzer, die sich weigern, an das Purgatorium zu glauben[3], und zu Beginn des 14. Jahrhunderts findet sich im *Handbuch für den Inquisitor* des Bernard Gui eine ähnliche Kritik gegen die Waldenser. Desgleichen stellen sich Bonvesin della Riva und Giacomo da Verona und andere im Norditalien des 14. Jahrhunderts gegen das Fegefeuer. Für die Ketzer kann das Leugnen eines Purgatoriums allerdings nur ein taktischer Gesichtspunkt sein, um der Kirche ihre Macht über die Gestorbenen, die sie durch Gebete und Ablaß ausübt, zu entziehen.

Das Leugnen der Hölle erfolgt indessen aus triftigeren Motiven. Um 1250 erklärt ein anonymes Werk, das einem Franziskaner zugeschrieben wird, daß die italienischen Katharer, die »Albanier« genannt wurden, die Existenz der Hölle aus folgendem Grund leugnen: Da die Welt von Luzifer geschaffen wurde, wäre es abwegig zu glauben, daß dieser einen Ort der Qualen für sich selbst und seine Helfer geschaffen hätte.[4] Im Katharerdorf Montaillou glaubt man kaum an die Hölle. Arnaud Gélis, der dort als Mittler zwischen den Seelen der Lebenden und der Toten amtiert, erklärt, daß die

---

[1] Froissart *Chroniques*, Bruxelles (Kervyn De Lettenhove) 1851, Bd. XV, S. 145.
[2] L. Verrees, *Le Traité de l'abbé Bernard de Fontcaude contre les Vaudois et les Ariens*, Analecta praemonstratensia, 1955, S. 5–35.
[3] *Radulphi de Coggeshall Chronicon Anglicanum*, engl. Übers. in Wakefield and Evans, *Heresies of the High Middle Ages*, New York/London 1969, S. 251.
[4] Wakefield and Evans, a. a. O., S. 355.

Hölle der Aufenthalt der Dämonen sei, daß hingegen die Seelen, nachdem sie einige Zeit auf Erden umhergeirrt sind, sich einfach zu einem Ort der Ruhe begeben. Nach dem Jüngsten Gericht werden sie des Heils teilhaftig, niemand wird verdammt. »Die Hölle ist nur für die Teufel und für Judas Ischariot«, erklärt Jean Maury, »und nach dem Gericht kommen die Juden dorthin, alle Juden, jedoch nicht die Seelen der anderen Menschen.« Andere Erklärungen sind ganz ähnlich und gestehen nur eine zeitlich begrenzte Bußzeit zu. »Läßt sich das dadurch erklären, daß das Empfinden für Sünde bei den Menschen, zu denen Gélis gehört, nicht genügend entwickelt ist?« fragt sich Emmanuel Leroy Ladurie. »Erscheint die Hölle in jener Zeit moralischer Laxheit als zu schwere und zu endgültige Strafe?«[5]

Wie dem auch sei, die Vorstellungen der Katharer über das Jenseits sind reichlich konfus. Am wahrscheinlichsten ist, daß alle das Heil erlangen, nachdem die materielle Welt durch eine Fusion der vier Elemente in Flammen aufgeht. Mit ihr wird das Böse verschwinden. So gesehen glauben viele Katharer, als gute Manichäer, daß die Hölle ganz einfach darin besteht, daß die Seele den mißlichen Zustand des Eingeschlossenseins in einen Körper erdulden muß. Die Hölle, das ist dieses Erdenleben. Dieser alte Glaube ist unausrottbar und taucht in gewissen Zeitabständen immer wieder auf.

Die Prediger der Angst und die Selbstverständlichkeit der Hölle

Die Tatsache, daß die Hölle selbstverständlich wird, bedeutet nicht, daß man sie nicht mehr fürchtet, ganz im Gegenteil, denn nun weiß man, daß niemand von der Verdammung verschont bleibt. Guillaume de Saint-Thierry, ebenfalls ein Zisterzienser, schreibt in seinen meditativen Gebeten um die Mitte des 12. Jahrhunderts sogar, daß er gerne, wie viele andere, die Hölle besucht hätte, daß er aber, als er an der Pforte angelangt war, derart Angst bekam, als er das Heulen und Zähneknirschen hörte, daß er lieber darauf verzich-

---

5 E. Leroy Ladurie, *Montaillou, village occitan*, Paris (Gallimard) 1975, S. 597.

tete.⁶ Dieser Text zeigt einerseits die Vertrautheit mit der Hölle und andererseits die Angst und den Schrecken, die sie hervorruft. Da er es nun nicht selbst erleben konnte, fragt sich der Zisterzienser, ob die Verdammten überhaupt wissen, wie schön es ist, Gottes zu genießen, denn, so sagt er zu Gott, »ich glaube nicht, daß es in der Hölle größere Qualen gibt als die, Deiner nicht ansichtig zu sein«. Ansonsten kann er sich die entsetzlichen Qualen nur vorstellen; für ihn sind die Gequälten Sklaven ihrer Sünden, die sie wie Ketten dort hinabziehen, »wo es keine Hoffnung gibt, von wo keiner je zurückkehrt«.

Die Prediger warten nicht erst das 17. Jahrhundert ab, um bei der Seelsorge mit der Angst zu operieren. Schon im 12. Jahrhundert wird sie, besonders von den Mönchen, benutzt. Von dieser Zeit an sind die Predigten der Zisterzienser mit *exempla*, kleinen, erbaulichen Geschichten, ausgeschmückt, die zeigen, wie jeder in der Hölle oder im Fegefeuer leidet, je nachdem, welche Sünde er begangen hat. Wer zuviel geschwatzt hat, wird mit feurigen Bändern angebunden; wer zuviel gelacht hat (seit den Kirchenvätern eine Sünde), wird ausgepeitscht; wer Drogen verwendet hat, muß sich auf glühenden Kohlen wälzen; wer die Jagd zu sehr geliebt hat, dem zerhackt ein Bussard die Hand, wie Le Goff in seinem Buch über das Fegefeuer zitiert.⁷ In seinem *Dialogus miraculorum*, zu Beginn des 13. Jahrhunderts, bringt der Zisterzienser Caesarius von Heisterbach nicht weniger als fünfundzwanzig *exempla* zum Fegefeuer und nur vierzehn zum Paradies, was die Rangfolge der Predigerthemen verdeutlicht.⁸ Dazu schreibt Le Goff: »Aus der Hölle kann man nach wie vor die meisten Lehren ziehen. Furcht zu verbreiten bleibt, wenn nicht das erste, so doch ein ganz wesentliches Anliegen.«

Die Zisterzienser sind nicht die einzigen, die sich der Verbreitung der Angst befleißigen. Gegen 1150 hält Julian von Vézelay eine ganze Reihe von Predigten über das Jüngste Gericht: »Drei Dinge versetzen mich in Schrecken, wenn man sie nennt, zittert mein Inneres vor Angst: der Tod, die Hölle und das kommende Gericht.«

---

6 G. de Saint-Thierry, *Oraisons méditatives*, Pars (Cerf) 1985.
7 a. a. O., S. 220.
8 C. de Heisterbach *Dialogus miraculorum*, J. Strange (Hrsg.), Köln/Bonn/Brüssel 1951.

Das Ende der Welt wird kommen, umgeben von den verkündeten apokalyptischen Zeichen. Dann werden die Verdammten ins Feuer geworfen. Dies beschreibt der Prediger aufs genaueste, wobei er sich weitgehend von Augustinus inspirieren läßt:

»Die Gehenna ist ein Feuer, das man nicht löschen kann und das diejenigen, die es brennt, nicht vernichten und nicht verbrennen kann. Die sich dort befinden, brennen unaufhörlich, ohne daß auch nur ein Haar ihres Bartes, nur eines ihrer Haupthaare vernichtet oder auch nur verkürzt würde. Das Feuer brennt ständig, ohne seine Nahrung zu verzehren. So wie der Salamander, jenes kleine Reptil, das sich ständig auf glühenden Kohlen bewegt, ohne daß sein Körper Schaden nähme; so wie der Amiant, einmal entzündet, ständig weiterbrennt, ohne daß das Feuer ihn verbrennen könnte; so wie der Ätna nicht aufhört zu brennen seit Anbeginn der Welt, ohne eine Verringerung der Gesteinsmasse. O Schmerz! Wenn irgendein kleiner Teil meines Körpers, mein Ringfinger vielleicht, Feuer finge, wie würde ich schreien, leiden, mich winden! Wie werden erst die Unglücklichen sich verhalten, wenn nicht nur ein Finger, sondern ihre Hand, ihr Arm, ihre Schulter, ja, ihr ganzer Körper im ewigen Feuerbrand brennen? Nun ist aber dieses Feuer in seiner Art viel heißer und glühender als das unsere. Unser Feuer kann mit Wasser gelöscht werden, jenes aber ist unlöschbar. Unser Feuer ist eins mit dem, was brennt, Holz oder Stein zum Beispiel, so daß es bei uns kein Feuer an sich gibt, sondern nur brennende Materie, das Feuer der Hölle jedoch ist nur Feuer, nur Glut an sich. ›Du wirst sie zu brennenden Öfen machen‹, heißt es im Psalm. Wenn der Ofen angezündet und dann gesäubert wurde, damit man das Brot backen kann, und alles Brennende am Ofenloch auf einem Haufen liegt, dann herrscht ein heißer, reiner Brand im Ofen; eine solche Glut herrscht in der Hölle, von der Hiob sagt, ›ein Feuer, das keiner entzündet hat, wird ihn verzehren‹. Ich habe in einem Buch gelesen – aber ich habe den Namen dessen, der es geschrieben hat, vergessen –, daß die Hölle ein Feuer im Zustand eines reinen Elements ist, aus dem auch die Blitze bestehen, die, wie man sagt, keine materielle Basis, noch materielle Stütze haben und deren Kraft so groß ist, daß keine Materie ihnen widerstehen kann, wenn sie vom Himmel fallen. In der Hölle kommen also zusammen: Ein Feuer, das unlöschbar ist und ein Körper, der nicht verbrennen kann. Die Seele, die in einem Körper eingeschlossen ist, der nicht verbrennt, wird – so als befände sie sich in dem Bronzestier des Phalaris – die Verbrennungen des Körpers spüren, ohne ihm entrinnen zu können. Viele wollen dies nicht glauben, weil ihr Herz an den Dingen der Welt hängt; sie werden erst an die Hölle glauben, wenn sie hineingestürzt sind.«[9] Die letzte Bemerkung ist aufschlußreich: Es gibt noch Menschen, die nicht an das Höllenfeuer glauben. Es wird sie immer geben.

In der ersten Hälfte des 13. Jahrhunderts nutzt der Volksprediger Jacques de Vitry ebenfalls die Angst vor der Verdammnis aus. Um 1250 stellt der Dominikaner Etienne de Bourbon ebenfalls eine systematische Theorie für die Seelsorge mittels der Angst auf. Einen ganzen Teil seiner *Abhandlung über das Predigen* widmet er der »Gabe der Furcht«, die er folgendermaßen analysiert: 1) von den sieben Arten der Furcht; 2) von den Auswirkungen der Furcht des Herrn; 3) man muß Gott fürchten; 4) von der Hölle; 5) man muß das kommende Fegefeuer fürchten; 6) von der Furcht vor dem Jüngsten Gericht; 7) von der Furcht vor dem Tode; 8) von der Sündenfurcht; 9) von der Furcht vor der gegenwärtigen Gefahr; 10) von der Art der Feinde des Menschengeschlechts.

Es war völlig natürlich, sich der Angst vor der Hölle zu bedienen, um die Gläubigen vor der Sünde zu bewahren. Es werden jedoch Unterschiede gemacht, je nach dem Publikum. Vor einem Auditorium von Mönchen wird sehr stark mit der Angst gearbeitet, die *exempla* der Volksprediger sind sinnfällig und konkret, während im intellektuellen Milieu alles viel diskreter abläuft. Dies beweist die Studie einer Predigtensammlung von der Pariser Universität aus den Jahren 1230–31. Die Anspielungen sind hier sehr versteckt und sehr kurz: »Wer nach dem Willen des Teufels handelt, kommt in die Hölle«, sagt ein Pariser Prediger lediglich als Schlußsatz, und der Prior von Saint Jacques meint: »Sie werden es schon eines Tages spüren, daß das Feuer brennt!«[10] Hier werden keine Qualen beschrieben. Der volkstümliche Höllenglauben wird zwar nicht abgeleugnet, dringt aber im intellektuellen Predigtstil nicht an die Oberfläche. Hier verläuft alles etwas gedämpft.

---

9 Julien de Vézelay, *Sermons*, Paris (Cerf) 1972, 21. Predigt: »Über das Jüngste Gericht«.

10 M.-M. Davy, *Les sermons universitaires parisiens de 1230–1231*, Paris 1931, S. 303 und 349.

Da das Purgatorium jetzt offiziell anerkannt ist, kann man sich seiner auch als Waffe besser bedienen. Diese Waffe der Angst wird auch weidlich eingesetzt, denn nur wenige üben die Zurückhaltung jenes Franziskanerpredigers, der es ablehnte, die Seelen zu wägen, als sei er der Richter, und so die einen in die Hölle und die anderen ins Paradies zu schicken: »Da ich den Menschen nicht ins Herz sehen kann, schicke ich sie lieber ins Fegefeuer als in die Hölle, wenn ich unsicher bin. Den Rest überlasse ich dem Höchsten Herrn, dem Heiligen Geist, der unsere Herzen von innen her erleuchtet.«[11]

Etwas später als die Predigten beginnt die Kunst des Mittelalters ebenfalls, die Hölle zu banalisieren. Dabei stützt sie sich im 12. Jahrhundert mehr auf den Text der Apokalypse und im 13. Jahrhundert auf das Matthäus-Evangelium. Die Hölle erscheint bei der Darstellung des Jüngsten Gerichts. Da das Westportal der Kirchen diesem Thema gewidmet ist, sind auch hier mit mehr oder weniger Einzelheiten die Verdammten zu sehen, wie sie herangeschleppt werden. Im 12. Jahrhundert wird im Tympanon der Kathedralen immer das Jüngste Gericht dargestellt, dessen Elemente aus der zeitgenössischen Literatur stammen, insbesondere aus dem *Elucidarium* des Honorius von Autun.

So stellt man im 12. Jahrhundert Szenen mit Fabeltieren dar, mit Greifen, Hydren, Drachen, die die Verdammten verschlingen; auch Satan mit seinem großen Kessel wird dargestellt. Durch die Inflation des Grauenhaften im 14. und 15. Jahrhundert haben die Historiker die Höllendarstellungen des 13. Jahrhunderts oft übergangen. Dabei sind sie nicht zu übersehen – beim Jüngsten Gericht an den Kathedralen von Amiens, Reims und Bourges –, die gehörnten, scheußlichen Dämonen, wie sie die Verdammten mit Haken foltern, sie würgen, in den Kessel werfen, die Seelen kochen, das Feuer schüren, während scheußliche Kröten an den Brustwarzen der Frauen hängen oder in den Mund der Gefolterten eindringen. In Autun und Reims sieht man das bedauernswerte Heer der Verdammten, wie sie, ohne Ansehen der sozialen Stellung, mit Ketten gefesselt zum Schlund der Hölle gezerrt werden. Das Wägen spielt

---

11 N. Bériou »La prédication au béguinage de Paris pendant l'année liturgiques 1272–1273«, in: *Recherches augustiniennes*, XIII, 1978, S. 221.

eine große Rolle, obwohl die Waage nirgends in der Schrift vorkommt, aber sie ist uns von den Ägyptern und aus dem Orient überliefert worden. Die Künstler bedienen sich aller Bilder aus der Vorstellung des Volkes, um den entsetzlichen Augenblick darzustellen. Gewiß, die Hölle steht noch nicht an erster Stelle, bei weitem nicht, aber sie ist da. Sie hat ihren Platz in der großen Weltgeschichte. Sie stellt das Scheitern dar, den unvermeidlichen Fall einer freien und unvollkommenen Menschheit.

Banalisierung der Hölle durch Visionen

Zahlreiche Visionen beschreiben weiterhin die Hölle in allen Einzelheiten und tragen dazu bei, das Thema alltäglich zu machen. Im 12. Jahrhundert sind die Besucher meistens Mönche, wie im Jahrhundert zuvor. Um 1110 erzählt Guibert von Nogent in seiner Autobiographie, daß seine Mutter im Traum ihren verstorbenen Gemahl gesehen hat, der seitlich schwere Verletzungen hatte. Dabei hörte sie ununterbrochen ein Kind schreien. Diese Vision hatte einen ganz bestimmten Sinn: Der Vater Guiberts hatte seine Frau betrogen und ein uneheliches Kind gezeugt, das ungetauft gestorben, also verdammt war.[12]

Bedeutend präziser ist die Vision des Benediktinermönches Alberich von Settefrati, die er um 1130 niederschrieb. Im Alter von zehn Jahren lag er bewußtlos und wurde von einer Taube hinweggeführt. Petrus und zwei Engel geleiteten ihn durch die Hölle. Seine sehr detaillierte, aber konfuse Vision ist ein Gewirr von volkstümlichen Vorstellungen, wobei die Strafen für jede Art von Sünde ganz genau bezeichnet werden. In einem eiskalten Tal werden die Hurer gefoltert; nicht weit davon sind Frauen an den Brustwarzen aufgehängt, an denen Schlangen saugen, sie haben ihre Kinder nicht gestillt; die ehebrecherischen Frauen sind an den Haaren aufgehängt und brennen; Männer steigen über eine Leiter aus rotglühendem Eisen in ein Becken mit kochendem Pech hinab, denn sie haben sich an Sonn- und Feiertagen nicht des Geschlechtsaktes

---

12 Guibert de Nogent, *De vita sua*, in Migne: »Patrologie latine«, Bd. 156; J. F. Benton, *Self and Society in Medieval France. The Memoirs of Abbot Guibert de Nogent*, New York 1970.

enthalten; in einem Ofen braten die Tyrannen, und in einem anderen die Frauen, die abgetrieben haben; in einen feurigen See, der wie Blut aussieht, werden die Selbstmörder geworfen; in einem Becken, gefüllt mit geschmolzenem Wachs, Blei, Zinn und Schwefel, befinden sich die Bischöfe und Kirchenfürsten, die die Gottesdienste von schlechten Priestern halten ließen; die Gotteslästerer befinden sich in einem Feuersee; die Simonie getrieben haben, stecken in einem Schacht, aus dem Flammen schlagen; die den geistlichen Stand verlassen haben, die falschen Zeugen, die Eidbrüchigen und andere befinden sich an einem finsteren, stinkenden Ort zwischen lodernden Flammen, Drachen und Schlangen; zwei Dämonen mit Löwenmäulern speien Feuer auf die Seelen; die Diebe sind mit glühenden Ketten festgebunden; die Seelen gehen über eine Brücke, die über einen Fluß führt, der aus der Hölle kommt: Die Brücke wird breiter für die Gerechten und zieht sich für die Bösen auf Haaresbreite zusammen. Sie fallen in den Fluß, wo sie braten; auf einem riesigen Feld reitet ein Dämon einen Riesendrachen und schlägt alle, die vorbeikommen, mit einer Schlange, und so geht es weiter.

All diese Qualen sind jedoch zeitlich begrenzt und proportional zur Zahl und zur Schwere der Sünden. Kinder, die im ersten Lebensjahr gestorben sind, bleiben nur sieben Tage. Die ärgsten Sünder jedoch kommen in die eigentliche Hölle, deren Eingang ein Schacht ist, aus dem Schreie und unerträglicher Gestank dringen; daneben sitzt ein Drache, der Unmengen von Seelen wie Fliegen schluckt. Judas, Kaiphas, Anna und Herodes sind in dieser Hölle.

Es ist unmöglich, die Arten von Sünde zu erkennen, die endgültig in die Hölle führen, auch wenn Petrus sagt, daß die gefährlichsten die Völlerei, die Habgier und der Hochmut seien. Es gibt keinerlei logische Einteilung, und für manche Sünden gibt es mehrere Strafen. Der Sinn der Brücke läßt sich nicht begreifen, und man weiß auch nicht, ob der Schacht oder der Schlund des Drachens der Eingang zur Hölle ist. Es ist einfach eine Aufreihung von völlig verschiedenen Elementen, die lehrreich sein soll und auf Verlangen des Abtes von Monte Cassino zusammengestellt wurde. Le Goff bringt in seinem Buch über die Entstehung des Fegefeuers eine ausführliche Analyse dieser Vision.[13]

---

13 a. a. O., S. 225–229.

Die Vision des Thurchill, die der englische Mönch von St. Albans, Roger von Wendover, im Jahr 1206 berichtet, ist etwas übersichtlicher. Demnach wird Thurchill, ein Bauer der Diözese London, nächtens von Julian dem Gastfreien, dessen Existenz übrigens nicht belegt ist, hinweggeführt, um den Ort des Gerichts, die Hölle, das Purgatorium und das Paradies zu besuchen. Das Gericht findet inmitten einer Basilika statt, die nur eine Nordwand besitzt. Die Seelen warten, bis sie an der Reihe sind, sodann gehen die weißen sofort ins Paradies ein, diejenigen, die schwarz und weiß sind, kommen ins Fegefeuer, die schwarzen werden von Paulus und dem Teufel gewogen. Neigt sich die Waage nach der Seite des Paulus, so kommen sie ins Fegefeuer, neigt sie sich nach der Seite des Teufels, so kommen sie in die Hölle. Die Hölle hat zwei Stufen, die unterste ist definitiv.[14]

Viele andere Visionen beschreiben die Hölle, sie wurden sogar um 1060 von dem Mönch Othloh von Sankt Emmeram in seinem *Buch der Visionen* zusammengestellt. Er hat keine Hemmungen, in diesem Buch sogar jene mit der Hölle zu bedrohen, die sich an Klostergut bereichern; so sieht man bei ihm auch die byzantinische Kaiserin Theophano in der Hölle, weil sie zu kostbaren Schmuck trug.

Die Vision des Tungdal und das Fegefeuer des heiligen Patrick

Die Kelten sind besonders fruchtbar, was die Visionen anbelangt. Die berühmteste ist zweifellos die Vision des Tungdal, die gegen 1150 von einem irischen Mönch verfaßt wurde. Es ist der Bericht eines Edlen, der in Bewußtlosigkeit fiel und dessen Geist in dieser Zeit mit einem Schutzengel die Hölle besuchte. Die Bilder sind genau und äußerst eindrucksvoll.[15]

Die Hölle besteht aus tiefen Tälern, in denen verschiedene Arten von Folter stattfinden. Eines der Täler ist mit glühenden Kohlen ausgekleidet und mit einer Art brennendem Deckel abgedeckt, auf

---

14 R. von Wendover, *Chronica*, London 1887, Bd. II.
15 *Visio Tugnaldi*, hrsg. v. A. Wagner, Erlangen 1882.

den die Sünder fallen. Sie zergehen, fließen bis zum Rand und tropfen auf die glühenden Kohlen, steigen dann als Dampf auf, nehmen ihre Gestalt wieder an und fallen erneut. Diese recht originelle Art von Folter ist den Vater- und Brudermördern zugedacht.

In einer riesigen Bestie mit Namen Acheron, deren Maul neuntausend Menschen fassen könnte, leben Schlangen, Löwen und andere Tiere. Die Bestie stößt einen greulichen Atem und Flammen aus. In ihr Maul, das von zwei Riesen offengehalten wird, werfen Dämonen Verdammte, die im Innern dann zerstückelt werden. An anderer Stelle findet man die unvermeidliche Brücke, zweitausend Schritt lang, breit wie ein Handteller und mit Spitzen gespickt. Sie führt über einen See, der vom Sturm aufgewühlt wird und von Monstern aller Art bevölkert ist.

Auf einem zugefrorenen See sitzt ein anderes Biest mit eisernem Schnabel, spitzen Krallen, langem Hals und frißt die Verdammten, verdaut sie und gibt sie als Exkremente wieder von sich. In dem Augenblick entstehen Schlangen in den Eingeweiden der Unglücklichen, zerfressen sie von innen her und sprengen ihre Haut um herauszukommen. Dies ist die Strafe für die Schamlosen. An anderer Stelle mißhandelt ein Dämon Verdammte mit Zangen. Sein Name ist Vulkan. Er erhitzt sie bis zur Weißglut und hämmert sie dann platt oder schmiedet sie zusammen.

All dies trägt sich auf der oberen Etage der Hölle zu; auf der unteren erst wird der Höhepunkt des Horrors erreicht. Man kommt dorthin nur über einen sehr beschwerlichen Pfad, in Kälte und Gestank. Als er den Rand eines Kraters erreicht, sieht Tungdal Flammen und Rauch daraus emporschlagen, die Dämonen und Seelen in schwindelnde Höhen schleudern. Auf dem Grund des Kraters jedoch sieht er die Höllenvision schlechthin: Auf einen Rost gebunden windet sich der riesenhafte Leib Satans in wilder Pein. Beim Herumfuchteln ergreifen seine tausend Hände mit jeweils zwanzig Fingern, groß wie Bäume, ganze Packen von Verdammten und zerquetschen sie. Andere werden von seinem stinkenden, sengenden Atem angeblasen. Er hat einen enormen Schnabel, unzählige Dämonen schüren den Brand. Unter den Verdammten sieht Tungdal Bischöfe und Herrscher.

Aber er sieht noch manch anderes bei seiner Reise ins Jenseits: das Riesenheer der Nicht-ganz-Schlechten, die einige Jahre lang in Regen und Wind darauf warten, in den Himmel eingelassen zu werden; die Menge der Nicht-ganz-Guten, die ebenfalls warten, jedoch auf einem Blumenfeld; die Bestrafung einiger ehemaliger irischer Könige für gewisse, ganz besondere Verfehlungen.

Die Vision des Tungdal ist Ausdruck eines Strebens nach Gerechtigkeit, denn die Strafen entsprechen den Sünden. Der Engel bringt es ganz klar zum Ausdruck: »Hier leidet jeder seinen Verdiensten entsprechend nach dem Urteilsspruch der Gerechtigkeit.«

Eine andere Vision, die noch bedeutend irischer ist, hatte ebenfalls einen großen Erfolg im Mittelalter – und auch noch später: *Das Purgatorium des heiligen Patrick*. Diese Vision, die der englische Zisterzienser H. of Saltrey zwischen 1190 und 1210 niederschrieb, fand große Verbreitung und wurde im 17. Jahrhundert noch mehrmals gedruckt.[16] Obwohl es sich dabei mehr um das Fegefeuer als um die eigentliche Hölle handelt, gehört sie doch zu den Höllenvisionen, die dazu beigetragen haben, die Vorstellung von den Strafen im Jenseits zu banalisieren. Der Autor erklärt, er habe die Geschichte von Gilbert, einem anderen Zisterzienser, erfahren, der durch Irland reiste, zusammen mit einem Ritter Owein, der ihm sein Abenteuer erzählte. Die Vision könne für die Lebenden lehrreich sein, meint der Autor, was bedeutet, daß wir immer noch bei der Angst als Mittel zur Seelsorge sind. Des weiteren erinnert der Autor daran, daß der heilige Patrick, der als Apostel der Iren im 5. Jahrhundert lebte, ebenfalls die Angst vor der Hölle ausnutzte, um die Heiden zu bekehren. So ist denn auch die ganze Geschichte auf der Idee aufgebaut, daß die Vision der Höllenqualen von der Sünde reinigen, aber auch von ihr abhalten kann.

An einer völlig abgelegenen Stelle in Irland gibt es ein Loch, durch das man zur Hölle gelangt. Jesus selbst soll es Patrick gesagt und hinzugefügt haben, daß alle, die einen Tag und eine Nacht lang mit einem tiefen, echten Gefühl der Reue dort hinunterstiegen, die Vergebung ihrer Sünden erlangen könnten. Patrick läßt das Loch mit einer Mauer umgeben und setzt am Eingang ein Kapitel ein, das dauernd zugegen ist. Die Kandidaten für den Abstieg sind zahlreich, um gereinigt zu werden selbstverständlich, aber auch weil das Abenteuer initiatischen Charakter hat und so etwas wie ein Gottes-

---

16 Neuere dt. Ausgabe: *Die älteste Schilderung vom Fegefeuer des heiligen Patricius*, hrs. v. S. Eckleben, Halle 1885. Eine ausführliche Bibliographie der Sekundärliteratur findet sich bei Le Goff, a. a. O., S. 233.

urteil darstellt. Tatsächlich gehen viele bei diesem Unternehmen zugrunde, das heißt, sie kommen nicht wieder heraus und bleiben in der Hölle. Die Geistlichkeit versucht also, den Kandidaten davon abzuraten, und den Hartnäckigen auferlegt sie eine ernsthafte Vorbereitung: vierzehn Tage lang Gebete, eine Messe mit Kommunion und Exorzismus, eine Prozession, eine Segnung und eine letzte Erinnerung an die Gefahren, die durch die Gegenwart der Dämonen bestehen. Vierundzwanzig Stunden später kehrt die Prozession zum Einstieg zurück, und wenn der Büßer herauskommt, begleitet sie ihn zur Kirche.

Owein, der eine Vergebung seiner Sünden bitter nötig hat, steigt also in das Loch. Unten angekommen, erfährt er die Regeln: Die Dämonen werden versuchen, ihn durch Drohungen oder Versuchungen mit sich fortzuschleppen, und nur durch die Anrufung des Namens Jesu kann er sich retten. Dann beginnt die Reise. Es folgen die klassischen Horrorszenen, von denen die meisten aus den vorherigen Visionen entnommen sind. Wie bei der Vision des Tungdal schlägt eine enorme, funkensprühende Flamme aus einem Schacht, hier ist der Eingang zur unteren Hölle, aus der es kein Entrinnen gibt. Diese Privaträume Satans sind vom Besuch ausgeschlossen. Dann folgt die Brücke, die die Seelen mit mehr oder weniger Glück zu überschreiten suchen. Erzbischöfe erklären Owein, daß alle dieser Sünder gerettet sind, wenn sie ihre Sünden gebüßt haben, bis auf diejenigen, die sich in der unteren Hölle befinden. Nachdem Owein die verschiedenen Prüfungen ohne Zwischenfall bestanden hat, kann er wieder hinaufsteigen. Den Rest seines Lebens wird er als dienender Bruder bei den Zisterziensern verbringen mit dem Bewußtsein, daß ihm sein Heil sicher ist.

Am bemerkenswertesten an dieser Geschichte ist die Tatsache, daß sie sich noch heute einer außerordentlichen Beliebtheit erfreut. Schon im 12. Jahrhundert wird eine Insel im Derg-See in Nordirland, Station Island, als Wallfahrtsort erwähnt, zu dem große Mengen von Wallfahrern ziehen, denn hier soll der Eingang zur Hölle des heiligen Patrick sein. Es gehen viele Gerüchte um über die Folterqualen, die man erdulden muß, wenn man die Nacht in einem der neun Löcher der Insel verbringt. Diese etwas zu leicht zugängliche und konkrete Hölle hat die kirchlichen Autoritäten nie ganz überzeugt. Vom 15. bis zum 18. Jahrhundert wurden die Pilgerfahrten mehrmals vom Papst untersagt, jedoch ohne Erfolg. Seit

1931 steht eine große Kirche an dieser Stelle, und der örtliche Bischof mußte sich wohl oder übel dem Wunsch des Kirchenvolkes beugen. Von Anfang Juni bis Mitte August kommen Tausende von Pilgern nach Station Island und unterziehen sich geistlichen Exerzitien, darunter eine vierundzwanzigstündige Vigilie. Die volkstümliche Hölle, die sich von den Mönchen herleitet, hat hier einen Sieg über die theologische Hölle errungen. Im Mittelalter stehen dem Phänomen nur wenige skeptisch gegenüber. Einer von ihnen ist William Lisle, der Froissart erzählt, er habe 1394 eine Nacht in dem berühmten Loch verbracht und auch Träume gehabt, bezeichnet das ganze jedoch als Illusion.

Die Vision Dantes: eine Synthese aus volkstümlicher und theologischer Hölle

Wie groß der Erfolg der bisherigen Visionen auch gewesen sein mag, die Vision Dantes aus dem 13. Jahrhundert bleibt unerreicht. Wenn man sie im chronologischen Rahmen dieser Literaturgattung betrachtet, nimmt die *Göttliche Komödie* lediglich ein banales Thema auf, das eigentlich schon verbraucht ist. Nach Gilgamesch, Odysseus, Drycthelm, Tungdal, Owein und vielen anderen – was kann man noch in der Hölle entdecken? Alle Schrecken und Qualen sind bekannt, und Dante erfindet kaum neue: Oft waren seine Vorgänger sogar besser – oder schlimmer –, soweit es um die Qualen geht.

Das Werk Dantes ist an der Grenze zwischen volkstümlicher Hölle und theologischer und intellektueller Hölle einzureihen. Von der ersten übernimmt er die Bilder, von der zweiten die logische Schärfe. Diese Verbindung von Konkretem und rationaler Klarheit ist der Hauptgrund für den Erfolg. Die bisher besuchten Höllen waren ein Chaos mit einer wirren Topographie, echte Traumlandschaften, bestehend aus Tälern, Flüssen und Seen, Qualen und widersprüchlichen Geschichten, ohne jeglichen Zusammenhang. Hölle und Fegefeuer waren unentwirrbar miteinander verstrickt, selbst wenn die jüngeren Darstellungen theoretisch eine Trennung der verschiedenen Stufen aufwiesen. Die Höllenfauna war bunt zusammengewürfelt aus Drachen, monströsen Untieren, echten Tieren und Dämonen. Die Strafen waren zwar je nach der Verfehlung unterschiedlich, hatten jedoch kaum eine Beziehung zu der Art der begangenen Sünden. Dante organisiert, strukturiert, klassifiziert und ordnet. Seine Hölle ist geometrisch, in konzentrische Kreise eingeteilt. Es gibt einen Eingang, einen Vorraum, Mauern, Gemächer, einen Ausgang, gekennzeichnete, bewachte Passagen. Je nach Beschaffenheit des Ortes bewegt man sich zu Fuß, im Nachen, auf dem Rücken eines Zentauren, in der Hand eines Riesen fort. Seen, Flüsse und Sümpfe sind logisch angeordnet, die Zeitangaben genau. Dantes Hölle ist ein riesiges intellektuelles Gebäude nach dem Bild der theologischen Summen seiner Zeit. Er ist ein visionärer Thomas von Aquin; beide klassifizieren sie und ordnen ein, der eine die Bilder, der andere die Ideen. Das Werk dieser beiden Italiener ist kennzeichnend für die Scholastik. Die *Summa* und die *Hölle* sind rationale Gebäude und unabweisbar, sobald man ihre Prämissen anerkennt.

Bei Dante sind die drei Reiche des Jenseits klar getrennt. Das Purgatorium ist nun definitiv installiert, es ist autonom geworden, sowohl auf dem Gebiet der Visionen als auch auf dem des Dogmas. Dies ist zweifellos ein riesiger Bruch, denn es beraubt die Hölle eines großen Teils der Kundschaft, eben der Nicht-ganz-Schlechten und der Nicht-ganz-Guten, die hinfort alle zu den künftigen Auserwählten gehören. Die Hölle betrifft nur noch die in Ewigkeit Verdammten, die Frage der Ewigkeit der Strafe ist also gelöst, und zwar im positiven Sinn: »Die ihr hier eintretet, laßt alle Hoffnung fahren«, steht an der Höllenpforte geschrieben.

Der Aufbau der Hölle Dantes ist in vielen Schemata und Strukturen beschrieben worden. Wir wollen ihn hier in großen Zügen nachzeichnen: Zunächst kommt ein Vorhof, in dem alle Feigen und Unentschlossenen eingesperrt sind. Von hier gelangt man in die obere und äußere Hölle, die außerhalb der Mauern der Stadt Dis gelegen ist. In fünf Kreisen sind hier alle jene zu finden, die Sünden gegen die Enthaltsamkeit begangen haben, nach Schwere der Vergehen geordnet: Im ersten Kreis befinden sich die Heiden und die Ungläubigen; im zweiten die Schamlosen und Lasterhaften; im dritten die Fresser und Prasser; im vierten die Geizigen und die Verschwender; im fünften die Zornigen.

Nach dem Durchschreiten des Styx-Sumpfes betritt man durch die Ringmauern die Stadt Dis, die untere Hölle. Dort trifft man auf die »positiven Sünder«, der Begehungssünden schuldig, welche schlimmer sind. Hier gibt es vier Kreise, die unterteilt sind. Im sechsten Kreis befinden sich die Häretiker; im siebten die Gewalttätigen. Letztere werden in verschiedene Sparten eingeteilt: gewalttätig gegen den Nächsten, seine Person und seine Güter; gewalttätig gegen sich selbst (Selbstmörder und Vergeuder ihres Eigentums); gewalttätig gegen Gott (Gotteslästerer); gewalttätig gegen die Natur (Sodomiten); gewalttätig gegen die Kunst (Wucherer). Im siebten Kreis sind also jene eingeschlossen, die dem Nächsten durch Gewalt geschadet und der Ungerechtigkeit Vorschub geleistet haben.

Auf der anderen Seite der großen Schranke, zum Mittelpunkt der Hölle zu, im achten Kreis, befinden sich die Betrüger, die, wie Dante es nennt, »Wolfssünden« begangen haben. Der achte Kreis ist in zehn konzentrische Gräben eingeteilt, die durch Deiche getrennt sind und stufenweise zum Erdinnern hinabführen. Hier finden sich die Verführer, Ehebrecher, der Simonie Schuldigen, Wahrsager, unehrlichen Kaufleute, Heuchler, schlechten Ratgeber, Streitstifter und Fälscher, letztere wieder eingeteilt in Metallfälscher, Geldfälscher, Personenfälscher und Wortfälscher.

Nachdem man das Gebiet der Riesen durchschritten hat, kommt man ins Herz der Hölle, den Mittelpunkt der Erde, den neunten Kreis, wo sich die Verräter befinden. Auch hier vier Unterteilungen, die entsprechend benannt sind: nach Kain (Verrat an Verwandten), nach Antenor (Verrat des Vaterlandes), nach Ptolemäus (Verrat an Gästen), nach Judas (Verrat am Wohltäter). Der Mittelpunkt der Erde ist Luzifer selbst, riesengroß und behaart, der für alle Ewigkeit Judas in Stücke reißt. Das Ganze sieht aus wie ein riesiger Trichter in einer Halbkugel, die sich zu Satans Nabel hin öffnet. Auf der anderen Seite führt ein verborgener Weg wieder zum Berg der Reinigung, zum Fegefeuer, das auf der anderen Erdhälfte Jerusalem gegenüber liegt.[17]

Diese wohlgeordnete Vision zeugt von einer großen Organisationsgabe und erfordert einige Anmerkungen. Zunächst einmal zu

---

17 Unter den vielen Abhandlungen über die *Göttliche Komödie* eignen sich für die vorliegende Arbeit insbesondere P. Mandonnet, *Dante, le théologien*, Paris 1935; Et. Gilson, *Dante et la philosophie*, Paris 1939. Eine empfehlenswerte kritische Ausgabe auf englisch ist diejenige von D. Leigh Sayers, *The Divine Comedy*, London 1949. [Die dt. Übersetzung folgt derjenigen von W. G. Hertz, Darmstadt 1990]

den recht wenig bekannten Umständen, die das Entstehen des Werks begleitet haben. Die Fachleute schwanken zwischen zwei Möglichkeiten: Ein erster Teil wurde vor dem Exil des Dichters (1302) geschrieben, und dann gegen 1300 vervollständigt, oder das ganze Werk wurde in einem Zug um die Zeit zwischen 1313 und 1320 geschrieben, gegen Ende seines Lebens. Diese Einzelheiten sind gewiß nicht ohne Bedeutung, da die *Göttliche Komödie* zahlreiche autobiographische Bezüge aufweist.

Dante, 1265 in Florenz geboren und aus niederem Adel stammend, verliert seine Mutter im Alter von fünf oder sechs, seinen Vater mit zwölf Jahren. Aus Familientradition steht er auf der papsttreuen Seite der Guelfen und nimmt 1289 an einer Schlacht gegen die Ghibelinen teil. Seine Romanze mit Beatrice, die er als Neunjähriger kennenlernt, endet mit deren Tod im Jahre 1290. Um 1298 heiratet et Gemma Donati, von der er vier Kinder hat. Er bekleidet einige öffentliche Ämter im Rat der Stadt. Seine Schwierigkeiten beginnen im Kampf seiner Vaterstadt um Unabhängigkeit und gegen die Einmischungsversuche des Papstes. Nachdem Karl von Valois, von Bonifatius VIII. zu Hilfe geholt, 1301 in Florenz einzieht, wird Dante verbannt und kurz darauf zum Tode verurteilt. Sein Wanderleben führt ihn zunächst nach Verona, dann nach Ravenna, wo er die *Göttliche Komödie* vollendet. Zu Verhandlungen mit der Republik Venedig entsandt, erkrankt er auf der Rückreise und stirbt 1321 in Ravenna.

Der Verbleib der Leiche Dantes ist ungeklärt. Nach seinem Tod forderte seine Vaterstadt Florenz mehrere Male (1396, 1429 und 1476) die Überführung seiner Gebeine. 1519 schließt sich auch Papst Leo X. diesem Begehren an. Seine Abgesandten finden jedoch nur äußerst kärgliche Überreste und schreiben an den Papst, sie hätten »von Dante weder Leib noch Seele gefunden«. 1865 wurde bei Bauarbeiten an der Kapelle von Bracciaforte in Ravenna ein Sarg mit einem Skelett entdeckt, der die Inschrift trug: »Gebeine von Dante, von mir, Fra Antonio Santi, am 18. Oktober 1677 hier niedergelegt.« Wahrscheinlich hatten die Franziskaner den Leichnam 1519 verschwinden lassen, um zu verhindern, daß er nach Florenz überführt würde. Im 19. Jahrhundert soll ein alter Meßner, der in diesem Teil der Kapelle schlief, im Traum eine in ein rotes Gewand gehüllte Gestalt gesehen haben, die die Kapelle durchquerte. Auf die Frage des Meßners, wer er sei, antwortete das Gespenst: »Ich bin Dante.«

Was die Geschichte der Hölle anbelangt, so interessieren uns die Quellen Dantes und das, was er mit dem Werk erreichen wollte, natürlich mehr.[18] Wie schon oben gesagt, stellt es eine Synthese der beiden Höllentypen dar, und das ist seine Stärke. Von der volkstümlichen Hölle hat er alle Traditionen zusammengetragen, die er mittelbar oder unmittelbar aus der Sammlung von Bruneto Latini entnommen hat. Bruneto Latini, 1320 in Florenz geboren, war Lehrer oder Ratgeber Dantes. Dieser Gelehrte hat eine Enzyklopädie des Wissens seiner Zeit verfaßt, das *Schatzbuch*, und akzeptierte den Volksglauben weitgehend. Dante verdankt ihm einen großen Teil seines Wissens, was ihn freilich nicht daran hinderte, ihn in die Hölle zu den Sodomiten zu verweisen, (*Die Hölle*, XV,30). Bei Dante wird der volkstümliche Aspekt noch verstärkt durch die Tatsache, daß er in Italienisch schrieb, der »Vulgärsprache«, und sich schon dadurch an ein breites Publikum wandte.

Die angepaßten Qualen bei Dante

Der theologische Aspekt des Werkes stützt sich weitgehend auf Thomas von Aquin, den Dante gründlich studiert hat. Viele Elemente entnimmt er der Kultur der Gelehrten, von Aristoteles bis hin zu den Kirchenvätern. Die Zahlen sind symbolisch: Die neun Kreise sind ein Vielfaches der Dreieinigkeit, und unter Hinzufügung des Vorhofs kommt man zur vollkommenen Zahl zehn. Es gibt 33 Gesänge, das entspricht dem Alter Jesu, als er starb, hinzu kommt eine Einführung. Jede Höllenregion und jede Strafe hat symbolisch eine Bedeutung, die oft von den Theologen stammt. Die Gestaltung der Hölle stellt die tiefste Durchdringung der Seele durch das Böse dar, denn das Verweilen der Verdammten an diesem Ort erklärt sich nicht als Resultat einer göttlichen Bestrafung, sondern sie haben es selbst gewählt. Die Sanktion ist in der Sünde inbegriffen, sie erklärt sich also nicht als von außen kommender Akt der Gerechtigkeit. Die Verdammten sind nur dort, weil sie in ihrer Sünde verharren, was die ewige Dauer der Strafe rechtfertigt. Dies ist die Einstellung von Thomas von Aquin, die deutlich wird in

---

18 Siehe hierzu auch M. Dods, *Forerunners of Dante*, Edinburgh 1903.

der Antwort des Kapaneus, der Jupiter herausgefordert hat und sich zusammen mit den Gewalttätigen gegen Gott in der Feuerwüste unter Flammenregen befindet: »So bin ich im Tod wie einst im Leben« (XIV,51). Da wendet sich Vergil, der Führer Dantes, an Kapaneus: »O Kapaneus, da nie dein Stolz erschlafft, dadurch bist du bestraft am allermeisten; kein Schmerz vermöchte außer deiner Wut dem Grimme angemessen Pein zu leisten.« (XIV,62-64) Die Geizigen und die Verschwender, die enorme Felsblöcke gegeneinander rollen, sind unkenntlich. Auch das hängt mit der Art ihrer Sünde zusammen. Als Lebende machten sie keinen Unterschied zwischen den Gütern, als Tote kann sie keiner erkennen. Die Wütenden zerreißen sich gegenseitig mit den Zähnen. Im Leben kannten sie kein Mitleid, jetzt kann keiner Mitleid mit ihnen haben. Dante, der im allgemeinen viel Mitgefühl mit den Verdammten zeigt, verhält sich hier eigenartig: Er freut sich über ihre Qualen und will sie leiden sehen (VIII,52-63). Die Ketzer sind diejenigen, die, obwohl sie die Position der Kirche kennen, gleichwohl hartnäckig bei ihrer eigenen Meinung bleiben. Die Diebe, die zu Lebzeiten andere ihres Besitzes beraubten, sind hier ihrer Persönlichkeit beraubt, sind nur noch Schatten, von Schlangen gebissen, die kriechen, wie sie selbst einst krochen und schlichen, und was noch schlimmer ist: So wie die Diebe im Leben dein und mein nicht unterscheiden, so sind sie nun auswechselbar, gehen ständig vom Ich zum Du über, bleiben nicht dieselben. So erscheint Agnello zunächst in seiner eigenen Gestalt, verwandelt sich dann in Cianfa, der sich wiederum in ein sechsbeiniges Ungeheuer verwandelt; Buoso verwandelt sich in Francesco, und der wiederum in eine Eidechse (XXV). Die falschen Ratgeber, die andere dazu verleitet haben, Missetaten zu begehen, sind ebenfalls Diebe, denn sie haben anderen die Integrität gestohlen. Da dies aber eine kleinere Sünde ist, werden sie auch nur mit einem kleineren Feuer bestraft, das heißt, der einzelne wird von einer Flamme eingehüllt, so daß man ihn nicht sehen kann und da er mit seiner Zunge gesündigt hat, dient ihm die Spitze der Flamme als Zunge, um sich auszudrücken. In einer dieser Flammen brennt Odysseus, der zu der List mit dem Trojanischen Pferd und dem Diebstahl des Palladion riet.

Dann die Verursacher von Streit und Uneinigkeit, zu deren berühmtesten Vertretern Betrand von Born gehört. Er ist nicht in der Hölle, weil er den Krieg und seine Greuel dichterisch verherrlicht hat, sondern weil er Heinrich den Jungen zur Auflehnung gegen seinen Vater, Heinrich Plantagenet, trieb. Den Vater vom Sohne trennen aber ist wie den Kopf vom Körper trennen, daher seine Strafe:

> Gewiß sah ich, als säh ich es noch eben,
> Ein Rumpfstück ohne Kopf in meiner Nähe
> Und vorwärts wie die andern sich begeben:
>
> Am Haar hielt seinen Kopf es in die Höhe;
> Gleich einer Lampe hing er an der Hand
> Und sah uns an und sagte nichts als: »Wehe!«
>
> Sich selbst hat so zur Leuchte er verwandt,
> So zwei in einem, eins in zwei gespalten:
> Wie's möglich, das ist nur dem Herrn bekannt!
>
> Als er am Fuß der Brücke angehalten,
> Hob er den Arm, an dem der Kopf hing, bloß,
> Damit uns seine Worte näher schallten:
>
> »O siehe an dir mein beschwerlich Los,
> Du, der du atmend aufsuchst hier die Toten!
> Ist sonst wohl eine Strafe noch so groß?
>
> Und daß ich dich verwenden kann als Boten,
> So wisse denn: ich bin Bertran de Born,
> Der schlimmen Rat dem jungen Fürst geboten.
>
> Denn zwischen Sohn und Vater sät ich Zorn,
> Daß zwischen David nicht und Absalone
> Ahitophel verwandte schlimmern Sporn!
>
> Weil ich den Vater trennte von dem Sohne,
> Trag ich von seinem Ursprung, ach, getrennt,
> Der ist in diesem Rumpf, mein Hirn zum Lohne,
>
> Daß die Vergeltung man an mir erkennt
> (XXVIII,118–142)

Die Riesen, die am Eingang zum neunten Kreis, also beinahe im Mittelpunkt der Hölle, wohnen, haben eine tiefe allegorische Bedeutung. Als Sinnbilder des Stolzes sind sie auch die blinden Kräfte des einzelnen und der Gesellschaft, die Urkräfte des Bösen, jederzeit bereit, als Massenwahn oder in der Wut des Individuums ihre Fesseln zu sprengen: Ephialtes ist die sinnlose Wut, Nimrod ist die großsprecherische Dummheit und Anatois die törichte Eitelkeit.

Feuer und Kälte werden sehr viel sorgsamer angewendet als zuvor. Das Feuer erscheint nur in der tiefsten Hölle, als Bestrafung für die böswilligen Übeltäter, und ist auf die vier letzten Höllenkreise verteilt. Die Kälte kommt nur im letzten Kreis vor, im gefrorenen Kokytos, so als ob im Herzen der Sünde und des Bösen der kalte und grausame Egoismus selbst die wildesten Leidenschaften der oberen Etagen der Hölle paralysiere. Hier herrscht Eiseskälte, Starre und völliges Schweigen, das Endstadium der Sünde. Das Grauen erreicht seinen Höhepunkt, wenn man die Abertausende von im Eis erstarrten, blaugefrorenen Köpfe sieht, die dennoch leben, jedoch in ewiger Totenstille unbeweglich sind: »Dann wandt ich mich, und sah da vor mir her zu meinen Füßen einen See sich breiten; vor Frost schien Glas er; nicht wie Wasser mehr. [...] Gleichwie die Frösche, um zu quaken, kehren die Mäuler aus dem Wasser [...] So staken blau bis wo die Scham man sieht, die schmerzenreichen Schatten in dem Eise; die Zähne klapperten das Storchenlied.« (XXXII,22–24; 31–36)

Schlimmer als die Flammen ist dieses »grauenvolle Loch«, diese eiskalte Region. Die Kälte, die in den anderen Visionen mehr oder weniger willkürlich hier und da eingestreut war, ist hier die höchste Qual. Merkwürdigerweise sagten später, im 17. Jahrhundert, die Hexen, die ihre fleischlichen Beziehungen zu Satan eingestanden, daß sein Körper eiskalt sei.

Die Unglücklichen, im Eis Eingeschlossenen, sind die Verräter. In ihrem armen Kopf haben nur die Augen noch etwas Leben, und sie richten sich mit einem entsetzlichen Blick auf Dante, der ihnen Fragen stellt. Sie versuchen zu antworten, aber die Tränen quellen hervor, gefrieren auf ihrem Gesicht und schließen Lider und Mund. Unter ihnen ist Bruder Alberigo, der seine Gäste ermorden ließ. Sein Körper lebt immer noch auf der Erde und dazu erklärt er Dante, daß, sobald jemand Verrat begeht, seine Seele sofort zur Hölle fährt, während ein Dämon seinen Körper besetzt und an seiner Stelle handelt.

Die Verdammten: symbolische Figuren

Die Höllenvision Dantes läßt sich also verschieden begreifen, wörtlich und allegorisch. Sie ist nicht nur eine Synthese aus volkstümlicher und theologischer Hölle, sondern auch eine Verschmelzung von mythologischer und christlicher Hölle. Dantes Führer Vergil muß übrigens die Hölle recht verändert gefunden haben, seit er die Höllenfahrt des Aeneas beschrieb. Bei Dante stammt die Hydrographie im wesentlichen aus der griechischen Mythologie: Styx, Acheron, Pyriphlegeton sind immer noch da. Die Bewohner der Hölle sind allerdings ein seltsames Gemisch aus Heiden und Christen, sagenhaften Helden und historischen Persönlichkeiten, was die Leser störte, die befremdet waren, daß Dante sich zum Richter aufwirft und die Verdammnis dieses oder jenes Individuums beschließt. Dazu muß man allerdings sagen, daß der Dichter die Sünden mit der Hölle bestraft und die Personen nur als Beispiel zitiert. Niemand wird bestreiten wollen, daß Bertrand von Born ein Unfriedenstifter war, Denys ein Tyrann und daß Pier delle Vigne, der Ratgeber Friedrichs II. von Hohenstaufen, Selbstmord begangen hat, auch wenn er sehr triftige Gründe dafür hatte.

Unter den Berühmtheiten, die Dantes Hölle bevölkern, sind mehrere Päpste, die Zeitgenossen des Dichters waren. Cœlestin V., ein Eremit, der am 5. Juli 1294, im Alter von achtzig Jahren gegen seinen Willen zum Papst gewählt worden war, weil der König von Sizilien sich seiner zu bedienen gedachte, indem er ihm seinen Willen aufzwang, legte am 13. Dezember des gleichen Jahres sein Amt nieder. Dante nennt ihn nicht namentlich, man ist sich jedoch darüber einig, daß »der feige tat den großen Amtsverzicht« (III,60), Cœlestin sein muß. Wahrscheinlich kann ihm der Dichter nicht verzeihen, daß er durch seinen Rücktritt die Wahl Bonifatius' VIII. ermöglichte, eines der persönlichen Feinde Dantes. Deshalb findet man Cœlestin im Vorhof der Hölle, zusammen mit den Feigen und Unentschlossenen. Das mutet um so paradoxer an, als Cœlestin am 5. Mai 1313 von der Kirche offiziell heiliggesprochen wird!

Nikolaus III. hingegen wird in größere Tiefen verdammt. Man findet ihn im achten Kreis, wo die bestraft werden, die sich der Simonie schuldig gemacht haben: Sie hängen mit dem Kopf nach unten zwischen den Felsen, und die Flammen versengen ihnen die Füße. Bald sollte Bonifatius VIII. ihn ersetzen, dem wiederum

Clemens V. folgen wird, und jeder versinkt bei der Ankunft seines Nachfolgers im Stein.

Bei den Großen der Antike besteht eine gewisse Unklarheit bezüglich Alexanders des Großen und Julius Cäsars. Ist es Alexander von Mazedonien oder Alexander von Pheres, den Dante im siebten Kreis, dem der Tyrannen, in Gesellschaft des Denys von Syrakus, Attilas, Phyrrhus' und Sextus bemerkt, deren Identität ebenfalls ungewiß ist? Julius Cäsar seinerseits findet man im Limbus, zusammen mit den Heiden, die Christus nicht kannten und dort aufgehängt sind, ohne jedoch zu leiden, aber auch ohne die Gegenwart Gottes zu genießen. Cäsars Ratgeber Curion, der ihm geraten hatte, den Rubikon zu überschreiten, ist bei den Unfriedenstiftern, während seine Mörder, Brutus und Cassius, in der allertiefsten Hölle bei Judas sind, wo sie von Luzifer als Verräter ihres Herrn zerrissen werden. Dies bestätigt, daß Dante eigentlich die Sünden und nicht konkrete Menschen verurteilt. Die Namen, die er nennt, sind nur Symbole, Bilder, die dieses oder jenes Vergehen illustrieren sollen. Als Person ist Cäsar ein tugendhafter Heide und gehört in den Limbus, als Politiker ist er ein gefährlicher Unfriedenstifter, als Staatschef verkörpert er eine heilige Funktion, seine Mörder werden also verdammt.

Manche Verdammte findet man nicht dort, wo man sie gesucht hätte. So befinden sich Mohammed und Ali nicht unter den Häretikern des sechsten Kreises, sondern bei den Unfriedenstifern im neunten Graben des achten Kreises, wo sie unaufhörlich von einem Dämon in zwei Teile gehauen werden. (XXVIII.,22–42)

Zu erwähnen wäre noch, im Graben der Wahrsager und Zauberer, »Michel Scotus, der es nicht verschmäht, zu treiben das Gaukelspiel der Hölle« (XX,115). Dieser Schotte, der Astrologe Friedrichs II. war, liegt in der Abtei von Melrose begraben; im Graben der Heuchler ist Kaiphas auf den Boden gekreuzigt, und im Kreise der Verräter befindet sich Ganelon, der Stiefvater Rolands, in Gesellschaft von historisch klar belegten italienischen Zeitgenossen Dantes.

Die neue Sündeneinstufung Dantes

Die Einstufung der Sünden, wie Dante sie vorgenommen hat, stellt eine originelle Synthese der Gedanken des Aristoteles, Ciceros und des Christentums dar. Aristoteles unterschied drei Kategorien schlechten Verhaltens: Unbeherrschtheit oder zügelloser Appetit, tierisches Verhalten oder pervertierter Geschmack, böses oder lasterhaftes Verhalten, das heißt schlechte Anwendung der Vernunft, dieser typisch menschlichen Fähigkeit. Cicero seinerseits unterschied gewalttätiges und verräterisches Verhalten. Durch Kombination dieser beiden Klassifizierungen kommt Dante zu drei Kategorien von Sünden: Sünden der Zügellosigkeit, unterteilt in vier Kreise; Sünden der Gewalttätigkeit oder der Bestialität; Sünden des Verrats, unterteilt in zwei Kreise. Zwei Kategorien fügt er noch hinzu, die sich nicht auf das Handeln, sondern auf den Glauben beziehen: Unglaube und Ketzerei, also Sünden, die besonders eng mit dem Christentum verbunden sind.

Eine seiner Neuerungen ist die Schaffung eines Vorhofs zur Hölle, einer Vorhölle, wozu er sich vielleicht durch die *Aeneis* inspirieren ließ, die bei ihm jedoch einen bisher unbekannten psychologischen und äußerst interessanten Sinn annimmt. Dort findet man die große Menge der Unentschlossenen, jener, die sich niemals für oder gegen etwas entschließen konnten, die es ablehnten, ein Gut zu wählen, aus Angst, ein anderes dadurch zu versäumen, die sich niemals engagierten, weder für das Gute noch für das Böse. Man kann in ihnen die Lauen sehen, von denen die Apokalypse sagt: »Ich kenne deine Werke und weiß, daß du weder kalt bist noch heiß. Wärest du doch kalt oder heiß! So aber, weil du lau bist und weder heiß noch kalt, so will ich dich ausspeien aus meinem Munde« (3,15–16). Es sind aber auch die Enttäuschten, die Skeptischen, und Dante unterwirft sie einer geeigneten Strafe: Sie gehen hinter einer Standarte her, unablässig im Kreise, werden ständig von Wespen und Bremsen gestochen, kommen dabei nirgendwo hin, bringen nichts zustande. Vergil sagt von ihnen:

> [. . .]: »In dieser Jammersphäre
> Nimmst du die traurigen Seelen jener wahr,
> Die ohne Schmach gelebt und ohne Ehre.

> Vermischt sind sie der schlimmen Engelschar,
> Die einstmals nicht gewagt zu rebellieren,
> Noch treu zu bleiben, die für sich nur war.
>
> Die Himmel jagten sie, nicht zu verlieren,
> Noch auch empfängt sie dieser tiefe Schlund,
> Die Bösen möchten sich mit ihnen zieren.«
>
> Und ich: »O Meister, sprich, was ist der Grund,
> Warum sie so bejammern ihre Leiden?«
> »Ich fasse mich ganz kurz«, tat er mir kund.
>
> »Sie haben keine Hoffnung, zu verscheiden;
> Ihr Leben ist so trostlos, blind und wehe,
> Daß jedes andre Schicksal sie beneiden.
>
> Die Welt spricht nicht von ihnen, und ich sehe,
> Dem Recht und Mitleid sind sie gleich verhaßt:
> Kein Wort mehr drüber, sondern schau und gehe!«
>
> Ich schaute eine Fahne so in Hast
> Im Kreise schwirren um die Unglücksstätte,
> Daß sie mir abhold schien der kleinsten Rast,
>
> Dahinter zogen in so langer Kette
> Der Geister Scharen hin: ich glaubte nicht,
> Daß Tod so viele abgetan schon hätte.
>
> (XXX,34–57)

Diese Masse von Mittelmäßigen repräsentiert für Dante die Mehrheit der Menschen, und dadurch, daß er sie mit den Feigen gleichstellt, macht er aus ihnen einen verächtlichen Haufen. Diese übervölkerte Vorhölle trägt den Stempel einer Epoche voller Leidenschaft, in der viele bereit sind, für Ideen zu sterben und zu töten. Für diese leidenschaftlichen Menschen, die alle davon überzeugt sind, die Träger der Wahrheit zu sein, ist das Sich-nicht-entscheiden-Wollen ein Zeichen von Feigheit. Ihr Jenseits ist das aller Fanatiker: Die Hölle für die Unentschlossenen, der Himmel für die Kämpfer Gottes, des wahren Gottes, versteht sich, der die Seinen erkennt.

Nach dem Vorraum bildet der Limbus ein Zwischenstadium, das die offizielle kirchliche Doktrin der damaligen Zeit widerspiegelt.

Dort findet man alle Gerechten, die nicht getauft wurden; sie haben nichts Böses getan, manche haben sogar viel Gutes getan, sie haben jedoch das Pech gehabt, vor der christlichen Offenbarung zu leben. Gewiß, sie leiden nicht, dennoch ist ihre Lage kaum beneidenswert: Sie seufzen nach dem Glück, das zu erlangen sie keinerlei Chancen haben. Vergil klärt Dante darüber auf, »daß sie nicht sündigten, daß ihr Verdienst nicht ausreicht, da sie keine Taufe kannten, die Pforten jenes Glauben, dem du dienst. Und lebten sie bevor dem Gottgesandten, verehrten Gott sie unzulänglich bloß, und ich bin selber unter den Genannten« (IV,33–39). Als Christus zur Hölle hinabstieg, hat er wohl Adam, Abel, Noah, Moses, Abraham, David, Israel, Rachel und einige andere herausgeholt, aber für die, welche dort bleiben mußten, gibt es überhaupt keine Hoffnung mehr. So schmachten auf ewig in der Hölle: Homer, Horaz, Ovid, Lucian, Elektra, Hektor, Aeneas, Sokrates, Platon, Diogenes, Anaxagoras, Empedokles, Thales, Heraklit, Euklid, Seneca, Hippokrates und zahlreiche andere.

Hier folgt Dante der harten Linie des Christentums, denn bei vielen Kirchenvätern kamen, wie wir gesehen haben, alle diese Berühmtheiten in den Himmel. Davon kann hinfort nicht mehr die Rede sein: Die Taufe ist eine absolute Vorbedingung zur Erlangung des Heils. Wer vor der Offenbarung oder außer ihr gelebt hat, der hat Pech gehabt.

Der Kreis der Lasterhaften zeigt, daß Dante im Einverständnis mit der kirchlichen Orthodoxie ist und sich von der strengen Moral der klösterlichen Kreise distanziert. Wenn die Sünde des Fleisches mit einer vom Partner erwiderten Liebe einhergeht, so ist sie äußerst gering. Gewiß sind die großen Liebenden alle in der Hölle, jedoch nur im zweiten Kreis und mit einer relativ leichten Strafe belegt: Sie werden von einem Sturm hin und her geworfen, ohne Unterlaß. Sie sind dort, weil sie die Vernunft dem Verlangen untergeordnet haben: Semiramis, Kleopatra, die »Lasterhafte«, die schöne Helena, Achilles, Paris, Tristan, Paolo und Francesca da Rimini, vereint in der Verdammnis wie in ihrer schuldhaften Liebe. Dante spricht übrigens seine Verwunderung aus, in der Hölle derart viele Ritter und Edelfrauen getroffen zu haben, Helden der höfischen Abenteuer, die von der Aristokratie der Zeit ungemein geschätzt wurden. Es ist dies ein Zeichen dafür, daß sich Kirche und weltliche Macht zu trennen beginnen.

Sehr viel tiefer liegt der siebte Kreis mit den Wucherern und den Homosexuellen. Diese auf den ersten Blick befremdliche Zusammenstellung belegt indes einmal mehr, daß sich Dante auf der symbolischen Ebene bewegt. Die Homosexuellen machen einen natürlichen Fruchtbarkeitsinstinkt steril, während die Wucherer ein von Natur aus steriles Gut fruchtbar machen.

Das Werk verdient seinen guten Ruf, sowohl durch seine eigene Qualität als auch dadurch, daß es Aufschluß gibt über die mittelalterliche christliche Welt, Erbe der griechisch-römischen Zivilisation. Es ist eine perfekte Darstellung der zugleich volkstümlichen, intellektuellen und theologischen Hölle, in der es derart von Verdammten wimmelt, daß man im achten Kreis fast Einbahnstraßen einführen müßte, wie es im großen Jubeljahr 1300 in Rom geschehen ist, um die Pilgerströme zu kanalisieren. Dantes Welt ist zweifellos der Höhepunkt der klassischen Geschichte der Hölle. Das Zustandekommen eines so perfekten Gebäudes ist der beste Beweis für die Banalisation der Hölle, Resultat und Krönung einer langen Reifezeit. Wie Reims oder Amiens die Perfektion der gotischen Klassik symbolisieren, so ist Dantes *Hölle* die Kathedrale des Bösen, das unterirdische Meisterwerk mit umgekehrtem Aufbau, das Ergebnis einer langen Reflexion über die Verdammnis.

So wie die Gotik ihre spätgotischen, grandiosen Ausschweifungen erleben wird, so wird sich die Hölle mit ihren ausschweifenden Qualen selbst übertreffen. Das Ende des 13. Jahrhunderts ist Ende und Apotheose der »vernünftigen« Hölle zugleich. Dies gilt auch für das Gebiet der Theologie.

IX
Theologie und Doktrin der scholastischen Hölle (11.–13. Jahrhundert)

Die volkstümliche Hölle geht der theologischen Hölle immer voraus. Da sie mehr auf die Phantasie als auf die Vernunft gegründet ist, entwickelt sie sich mit den Visionen und den Bedürfnissen des Kirchenvolkes. Sie kümmert sich kaum um das Dogma und verarbeitet die verschiedenartigsten Elemente, die der Mythologie und heidnischen Religionen ebenso entnommen sind wie dem Christentum. Die theologische Hölle hingegen läßt mehr Vorsicht walten. Sie muß sich an die Gegebenheiten der Offenbarung halten, die recht dürftig sind, und an die Entwicklung des Dogmas, die äußerst langsam vor sich geht. Die Theologen verachten die volkstümliche Hölle und sprechen so gut wie nie davon, und Thomas von Aquin erklärt einfach, daß alles, was man über die Hölle sagt, symbolisch verstanden werden muß.[1]

Weltliche und göttliche Rechtsprechung

Indessen entsteht die Theologie nicht im rein Geistigen, denn sie ist eng an die intellektuellen Wissensgebiete gebunden, insbesondere an die Philosophie und an die Jurisprudenz. So hängen die eschatologischen Betrachtungen und die Vorstellungen vom Leben im Jenseits weitgehend von den philosophischen Begriffen der Zeit und vom jeweils geltenden Strafrecht ab. Jede Epoche sieht die biblischen Texte im Licht ihrer eigenen Wertvorstellungen, deshalb triumphiert im 12. und 13. Jahrhundert die Dialektik mit ihrer Forderung nach Genauigkeit, Klarheit, Unterscheidung und Bewei-

---

1 Thomas v. Aquin, *Summa theologica*, Zus. z. 3. Teil, Frage 97, Art. 2.

sen. Gleichzeitig festigt sich das kanonische Recht in den Werken des Petrus Lombardus und des Gratianus, was sich darin zeigt, daß das Studium des Individualfalles gründlicher und genauer wird. Daneben schieben sich die Betrachtungen über die Rechtsprechung in den Vordergrund der gesellschaftlichen Anliegen, denn die Gerichtsbarkeit ist die Prärogative der Lehnsherren und Könige, die sich immer mehr in die Angelegenheiten der Vasallen einmischen. In die kirchliche Gerichtsbarkeit ist eine Bresche geschlagen, ihr sind nur noch bestimmte Fälle vorbehalten. Lehnsherrliche, kirchliche und königliche Rechtsprechung stehen nebeneinander und versuchen, sich die Prozesse gegenseitig abzujagen. Die Rechtsprechung ist allgegenwärtig, unverzüglich und streng: Geldbußen, Kerker und Galgen des Lehnsherrn, des Bischofs und des Königs wetteifern miteinander um ihre Wirksamkeit. In dieser allgemeinen Atmosphäre von Konkurrenz entwickelt sich das Recht weiter, wobei die Rechtsgelehrten des Königs, die aus den zivilrechtlichen Fakultäten des 13. Jahrhunderts kommen, schnell die Oberhand gewinnen und zu einer Renaissance und Verbreitung des römischen Rechts beitragen, das klarer und präziser ist als das jeweils herrschende örtliche Recht.

Nun stehen aber die theologischen Fakultäten, an denen die Hölle, und die juristischen Fakultäten, an denen das weltliche Recht ausgearbeitet wird, in Verbindung. Oft sind die Kleriker Doktoren beider Rechte. Sie kommen alle immer mehr unter den Einfluß des römischen Rechts, das die Erfordernis der Klassifizierung und der Unterscheidung betont. Diese juristischen Imperative färben wiederum auf die Konzeption der Hölle ab. Zunächst durch das Einwirken der Kirchenrechtler: In seinem um 1140 entstandenen *Decretum Gratiani* erörtert Gratianus die Bedingungen, aufgrund derer man in die Hölle oder in den Himmel gelangt, und hält dabei die Einteilung der Menschen in vier Kategorien aufrecht: die Guten, die Bösen, die Nicht-ganz-Guten und die Nicht-ganz-Bösen. In seinem *Liber sententiarum* unterscheidet Petrus Lombardus bestimmte Grade von Verderbtheit bei den Verdammten und schlägt dafür verschiedene Strafen vor. Dieses um 1155 geschriebene Werk weist im Verhältnis zu den Schriften des Hugues de Saint-Victor, einem 1141 verstorbenen Pariser Kanoniker, schon einen gewissen Fortschritt in Richtung auf eine Klärung auf, obwohl es die einzelnen Kategorien und das Schicksal, das jede erwartet, noch nicht festlegt, und ganz besonders über das Geschick derer, die nicht ganz gut oder nicht ganz böse sind, herrscht weiterhin Unklarheit.[2]

Zwischen 1150 und 1300 macht der Begriff Gerechtigkeit einen spektakulären Fortschritt, und ganz besonders bei der königlichen Rechtsprechung, wo man im Gegensatz zu der parteiischen und egoistischen Rechtsprechung der Lehnsherren den Gedanken einer idealen und unparteiischen Rechtsprechung pflegt. Die rivalisierenden Monarchien der Plantagenets und Kapetinger entwickeln die Gerichte weiter unter dem Einfluß Heinrichs II. und Heinrichs III. einerseits und Sugers, Philipp Augusts und Ludwigs des Heiligen andererseits. Seit Yves von Chartres und seinem Dekret aus dem Jahr 1094 bereichert auch das kanonische Recht die Regelung der Rechtsprechung unter Berufung auf die Heilige Schrift, was die dem Richtspruch beigemessene Bedeutung erhöht.[3] Man kann das an der Ikonographie ablesen, wo der Jüngste Tag immer mehr zum Jüngsten Gericht wird, mit einer Scheidung von Guten und Bösen. Bis zur ersten Hälfte des 12. Jahrhunderts sieht man hauptsächlich den in seiner Glorie wiederkehrenden Christus, wie er in der Apokalypse erscheint: riesig, alles in sich vereinend und die Welt verklärend. Wenn man das Kirchenportal von Beaulieu (Beginn des 12. Jahrhunderts) mit dem von Sainte-Foy de Conques (1130–1150) vergleicht, so kann man die Entwicklung deutlich feststellen. Beim ersten ist noch der Christus der Apokalypse dominierend, die Auferstehung der Toten ist zwar zu sehen, jedoch recht diskret dargestellt, und das Gericht gilt einfach als selbstverständlich, denn die Auserwählten marschieren direkt ins Paradies, während die Verdammten am unteren Rand des Bogenfeldes nicht sehr ins Auge fallen. In Conques hingegen ist Christus eindeutig der Richter, und damit dies auch jeder weiß, steht diese Funktion auf seinem Heiligenschein geschrieben: *Judex*. Darunter ist die Scheidung der Guten von den Bösen zu sehen, und von nun an wird beiden Kategorien bei der Darstellung gleich viel Platz zugewiesen. In Autun und Saint-Denis kann man die gleiche Beobachtung machen: Hier wird die Weiterentwicklung des Richterthemas noch

---

2 O. Lottin, »Questions inédites de Hugues de Saint-Victor«, in: *Recherches de théologie ancienne et médiévale*, 1960, S. 59–60.
3 S. Kuttner, *Kanonistische Schuldlehre von Gratian bis auf die Dekretalen Gregors IX.*, Vatikan 1935.

deutlicher, da Suger, der die Arbeiten überwachte, ebenfalls die Inschrift *Judex* anbringen ließ und dazu noch den Text aus Matthäus: »Kommt zu mir, Ihr Gebenedeiten meines Vaters; euer ist das Himmelreich.«

Zur gleichen Zeit beschreibt Julian von Vézelay in seinen Predigten das Jüngste Gericht in sehr juristischer Manier. Der Prozeß jedes Menschen läuft mit der Vernehmung von Zeugen, Anklagerede des Anwalts und Urteilsspruch eines Richter genau nach der juristischen Verfahrensordnung ab. Er zieht ausdrücklich Vergleiche mit der zeitgenössischen Praxis, unterscheidet zwischen geistigen und körperlichen Strafen, laizistischer und kirchlicher Rechtsprechung und erwähnt Richard, Herzog von Burgund, der am Ende des 9. Jahrhunderts »gegen die Bösewichte streng und unerbittlich Recht sprach und keinen Schuldigen entkommen ließ, der eines Verbrechens überführt war«.[4] Weshalb sollte Gott nicht zu schrecklichen Strafen verurteilen, wenn die Lehnsherren als Inhaber der obersten Gerichtsbarkeit das Recht haben, verstümmeln, enthaupten, Augen ausstechen und hängen zu lassen? Aus der *Chronik von Vézelay* erfahren wir übrigens, daß die klösterliche Gerichtsbarkeit sich nicht scheue, diese Strafen auch Wilddieben aufzuerlegen, die auf ihren Ländereien gefaßt wurden.

Im 13. Jahrhundert wird die Darstellung des Jüngsten Gerichts ausgebaut. Immer mehr Personen werden daran beteiligt. Christus, der Richter, ist zum König inmitten seines Hofstaates geworden, Apostel und Engel nehmen an dem Verfahren teil: Sankt Michael wägt und scheidet mit seinem Schwert, Maria und Johannes kommen hinzu. Auf der anderen Seite wird das Gericht immer individueller und verliert seinen kollektiven Charakter. Die guten und schlechten Taten jedes einzelnen werden in einem Register eingetragen, das einer Kontenaufstellung der aufsteigenden Zunft der Kaufleute mit Soll und Haben entspricht. Die Verbindung zwischen der Verbesserung der Handelspraktiken und der Aufrechnung von guten und bösen Taten ist kein Zufall. Die Verurteilung zur Höllenqual ergibt sich hinfort aus dem obersten Richtspruch des Gott-Richters und der mathematischen Aufrechnung guter und böser Taten.

---

4 Julien de Vézelay, *Sermons*, a. a. O., Predigt 23, S. 537.

Die Sünden, die zur Hölle führen

Eine solche Bilanz setzt voraus, daß die Schwere der begangenen Sünden bewertet wird, und so entwickelt sich die Theologie der Sünden, die eine Kasuistik und eine Hierarchie der moralischen Sünden erstellt. Im 12. Jahrhundert taucht die Unterscheidung zwischen läßlicher Sünde und Todsünde auf, wobei nur letztere eine Verdammnis nach sich zieht. Man hatte freilich schon lange zwischen leichteren und schweren Sünden unterschieden, von nun an wird die Unterscheidung jedoch offiziell, sie wird »juristischer«, könnte man sagen, denn sie bestimmt das ewige Geschick jeden Individuums. In die Hölle kommt, wer im Stand der Todsünde stirbt. Hier ist nun eine genaue Definition vonnöten, und man wird sie auf den Begriff des Vorsatzes gründen: Die Todsünde ist ein willentlicher Akt der Verachtung Gottes, wissentlich und mit vollem Einverständnis begangen. Gilbert de la Porrée, Anselm von Laon, Alain von Lille, Hugues de Saint-Victor und Abélard arbeiten in diesem Sinn eine Theologie der Sünde aus. Die Versuche, einen Katalog der Todsünden aufzustellen, bleiben jedoch erfolglos, da nämlich alles auf dem Geheimnis des Gewissens beruht, in dem der Vorsatz angesiedelt ist. Dieselbe Sünde kann, je nach den Motivationen, läßlich oder Todsünde sein, was endlose Diskussionen zwischen den Theologen zur Folge hat.[5] Von nun an kann man immer erklären – wie es eine Abhandlung der Schule von Laon zu Beginn des 12. Jahrhunderts tut –, daß es »einer verschiedenen Strafe für die Todsünden und die läßlichen Sünden bedarf, denn Todsünden, das heißt diejenigen, welche zur Verdammnis führen, werden wissentlich und aus freiem Willen begangen. Die anderen Sünden, die von der unüberwindlichen Schwäche des Fleisches oder von der unüberwindlichen Unwissenheit herrühren, sind läßlich, das heißt nicht verdammenswürdig.«[6] Wie aber sollte man über die Schwere der Sünden entscheiden?

Hier erscheint nun die Rolle des Beichtvaters, deren Wichtigkeit auf dem Laterankonzil 1215 (LATERANUM IV) bestätigt wird: Die jährli-

---

5 R. Blomme, *La doctrine du péché dans les écoles théologiques de la première moitié du XIIe siècle*, Löwen 1958.
6 O. Lottin, *Sententiae Atrebatenses*, in: *Recherches de théologie ancienne et médiévale*, Bd. X, 1938, S. 344.

che Ohrenbeichte wird obligatorisch. Jeder muß sich also selbst prüfen, und der Priester muß über die Schwere des Fehlers und die angemessene Buße befinden. Um ihm diese Aufgabe zu erleichtern, werden Handbücher für den Beichtiger entwickelt, von denen die der Dominikaner am berühmtesten sind.[7] Ihre Kasuistik ermöglicht eine sehr feine Abstimmung des Schweregrades der jeweiligen Sünden, wobei die Rangfolge sich übrigens mit den soziokulturellen und ganz besonders mit den sozioökonomischen Veränderungen ebenfalls verändert. Die Schwankungen im Sündenkatalog sind sehr aufschlußreich. Im 2. Jahrhundert gab es drei sehr schwere Vergehen: Abtrünnigkeit, Ehebruch und Mord. Tertullian fügte denen, die einer öffentlichen Bestrafung bedurften, noch hinzu: Gotteslästerung, Lüge, Betrug, Hurerei. Im 6. Jahrhundert zählte Caesarius von Arles zu den schweren Sünden: Sakrileg, Mord, Ehebruch, falsches Zeugnis, Diebstahl, Hochmut, Neid, Geiz, anhaltender Zorn, Trunksucht – alles Vergehen, die die soziale Ordnung beeinträchtigen, die öffentlich sichtbar sind und die zwischenmenschlichen Beziehungen stören. Bald sollten jedoch zwei andere Sünden den ersten Platz einnehmen, nämlich Hochmut und Habgier oder Geiz, beide typisch für eine Gesellschaft, in der Militär und Mangel herrschen. Hochmut ist die Sünde des Soldaten, des Ritters, und verleitet ihn zu zahlreichen Anmaßungen über den Besitz der anderen. Habgier ist die Sünde des Handwerkers, des Kaufmanns und aller in Lohn stehenden Arbeiter sowie der Diener der Justiz. Sie bewirkt die Konzentration der Güter in der Hand einiger weniger und weiht die anderen dem Elend. In den endlosen Reihen der Verdammten ist immer der Geizige mit seiner prallen Geldkatze dargestellt. Der Aufschwung der Städte, des Handels, der Wucher, sie führen zum Entstehen neuen Reichtums, der von den Moralisten als unrecht empfunden wird. Für den Reichen ist es unmöglich, in den Himmel zu kommen: Diese Auffassung wird so selbstverständlich, daß es kaum noch einen Kaufmann gibt, der sich ruhigen Gewissens seinen Aktivitäten hingibt. Viele versuchen, sich auf ihre alten Tage durch großzügige Stiftungen freizukaufen.

Das Kloster allerdings sieht weiterhin in der Unkeuschheit die

---

7 C. Vogel, *Libri poenitentiales*, Typologie des sources au Moyen Age occidental, fasc. 27, Turnhout 1978.

Hauptsünde, und wer sich dieser Sünde schuldig macht, kommt automatisch in die Hölle, was für die Reichen nicht zutrifft. Zu einer Zeit, da das Zölibat der Priester noch nicht allgemeinverbindlich ist, ist das Denken der Mönche noch von der Fleischessünde beherrscht, was die Popularität des Themas von der Versuchung des heiligen Antonius klar zeigt. Das Prestige der Mönche und der Einfluß, den ihre Predigten ausüben, tragen schon im 11. Jahrhundert dazu bei, aus der Unkeuschheit eine der schwersten Sünden zu machen. In den Darstellungen des Jüngsten Gerichts sind die Unkeuschen immer sehr sichtbar unter den Verdammten plaziert, und ihr Laster ist sehr deutlich erkennbar.

Es gibt Berufe, die von vornherein als verdammenswert gelten, und im Hochmittelalter war ihre Liste sehr lang. Dazu gehören ganz allgemein alle Berufe, die nicht unmittelbar mit dem Ackerbau in Zusammenhang stehen, der einzig ehrenwerten Tätigkeit in dieser ländlichen Welt. Des weiteren zählte man dazu die Berufe, die mit alten Tabus in Zusammenhang gebracht wurden, wie dem Tabu des Blutes (Metzger, Barbier, Wundarzt), dem Tabu des Schmutzes (Färber, Gerber, Koch), alle Berufe, die in engerer oder weiterer Beziehung etwas mit Obszönität zu tun hatten (Prostituierte, Gaukler, Schankwirte). Die Entwicklung der Städte, die Diversifikation der Bedürfnisse und die fortschreitende Scholastik förderten die Toleranz, so daß im 12. Jahrhundert nur noch die Gaukler und die Prostituierten die Hölle verdienten, und auch da scheint es Ausnahmen zu geben. In den Predigten findet man dafür ein Beispiel. Es ist da die Rede von einem Gaukler, der Papst Alexander III. bat, ihm zu sagen, wie er der Hölle entgehen könne. Worauf der Papst geantwortet haben soll, daß er, da er nichts anderes gelernt habe, in seinem Beruf fortfahren dürfe, sich dabei aber allen zweideutigen oder obszönen Gebarens enthalten müsse.[8]

Die Trilogie Hochmut-Habgier-Unkeuschheit führt also den Katalog der schweren Sünden im Mittelalter an, wobei die Reihenfolge je nach Ort und Epoche veränderlich ist. Diese drei liefern zusammen das größte Kontingent der Verdammten, was normal ist in einer Gesellschaft, deren Wertvorstellungen von der Geistlichkeit bestimmt werden. Und sind diese drei Sünden nicht die Antithese

---

8 J. Le Goff, *Pour un autre Moyen Age*, Paris Gallimard 1977, S. 91.

der Mönchsgelübde Gehorsam, Armut und Keuschheit? Das Ideal der Geistlichen wird also zum Ideal der gesamten christlichen Gesellschaft erhoben, und so muß man, um das Heil zu erlangen, demütig, arm und rein sein. Umgekehrt kommen die Hochmütigen, Habgierigen und Unkeuschen in die Hölle, ohne Ansehen ihrer Stellung, und so zeigen auch die Fresken und Skulpturen Bischöfe und Fürsten (Hochmut), Mönche und Frauen (Lasterhaftigkeit) und Bürger (Reichtum) kunterbunt durcheinandergewürfelt im Rachen des Leviathan.

Entstehung des Fegefeuers und Einbeziehung des Jenseits in den kommerziellen Kreislauf

Wie es nun Abstufungen in der Sünde gibt, so muß es auch Abstufungen bei der Strafe geben. Hier ist die große Erfindung des Mittelalters das Purgatorium, dessen Geschichte Jacques Le Goff nachgezeichnet hat. Wir wollen auf einige Bestandteile eingehen, denn das Fegefeuer ist eine Filiale der Hölle. Die Qualen sind hier von gleicher Art, nur mit dem einen – allerdings riesengroßen – Unterschied, daß sie nicht ewig dauern. Schon lange vor dem 12. Jahrhundert hatten die Theologen eingesehen, daß es für die Masse der Gläubigen notwendig ist, die Seele vor dem Eintritt ins Paradies zu läutern, für eben die Masse derer, die nicht ganz gut, aber auch nicht ganz schlecht sind. Die Visionen der Mönche gestanden dem läuternden Feuer einen bedeutenden Raum zu. So existiert das Fegefeuer seit den ersten Jahrhunderten schon im Denken der Christen als einfache Forderung der Gerechtigkeit und des gesunden Menschenverstands. Die Masse der Gläubigen verdient weder die ewige Verdammnis noch die übergangslose Glückseligkeit. Die menschliche Rechtsprechung verurteilt nicht zur Todesstrafe wegen jeden beliebigen Vergehens, sie hat eine ganze Reihe von abgestuften Sanktionen. Sollte die göttliche Rechtsprechung weniger sachdienlich beschaffen sein? Für viele bedürfen sogar die Heiligen der Läuterung, denn hienieden ist keiner vollkommen. Das Prinzip des Fegefeuers ist also schon seit den Kirchenvätern anerkannt, der Begriff selbst bleibt jedoch lange Zeit sehr vage. Die einen sprechen noch von Abrahams Schoß als einem Ort, an dem man einfach wartet und sich erholt; die anderen sprechen von einer oberen Hölle, in der man eine vorläufige Behandlung erfährt; für die einen beginnt sie gleich nach dem Tod, die anderen verschieben die Läuterung bis nach dem Jüngsten Gericht.

Nach all dem, was vorher war, bringt das 12. Jahrhundert nun etwas Ordnung in die Angelegenheit. War die Forderung zuvor vage und qualitativ, so wird sie jetzt präzise und quantitativ. Der Aufstieg der Handel treibenden Bürgerschicht, der Fortschritt in den Methoden der Buchführung, die Forderung nach dem Delikt angemessenen Strafen in der Justiz, all dies schafft einen günstigen Rahmen für eine Quantifizierung der Buße im Fegefeuer. Mit dem Fortschreiten der mathematischen Methoden nimmt auch diese Entwicklung zu, dergestalt, daß im 14. Jahrhundert manche Denker, wie die Nominalisten von Oxford, sogar die moralischen und geistigen Probleme in Gleichungen fassen. Hinzu kommt auch, daß das Ende der Welt in weitere Ferne rückt, was das Interesse für die Zeit zwischen Tod und Jüngstem Gericht verstärkt: Hier ließe sich eine Zeit der Läuterung unterbringen. Da man nun annimmt, daß die Fürsprache der Heiligen und die Gebete der sichtbaren Kirche Strafminderungen für die leidenden Verstorbenen erreichen können, sind alle notwendigen Elemente für eine Buchführung und ein Feilschen bezüglich der Strafen vereint. Die Kombination der soziokulturellen und theologischen Bedingungen macht die Offizialisierung und Banalisierung des Purgatoriums möglich. Im Jahr 1274 wird es vom Konzil von Lyon zur Doktrin erklärt, war aber schon vorher, besonders von Pierre le Chantre, Lehrmeister der Schule von Notre-Dame de Paris (gestorben 1197), und Simon von Tournai (gestorben 1201) verbreitet worden, zumal es großen Anklang fand. Zu Anfang des 13. Jahrhunderts bestätigt Innozenz III. das Purgatorium in einer Allerheiligenpredigt, in der er von fünf Wohnstätten der Seele spricht: vom höchsten Ort, dem Himmel, für die Guten, vom schmählichsten Ort, der Hölle, für die Bösen, und von drei anderen, dazwischenliegenden Orten für die mittelmäßig Guten, die Halbguten und die mittelmäßig Schlechten. Wer sich in einem dieser drei Orte befindet, die zusammen das Purgatorium darstellen, kann von den Gebeten und frommen Stiftungen der Lebenden profitieren.

Nun kann das große Feilschen beginnen. Hierbei handelt es sich um eine bedeutende Etappe im Prozeß der Banalisierung der höllischen Gefilde: Ablaßbriefe werden gehandelt, Strafmilderungen kann man kaufen – mit Gebeten, versteht sich –, aber auch mit Geld; denn Gebete kann man kaufen. Seit dem 13. Jahrhundert kann man diese paradoxe Situation erleben. Die reichen Kaufleute, die wegen ihrer Habgier von der Verdammnis bedroht sind, machen aus ihrer Sünde eine Tugend, indem sie große Schenkungen vornehmen, die ihnen Dank, Hochachtung und manchmal sogar Heiligsprechung seitens der Kirche einbringen. Alle Historiker, die sich mit diesem Stoff befassen, haben dies festgestellt. J. Heers spricht von Tausenden von Messen, die sich die Reichen für ihr Seelenheil leisten.[9] J. Lestoquoy macht bei den flämischen Kaufleuten und Bankiers die gleiche Beobachtung.[10] J. Schneider spricht von einem Kaufmann aus Metz, der um 1300 der Kirche mehr als die Hälfte seines Vermögens vermacht.[11] Kurz, die mittelalterlichen Händler haben die Lehren des Lukas wohl beherzigt: »Auch ich sage euch: ›Machet euch Freunde mit dem ungerechten Mammon, damit man euch, wenn er zu Ende geht, in die ewigen Zelte aufnimmt‹« (16,9). »Macht euch Beutel, die nicht veralten, einen Schatz in den Himmeln, der nicht versiegt, wo kein Dieb herankommt und keine Motte zerstört, denn wo euer Schatz ist, da wird auch euer Herz sein« (12,33). Gebete sind eine vortreffliche Anlage, sicher und von Schwankungen nicht betroffen ermöglichen sie, der Hölle zu entgehen und die Dauer des Fegefeuers zu verkürzen.

A. Sapori hat den »dramatischen Kontrast« sehr gut zum Ausdruck gebracht »zwischen dem täglichen Leben dieser kühnen, hartnäckigen Männer, Schöpfer großer Vermögen einerseits und der Furcht vor der ewigen Strafe, in der sie andererseits lebten, weil sie Reichtümer mit zweifelhaften Mitteln angehäuft haben«.[12] Ihre Gewissensbisse werden mit wachsendem Alter schlimmer: Selbst wenn der Kaufmann in seinen guten Jahren unbeirrt weiter Handel treibt, seinen Wechselgeschäften nachgeht und Geld leiht, so weiß er doch, daß die Kirche mit dem Finger auf ihn zeigt, und das vergällt ihm sein Gewinnstreben. Der italienische Handelsmann vergißt nicht, in seinen Büchern »dem lieben Herrgott« seinen Anteil am Gewinn in Form von handfesten Almosen auszuweisen,

---

9 J. Heers, *L'Occident aux XIVe et XVe siècles*, Paris 1966.
10 J. Lestoquoy, *Les villes de Flandres et d'Italie*, Paris 1952.
11 J. Schneider, *La ville de Metz aux XIIIe et XIVe siècles*, Nancy 1950.
12 A. Sapori, *Le Marchand italien au Moyen Age*, 1952.

denn er, der sein Leben mit Zählen verbringt, stellt sich Gott wie einen großen Buchhalter vor. Der schlechte Ruf, den er der Kirche verdankt, belastet sein Gewissen und wenn er alt wird, übermannt ihn oft die Angst, und er gibt alles zurück in seinem Testament. Selbst ein so unbarmherziger Mann wie Jean Boinebroke ist nicht frei von dieser Angst, wenn er zu einer Färberin, die er schamlos ausbeutet, kurz angebunden sagt: »He, Gevatterin, ich schulde euch nichts, soviel ich weiß, aber ich werde euch in meinem Testament bedenken!« Francesco di Marco aus Prato, gewinnsüchtig wie kaum einer, hinterläßt fast sein ganzes Heller für Heller zusammengetragenes Vermögen (75 000 Florin) den Armen.

Andere begnügen sich nicht mit diesem posthumen Verteilen, das ihnen ja nicht weh tut, sondern geben im Alter ihre Geschäfte auf, um sich in ein Kloster zurückzuziehen: Es ist erstaunlich festzustellen, daß das Der-Welt-Entsagen bei den Kaufleuten häufiger ist als bei den Rittern. Man gibt offenbar leichter das Geld auf als das Schwert, und die Lehre der Kirche hat in der Welt des Handels mehr Gewicht als in der Welt des Krieges. Vielleicht deshalb, weil der besser ausgebildete Kaufmann schon einen mehr verinnerlichten, reflektierten Glauben hat, der ihn dazu treibt, die kirchliche Auffassung, daß das Alter die Vorbereitung zum Heil darstellt, in die Praxis umzusetzen. Der in der Stadt lebende Kaufmann besucht oft das Kloster, dessen religiöse Ansprüche bedeutend höher sind als die des Gemeindepriesters, und die Lehre der Mönche prägt ihn mehr als er glaubt. Nicht von ungefähr ist das Ideal der absoluten Armut, der Bettelmönche, mit François Bernardone im Kaufmannsmilieu entstanden!

Lange vor ihm, zu Beginn des 12. Jahrhunderts, war der Kaufmann Godric de Finchale heiliggesprochen worden, wie später, im Jahre 1197, der Großkaufmann Cremone Homebon. Ohne bis zur Heiligkeit vorzudringen, verspüren doch viele Kaufleute im Alter das Bedürfnis, sich Gott zu nähern, und ziehen sich gegen Ende ihres Lebens in ein Kloster zurück. Anfang des 12. Jahrhunderts läßt Werimbold von Cambrai seine Ehe für ungültig erklären, und beide Ehegatten gehen ins Kloster, nachdem sie ihre Besitztümer an die Abteien Saint-Aubert und Sainte-Croix gegeben haben. 1178 zieht sich Sebastiano Ziani, dessen Reichtum sprichwörtlich ist, ins Kloster San Giorgio Maggiore zurück und vermacht ihm einen Teil seiner Häuser, der Rest kommt dem Domkapitel von San Marco zu.

1344 zieht sich ein anderer großer Bankier in Siena, Bernardo Tolomei, in die Congregation der Olivetaner, die er gegründet hat, zurück. Die Kirche wird ihn später seligsprechen.

So ist also der Reichtum ein Mittel zur Erlösung und bringt keineswegs die Seele in Gefahr. »Der Reiche, das heißt, der Mächtige, kann sich leicht sein Seelenheil sichern«, schreibt A. Vauchez, »denn durch Schenkungen, fromme Stiftungen und Almosen kann er in den Augen Gottes immer neue Verdienste erwerben. So ist der Reichtum durchaus kein Fluch, sondern scheint eher ein privilegierter Weg zur Erlangung der Heiligkeit zu sein ... Das bei den Mönchen vorherrschende asketische Ideal verherrlicht den Verzicht als deutliches Zeichen der Bekehrung. Wer aber kann verzichten, wenn nicht der Besitzende? Dem Armen allerdings bleibt nur die Möglichkeit, für seinen Wohltäter zu beten.«[13]

Ab dem 12. Jahrhundert werden die Risiken des Jenseits in die laufenden Transaktionen dieser Welt mit eingerechnet. Durch die Umkehrbarkeit der Verdienste entsteht ein großer geistlich-finanzieller Kreislauf. Mit Geld werden fromme Schenkungen und Messen gekauft, die den Seelen im Fegefeuer Erleichterung verschaffen und durch welche die großherzigen Spender sich gleichzeitig Verdienste erwerben, während die Auserwählten ihre Gebete denen der Lebenden hinzufügen. Dabei kommt jeder auf seine Rechnung, die Toten, die Lebenden und besonders die Kirche, denn sie empfängt die Schenkungen und verstärkt ihre Macht, die sie auf das Jenseits ausdehnt. Allein die Verdammten sind von diesem System ausgeschlossen. Da aber niemand weiß, wer in der Hölle und wer im Fegefeuer ist, können die Gebete den Lebenden immer zum Trost gereichen. Raoul Ardent bringt dieses System am Ende des 12. Jahrhunderts folgendermaßen auf den Punkt:

»Die vollkommen Guten gehen nach dem Tod sofort in die Ruhe ein, sie brauchen unsere Opfergaben und Gebete nicht, eher wir die ihren. Die mittelmäßig Guten, die aufrichtig beichten und Buße tun, werden, da sie noch nicht ganz gereinigt sind, an den Orten der Läuterung gereinigt, und für diese sind die Gebete, die Messen und die Almosen zweifellos von Nutzen. Sie profitieren davon nicht

---

13 A. Vauchez, »Richesse spirituelle et matérielle au Moyen Age«, Annales ESC, 1970, S. 1566–1573.

durch neue Verdienste nach dem Tod, sondern wegen ihrer vorherigen Verdienste vor dem Tod. Wer der ewigen Verdammnis anheimgefallen ist, hat es nicht verdient, aus solchen Wohltaten Nutzen zu ziehen. Wir aber, meine Brüder, die wir nicht wissen, wer unserer Gebete bedarf und wer nicht, wem sie nützen können und wem nicht, für alle, einschließlich derer, über die wir im ungewissen sind, müssen wir beten, Almosen geben und Opfergaben darbringen. Für die ganz Guten sind dies Danksagungen, für die mittelmäßig Guten sind es Bußtaten, für die Verdammten eine Art Trost für die Lebenden. Ob es nun denen, für die diese guten Werke getan werden, nützt oder nicht – sie können auf jeden Fall denen nützen, die sie in Frömmigkeit vollbringen... So hilft der, welcher für andere betet, sich selbst.«[14]

Die Diskussion über den Ort der Hölle

Als ständige Bedrohung, die um so größer ist, als man nicht weiß, wer ihr zum Opfer fällt, ist die Hölle ein Teil der Menschheitsgeschichte und somit banalisiert. Die Kirche, die keineswegs zögert, je nach den Bedürfnissen des Augenblicks Heiligsprechungen vorzunehmen, hat es stets abgelehnt, wen auch immer namentlich der Verdammnis anheimzugeben. Sie handelt sicher so, weil sie nie den Glauben an die göttliche Gnade verliert, aber auch, weil es gefährlich sein könnte, diesen oder jenen offiziell als verdammt zu erklären, was unweigerlich unlösbare Konflikte heraufbeschwören und jeglichem Mißbrauch Tür und Tor öffnen könnte. Jemanden ins Paradies zu schicken, verpflichtet zu nichts, denn wenn er ordentlich gelebt hat, kommt er sicher eines Tages dorthin, und man darf hoffen, ihn dort zu treffen. Jemanden in die Hölle zu schicken ist dagegen bedeutend riskanter. Da die Entscheidung unwiderruflich ist, käme ein Irrtum einer Katastrophe für die Kirche gleich und deshalb hat sie niemals jemanden offiziell verdammt, nicht einmal Judas. Historische Persönlichkeiten kommen nur in der volkstümlichen Hölle, in Visionen und imaginären Reisen ins Jenseits vor.

Dies bedeutet nicht, daß die Hölle etwa leer wäre, denn Gott tut

---

14 R. Ardent, *Patrologia latina*, Bd. 155, Sp. 1485.

nichts Unnützes, und wenn er diesen Ort vorgesehen hat, dann muß er auch zu etwas dienen. Die Theologen des 12. und 13. Jahrhunderts neigen sogar dazu, sehr viele Leute dort unterzubringen. Wenn Wilhelm von Auvergne, 1228–1248 Bischof von Paris, glaubt, es gäbe mehr Seelen im Fegefeuer als in der Hölle, so glaubt der Franziskaner Bonaventura (1217–1274) dagegen, daß Gott nur wenige Menschen errettet, durch besondere Gnade. Auch Thomas von Aquin schätzt, daß »es nur wenige gerettete Menschen gibt«. (*Summa*, Ia,q.23,a.7)

Die Theologen des 12. und 13. Jahrhunderts versuchen nun in dieser übervölkerten Hölle den Wildwuchs der volkstümlichen Hölle zu beschneiden. Mit der Scholastik beginnt an allen Orten der Hölle das Großreinemachen, aus dem am Ende des 13. Jahrhunderts eine wohlgeordnete, gesäuberte und rationalisierte Hölle hervorgeht. Durch Entfernen der volkstümlichen Elemente und Anpassung an die Erfordernisse der Dialektik vergrößern die Theologen der Scholastik noch die Kluft zwischen der offiziellen und der volkstümlichen Hölle. Am Anfang des 12. Jahrhunderts gibt Honorius von Autun Zeugnis von der Unsicherheit des christlichen Denkens. Für den in Regensburg lebenden irischen Geistlichen sind die Hölle und die anderen Orte des Jenseits eher geistig zu verstehen. Damit nimmt er die Doktrin seines großen Landsmannes, Johannes Scotus Eriugena aus dem 9. Jahrhundert auf. In seiner *Scala coeli major* erklärt er, daß die Ansiedlung der Hölle unter der Erde nur symbolisch sein könne, denn die rein geistige Seele könne an keinen Ort gefesselt werden: »Es scheint mir der Gipfel des Absurden zu sein, Seelen und Geister an körperlichen Orten einzusperren, denn sie sind körperlos.«[15] Er sollte jedoch für mehrere Jahrhunderte einer der letzten sein, die innerhalb der Kirche solche Worte aussprechen. Die Lehrmeinung, daß dem Sünder sowohl körperliche wie auch geistige Strafen bevorstehen, verhilft der Vorstellung von einer unter der Erde gelegenen Hölle zum totalen Sieg. Sehr seriöse Autoren versuchen sogar, ihren Eingang zu lokalisieren. Manche glauben, er befinde sich bei den irischen Inseln, die meisten aber schauen nach den Vulkanen Süditaliens und

---

15 Honorius Augustodunensis, *Scala coeli major*, Patrologia latina, Bd. 40, Sp. 1029.

Siziliens. Sie beziehen sich dabei auf die *Dialoge* Gregors des Großen, der ein Experte in dieser Angelegenheit ist: »Mehr als anderswo öffnen sich in Sizilien die feuerspeienden Kessel der Qualen. Wie die Experten berichten, werden sie jeden Tag größer, denn da das Ende der Welt naht und in Anbetracht der Tatsache, daß die Zahl derer, die dort schon die Feuerstrafe erdulden zuzüglich derer, die noch dazu verurteilt werden, ungewiß ist, müssen diese Orte der Qual ständig größer werden, um sie aufnehmen zu können. Der allmächtige Gott wollte uns diese Schreckensorte zeigen, um die Menschen, die auf dieser Welt leben, zu bessern, und damit die Ungläubigen, die nicht an die Orte der Qualen glauben, sie sehen können, weil sie nicht glauben wollen, was sie nur vom Hörensagen kennen.«[16]

Im 8. Jahrhundert wird im *Weg nach Jerusalem* diese Lokalisierung durch die Erzählung vom heiligen Willibald bestätigt: »Von dort kam er nach Catania in Calabrien, wo sich die Hölle des Theoderich befindet. Als sie dort angekommen waren, verließen sie ihre Schiffe, um diese Hölle zu sehen. Von Neugier getrieben, wollte Willibald das Innere dieser Hölle sehen und den Gipfel des Berges besteigen, unter dem sich die Hölle auftut. Aber er konnte es nicht. Aus dem schwarzen Tartaros sprühten Funken bis hinauf zum Rand, wo sie sich zusammenballten und verbreiteten.«[17] Zu Beginn des 13. Jahrhunderts berichtet der englische Mönch Gervais de Tilbury, daß man ihm anläßlich einer Reise nach Sizilien in der Gegend von Catania berichtet habe, daß König Arthur an den Hängen des Ätna gesehen worden sei. Arthur kann aber nicht in der Hölle sein, wahrscheinlich wartet er an einem Ort, vielleicht im Fegefeuer, dessen Eingang der gleiche wie der zur Hölle ist, und deshalb ist er dort gesehen worden.

Diese Geschichten sind aber eher folkloristisch als theologisch, verstärken allerdings die Überzeugung, daß sich die Hölle an einem materiellen Ort befindet. Honorius von Autun scheint diese Idee in seinem *Elucidarium* mehr oder weniger zu akzeptieren und unterscheidet zwischen oberer und unterer Hölle. Auch Bonaventura nimmt im folgenden Jahrhundert den Gedanken von zwei Etagen

---

16 Gregor der Große, *Dialogi*, IV, 34–37.
17 Zitiert bei Le Goff, a. a. O., S. 281.

wieder auf, wobei die untere Etage die eigentliche Hölle ist und die obere Hölle der Limbus der Kinder. Das Purgatorium, fügt er hinzu, ist wohl ein Ort, er ist jedoch unbekannt.

Der um Genauigkeit bemühte Thomas von Aquin versucht das Problem der Unterbringung der körperlosen Seelen während ihres Aufenthaltes in der Hölle zu klären. Er muß sich dabei jedoch in Worte flüchten, wenn er erklärt, daß sie *quasi in loco*, also »wie an einem Ort« sind: »Den abgetrennten Seelen kann man zweifellos keine Körper zugestehen, mit denen sie sich vereinigen oder die sie bewegen könnten, man kann ihnen jedoch bestimmte körperliche Orte zuweisen, die dem Grad ihres Wertes entsprechen. Diese Seelen sind dort, wie an einem Ort , so wie dies körperlosen Wesen möglich ist. Sie können auch an verschiedenen Orten sein, je nachdem, wie weit sie sich der Ursubstanz nähern, die dem höchsten Ort entspricht ... Die körperlosen Wesen sind jedoch nicht in der gleichen, normalen und experimentellen Weise an einem Ort, wie wir es von Körpern kennen. Sie sind dort jedoch auf eine ihnen eigene Weise, die vollkommen zu begreifen uns unmöglich ist.« (*Summa*, Suppl. q.69,a.1)

Kehren wir zu Honorius zurück. Seine rein geistige Hölle ist eine fruchtbare Idee, die jedoch von der Scholastik abgelehnt wird. Auch einer seiner anderen Gedanken sollte im Mittelalter nicht mehr Erfolg haben: Sollte sich die Hölle nicht zum Teil auf Erden befinden? Gewiß kein neuer Gedanke, denn seit Jahrhunderten schon ist er latent vorhanden. In seiner *Scala coeli major* unterscheidet er sieben Höllen, wovon die irdische die zweite ist. Schließlich gibt es ein irdisches Paradies, weshalb also sollte die Hölle nicht auch eine Niederlassung auf Erden haben? In seinem *Elucidarium* entwickelt Honorius diesen Gedanken bezüglich des Purgatoriums und schreibt, daß manche die Läuterung in diesem Leben durchmachen, teilweise durch körperliche Schmerzen, die das Übel verursacht, teilweise durch körperliche Prüfungen, die sie sich selbst auferlegen durch Fasten, Wachen oder Sonstiges. In anderen Fällen ist es der Verlust geliebter Menschen oder von Gütern, an denen sie hängen, oder Hungersnot, Armut und ein grausamer Tod. Die unvorstellbar große Menge an Leid und Qual, die die Menschheit seit Beginn der Welt erlitten und erduldet hat, muß sie nicht der Hölle oder dem Fegefeuer zugeschrieben werden? Macht die Herrschaft des Bösen auf Erden diese nicht zu einer Filiale der Hölle? Diesen in den

Köpfen des Volkes unterschwellig vorhandenen Gedanken nimmt Honorius von Autun auf. Die mittelalterliche Theologie jedoch, für welche die Hölle nur das Ergebnis des moralischen Verhaltens im Leben ist, kann dies nicht akzeptieren.

Das Banalste und am wenigsten Theologische, was er im *Elucidarium* schreibt, findet letzten Endes den größten Anklang im Mittelalter, nämlich die Klassifizierung der Höllenstrafen. Honorius legt ihrer neun fest: ein schreckliches Feuer, das seinesgleichen auf Erden nicht hat, das brennt ohne zu leuchten und das ein Weltmeer nicht löschen könnte; eine Kälte, die so groß ist, daß sie einen Vulkan zum Gefrieren bringen könnte; ungeheure Schlangen, die im Feuer leben; ein ekelerregender Gestank; ein ohrenbetäubender Lärm von den Schlägen, die von Dämonen den Verdammten zuteil werden; eine derart dichte Finsternis, daß man sie greifen kann; die Schande, alle seine Sünden öffentlich dargelegt zu sehen; der Anblick der schauderhaften Köpfe der Dämonen und die Ketten aus Feuer, mit denen die Verdammten gefesselt sind.[18]

Die theologische Hölle: Albertus Magnus

Dem Ganzen fehlt es jedoch an innerer Logik, es fehlt der Zusammenhang. Wie soll man zum Beispiel in dieser völligen Dunkelheit die Köpfe der Dämonen sehen können? Hier muß man schon bis zur Hochscholastik, der Epoche der *Summen*, warten, um eine Rationalisierung der Hölle zu erleben.

Die erste komplette, systematische Darstellung finden wir in *De resurectione*, einer um 1245 geschriebenen Abhandlung des Albertus Magnus. Der dritte Teil handelt von der Auferstehung des Bösen. Hier zeigt der Dominikaner den Willen, den Glauben zu reinigen und von seinen irrationalen Schlacken zu befreien, obwohl er im Grunde den volkstümlichen Bildern nicht abgeneigt ist, sofern diese im Einklang mit dem Geist der heiligen Doktrin bleiben. So übernimmt er auch das Purgatorium des heiligen Patrick und sagt, daß die Hölle sowohl ein Ort im Mittelpunkt der Erde ist als auch eine Leidenssituation. Die beiden gehören zusammen, da der

---

18 Y. Lefèvre, *L'Elucidarium et les Lucidaires*, Paris 1954.

Verdammte in der materiellen Hölle leidet. Die Unterscheidung ist dennoch interessant, da sie später zu einer geschmeidigeren Handhabung führen könnte, wenn es gelingt, die Leidenssituation vom Ort zu trennen. Die Seelen, die nur einer Fremdsünde schuldig, also persönlich nicht dafür verantwortlich sind, so wie die Erbsünde, kommen in den Limbus der Kinder, wo die einzige Strafe die der Nichtgegenwart Gottes ist. Die Menschen, die einer persönlichen läßlichen Sünde schuldig sind, kommen in das Fegefeuer, wo sie sowohl unter dem Getrenntsein von Gott leiden wie unter der Qual der Sinne, allerdings nur vorübergehend. Wer sich einer schweren persönlichen Sünde schuldig gemacht hat, kommt in die Hölle, einen trüben und nebligen Ort, an dem die beiden Strafen ewig währen. Die Strafen für die Sinne sind hier unterschiedlich, es gibt Feuer, Kälte und anderes, während im Fegefeuer nur Feuer ist, das allein reinigende Wirkung hat. Schließlich kommt man jetzt sofort nach dem Tod in die Hölle und damit scheidet sich Albertus Magnus ausdrücklich von der Doktrin der orthodoxen Kirche, die die Meinung aufrechterhält, daß die Hölle erst nach dem Jüngsten Gericht beginnt.

Wenn auch die Hauptlinien streng logisch festgelegt sind, so bleiben doch viele Details unbestimmt. Das Wesen des Feuers ist immer noch Gegenstand von Diskussionen, die zu keinem konkreten Ergebnis führen. Beeinflußt von Aristoteles, unterscheiden die Scholastiker drei Arten von Feuer, sind jedoch nicht einig bezüglich seines Wesens. Für Wilhelm von Auvergne gibt es das irdische Feuer, das brennt und verbrennt, das Feuer des Purgatoriums, das brennt, aber nur die Sünden verbrennt, und das Höllenfeuer, das brennt und nichts verbrennt. Für Alexander von Hales, der sich direkt auf Aristoteles beruft, gibt es im Feuer drei Elemente: das Licht, das den Auserwählten vorbehalten ist, die Flamme, die brennt und läutert, die für das Purgatorium bestimmt ist, und die Feuersglut, die brennt ohne zu läutern, und den Verdammten vorbehalten ist. Außer den Flammen gibt es in der Hölle noch glühende Kohlen. Aber all dies sind nur Worte – wirkliche Erklärungen fehlen.

Thomas von Aquin: die rationale Hölle

Thomas von Aquin behandelt das Thema gründlicher. Wenn das System, das er beim Ordnen der Werke seiner Vorgänger ausarbeitet, auch nicht völlig zufriedenstellend ist, so ist es doch so gut wie definitiv. Der Dominikaner geht den Schwierigkeiten nicht aus dem Weg, sein Werk ist das gewissenhafteste der ganzen Scholastik, denn er geht mit seinen Untersuchungen bis an die letzten Grenzen und prüft alle möglichen Antworten. Sein System ist nicht unfehlbar, aber seine Methode, die oft besser ist als seine Schlußfolgerungen, gestattet eine erschöpfende Übersicht über alle Fragen. Die Kirche sollte sich bis in die Mitte des 20. Jahrhunderts unaufhörlich auf Thomas von Aquin berufen, und man kann sagen, daß er den Schlußpunkt hinter die theologische Ausarbeitung der Hölle gesetzt hat. Spätere Veränderungen werden nur noch Details betreffen.

Die Hölle nimmt keinen großen Platz im Werk des heiligen Thomas und der Scholastiker im allgemeinen ein, was nicht vergessen werden darf. Sie ist in den Predigten, in der Kunst und in den Erzählungen des Volkes bedeutend gegenwärtiger als in den gelehrten Schriften. Bei Thomas von Aquin ist nur in einzelnen Kapiteln der *Summe wider die Heiden* (1263–1264), der Abhandlung *De malo* (1266–1267), der *Summa theologica* (1274, unvollendet) und des *Supplementum zur Summa*, das von einer Gruppe seiner Schüler, auf seinen Texten fußend, veröffentlicht wurde, darüber zu lesen.

Mehr als Albertus Magnus, geht es Thomas darum, den Begriff der Hölle von zu vielem Beiwerk zu säubern. Ganz entschieden verwirft er die Visionen und Volkserzählungen, und die Geschichten über Wiederkehrende, die berichten, wie sich das Leben in der Hölle abspielt, bereiten ihm sichtlich Ärger: »Wenn sie in der Hölle sind«, schreibt er bezüglich der Verdammten, »dann leiden sie so unter ihren Qualen, daß sie bedeutend mehr daran denken, ihr eigenes Los zu beklagen, als den Lebenden zu erscheinen.«

Um die Wahrheit über die Hölle zu erfahren, ist es also besser, sich an die Schrift und an die vom Glauben erhellte Vernunft zu halten als an die Reiseberichte.

Wer kommt also in die Hölle? »Die Menschen kommen in die Hölle wegen einer Todsünde; es gibt also keinen Ort, an dem jemand bestraft werden kann, der neben der Erbsünde nur eine läßliche Sünde aufweist«, sagt Thomas. Der Unterschied zwischen Todsünde und läßlicher Sünde liegt nicht in der Intensität, sondern im Charakter der Sünde. Wer nur mit der Erbsünde belastet ist, kommt in den Limbus der Kinder. Thomas mildert die augustinische Doktrin stark ab: Da die ohne Taufe gestorbenen Kinder keine persönlichen Sünden begangen haben, die eine körperliche Bestrafung verlangen, ist es nur gerecht, wenn sie keine Qual der Sinne erdulden müssen. Da sie des weiteren nicht wissen, wie die Glückseligkeit der Auserwählten aussieht, leiden sie nicht wahrhaftig darunter, ihrer nicht teilhaftig zu werden. So gesehen ähnelt ihr »Leben« weitgehend dem, das die Toten der Hebräer im Scheol führten, jedoch ist es, nach Thomas von Aquin, nicht ausgeschlossen, daß sie eines Tages eine gewisse natürliche Kenntnis von Gott erlangen: »Den Seelen der Kinder gebricht es gewissermaßen nicht an natürlichem Bewußtsein, worüber die abgetrennten Seelen verfügen, je nach den Erfordernissen ihres Wesens. Es gebricht ihnen aber sicher an dem übernatürlichen Bewußtsein, das wir hienieden durch unseren Glauben erlangen. Nun weiß aber die Seele, aufgrund ihres natürlichen Bewußtseins, daß sie für die Glückseligkeit gemacht ist und daß die Glückseligkeit darin besteht, das höchste Gut zu besitzen. Daß aber dieses höchste Gut, für das der Mensch gemacht ist, eben die Glorie ist, in der die Heiligen leben, das geht über das natürliche Bewußtsein hinaus... Und so wissen denn die kleinen Kinder, da sie ja das übernatürliche Bewußtsein des Glaubens nicht haben, nicht, daß sie eines solch großen Gutes entbehren, und können sich dessentwegen nicht grämen. Was sie von Natur aus haben, das besitzen sie ohne Schmerz...«.[19]

Und was ist mit den Ungläubigen, den Heiden, die niemals von Christus gehört haben? Zu dieser Frage sind Ströme von Tinte geflossen, und die Theologen beschäftigen sich schon sehr lange mit diesem Thema. Die Antwort des Thomas von Aquin ist auf den ersten Blick sehr hart, denn sie gründet auf dem Wort des Johannes, daß wer nicht glaubt, schon gerichtet ist. Thomas führt dazu aus: »Bei den Ungläubigen ist der Grund des Glaubens nicht vorhanden, und sein Nichtvorhandensein nimmt allen guten Werken, die sie

---

19 Thomas von Aquin, *De malo*, quest. 5, art. 3.

tun, die notwendige, gerechte Absicht. Bei ihnen besteht also keine Mischung von guten Werken und Schuld, die ein Abwägen erforderlich macht..., die Ungläubigen werden ausgerottet wie Feinde, die die Menschen auslöschen, ohne sich um ihre Verdienste zu kümmern«. (Summa, suppl., q. 89, a. 7)

In Wirklichkeit lehnt es Thomas von Aquin jedoch ab, die Ungläubigen, die dafür nicht verantwortlich sind, in die Hölle zu schicken. Im *Kommentar zu den Sentenzen* sagt er, daß Gott demjenigen, der sich retten will, niemals die Mittel dazu versagt hat. Ob dieses Mittel nun ein Prediger oder eine Offenbarung ist, bleibt dahingestellt. Wesentlich ist, der Mensch benutzt es aus freiem Willen, um zum Glauben zu gelangen. (IV *Sent.*, 1., III. dist. 25,q.2,a.1)

Der Dominikaner hat den möglichen Einwand sehr wohl gesehen und formuliert ihn folgendermaßen: »Niemand wird verdammt für etwas, was er nicht vermeiden kann. Wenn nun einer im Wald oder bei den Ungläubigen geboren ist, kann er keinen Glaubensartikel genau kennen; er hat niemand, der ihn lehren könnte, hat niemals von Glauben reden hören. Er wird also nicht verdammt und dies, obwohl er keinen expliziten Glauben hat. Also ist dieser nicht notwendig. Denn: Wenn er alles nur Mögliche unternähme, um sein Heil zu erlangen, so würde Gott dies ermöglichen.« Und übrigens: »Es ist Sache der göttlichen Vorsehung, jedwedem die notwendigen Mittel zum Heil zur Verfügung zu stellen, vorausgesetzt, dieser lehnt es nicht ab. Wenn dieser Mensch also die natürliche Vernunft als Führer zum Heil und zur Vermeidung des Bösen benutzt, so kann man mit großer Gewißheit annehmen, daß Gott ihm durch eine innere Offenbarung die Dinge enthüllt, die zu glauben notwendig sind oder daß er ihn zu einem Prediger schickt, der ihn den Glauben lehrt.« (*Quaest. disput. de veritate*, q. 14, a. 11)

Jeder Mensch hat also die Möglichkeit, der Hölle zu entgehen. Unter den Verdammten genießen die Ungläubigen sogar eine gewisse Nachsicht: »Ein Ungläubiger, der niemals von den Höllenstrafen gehört hat, wird dort strenger für einen Mord als für einen Diebstahl bestraft, und dies wegen der Vergehen selbst. Da er nämlich die Strafe weder gewollt noch vorausgesehen hat, kann das Vergehen nicht schwerer werden. Anders bei einem Gläubigen, der sich schwerer vergeht, wenn er die Strafe kennt und ihrer nicht zu achten scheint, so als verachte er die schwersten Strafen, um seiner Leidenschaft Böses zu tun, zu frönen.« (*Summa*, I–II,q.73,a.8)

Was die Gerechten vor der Ankunft Christi betrifft, so wurden sie durch Christi Niederstieg zur Hölle erlöst. Er ist nur zu den Gerechten niedergestiegen, um ihnen sein Licht zu bringen, und er ist so lange dort geblieben, wie sein Leib im Grabe lag. Die Verdammten wurden allerdings durch diesen Niederstieg nicht erlöst.

Wann beginnt die Hölle? Sofort nach dem Tod. Denn es gibt keinen Grund, der ein Warten bis zum Jüngsten Gericht rechtfertigen könnte. Da der Körper von der Seele getrennt wird, kann man nicht einwenden, daß er nicht in der Lage sei, die Qualen zu erdulden, ohne zerstört zu sein: In dieser Phase leidet einzig die Seele. Andererseits gibt es nach dem Tod auch keine Weiterentwicklung oder gar Reue, alles ist definitiv festgelegt. Wozu dient nun unter diesen Bedingungen das Jüngste Gericht? Die Theologen befinden sich hier in der Zwickmühle zwischen den Erfordernissen der Logik und der Heiligen Schrift, die nur von einem Jüngsten Gericht spricht, während die Logik dazu neigt, Strafe und Belohnung mit dem Tod beginnen zu lassen, was dann wiederum ein Jüngstes Gericht überflüssig machen würde. Man muß also annehmen, daß es ein sofortiges, besonderes Gericht gibt, was durch nichts in der Bibel belegt ist, und das Jüngste Gericht zu einer großartig inszenierten Ausstattungszeremonie machen, deren Zweck die Bekanntmachung der Sünden und Verdienste des einzelnen ist. Thomas von Aquin kommt um dieses Schema nicht herum.

In welcher Lage befinden sich nun die Verdammten? Sie werden innerlich von gegenläufigen Leidenschaften zerrissen. Auf ewig in ihrer Sünde, in ihrer Ablehnung Gottes erstarrt, entdecken sie gleichzeitig ihren katastrophalen Irrtum und sind verzweifelt, nichts mehr ändern zu können. Sie verabscheuen ihre Strafe und fahren fort, den Grund dafür zu lieben, gleichzeitig verabscheuen sie aber diese Sünde, die für sie diese Strafe nach sich gezogen hat. Sie hassen die göttliche Güte und lästern pausenlos.

Es gibt für sie keine tätige Reue, sondern nur steriles Bereuen, das wie ein Wurm an ihnen nagt: »Selbst bei den Verdammten bleibt eine natürliche Neigung zur Tugend, sonst könnten sie keine Gewissensbisse haben. Wenn aber diese Neigung nicht zur Tat wird, so kommt dies daher, daß, nach einem Ratschluß göttlicher Gerechtigkeit, keine Gnade waltet (*Summa*, I–II,q.85,a.2). Bis zum Jüngsten Gericht können die Verdammten das Glück der Auserwählten sehen, was durch Eifersucht und Neid ihre Qual verstärkt. Nach dem Jüngsten Gericht wird ihnen der Anblick entzogen, und von da ab leiden sie am Andenken an dieses Glück und der Demütigung, es nicht betrachten zu können. (Summa, Suppl., q.98,a.9). Die Auserwählten ihrerseits können diese Strafe als eine notwendige Wiederherstellung der göttlichen Ordnung betrachten. Die Verdammten empfinden vielleicht eine Art teuflischer Lust, wenn sie sich untereinander leiden sehen, in dieser Lust ist jedoch zuviel Bitternis, als daß sie irgendeinen Trost bringen könnte.

Diese inneren Leiden der Verdammten sind zweifellos der furchtbarste Teil ihrer Qualen, denn zu dem inneren Chaos des Gewissens kommt noch das Chaos der äußeren Qualen. Da die Verdammten sich auf die verschiedenste Weise von Gott abgewandt haben, gibt es für sie auch eine große Vielfalt an Qualen. Thomas von Aquin kommt hier zu den Folterqualen der volkstümlichen Höllen zurück, nun sind sie jedoch eine logische Folge und erhalten einen allegorischen Sinn: »Was die Qualen der Verdammten angeht, die die Heilige Schrift materiell darstellt, so gibt es keinen Hinderungsgrund, gewisse Einzelheiten im geistigen oder bildlichen Sinn zu verstehen. So kann man unter dem Wurm, der nicht stirbt, die immerwährenden Gewissensbisse verstehen ... Ebenso können Heulen und Zähneklappern auch Metaphern für geistige Substanzen sein. Nichts hindert daran, darin Realitäten für den Körper nach der Auferstehung zu sehen, dahingehend, daß Heulen nicht das Fließen von Tränen bedeutet, was in diesem Fall unmöglich ist, sondern nur diese Leiden des Herzens, die brennenden Augen und der schmerzende Kopf, wie wir es normalerweise beim Weinen kennen.« (ebenda, q.86,a.3)

Die typischste Höllenstrafe ist natürlich das Feuer, wodurch sich erneut die unvermeidliche Frage erhebt: »Wie kann Feuer auf den Geist wirken? »Andere sagen«, schreibt Thomas von Aquin, »daß das Feuer die Seele eigentlich nicht brennen kann, sondern daß die Seele das Feuer als ihr schädlich empfindet und daß diese Empfindung sie mit Furcht und Schmerz erfüllt. Wenn das Feuer nur durch die Idee wirken würde, dann wäre es nicht in der Realität der Dinge wirksam, sondern nur in der geistigen Vorstellung. Denn eine falsche Vorstellung kann zwar einen echten Schmerz hervorbringen, wie der heilige Augustinus feststellt, doch würde so die Seele nicht vom Feuer, sondern von seinem Bild gequält. ... Schließlich, die vom Körper gelösten Seelen, die Teufel, deren Geist so davon durchdrungen ist, würden sie wirklich glauben, daß das materielle Feuer ihnen schaden kann, wenn sie in Wirklichkeit keinen Schaden litten? Dies scheint kaum möglich (ebenda, 41, q.70,a.3). Es bedarf eines ganz besonderen Feuers, das Gott speziell dazu geschaffen hat, den Geist zu durchdringen, ein wirkliches Feuer, das auf die Seele wirken kann. Thomas von Aquin, der die Wirkungsart des Feuers natürlich nicht klar beschreiben kann, bedient sich einer zweifelhaften Analogie, bei der auch Schwarze Magie mitspielt, und belegt sie mit der pseudo-philosophischen Bezeichnung *alligatio*: »Die immateriellen Substanzen leiden unter dem Feuer durch eine gewisse Bindung *[alligatio]*, denn der Geist kann an den menschlichen Körper gebunden sein, um ihm Leben zu verleihen, so wie die Nekromantiker durch die Macht der Dämonen den Geist an Figuren oder Ähnliches binden. Der so gebundene Geist leidet darunter, sich als Strafe an diese groben Objekte gebunden zu wissen.« (*Summa contra gent.*, IV,q.90)

Bei der Auferstehung unterscheiden sich die Körper der Verdammten »physisch« von den Körpern der Erwählten: »Sie werden in vollkommenem Zustand auferstehen, ohne irgendwelche Beschädigungen an den Gliedern oder sonstige Infirmitäten, die Natur oder Krankheit während des Erdenlebens verursachen... Da sich aber ihre Seele vorsätzlich von Gott abgewandt hat, werden ihre Körper nicht vergeistigt, das heißt, sie werden dem Geist nicht völlig untergeordnet, im Gegenteil, die Seele wird, durch ihre Zuneigung, eher fleischlich werden. Weiterhin haben die Körper der Verdammten nicht diese Anpassungsfähigkeit, dank derer sie sich ohne Schwierigkeiten der Seele fügen könnten, sie sind vielmehr schwerfällig und der Seele gewissermaßen unerträglich, denn es ist die Seele, die sich durch ihren Ungehorsam von Gott abgewandt hat. Sie bleiben strafwürdig wie im Leben, ja, sie werden es noch mehr, da die spürbaren Realitäten ihnen zwar Qual verursachen, sie aber nicht vernichten können... Schließlich werden diese Körper durchsichtig und dunkel zugleich sein, wie ihre Seelen, die sich des Wissens um die göttliche Erkenntnis beraubt haben.« (ebenda, IV,q.89)

Was die Frage der Ewigkeit der Strafe anbelangt, so glaubt Thomas von Aquin nicht an die Möglichkeit von Konzessionen. Von einer Verringerung der Strafen kann man nur in dem Sinne sprechen, daß sie geringer sind, als die Verdammten es verdient hätten. Bei der Verdammnis erscheint die Barmherzigkeit nicht in Form von einem völligen Erlaß der Qualen, sondern in Form einer Abmilderung, die darin besteht, daß die Bestrafung geringer ist, als man es verdient hätte (*Summa,* Ia,q.21,a.4,ad.1). Der Dominikaner nimmt an, daß diese relative Begünstigung denen zuteil wird, die sich auf Erden anderen gegenüber barmherzig erwiesen haben. Einige Jahre später legt Duns Scott eine andere Hypothese über die Milderung der Strafen für die Verdammten vor: Da sie läßliche und Todsünden begangen haben, müssen sie, nach Verbüßen der ersteren, nur noch für die zweiten büßen, was zu einer Verminderung der Qualen führt. Mathematisch ist diese Überlegung korrekt, theologisch gesehen ist sie annehmbar, dennoch wird sie nicht akzeptiert. Einer Quantifizierung von Sünde und Strafe zuzustimmen, könnte unkontrollierbare und widersprüchliche Folgen haben.

Sicher ist und bleibt die Ewigkeit der Strafen für Todsünden. Dies ist einer der am meisten diskutierten Punkte in der Geschichte der Hölle, da er dem Begriff der unendlichen göttlichen Güte zu widersprechen scheint. Die Gegner der christlichen Hölle greifen diesen Punkt, der als Schwachstelle der Doktrin angesehen wird, unermüdlich an. Er scheint die Bresche zu sein, durch die man in die Festung eindringen und sie zerstören kann: Ist es nicht undenkbar, daß der Gott der Liebe einige seiner Kreaturen unbeirrbar für die Ewigkeit Qualen leiden läßt als Strafe für in sich begrenzte Sünden? Thomas von Aquin ist sich der Gewichtigkeit des Einwandes sehr wohl bewußt, und er vervielfacht seine diesbezüglichen Anstrengungen, um mit logischen Überlegungen und Antworten eine Verteidigung aufzubauen. Er häuft alle nur erdenklichen Argumente zugunsten einer ewig währenden Hölle an, und die Kirche sollte in der Folge unermüdlich seine Antworten ins Feld führen.

In der *Summa theologica* wird die Frage ganz klar gestellt: »Kann eine Sünde zwangsläufig eine ewige Qual nach sich ziehen?« (I–II,q.87,a.3). Hier wird folgende Überlegung angestellt: Die Sünde zieht notwendigerweise eine Strafe nach sich, weil sie eine Ordnung stört. Solange die Ordnung gestört bleibt, muß auch die Strafe andauern. Gewisse Sünden zerstören nun aber das Prinzip der Ordnung selbst, durch die der Mensch dem Willen Gottes unterworfen ist. In diesem Fall kann die Störung der Ordnung nicht repariert werden, sie zieht also eine ewig währende Strafe nach sich.

Andere Erklärungen: »Wer aus eigenem Willen der Todsünde anheimfällt, begibt sich in einen Zustand, aus dem er sich nur mit Gottes Hilfe befreien kann. Durch die Tatsache, daß er diese Sünde begehen will, zeigt er, daß er ewig darin beharren will... Wenn sich jemand in eine Grube stürzt, aus der er allein nicht wieder herauskommen kann, so könnte man sagen, daß er ewig dort bleiben will, auch wenn er anders dachte. So kann man also zu Recht sagen, daß der Mensch durch die Tatsache, daß er eine Todsünde begeht, sein Endziel ins Materielle setzt. Und da das Leben auf das Ziel, das man ihm gibt, ausgerichtet ist, ist sein Leben auf die Sünde ausgerichtet: In dieser Sünde möchte er ewig beharren, wenn er es ungestraft tun könnte... Die Sünde der Perversen hat ein Ende, weil ihr Leben ein Ende hat. Sie möchten jedoch für immer leben, um für immer ihren Leidenschaften frönen zu können. Tatsächlich möchten sie lieber sündigen als leben« (*Summa, suppl.,* q.99,a.1). Durch die Todsünde plaziert der Mensch einen Wert, der über den Schöpfer hinausgeht, ins Absolute, also in die Ewigkeit. Die Strafe für diese Tat, die ewigen Wert hat, kann also nur ewig sein.

Es gibt noch andere Rechtfertigungen, allerdings mehr im üblichen Sinn: Die Strafe steht im Verhältnis zur Würde der angegriffenen Person. Eine Beleidigung des unendlichen Gottes verdient unendliche Strafe. Da ein Mensch als endliches Geschöpf keine Strafe von unendlicher Intensität ertragen kann, greift man auf die Dauer zurück und verlängert diese unendlich. Da außerdem die Belohnungen ewig währen, weshalb sollte die Bestrafung nicht ewig währen? Was die Teufel anbelangt, so ist der Beweis bedeutend radikaler. Als reine Geister können sie nur definitive Entscheidungen treffen. Da sie ein für allemal die Abwendung von Gott gewählt haben, können sie seine Gnade nicht mehr erlangen. Nicht daß Gott sie nicht gewähren wollte, sondern weil sie sie nicht mehr empfangen können: »Keine äußere Entscheidung kann bei dem Engel, nachdem er seine Entscheidung frei getroffen hat, noch etwas bewirken, denn durch seine freie Wahl hat er sich in einen endgültigen Zustand versetzt. Deshalb kann hinfort die göttliche Weisheit den Teufeln keine Gnade mehr zugestehen, um sie vom Übel ihres ersten Abfalls zu befreien, und sie müssen unbeweglich darin verharren.« (*De malo,* q.16,a.5)

Strenge und Einfachheit der dogmatischen Hölle

Dennoch gibt es Christen, die trotz dieser unbestechlichen Beweise bis ins 20. Jahrhundert bezweifeln sollten, daß die formale Logik der unendlichen Liebe überlegen ist. Die Kirche in ihrer Hierarchie entscheidet sich freilich für die Logik. Nichts ist rationaler als die kirchliche Autorität innerhalb ihrer spirituellen Axiomatik, was die Ausarbeitung der offiziellen Doktrin in Sachen Hölle zeigt.

Drei Charakteristika fallen uns unweigerlich auf: Die Langsamkeit, mit der die Entscheidungen getroffen werden; ihre geringe Anzahl und das Stillschweigen, das diesbezüglich gewahrt wird. Die Kirche hat es ganz offensichtlich nicht eilig, in bezug auf die Hölle Stellung zu beziehen. Seit Jahrhunderten schon hatten Theologen, Mönche und Prediger sie bis in die kleinsten Details beschrieben und in allen Richtungen durchreist, ohne daß je ein Papst oder ein Konzil ein Wort darüber verloren hätte. Es bedarf fast immer des Druckes einer als häretisch betrachteten Strömung, damit sich die Kirchenführung veranlaßt sieht, geradezu widerwillig Stellung zu beziehen und die echte Doktrin zu betonen. Dies war, wie wir gesehen haben, bei der Synode und dem ökumenischen Konzil von Konstantinopel in den Jahren 543 und 553 der Fall, als unter dem unmittelbaren Druck seitens des Kaisers und als Reaktion auf den Origenismus die Ewigkeit der Höllenstrafen proklamiert wurde. Dann hörte man nichts mehr: 650 Jahre lang Stillschweigen in bezug auf die Doktrin, bis dann Papst Innozenz III., im Jahr 1201, in einem einfachen Brief bestätigte, daß es eine zweifache Strafe gebe, das Getrenntsein von Gott und die Qual der Sinne, die eine positiv, die andere privativ. Fünfzehn Jahre später, als Reaktion auf die häretische Strömung der Albigenser, bestätigt das vierte lateranische Konzil (1215) aufs neue die Existenz ewigwährender Strafen: »Die einen gehen zur ewigen Strafe beim Teufel, die anderen zur ewigen Glückseligkeit bei Christus.« Das ist nichts Neues, lediglich eine simple Bestätigung der Existenz der Hölle, zudem äußerst vage formuliert.

Erst 1274, beim zweiten Konzil von Lyon, wird, um sich dem Glauben der orthodoxen Kirche, die den Beginn der Höllenstrafe bis zum Jüngsten Gericht hinausschiebt, zu widersetzen, folgende Präzisierung hinzugefügt: »Die Seelen derer, die im Zustand der Todsünde oder nur mit der Erbsünde belastet sterben, fahren *sofort* zur

Hölle, wo sie verschiedene Strafen erwarten.« Dies setzt stillschweigend die Existenz eines individuellen Gerichts sofort nach dem Tod voraus, was jedoch niemals ausdrücklich in einer dogmatischen Erklärung gesagt werden wird, denn nichts in der Heiligen Schrift erlaubt eine solche Behauptung. Darüber hinaus zeigt die Formulierung »verschiedene Strafen« an, daß jene, die nur mit der Erbsünde belastet sterben, eine andere Behandlung erfahren, was 1321 durch den Brief *Nequaquam sine dolore* von Johannes XXII. bestätigt wird. Jedoch wird man bis zum 18. Jahrhundert warten müssen, bis ein Dokument von höchster Stelle ganz klar die Existenz des Limbus festlegt.

Die Konstitution *Benedictus Deus* von Benedikt XII. bestätigt im Jahr 1336 erneut das sofortige Inkrafttreten der Höllenstrafe: »Wir legen hiermit nach dem für alle Welt gültigen Willen Gottes fest, daß die Seelen derer, die im Zustand der schweren Sünde sterben, sofort zur Hölle fahren, wo sie mit den höllischen Qualen gezüchtigt werden.«

1439 greift das Konzil von Florenz, das ebenfalls die Position der Katholiken gegenüber den Orthodoxen abgrenzen will, die vorhergehenden Definitionen wieder auf. Hinsichtlich der Auserwählten wird erklärt, daß »je nach ihren verschiedenen Verdiensten, die einen Gott besser schauen werden als die anderen«, was durch Analogieschluß viele denken läßt, daß die Verdammten ebenfalls auf verschiedene Weise bestraft werden, je nach Schwere ihrer Sünde. Dies sagt das Konzil jedoch nicht ausdrücklich. Dafür stellt es aber ganz ausführlich klar, daß alle Nichtkatholiken in die Hölle kommen: »Die heilige römische Kirche ... glaubt fest, verkündet und bekennt, daß niemand außerhalb der katholischen Kirche, weder Heide, noch Jude, noch Ungläubiger, noch irgendeiner, der von der Gemeinschaft ausgeschlossen ist, am ewigen Leben teilhaben wird, daß er, im Gegenteil, dem ewigen Feuer anheimfallen wird, das für den Teufel und seine Engel bereitet ist, sofern er sich nicht vor seinem Tod der katholischen Kirche anschließt.«[20] Das ist klar und deutlich: »Außerhalb der Kirche kein Heil.«

Dieser berühmte Satz des heiligen Cyprianus charakterisiert die

---

20 H. Denzinger, *Enchiridion symbolorum*..., Nr. 714; Y. Congar, »Du bon usage de Denzinger«, in: *Situation et tâches présentes de la théologie*, Paris (Cerf) 1967, S. 111 ff.

Geisteshaltung der kirchlichen Autoritäten am Ende des Mittelalters. Schon Augustinus hat immer wieder unterstrichen, daß Heiden, Ketzer und Schismatiker der Verdammnis geweiht sind, und Innozenz III. wiederholt es in dem Glaubensbekenntnis, das den Waldensern auferlegt wurde, ebenso Bonifatius VIII. in der Bulle *Sanctam* im Jahre 1302 und Clemens VI. in der Bulle *Super quibusdam Unam* 1351. Die offizielle Formulierung ist also bedeutend strenger als die des Thomas von Aquin.

Die Bilanz der Höllendoktrinen am Ende des Mittelalters ist also dürftig und hart zugleich. Sie besteht nur aus wenigen Worten, diese aber wiegen schwer: Es gibt eine Hölle; sie beginnt gleich nach dem Tod; sie ist ewig; alle Nichtkatholiken und alle Gläubigen, die im Zustand der Todsünde gestorben sind, kommen in die Hölle; sie erleiden dort die Pein, von Gott getrennt zu sein, und die Qualen der Sinne. Damit steht das Wesentliche fest, und es wird vor dem 20. Jahrhundert praktisch keine Änderung mehr geben. Am Ende des Mittelalters wird die Existenz der Hölle einmütig anerkannt und sogar banalisiert. Man unterscheidet indessen drei Stufen:

Eine sehr heteroklite volkstümliche Hölle, in der heidnische, folkloristische und christliche Elemente miteinander vermengt sind. Sie begegnet uns vom 12. Jahrhundert an im sakralen Theater, in den Predigten und in den Visionen der Mönche. Diese Hölle ist bunt und chaotisch und legt besonderen Nachdruck auf die Folterqualen. Sie ist zweifellos beängstigend, doch mehr in der Art der orientalischen Ungeheuer, die einem kaum begegnen werden. Die Prediger klagen darüber, daß jeder glaubt, die Hölle sei nur für die anderen. Die Erforschung des Gewissens befindet sich noch im Anfangsstadium, und die feinen Unterschiede zwischen Todsünden und läßlichen Sünden berühren den einfachen Gläubigen kaum, der ohnedies auf dem Standpunkt steht, daß die Hölle für die Heiden bestimmt ist. Um die auf Angst gegründete Seelsorge wirklich wirksam zu machen, gilt es zunächst, das Gewissen zu entwickeln. Wie das körperliche Schmerzempfinden wächst auch die Angst vor der Hölle mit dem kulturellen Niveau und der Empfindsamkeit. So haben die Bürger mehr Angst als die Bauern, und die Geistlichen mehr Angst als die Bürger. Wirklich Furcht vor der Hölle haben jene, die langsam zu verstehen beginnen, wie weit die Anforderungen des Glaubens gehen und was Höllenqualen bedeuten können. Zunächst einmal schreckt die Seelsorge mit der Angst in erster Linie diejenigen, die sie ausüben, und die Hirten leben in größerem Schrecken als die Herde.

Die theologische Hölle ist ein perfektes rationales Gebilde und so gut wie völlig ausgearbeitet. Sie stützt sich auf die Heilige Schrift und die Vernunft und beinhaltet zahlreiche volkstümliche Elemente, die symbolisch interpretiert werden. Kann aber eine solche mathematisch durchdachte, strenge Hölle das Gefühl ansprechen? Man glaubt an sie, wie man an die Schlüssigkeit eines mathematischen Beweises glaubt; hat aber das Bemühen um Klarheit im Ausdruck und logische Folgerichtigkeit nicht zum Ergebnis, daß ein Teil ihres Wesens verlorengeht? Aus diesem Grund ist lediglich Dantes Hölle, bei der sich volkstümlicher Realismus und abstrakte Logik vermischen, wirklich furchterregend. Sie ist jedoch ein literarisches Werk, bei dem man weiß, daß es nicht die Wirklichkeit ist, und das man liest, um das Gruseln zu lernen.

Die doktrinäre Hölle schließlich, von äußerster Einfachheit und angetan mit dem Prestige der kirchlichen Autorität, ist unerbittlich. Jahrhundertelang hämmert sie unbeirrt immer wieder die Grundwahrheiten in die Gemüter: Es gibt die Hölle, in der man für seine Todsünden die ewige Pein erduldet. Auf weite Sicht ist diese Hölle die schlimmste von den dreien, denn sie wird zu einem Grundpfeiler des Gewissens, zu seiner zweiten Natur, sie ist unzerstörbar, unausrottbar und fundamental. Jede Epoche gibt ihr einen geeigneten Inhalt: geistige Hölle, materielle Hölle, existentialistische Hölle, innerliche, äußerliche und zukünftige Hölle. Die volkstümliche und die theologische Hölle entwickeln sich weiter und passen sich den Bedürfnissen des Volkes und der Elite an. Die doktrinäre Hölle hingegen ist die Form, der unveränderliche Inhalt. Sie allein ist kein Irrtum, keine Illusion, denn sie *ist* ganz einfach. Und überall, wo es Menschen gibt, gibt es auch die Hölle.

X
Die Hölle greift auf die Erde über (14.–16. Jahrhundert)

Das Ende des Mittelalters und der Beginn der Neuzeit gehören zu jenen Epochen, während derer das sich ausweitende Unglück die dünne Schicht von Zivilisation brüchig werden läßt und den Teufel weckt, der in jedem Menschen schlummert. Natur, Politik und Religion scheinen sich verschworen zu haben, um die elende Menschheit mit Unheil zu überhäufen. Zweieinhalb Jahrhunderte lang lebten die Menschen in Not und Drangsal. Gewiß, das Unglück konzentrierte sich nicht auf einen Ort und nicht auf einen Zeitpunkt, es wütete auch nicht ohne Unterbrechung, aber auf europäischer Ebene ist doch eine Anhäufung festzustellen, die man nicht als unbedeutend abtun kann, vom Hundertjährigen Krieg bis hin zu den Religionskriegen.

Höllische Zeiten

Schon ab 1316 fangen die Hungersnöte an. Das übervölkerte Europa hat kein urbares Land mehr zur Verfügung und kann seine Menschen nicht mehr ernähren. Es fehlt an Korn, die Preise steigen ins Unermeßliche und die Herrscher verlangen immer höhere Abgaben. Von 1340 ab beginnt der Hundertjährige Krieg Frankreich und die Niederlande mit seinen Truppen zu überziehen, in deren Gefolge unbezahlte Söldner, Plünderer, Räuber und Mörder das Land unsicher machen und aussaugen. 1348 kommt die schwarze Pest und tötet in drei Jahren ein Drittel der Bevölkerung Europas, während das Klima kälter wird. Die Winter werden länger, die Flüsse frieren monatelang zu, und die Wölfe kommen bis nach Paris. In den Städten brechen Aufstände aus, Bürgerkrieg kommt hinzu, Vergeltungsmassaker, das Morden der Rosenkriege, die Hussitenkriege, um nur einiges zu nennen. Aus dem *Tagebuch eines Pariser Bürgers*, geschrieben in der ersten Hälfte des 15. Jahrhunderts, entnehmen wir folgende Aufzeichnungen:

DIE HÖLLE GREIFT AUF DIE ERDE ÜBER

Höllenrachen mit Luzifer und Satan, Livre de la Diablerie, Paris 1568.

HÖLLISCHE ZEITEN

»In einem Umkreis von zwanzig Meilen war alles verwüstet, es wurde geplündert, gestohlen, getötet, in den Kirchen ebenso wie anderswo. Dadurch wurde das Brot einen Monat lang so teuer. Ein Scheffel gutes Mehl kostete 54 oder 60 Francs. Verzweifelt flohen die Armen (1410) [...]. Diese Pestseuche war nach den Worten der Alten die schlimmste seit dreihundert Jahren [...]. Gegen Ende des Monats starben in kürzester Zeit so viele Menschen, daß man in den Pariser Friedhöfen große Massengräber für dreißig bis vierzig Personen ausheben mußte, die hineingeschichtet und nur spärlich mit etwas Erde bedeckt wurden (1418) [...]. Es wurden so viele Menschen, Männer und Frauen, zwischen Mitternacht und Mittag getötet, daß man 1518 Opfer zählte, die im Hinterhof des Palais lagen (1418). Auf den Unrathaufen in Paris konnte man hier und dort zwanzig bis dreißig Kinder finden, erfroren oder verhungert [...]. Die Armen aßen, was die Schweine nicht angerührt hätten, und die Wölfe waren zu dieser Zeit so ausgehungert, daß sie in den Dörfern und Feldern Leichen ausgruben. Nachts drangen sie in die Städte ein und richteten großes Unheil an [...]. An mehreren Stellen fraßen sie auch Frauen und Kinder (1420). Die große Kälte dauerte den ganzen April und den ganzen Mai an, kaum eine Woche verging ohne Regen, Frost und Eis [...] und in diesem Jahr hatte die Seine ein derartiges Hochwasser, daß die Île Notre-Dame überschwemmt war, alle Häuser standen bis zum ersten Stock unter Wasser.« (1427)

In dieser Zeit sind Schisma und Häresie in der Kirche an der Tagesordnung. Im großen Schisma stehen sich zwei Päpste gegenüber; Hussiten und Waldenser hetzen gegenüber einer korrupten Geistlichkeit zum Aufruhr; das Denken schlägt über die Stränge, die Gesichte häufen sich; die Prediger toben. Jeanne d'Arc, die Jungfrau von Kent, Pierrone la Bretonne hören Stimmen und sprechen mit den Heiligen, Savonarola entfesselt die Menge; die Inquisition und die kirchlichen Richter wissen nicht mehr, so sie anfangen sollen. Es werden Templer, Juden, Hexer, Ketzer, Jungfrauen und konvertierte Muslims verbrannt. An den Fürstenhöfen macht sich das Laster breit, wo mit ungezügeltem Luxus die extravagantesten Feste und Gelage gefeiert werden, während andere wiederum sich der Alchimie oder dem Teufel zuwenden. Extreme treffen sich und verschmelzen in einer zweideutigen übernatürlichen Atmosphäre: Gilles de Rais, der mit Kindern Sodomie treibt, um sie anschließend zu töten und der einen Pakt mit dem Teufel schließt, reitet an der Seite von Jeanne d'Arc. Die Kirche verbrennt sie beide als Werkzeuge des Teufels. Und dies alles vor dem Hintergrund von verlassenen Dörfern, brachliegender Erde, von Gemetzel, Greuel und Gewalt. Das Mittelalter geht in einem Riesenbrand unter, wobei sich der Geruch des Todes mit dem von Weihrauch vermischt, begleitet vom beunruhigenden Bild der Totentänze und der flammenden Spätgotik. Es ist eine Epoche des Wahnsinns, in der sich der Mensch und die Natur zusammentun, um das Leben zu zerstören, und in der die Hölle inmitten der haltlos gewordenen Menschen wieder aufzutauchen scheint.

Nach einer relativen Beruhigung, die es dem König von Frankreich erlaubt, Italien zu verwüsten, und dem König von Spanien, die Mauren zu massakrieren, entzündet die Reformation den Brand aufs neue, indem sie im ganzen Heiligen Römischen Reich und besonders in Frankreich dreißig Jahre lang Kriege auslöst, die immer wieder von den gleichen Schrecken begleitet sind. Eine Zeit der allgemeinen Verunsicherung und des Übernatürlichen.

Die Welt zwischen dem 14. und dem 16. Jahrhundert steht der Hölle in vieler Hinsicht in nichts nach, man könnte glauben, sie sei eine Zweigniederlassung. Die Hölle greift auf Europa über, wo sich Satan ergeht, als sei er zu Hause. Nie hatte man ihn so oft gesehen. Er ist im kleinsten Dorf wie in der Zelle Luthers, und er ist nicht alleine: Eine ganze Kohorte von Inkuben und Sukkuben verunsichert die Christenheit. Im Jahr 1568 macht Jean Wier 7 405 926 gewöhnliche Teufel aus, die in 111 Legionen mit je 6666 Dämonen aufgeteilt sind, befehligt von 11 Fürsten der Finsternis. Die Manifestationen des Satans sind vielfältig: Besessenheit, Unfruchtbarkeit, Verwandlung, unerklärliche Schmerzen, Verzauberung und sonstige Arten von Hexerei. Der Teufel hat seine Helfer unter den Menschen, nämlich Zauberer und Hexen, die in dichtgedrängten Scharen nächtens zum Hexensabbat fliegen.

Ab 1320 stehen die Autoritäten dem allem nicht mehr gleichgültig gegenüber. Die Bulle von Johannes XXII. (1326), die Zauberei und Häresie gleichstellt, ist der Anfang einer Periode der Teufelsverfolgung, die ihresgleichen in der Geschichte sucht. Über dreihundert Jahre wird sie andauern und ihren Höhepunkt in den Jahren 1500–1640 finden. Einige Tatsachen sollen vor Augen führen, wie weit sich diese Verfolgungswelle ausgebreitet hat, und zwar sowohl in der katholischen als auch in der protestantischen Welt. Pierre Chaunu schätzt die Zahl der zwischen 1570 und 1630 verbrannten Zauberer und Hexen auf 30 000–50 000. Manche Richter rühmen sich beeindruckender persönlicher Rekordziffern. So will Pierre de Lancre, Parlamentsrat in Bordeaux zu Ende des 16. Jahrhundert, 500 Hexen zum Tode verurteilt haben und Henri Bohuet, dessen Betätigungsfeld im Jura liegt, sogar 600. Sie übertreiben natürlich beide, vom Eifer angestachelt, aber verläßlichere Zahlen sprechen doch immerhin von 600 Hexenprozessen allein im Kanton Luzern, in der Zeit zwischen 1400 und 1675, von 300 Verbrennungen von Zauberern in zehn Jahren im Kanton Bern (1591–1600) und weiteren 240 zwischen 1600 und 1610.

Auch bedeutende Persönlichkeiten machen von sich reden, wenn sie in diese Angelegenheiten verwickelt sind, besonders wenn es dabei um Sexuelles geht, wenn Nonnen oder Pfarrer betroffen sind, wie bei den Teufeln von Loudun (1631–1638).

Für die Drucker und Verleger dieser Zeit war das ein gutes Geschäft, denn es wurden immer wieder neue einschlägige Werke über Exorzismus und Teufelsbekämpfung herausgebracht, und es ist zu Recht gesagt worden, daß die neue Buchdruckerkunst in großem Maße dazu beigetragen hat, die Angst vor dem Teufel zu verbreiten. Zwischen 1486 und 1669 gab es 34 Auflagen vom *Hexenhammer*, das sind etwa 50 000 Exemplare. Das *Théatre des diables*, eine dämonologische Abhandlung in 33 Bänden, bringt es zwischen 1569 und 1587 auf drei Auflagen, und in Deutschland werden in der zweiten Hälfte des 16. Jahrhunderts 231 600 Buchexemplare verkauft, die sich auf den Teufel beziehen. In Frankreich werden 340 Titel über Hexerei gezählt.

Bedeutende Männer, die auf anderen Gebieten äußerst ausgewogen denken und handeln, lassen sich ebenfalls in diesen Strudel ziehen, denn die Psychose steht natürlich in Zusammenhang mit den vielen unheilvollen Ereignissen des ausgehenden Mittelalters. Die wachsende Zahl der Übel, die den Menschen heimsuchen, wird sowohl als Strafe Gottes wie als Missetat des Satans interpretiert. Wenn sich das Übel ausbreitet, dann bedeutet das, daß der Böse häufiger eingreift, und diese Interpretation wird um so leichter akzeptiert, als das religiöse Denken um die Mitte des 14. Jahrhunderts in eine Phase der Instabilität eintritt, die vom Niedergang der rationalen Denkweise des Thomas von Aquin gekennzeichnet ist.

Nach Occam trennen die Nominalisten streng zwischen Vernunft und Glauben, wobei letzterer sich in den geistlichen Kreisen ganz klar in Richtung Mystik bewegt. Der Glaube des einfachen Volkes wendet sich von der Vernunft ab und wird von Elementen des Aberglaubens durchdrungen, während in den höheren Kreisen immer mehr Mystiker auf der Bildfläche erscheinen: Im Rheinland im 14. Jahrhundert, in Italien im 15. Jahrhundert und in Spanien im 16. Jahrhundert, von Ruysbroeck bis zu Theresa von Avila.

Diese Jahrhunderte stellen eine schwache Periode des theologischen Denkens dar, eingerahmt von der thomistischen Synthese und der Erneuerung durch die katholische Reformation. Die von Krisen gebeutelte Kirche erneuert ihr Denken nicht mehr, und aus dieser Nachlässigkeit wird der Protestantismus entstehen. Seit der *Devotio moderna*, Ende des 14. Jahrhunderts, steht der Glaube der Vernunft gegenüber, die er verachtet, was der Sentimentalität, dem Aberglauben und dem Mystizismus Tür und Tor öffnet. Hier findet Satan einen Eingang: Ist nicht die Vernunft sein ärgster Feind? Und wenn er sich erst einmal in den Köpfen festgesetzt hat, dann ist der Gedanke von der Gegenwärtigkeit Satans auf Erden nur noch sehr schwer zu vertreiben.

Dieses Übergreifen des Teufels auf die Erde wird ganz selbstverständlich von einer erneuten Belebung des Themas »Hölle« begleitet, das sich nun auf allen Ebenen und auf allen Gebieten wiederfindet. Dichter, Künstler, Theologen, Mönche, einfache Gläubige – jeder spricht von der Hölle und ihren Qualen. Sie ist eines der ganz großen Themen, welche die Menschen am Ende des Mittelalters beschäftigen, doch steckt hinter dieser Zwangsvorstellung eine Wirklichkeit, die vielleicht weniger tragisch ist, als es scheinen mag. In vieler Hinsicht scheint die Hölle tatsächlich um so weniger schrecklich, als sie alltäglicher geworden ist. Dadurch daß man immer wieder davon spricht und sie beschreibt, bannt man sie. Sicher macht sie noch Angst, aber in welchem Ausmaß?

Gewöhnung und Abwertung

Das fragen sich auch die Prediger. Die Hölle ist das Hauptthema ihrer Predigten, besonders bei den Bettelmönchen. In einem *Exemplum* der Dominikaner liest man: »Ein Prediger sprach von den

Strafen der Hölle und den Freuden des Paradieses«, was den Anschein hat, als sei dies ganz selbstverständlich. Franziskaner und Dominikaner arbeiten in ihren Predigten ständig mit Zuckerbrot und Peitsche, und die Hölle scheint das am besten geeignete Mittel, um die Gläubigen von der Sünde fernzuhalten: »Gedenke, daß viele Tausende von Menschen in der Hölle sind, die vielleicht weniger Böses getan haben als du«, sagt der Dominikaner Johannes Tauler.[1] Und Vincent Ferrier erklärt: »Wenn du die Höllenqualen der Verdammten bedenkst, die auf alle Sünder warten, so glaube ich, daß alle Buße, alle Armut, alle Demut, alle Kämpfe, die du in diesem Leben für Gott zu bestehen hast, ein Leichtes sind, wenn du dadurch diesen entsetzlichen Qualen entrinnen kannst.«[2]

Als »Engel der Apokalypse« bekannt, zieht Ferrier zu Beginn des 15. Jahrhunderts in Frankreich über Land, predigt gegen das Laster und weiht die Habgierigen, die Lasterhaften und die Ungerechten der Hölle. Von einem Gerüst herab, das auf dem Friedhof oder auf dem Kirchplatz aufgebaut ist, wettert er gegen die Sünder, unterstreicht seine Worte durch Gesten und Mimik, um die Schrecken und Qualen der Hölle zu verdeutlichen. Wie er, ahmen auch andere die Schreie der Teufel nach und beißen sich in den Arm, um die Worte Jesajas zu verdeutlichen: »Jeder wird das Fleisch seines eigenen Armes essen.« Alle sind sich einig, daß das Jüngste Gericht nahe ist, daß es Zeit zur Reue ist, denn viele werden in die Hölle kommen.« Es gibt mindestens 200 000 Verdammte, die nicht so schwer gesündigt haben wir ihr«, sagt Jean Cléré in einer Predigt. »Holz für die Hölle«, »Höllenscheite« und ähnliche Bezeichnungen werden zu Standardausdrücken für die Sünder, und die Franziskaner erheben ihre Stimme: »Die Teufel werden alle Wucherer zur Hölle schleppen.« Aber manche Prediger finden auch, daß ihre Kollegen übertreiben. So wirft ihnen Anonymus von Auxerre zum Beispiel vor, daß sie aus Gott einen Henker, einen »Metzger«[3] machen – aber er ist eine Ausnahme. Am Ende des Mittelalters ziehen zahllose Mönche durchs Land, die Hölle im Munde führend.

---

1 Tauler, *Sermons*, Paris 1930, Bd. 2. S. 336.
2 V. Ferrier, *De vita spirituali*, 2. Teil, Kap. 13.
3 H. Martin, *Le Métier de prédicateur à la fin du Moyen Âge*, Paris (CNRS) 1988, S. 341.

Welche Wirkung üben sie auf die Volksmassen aus? Durch ihr Auftreten, unterstützt durch Gestik und Geschrei, ziehen sie die Gläubigen an, faszinieren und, wie es scheint, terrorisieren sie im Augenblick. Aber die Wirkung hält nicht an, besonders nicht bei den kleinen Leuten. Hervé Martin, der das Milieu der Prediger im ausgehenden Mittelalter gründlich untersucht hat, stellt fest, daß sie entmutigt sind, weil ihr Bemühen vergebens ist, besonders wenn sie hören, was die Zuhörer nach der Predigt sagen. Etwa: »Ah, der Prediger hat es den Edelleuten und ihren Frauen aber gegeben!«[4] Vielleicht ist die Hölle schon »die anderen«, in erster Linie ist sie jedoch *für* die anderen. Jeder erlebt im Augenblick die Predigt mit, um sie dann sofort zu vergessen. So scheint bei den Predigern bezüglich der Wirkung die Skepsis vorzuherrschen. In ihrer Enttäuschung gehen sie dazu über, ein übriges zu tun, bis sie, um ihre Zuhörer zu beeindrucken, ins Groteske verfallen. Diese Inflation an Höllenbeschreibungen entspringt also mehr der Ohnmacht der Prediger, die Gläubigen dauernd zu fesseln, als einer Zwangsvorstellung des Volkes.

Die Impertinenzen der literarischen Hölle

Dieser Eindruck wird von der Literatur bestätigt. Schon im 15. Jahrhundert wird das Thema der Hölle etwas zweideutig behandelt, was von einer gewissen Abwendung von den kirchlichen Drohungen zeugt. Die Autoren nehmen sich immer mehr Freiheiten heraus. Noch ist die Hölle kein Thema zum Scherzen, aber sie wird allmählich ein Thema wie jedes andere. Die Tatsache, daß die Hölle der Heiden wieder zu Ehren kommt, trägt zu dieser fortschreitenden Neutralisierung bei und nimmt der Hölle einen Teil ihres Tabus.

Le Paradis de la reine Sibylle, ein eigenartiges, um 1420 entstandenes Büchlein, zeigt diese literarische Impertinenz. Das Thema ist recht kühn: Ein deutscher Ritter betritt eine Grotte und kommt nach einer langen Reise in ein wundersames Land der Wollust und Liebe, über das eine ungemein schöne Königin herrscht. Er bleibt dort lange Zeit und gibt sich den Freuden hin,

---

4 Ebenda, Remarques relevées par l'Anonyme de'Auxerre et par Pierre-aux-bœufs, S. 599.

bis er, von Gewissensbissen geplagt, zur Erde zurückkehrt und beim Papst Vergebung erfleht. Da dieser aber die Absolution verweigert, beschließt der Ritter, in sein höllisches Paradies zurückzukehren, wobei er erklärt, daß er, da man sich weigert, seine Seele zu retten, dann wenigstens die Wonnen des Körpers auskosten möchte.

Eine kühne und unmoralische Geschichte, die zur Annahme verleitet, daß das Los des Körpers und der Seele verschieden sein könnte und daß das doppeldeutige Reich der Königin Sibylle Himmel und Hölle zugleich sein könnte, ohne jegliche göttliche Einflußnahme.

Zu Beginn des folgenden Jahrhunderts erzählt Jean Lemaire de Belges in seinen *Epîtres de l'amant vert* von seinem Abstieg zur Hölle, aber es handelt sich dabei um die Unterwelt der heidnischen, griechisch-römischen Mythologie, die nichts zu tun hat mit dem Reich Luzifers.

Dantes Vorbild ist ganz deutlich, jedoch ist jegliche christliche Dimension verschwunden. Die Hölle ist hier nur ein rhetorischer Vorwand, um vom Geheul furchteinflößender Tiere zu sprechen, vom tosenden Lärm der Hammerschläge, von Kettengerassel, von einstürzenden Bergen und Sturmesbrausen.

In den Mysterienspielen, die das 15. Jahrhundert so schätzt, wird die Hölle mit ihren Teufeln oft dargestellt. Der Eingang ist ein großes Maul, aus dem beunruhigender Lärm dringt, was das Spiel wirklichkeitsnah macht. Eine der beliebtesten Szenen ist die Niederfahrt Christi zur Hölle, wobei Satanas, der Teufel, auftritt. In der *Passion des Palatinus*, zu Beginn des 15. Jahrhunderts, ist die Hölle personifiziert und unterhält sich mit Satanas nach dem Muster der apokryphen Evangelien. Sie brüstet sich, alle wichtigen sozialen Kategorien zu beherbergen:

> König, Graf und Fürst,
> Der Papst und der Legat,
> Kardinal und auch Prälat,
> Der schwarze Mönch,
> Der Dominikaner, Franziskaner,
> Der falsche Seher, Advokat,
> Der Anwalt, Dieb und Wucherer,
> Priester und Laien aus aller Welt,

> Die im höllischen Feuer brennen,
> Stehen zu meinem Gebot.[5]

Wie bei den Totentänzen ist auch hier das Thema die Rache der sozial Schwachen: Die Hölle ist für die anderen. Auf jeden Fall führt die Passion immer zum Verderben Satanas' und seiner Helfer, die beim Erscheinen Christi von Panik erfaßt werden und sich streiten: »Hurensohn, schwärzer als eine Eule, halt ein mit deinem Geschwätz!« sagt Satanas, der sich brüstet, widerstehen zu können, aber schließlich unter den Schmährufen der Menge fliehen muß. Dieses Kasperltheater ist kaum dazu angetan, bei den Zuschauern Furcht und Ehrfurcht zu erzeugen.

Die Mischung von frecher Herausforderung und Ernsthaftigkeit findet sich auch bei François Villon. Auch bei ihm leiden die Gerechten des Alten Testaments kaum Höllenqualen:

> Nimm immerhin
> Patriarchen und Propheten aus:
> Denn mich dünkt,
> Sie brennt der Hintern kaum.
>
> *La Vieille en regrettant le temps de sa jeunesse*

Dennoch ist er sich nicht sehr sicher, wenn der Tod droht:

> Fürst Jesus, Herrscher über alle,
> Laß die Hölle nicht Herr werden über uns!
> Nur ihm müssen wir untertan sein.
> Menschen, hier gibt's keinen Hohn;
> Bittet Gott, uns allen zu vergeben!
>
> *L'Epitaphe Villon*

Rabelais treibt die Impertinenz bedeutend weiter, wie man sich denken kann: das 30. Kapitel des *Pantagruel*, das ganz der Hölle gewidmet ist, flößt alles andere als Angst ein. Unwiderstehlich burlesk, respektiert es weder die Alten, noch Dante, noch die Theologie, vielleicht nicht einmal die Evangelien. Als vielgestaltige Parodie der heidnischen und christlichen Hölle ist es das wahre Antidot der Horrorpredigten der Epoche.

---

5 »La Passion du Palatinus, in: *Jeux et sapience du Moyen Âge*, Paris (Gallimard) 1951, S. 225.

Dennoch kann man bei Rabelais kein ernsthaftes Abstreiten der Existenz der Hölle herauslesen. Er ist zwar kühner, hat mehr Schwung und Witz als seine Zeitgenossen, denkt aber nicht daran, das Dogma von der Hölle in Frage zu stellen. Er amüsiert sich, wie viele vor ihm, seine Hölle ist nur eine verkehrte Welt, in der alles auf den Kopf gestellt ist, ein Thema, das der mittelalterlichen Mentalität durchaus nicht fremd war. Hier sei daran erinnert, daß das Mittelalter die Zeit der »Narrenfeste« war, bei denen einmal im Jahr alle Rangordnungen auf den Kopf gestellt wurden, was mit Duldung der Autoritäten geschah. Sie hießen auch »Eselsfeste«, an denen selbst der niedere Klerus teilnahm; es gab dabei allerhand derbe Scherze und Verkleidungen, und der Mummenschanz fand oft auch in der Kirche selbst statt. Gebete und Liturgie wurden rückwärts gelesen, und oft ging es hart an der Gotteslästerung vorbei. Flüche drückten das Gegenteil von Gebeten aus, so entstand in England, den Niederlanden und Deutschland das »Gottverdammich«, in Burgund hieß es »Ich leugne Gott«, andere Flüche wurden aus dem Kult um Jesu Wunden und aus der Kommunion gebildet. Grund dafür ist sicher das Bedürfnis, sich zu enthemmen, von einer erdrückenden Religion etwas Abstand zu gewinnen, und die Geistlichen geben sich allen voran diesen Späßen hin. Aber ist es wirklich nur Spaß? Wahrscheinlich, wie Francis Rapp bemerkt, »grinst hier die Gottlosigkeit hinter der Maske der biederen Lustbarkeit«.[6]

Man findet dies in ernsthafter Form bei den Humanisten bestätigt. Die berühmteste Schrift in dieser Hinsicht ist das *Enchiridon militis christiani*, das Handbuch des christlichen Ritters des Erasmus von Rotterdam aus dem Jahr 1504. Nach Pierre Chaunu war dies das meistgelesene Buch, das in den ersten dreißig Jahren des 16. Jahrhunderts am häufigsten verlegt wurde, und auch »der Höhepunkt der humanistischen evangelischen Lehre«. Und weiter sagt er: »Die Schriften des Erasmus lesen sich wie eine Karikatur des Humanismus, buchstänlich modernistisch. Sie gleiten von Golgatha zur Bergpredigt ab, und das ist keine harmlose Entscheidung. Die Scheinwerfer der humanistischen Schriften werfen mindestens

---

6 F. Rapp, *L'Eglise et la vie religieuse en Occident à la fin du Moyen Âge*, Nouvelle Clio 1971, S. 160.

ebensoviel Schatten wie Licht auf die Heilige Schrift.«[7] Erasmus sagt in seinem Handbuch: »Wähle unter den Interpreten der Heiligen Schrift vornehmlich jene aus, die sich am weitesten von der wörtlichen Bedeutung entfernen.«[8] Von diesem Prinzip ausgehend denkt er, daß alle Höllenqualen, von den Flammen bis zum Gewürm, nur Allegorien, Bilder, wenn nicht gar Erfindungen der Dichter sind. Die Strafe wird rein moralisch sein, denn die Hölle ist »die ständige Angst, die das Sündigen begleitet«.[9] Als die Sorbonne darüber Näheres wissen wollte, mußte der Humanist sie 1526 beruhigen und bestätigen, daß er sehr wohl an das ewige Feuer glaube.

Einige Jahre später nimmt Ambrosius Catharin in seinem *De bonorum praemiis et supplicio malorum aeterno* aus dem Jahr 1542 diese Idee wieder auf. Am Ende des Jahrhunders beschäftigt sich Jean Bodin mit der Ewigkeit der Höllenstrafen, von der bei den Griechen nicht die Rede war und die nicht dem göttlichen Erbarmen entspricht: »Alle Theologen stimmen darin überein, daß Gott uns immer weit über unsere Verdienste belohnt und uns weit weniger straft, als wir es verdient haben [...]. Die Belohnungen sind immer größer und die Strafen immer leichter, als die Guten und die Bösen es verdienen [...]. Darauf bezieht sich die Stelle bei David, die sagt, daß Gottes Erbarmen in seiner rechten Hand ruht, was bedeuten soll, daß es viel stärker ist als seine Strenge [...]. Und wenn sein Erbarmen größer ist, kann seine Strenge nicht ewig dauern.«

Dieser Jean Bodin ist eine eigenartige Persönlichkeit. Er bestreitet die Existenz der Hölle und verfolgt den Teufel auf Erden in der Hexerei. Wie viele seiner Zeitgenossen stellt er fest, daß die Hölle seit drei Jahrhunderten auf die Welt übergreift, sie gewissermaßen kolonisiert und daß Luzifer, der sich nicht mit seinem unterirdischen Reich begnügen will, sich aufmacht, die Erde zu erobern. Die Grenze zwischen den beiden Welten verwischt sich, und Kommunikationen werden häufiger.

---

7 P. Chaunu, *Le Temps des réformes*, Bd. II: »La Réforme protestante«, Paris (Fayard) 1975.
8 Erasmus, *Enchiridion militis christiani*, Vrin 1971, S. 101.
9 Ebenda, S. 120.

Die Hölle der Künstler: vom Stereotypen zur Verklärung

Dies zeigt sich auch in der Kunst. Zum Ende des Mittelalters hin vermehren sich überall die Bilder, Fresken und Skulpturen, die die Hölle thematisieren. Die Darstellungen sind nun genauer, detaillierter, realistischer, bringen jedoch kaum Neues. Ihre Qualen beziehen sie aus den alten apokalyptischen Berichten und aus den mittelalterlichen Visionen, besonders den irischen. Die kirchliche Kunst des 15. Jahrhunderts schildert den Gläubigen Auffassungen, die schon seit Jahrhunderten bekannt sind. Entgegen der landläufigen Meinung hat sich am Ende des Mittelalters die Darstellung der Hölle nicht weiterentwickelt. Man kann eher eine Stagnation feststellen. Alle künstlerischen Produkte sind Stereotypen, die in den vorangegangenen Jahrhunderten ausgearbeitet worden waren und die man mit mehr oder weniger Talent neu darstellt.

Die Visionen des Tungdal liefern die meisten Vorlagen, weil sie folkloristisch und sinnfällig sind. Der Mönch Guillaume de Deguilleville trägt mit seiner *Seelenwanderschaft* zur Popularisierung der Vision des Owein bei, er erfindet Räder mit Eisenhaken, an denen die Meineidigen aufgehängt sind, sowie einen Galgen, an dem die Verdammten mit der Zunge aufgehängt werden. Denis le Chartreux nimmt im 15. Jahrhundert fast wörtlich die Vision des Tungdal wieder auf, und die Prediger schöpfen diese Erzählungen weidlich aus. Die Künstler holen sich dort unmittelbar ihre Inspirationen. Das führt manchmal zu sehr geglückten Werken, wie das *Stundenbuch des Herzogs von Berry* der Brüder Limburg, um 1420. Auf Blatt 108, das die Totenmesse illustriert, befindet sich eine wunderbare Miniatur der Hölle, wo Rot- und Goldtöne düster vor dem schwarz-grauen Hintergrund des Gebirges glänzen. Alle Elemente dieser geglückten Darstellung stammen aus irischen Visionen: Der riesenhafte, behaarte Luzifer, der sich auf dem Rost windet, Flammen und Rauch speiend, worin kleine Seelen herumflattern, zerquetscht in seinen Riesenhänden mehrere Körper und zertritt andere mit den Füßen. Darum herum gehörnte Teufel mit Fledermausflügeln, die Körper umherschleifen, foltern, den Blasebalg betätigen; zu jeder Seite befinden sich schroffe Gebirge mit Feuern, in denen Verdammte brennen.

Um die Mitte des 15. Jahrhunderts verlagern sich diese Darstellungen in die Skulptur. Auf dem Portal von Saint Maclou in Rouen sieht man das Rad, an dem die Verdammten hängen; in Nantes, wo das große Portal ebenfalls aus dem Jahr 1470 stammt, befindet sich ebenfalls das Rad, aber auch ein Amboß, wie in der Vision des Tungdal. Die gleichen Motive findet man auch an verschiedenen Dorfkirchen bis in die tiefste Provinz. Die Bretagne bietet auf diesem Gebiet nichts Eigenständiges. Im 16. Jahrhundert erleben hier die bildlichen und Theaterdarstellungen zum Thema Hölle eine wahre Inflation. Alain Croix hat 50 bildliche Darstellungen und 33 literarische Beschreibungen aufgelistet. Im Theater wie bei den Skulpturen ist das Maul der Hölle, der Höllenschlund, allgegenwärtig. Auch auf Stundengläsern findet man die Höllenmotive oft. Im ganzen herrscht in der Bretagne deutlich das Bemühen vor, die Darstellungen konkret zu gestalten, manchmal auch mit etwas Lokalkolorit wie bei dem Weihnachtslied, in dem das typische bretonische Schrankbett vorkommt. Die Hölle gehört mehr oder weniger zum Alltag: »Diese Bilder, die dem täglichen Leben so nah sind, können natürlich nicht bis in jedes Detail verallgemeinert werden, sie zeigen dennoch eine Weiterentwicklung an: Diese lebensnahe, fast alltägliche Hölle kann sich sicher besser in das Leben einfügen als die Hölle zum Ende des Mittelalters.«[10] Hier dringen die Einzelheiten des irdischen Lebens ins Jenseits ein, das Erdenleben greift auf die Hölle über, woraus sich eine Verschmelzung beider Welten ergibt.

Auch anderswo geht die Entwicklung hin zu einer stereotypen Höllendarstellung, wo jede Pein ein Klischee aus den alten Visionen ist. Auch bei den Holzschnitten des 15. Jahrhunderts zeigt sich die Hölle, wie wir sie schon kennen. In einer berühmten Sammlung mit dem Titel *Oraison dominicale*, wird das Vaterunser kommentiert und illustriert. Auf der Seite, die dem Vers gewidmet ist »befreie uns von dem Übel«, sind die Qualen der Verdammten dargestellt: Einer wird von einem Teufel an den Boden genagelt, ein anderer wird an ein Rad gebunden, wieder andere werden in Kessel getaucht, ein Verdammter nähert sich einer Brücke, die über einen Fluß führt – auch hier ist es klar, welchen Erzählungen die Motive entnommen sind.

Bei den illuminierten Handschriften sieht es nicht anders aus. In

---

10 A. Croix, *La Bretagne aux XVIe et XVIIe siècles. La vie, la mort, la foi*, 2 Bde., Paris 1981, S. 1048–1050.

einem schönen Manuskript des Herzogs von Nemours findet sich eine Hölle, die sehr sinnfällig dargestellt ist, von einem sehr talentierten Künstler; aber auch hier findet sich keine Qual, die wir nicht schon kennten. Die Legende grenzt von allen Seiten her die Phantasie des Künstlers ein, und je weiter wir uns ins 15. Jahrhundert hineinbewegen, desto weniger Raum bleibt der eigenen Einbildungskraft.

Der Rachen der Hölle ist eines der häufigsten stereotypen Motive, das man ebenso auf Stichen findet wie auf Fresken. Im Jahr 1498 plaziert Dürer in seinen *Apokalyptischen Reitern* den Höllenrachen links unten, und im 16. Jahrhundert wird das Modell immer wieder reproduziert.

Im Jahr 1492 fügt Vérard seiner *Kunst gut zu leben und gut zu sterben* ein Kapitel bei, »Abhandlung über die Höllenstrafen«, in dem er die in den vorherigen Visionen beschriebenen Qualen ordnet, ganz besonders soweit sie von Paulus stammen. Diese Abhandlung wird jahrhundertelang den volkstümlichen Darstellungen als Quelle dienen. Er legt die Züge so definitiv fest, daß auch die Predigten des 17. Jahrhunderts sie immer wieder aufnehmen. Da Vérard nichts Neues bringt, sondern nur klassifiziert, trägt er zur Erstarrung bei. Bis dahin hatte die unglaubliche Unordnung, die in der volkstümlichen Hölle herrschte, den Neuerfindungen immer noch Raum gelassen und zu einer Vielfalt der Varianten beigetragen. Das Ende des 15. Jahrhunderts bedeutet die Stabilisierung der volkstümlichen Hölle. Die registrierten, geordneten, klassifizierten Qualen entsprechen hinfort ganz genau definierten Sünden. Gleichzeitig erstarrt die Hölle. Sie hält ihren Einzug in die Handbücher der frommen Literatur, wo das pädagogische Bemühen Ordnung und Methode erfordert. Um sie zu beschreiben, muß man diese wimmelnde Welt von Verdammten ruhigstellen, aber das führt zur Lähmung. Durch das Kategorisieren der Qualen beginnt die Versteinerung der Hölle. In mancher Hinsicht ist das Ende des 15. Jahrhunderts Höhepunkt der volkstümlichen Hölle und zugleich Beginn ihres Verfalls, da sie langsam ihre Vitalität verliert, indem sie in stereotypen Vorstellungen erstarrt. Zu einer Zeit, da der Teufel sein Wirken auf der Erde unter den verschiedensten Formen vervielfacht, hört die unterirdische Hölle auf, sich zu erneuern und beginnt zu altern. Die Jahre 1480 bis 1500 markieren den Wendepunkt hin zu einer irdischen, bedeutend beunruhigenderen Hölle.

Der *Hexenhammer* datiert von 1486, die *Abhandlung über die Höllenstrafen* von 1492: ein vielsagendes Zusammentreffen. Von diesem Augenblick an sollten die Werke über Zauberei weitaus häufiger sein als die Werke über die herkömmliche Hölle, welche ganz einfach auf die Erde übergegriffen hat.

Die Hölle im Jenseits tritt nun in ihre akademische Phase ein. Vérard erteilt ihr den Adelsbrief, indem er seine Erzählung Lazarus, dem berühmtem Auferweckten, in den Mund legt. Schon lange wurde erzählt, daß Lazarus anläßlich eines Mahles bei Simon dem Aussätzigen seine Geschichte erzählt hatte. Vérard nimmt diese Legende wieder auf. Ein Originalstich des Buches stellt übrigens Lazarus dar, wie er Simon die Qualen der Hölle beschreibt. Es sind die folgenden:

– für die Hochmütigen: Folter des Rades, das die Wechselfälle des Glücks versinnbildlicht;
– für die Neidischen: Eintauchen in das kalte Wasser eines Flusses, während gleichzeitig ein eisiger Wind weht, so beneiden sie jene, die im Warmen sind, dann wirft sie ein Teufel in einen brennenden See oder in den Rachen Satans;
– für die Zornigen: Zerteilen in einzelne Stücke, die von Teufeln auf Ambossen wieder zusammengeschmiedet werden;
– für die Faulen: Sie werden von Schlangen gebissen, von einem geflügelten Untier verschlungen und wieder ausgespien, gebären sodann neue Schlangen, die sie wieder beißen;
– für die Geizigen: Sie werden in schmelzendes Metall getaucht, während Mammon sie aufspießt;
– für die Fresser: Sie müssen ihre eigenen Gliedmaßen oder ekelerregendes Getier essen;
– für die Lasterhaften: Schlangen und Kröten fressen ihre Geschlechtsteile.

Das ist alles nichts Neues, im ganzen recht brav, sogar banal und etwas erstarrt, genau wie die Holzstiche, die den Text illustrieren, sauber, klar, präzise und naiv wie bei einem Kinderbuch. Diese adrette, gepflegte, um die sieben Todsünden herum angeordnete Hölle hat ihre suggestive Wirkung verloren.

Zur gleichen Zeit sichert Guyot Marchent dieser netten Vision eine enorme Verbreitung, indem er im *Calendrier des bergers* ein Resümee darüber veröffentlicht mit den gleichen Bildern. Ganz

Frankreich wird die erstarrte Hölle Vérards sehen, sollte sich jedoch davon, zu einer Zeit, da die Hexen zum täglichen Leben gehören, nicht sonderlich beeindruckt zeigen. Die verschiedensten Künstler greifen das Thema auf, kopieren aber meistens bloß. Die Einlegearbeiten am Chorgestühl von Gaillon sind ein gutes Beispiel für die Serienproduktion der Modelle von Vérard. Um diesen Klischees wieder Leben einzuhauchen, wird es außergewöhnlicher Künstler bedürfen. Ein solcher Fall ist der anonyme Künstler, der die Westseite der Kathedrale von Albi um 1500 mit Freskomalerei versieht. Hier verleiht das Talent des Künstlers den Szenen erneut eine Dimension des Grauens durch die Anwendung von fahlen Farben und seine an Halluzination grenzende Vorstellungskraft bei der Gestaltung der Monster.

Das Bedürfnis zu klassifizieren findet sich im 15. Jahrhundert überall, bei den volkstümlichen wie bei den geistlichen Werken, es ist typisch für das Ende der scholastischen Epoche. Diese registrierte, inventarisierte, klassifizierte Hölle wird gleichzeitig von einigen großen Werken der Renaissance verklärt. Die Wirkung ist atemberaubend. Alles, was die große Kunst berührt, wird von der Schönheit verwandelt und veredelt. Laster und Böses verlieren ihre Schädlichkeit, wenn sie zu einem Spiel von Form und Farbe werden. Kriegsgemetzel, Kreuzigungen, Ausschweifung, Mord, Vergehen wider die Natur stehen dann jenseits von Gut und Böse. Das hatten die Renaissancepäpste wohl verstanden: Einen Michelangelo zu zensieren, hätte keinen Sinn gehabt, denn ein derart begabter Künstler steht jenseits der Moralbegriffe.

Das gilt auch für die Bilder von der Hölle. In dem Augenblick, wo der Betrachter Bewunderung empfindet, hat er keine Angst mehr. Nun stammen aber die schönsten Darstellungen der Hölle und des Jüngsten Gerichts alle aus dem 15. und 16. Jahrhundert. Nach 1600 verschwindet die Hölle aus der Kunst zugunsten der Mythologie, von Genreszenen und Landschaften. Zwischen 1400 und 1600 breitet sich die Hölle auf Bildern und Kirchenwänden aus. Dadurch wird sie jedoch keineswegs stärker, sondern schwächer. Das ist nicht die echte Hölle, die wir fürchten müssen. Die Höllen von Signorelli, van Eyck oder Memling sind persönliche Schöpfungen, Unikate, die der Vorstellungskraft des Künstlers entsprungen sind, und jede ist anders. In Memlings Triptychon vom Jüngsten Gericht (1473) werden schlanke, aschfahle Körper in einen Feuerberg geworfen, in einem anderen Werk, das der Werkstatt des gleichen Meisters zugeordnet wird, stapelt ein Teufel, dessen Kopf an der Stelle des Bauches sitzt, die Verdammten im Höllenrachen auf. Die Symbolik ist klar: Die Verdammten werden von ihren fleischlichen Lüsten geleitet. Bei Petrus Christus und van Eyck ist die unterirdische Hölle auch das Reich des Todes. Der Eingang liegt zwischen den unnatürlich weit auseinandergespreizten Beinen eines riesigen Skeletts, in dessen Innern es drüber und drunter geht, Verdammte und grauenvolle Monster sind zusammengepfercht, es herrscht das Grauen.

Im 16. und zu Beginn des 17. Jahrhunderts ist das Werk der Bruegel-Familie ganz von der Hölle geprägt; Pieter Bruegel der Jüngere trägt sogar den Beinamen Höllenbruegel. Aber bei ihnen allen ist die Hölle auf Erden. Diese scheußliche, finstere Welt, in der drohende Berge aufragen, unfruchtbar und schroff, mit einem bleiernen Himmel, voller sturmzerrissener Wolken, unter dem es von kleinen häßlichen Menschen wimmelt, die oft entstellt, blind oder verkrüppelt sind, zwischen denen sich Ungeheuer und Teufelsfratzen bewegen – ist sie nicht höllisch? Ist das nicht das getreue Abbild der auf die Erde übergreifenden Hölle, was so charakteristisch für die Epoche ist? Man braucht nur die Werke von Pieter Bruegel dem Älteren, dem sogenannten Bauernbruegel anzusehen, die eine Ausbreitung teuflischen Wahnsinns sind, der Gestalt angenommen hat in Gemälden wie *Die Sprichwörter*, *Der Streit zwischen Karneval und Fasten*, oder man betrachte die Horrordarstellung beim *Triumph des Todes*. Grausamkeit, Irrsinn, Phantasmagorien, keines seiner Werke, ob Gemälde oder Stich, ist frei davon. Baudelaire, der in Bruegel eine verwandte Seele erkennt, drückt es so aus: »Ich lehne es strikt ab, wenn man behauptet, die diabolischen, wirren Darstellungen Bruegels seien anders als durch eine Art besonderer, diabolischer Gnade entstanden.« Wen aber malt Bruegel? Seine Zeitgenossen. Nie hat der große Flame die klassische Hölle dargestellt. Die Erde reicht ihm völlig aus.

Vor ihm hat Hieronymus Bosch diesen Weg beschritten, jedoch mehr allegorisch in der Auffassung. In seinen Halluzinationen sind Menschen und Dämonen bunt gemischt, und in seinem Gemälde *Das Jüngste Gericht* kommt durch seine kraftvolle Phantasie die ganze Kunstgattung voll zur Entfaltung. Was jedoch am meisten auffällt, ist, daß die gesamte Erde eine Hölle geworden ist. Auf der

Mitteltafel hat Christus, sehr unauffällig, soeben das Gericht eröffnet; auf dem linken Flügel das leere Paradies; auf dem rechten Flügel die überfüllte Hölle; auf der Haupttafel, unten, auf der Erde, sieht man ebenfalls die Hölle. »Das ist nicht die Hölle«, schreibt C. Linfert, dazu, »es sei denn, die Erde ist die Hölle. Es ist schon so: Bosch hat erneut ein traditionelles Thema durchbrochen, um daraus das Bild aller nur vorstellbaren Gewalt zu machen. Und diese wird so lange in der Welt sein, wie die Welt selbst besteht. Der Richtspruch des Herrn ist die Vollendung einer Geschichte, die immer von höllischen Elementen getrieben wurde [...]. Bosch hat also den Ort der Qualen gemalt, seine Absicht ist nicht festzulegen, was zur Erde und was zur Hölle gehört [...]. Die entstellte Natur scheint selbst schon eine Strafe zu sein.«[11]

Die gleiche Idee wird im Triptychon *Der Garten der Lüste* wieder aufgenommen. Auf dem linken Flügel, im Feuerschein der Brände, befindet sich die Erde, dem mörderischen Wahnsinn ausgeliefert, die wahre Hölle. Hierzu sagt der Bosch-Experte Linfert: »Die Hölle ist nicht mehr der brennende Abgrund, die Erde ist es, die brennt, so wie Krieg und Feuersbrunst tosend auf uns zukommen mit stählernem Gerassel. Kohorten von Bewaffneten galoppieren auf uns zu und treiben hilflose, nackte Wesen vor sich her – manche werden von einem monströsen Ungeheuer zermalmt, das aus zwei Riesenohren besteht, die ein Messer halten. Dann überzieht sich das Land mit Eis, das viele nicht überschreiten können. Diejenigen, denen es dennoch gelungen ist, erreichen zwar trockenen Grund, werden dort aber von Instrumenten gefangen, die Lust und Musik darstellen, oder sie werden gefoltert, durchbohrt, zermalmt neben einem umgefallenen Tisch, wenn sie nicht von einem Kerl mit Vogelkopf verschlungen werden, der auf einem Thron sitzt, der zugleich ein Nachtstuhl ist. Folterknechte sind nicht die herkömmlichen Teufel, sondern hybride Geschöpfe, die nur Bosch erfunden hat, eine Mischung aus Raubvögeln, Reptilien und Panzermaschinen.«[12]

Bei den italienischen Künstlern finden wir orthodoxere Visionen, ihre Hölle jedoch, literarisch und poetisch verklärt, ist noch weniger glaubhaft als die esoterische oder symbolische irdische Hölle der

---

11 C. Linfert, *Jérôme Bosch*, Paris (Cercle d'Art) 1988, S. 88.
12 Ebenda, S. 114.

Flamen. Die italienischen Künstler sind von Dante inspiriert. Auf dem Campo Santo von Pisa stellt Orcagna schon zu Beginn des 14. Jahrhunderts die Hölle im Mittelpunkt der Erde dar, wo die Verdammten in neun konzentrischen Kreisen angeordnet sind. Fra Angelico, Paolo di Nieri, Botticelli verwenden die Elemente der *Göttlichen Komödie*, während Signorelli in Orvieto und Michelangelo in Rom dem Chaos von nackten, kraftvollen Leibern, die in den Abgrund gestürzt werden, dieser bedauernswerten Menge von Sklaven, die von Teufeln weggeschleppt werden, eine Dimension verleihen, die auf tragische Weise menschlich ist. Mythologische Elemente erstehen aufs neue in diesen hünenhaften Kompositionen: In der Sixtinischen Kapelle ist der Nachen des Charon zu sehen, wie auch im *Jüngsten Gericht* Tintorettos in Santa Maria dell'Orto in Venedig. Zu Beginn des folgenden Jahrhunders sind Rubens' Verdammte nur noch ausgebreitetes leuchtendes Fleisch, ein letztes Glanzlicht, das die Kunst einem erschöpften Thema aufsetzt.

Im 15. und 16. Jahrhundert erleben wir die Apotheose der bildlichen Darstellung der Hölle, gleichzeitig ist dies aber auch das Ende. Alle diese dargestellten Höllen sind ungemein menschlich, der wesentliche Aspekt fehlt ihnen, eben weil er nicht darstellbar ist: die Pein der ewigen Verdammnis, das Getrenntsein von Gott. Alle je unternommenen klassischen Versuche, die Hölle darzustellen, führten nur dazu, sie weiter zu vermenschlichen. Die Malerei der Renaissance bringt ein Vielfaches an Darstellungen des Themas und trägt damit zum Übergreifen der Hölle auf die Erde bei, was diese Periode charakterisiert. Allein der Surrealismus wird vielleicht in der Lage sein, eine wirklich höllische Atmosphäre zu schaffen, eine Atmosphäre des Nichtgegenwärtigen, der stehengebliebenen Zeit, eine Atmosphäre des Schweigens und des Todes: »Laizistische Höllen, ohne Gott und ohne Teufel, aber auch ohne Menschen, Höllen, die sich ihrer selbst nicht bewußt sind und die eben vielleicht deshalb noch viel grauenvoller sind.«[13]

---

13 B. Dorival, »L'enfer dans l'art«, in: *L'Enfer* (ouvrage collectif), Paris (Foi vivante) 1950, S. 317.

Die undurchsichtige Hölle der Mystiker

Das 14. und 15. Jahrhundert ist eine Epoche theologischer Armut und geistigen Reichtums; die Mystik verdunkelt die Reflexion, wie das Gefühl die Vernunft erstickt. Eine solche Zeit begünstigt einen Wildwuchs der Hölle, deren Elemente sickern durch Risse im rationalen Denken auf die Erde durch, wo sie in Katastrophen, seien sie natürlicher Art oder von Menschen hervorgerufen, ihre Nahrung finden. Dabei sind alle diese Gegebenheiten aufs engste verflochten. Die Frömmigkeit des Mittelalters ist stark gefühlsbetont und zeitigt demzufolge viele Exzesse: Geißler, Büßer, Illuminaten, Erleuchtete und Zauberer aller Art profitieren von dieser haltlosen Zeit. Der Glaube, der durch Occam und seinen Nominalismus von der Vernunft getrennt ist, sucht andere Sicherheiten, und in diesem Umfeld kommt der Hölle eine bedeutende, heilsame Rolle zu. Hier handelt es sich um eine andere Art des Übergreifens der Hölle auf die Erde, denn hier füllt sie die Lücke aus, die durch die Absage an die Vernunft entstanden ist.

Die dem Mystiker Thomas von Kempen zugeschriebenen vier Bücher *Über die Nachfolge Christi*, die nach der Bibel am weitesten verbreitete Schrift der Weltliteratur zu dieser Zeit, zeigen es ganz deutlich. Die Hölle erhält hier eine zweifache praktische Rolle. Zum ersten tröstet der Gedanke, daß es die Möglichkeit gibt, Qualen zu vermeiden, über den kleinen, alltäglichen Kummer, und zum zweiten hilft die Angst, in die Hölle zu kommen, gegen die Sünden zu kämpfen. Auch diese Schrift nimmt die Klassifizierung wieder auf und erklärt, daß jede Art von Sünde ihre eigene Strafe hat. Auch hier werden wieder Beispiele für viele ausgeklügelte Arten von Qualen bereitgehalten, und die läßlichen Sünden werden keineswegs vernachlässigt, und »hundert Jahre Buß auf Erden sind nichts gegen eine Stunde Strafe in der Hölle«. Ganz stark tritt auch der Gedanke zutage, daß es keinen Trost und kein Zurück für die Verdammten gibt. Diese Gedankengänge lassen sich folgendermaßen zusammenfassen: Denke an die Hölle, und du bist glücklich! Wenn es der Liebe nicht gelingt, uns vom Bösen abzuwenden, so müßte uns die Furcht vor der Hölle doch wenigstens etwas abhalten. Der Mensch, dessen erstes Gebot nicht die Furcht Gottes ist, wird früher oder später den Teufeln zum Opfer fallen.

Ein Jahrhundert zuvor gewinnt der deutsche Mystiker Heinrich

Seuse (1295–1366) aus den Betrachtungen über die Ewigkeit der Hölle ein Stimulans für ein Leben in Tugend und strenger Askese. In einem Kapitel über die Höllenqualen, versucht er, die Ewigkeit bildlich darzustellen, was helfen soll, die vorübergehenden Unzulänglichkeiten dieses Lebens zu ertragen: »O Leiden des Jenseits und Leiden dieser Welt, wie seid ihr verschieden! O Augenblick, wie machst du uns blind, wie täuschst du uns! Warum haben wir dies nicht bedacht in unserer blühenden Jugend, in den wundervollen Tagen, die wir in Lust vergeudet haben und die, ach, niemals wiederkehren werden! Wehe, wehe! Hätten wir doch von all diesen vergangenen Jahren eine kleine Stunde nur, die uns Gottes Gerechtigkeit verweigert und die uns immer verweigert sein wird. O Schmerz, Jammer und Elend für alle Zeiten und immer in diesem vergessenen Land, in dem wir auf ewig weilen müssen, getrennt von allem, was wir lieben, ohne Trost und Hoffnung! Ach, wir hätten nur einen Wunsch: Wenn ein Mühlstein so breit wie die Erde und so hoch wie der Himmel wäre und wenn ein kleiner Vogel nur alle hunderttausend Jahre käme und mit seinem Schnabel ein Stückchen Stein herauspicken würde, nicht größer als ein Zehntel eines Hirsekorns, so daß er in zehnmal hunderttausend Jahren ein Stückchen so groß wie ein ganzes Hirsekorn aus dem Stein gepickt hätte, ach, wir Elenden verlangten nicht mehr, als daß das Ende unserer Qualen gekommen wäre, wenn der Stein ganz abgetragen sein wird – und nicht einmal dies ist möglich!«[14]

Zur gleichen Zeit schildert eine andere Mystikerin, Katharina von Siena (1347–1380), auf ihre Art das Übergreifen der Hölle auf die Erde; für sie sind gewisse Situationen auf Erden schon ein Vorgeschmack auf die Hölle. In einem Brief an eine Prostituierte schreibt sie: »Du bist von Christus durch die Todsünde geschieden und getrennt, bist wie ein trockenes, dürres Holz geworden, das keine Frucht mehr trägt und schon in diesem Leben hast du einen Vorgeschmack auf die Hölle. Du hast keine Ahnung davon, meine Tochter, in welcher Knechtschaft du lebst und wie elend und unglücklich du bist, die Hölle auf Erden zu haben und in grauenvoller Gemeinschaft mit den Teufeln zu leben. Befreie dich aus dieser gefährlichen Knechtschaft, aus dieser Finsternis, in die du gefallen

---

14 Seuse, *Livre de la sagesse éternelle*, Paris 1977, S. 351.

bist. Möge die Angst vor der anderen Hölle, der im Jenseits, dich aus deiner Sünde reißen, denn bei deinem Tod würden die Welt, der Teufel und dein sündiges Fleisch dich anklagen, sie würden zu deiner Schmach und Schande dafür zeugen, daß du dich gegen Gott vergangen hast; zum ewigen Tod werden sie dich verdammen und hinwegführen bis zu dem Ort, da sind glühende Flammen, Schwefelgestank, Zähneknirschen, Hitze und Kälte, und der Gewissenswurm, der immer nagt und der Seele vorwirft, daß sie sich aus eigener Schuld des Anblicks Gottes beraubt hat und somit nur würdig ist, die Teufel zu schauen. Dies ist, was du verdient hast, weil du so große Mühe aufgewandt hast, der Welt, dem Teufel und deinem Fleisch zu dienen und die Hölle schon auf Erden zu erleben.«[15] Und in einem Brief an einen anonymen Briefpartner beschwört sie diesen, sich von der Sünde abzuwenden, Gott gegenüber seine Schulden zu begleichen, sonst wird der Schuldner mit den Teufeln hinweggerafft werden »und in den Abgrund der Hölle stürzen«.

Bei gewissen Mystikern des 14. Jahrhunderts kann die Höllenangst, Stachel der Tugend, zur Obsession werden. Einerseits dient sie ihnen als Bollwerk gegen die Sünde und andererseits als Möglichkeit, ihre Verbitterung, ihre Rachegelüste, ihre Frustrationen und ihre verdrängten Wünsche auszuleben. Dies trifft zum Beispiel auf Richard Rolle zu, einen englischen Eremiten, der kurz vor dem Jahr 1300 in Yorkshire geboren wurde. Nach seinen Studien in Oxford, zieht er sich, enttäuscht über das weltliche Leben der Geistlichkeit und der Mönche, derer Lasterhaftigkeit er anprangert, zurück und lebt als Eremit in der Grafschaft Durham, wo er 1349 an der schwarzen Pest stirbt. Dieser exaltierte Zeitgenosse von Wycliffe leidet schon als ganz junger Mann an Angst vor Frauen, was bald zu Frauenhaß und Abscheu vor der Sünde des Fleisches führt. In seinem mystischen Gedicht *Liebesgesang* kommt die Hölle nicht weniger als 186mal vor, mit Schmerz assoziiert 15mal, mit Chaos 13mal, mit Qualen 11mal, mit Gestank 11mal, mit Kerker zehnmal, mit Dunkelheit neunmal, mit Feuer sechsmal. In diese Hölle schickt er alle Mönche, von denen sich viele »der Wollust, Völlerei, Orgien und obszönen Liedern hingeben«. Die Reichen, die Heuchler und

---

15 *Lettres de Catherine de Sienne*, Paris (E. Cartier) 1886, Bd. IV, S. 387–388.

besonders die Lasterhaften bringt er ebenfalls dorthin. Und dies ist der Augenblick der Rache: »Alle Auserwählten werden sich an den Qualen der Verdammten ergötzen!« Und an anderer Stelle: »Erfreut euch an den Qualen aller, die zum ewigen Feuer verdammt sind!«

Die folgenden Zeilen zeigen, daß Rolle als Jüngling seine Sexualität nicht bewältigen kann und sich ihrer einfach entledigt, indem er sie mit der Hölle assoziiert: »Als Jüngling hatte ich ein heißes Herz [...]. Ich sah, daß das Leben der Menschen häßlich ist [...], deshalb müssen sie bei entsetzlichem Gestank und lebendigem Leib zähneknirschend brennen. All dies verstand ich, als ich im Alter der Liebe war, und geleitet vom Heiligen Geist, verachtete ich jede Fleischeslust [...]. Ich verbrachte die Zeit dieses Lebens in Buße, und so werde ich ohne Angst vor der Hölle sterben können. Ich mied die Frauen, um ihrer Verführung nicht zum Opfer zu fallen [...]. Ich erkor mir die Freuden der göttlichen Heimstatt und nicht die der fleischlichen Liebe [...]. Die Begierde des Fleisches habe ich gezügelt [...]. Was eine unheilbringende Geliebte geben kann, erstrebe ich nicht.«[16]

Sicher ist Rolle ein Extremfall, es läßt sich jedoch nicht leugnen, daß die Assoziierung von Sexualität und Hölle ein in der Mystik ziemlich häufig vorkommendes Element ist, nicht ohne Bedeutung für das, was man später als »Fall Luther« bezeichnet hat. Dabei handelt es sich um einen wichtigen Aspekt des Übergreifens der Hölle auf die Erde im ausgehenden Mittelalter, der sich in die recht undurchsichtige Komposition einer voll entfalteten Mystik einfügt.

Der Gedanke von der Hölle als geistliche Übung: Ignatius von Loyola, Franz von Sales, Theresa von Avila

Als diese Bewegung im 16. Jahrhundert in Spanien zu voller Blüte gelangt, wird der Gedanke von der Hölle noch weiterentwickelt, um dann bei Ignatius von Loyola zu einem praktischen Teil der *Geistli-*

---

16 R. Rolle, *Le Chant d'amour*, Paris (Cerf) 1971, S. 27.

chen Übungen zu werden. Die Hölle wird hier, ganz bewußt und systematisch, als Mittel zum Fortschritt auf dem Weg der Tugend eingesetzt. Die fünfte Übung der ersten Woche ist ganz einer Meditation über die Hölle gewidmet, unter Verwendung der fünf Sinne:

Die fünfte Übung ist eine Besinnung über die Hölle; sie umfaßt nach dem Vorbereitungsgebet und zwei Hinführungen fünf Punkte und ein Gespräch.

Das Vorbereitungsgebet sei das gewohnte.

Die erste Hinführung: Zusammenstellung, die hier darin besteht, mit der Sicht der Vorstellungskraft die Länge, Breite und Tiefe der Hölle zu sehen.

Die zweite: Das erbitten, was ich will. Hier wird es sein: um inneres Verspüren der Qual bitten, die die Verdammten erleiden, damit mir, wenn ich wegen meiner Fehler die Liebe des ewigen Herrn vergäße, wenigstens die Furcht vor den Qualen helfe, um nicht in eine Sünde zu geraten.

Der erste Punkt soll sein: Mit der Sicht der Vorstellungskraft die großen Gluten sehen und die Seelen wie in feurigen Leibern.

Der zweite: Mit den Ohren Gejammer, Geheul, Schreie, Lästerungen gegen Christus, unseren Herrn, und gegen alle seine Heiligen hören.

Der dritte: Mit dem Geruch Rauch, Schwefel, Unrat und Faulendes riechen.

Der vierte: mit dem Geschmack Bitteres schmecken, wie Tränen, Traurigkeit und den Wurm des Gewissens.

Der fünfte: Mit dem Tastsinn berühren, nämlich auf welche Weise die Gluten die Seele berühren und verbrennen.

Gespräch: Indem man ein Gespräch zu Christus, unserem Herrn, hält, die Seelen ins Gedächtnis bringen, die in der Hölle sind;
– die einen, weil sie die Ankunft nicht glaubten;
– die anderen, weil sie, obwohl sie glaubten, nicht nach seinen Geboten handelten; dabei drei Gruppen machen:
– die erste: vor der Ankunft [Christi];
– die zweite; während seines Lebens;
– die dritte; nach seinem Leben in dieser Welt.

Und hierauf ihm danken, weil er mich in keine dieser drei Gruppen fallen ließ, indem er mein Leben beendete. Ebenso, wie er bis jetzt immer so viel Freundlichkeit und Barmherzigkeit mit mir gehabt hat. Mit einem Vaterunser enden.[17]

Die Angst vor der Hölle ist für die Mystiker sicherlich nur ein grober Anreiz, weit unter der Erwägung der Liebe Gottes. Die Wirksamkeit der Angst ist jedoch ein wesentlicher Schutz der Tugend, eine Art letzte und starke Festung gegenüber den Angriffen des Teufels. So sieht es auch Franz von Sales. Am 7. April 1617 schreibt er an Madame de Veyssilieu: »Fünftens, lest keine Bücher oder Stellen in Büchern, in denen von Tod, Gericht oder Hölle die Rede ist. Denn, Gott sei Dank, Ihr habt Euch entschlossen, christlich zu leben und braucht nicht von Motiven der Angst und des Schreckens getrieben zu werden.« Für die Seelen jedoch, die den Weg zur Tugend erst beginnen, bleibt die Angst vor der Hölle das beste Stimulanz und auch der beste Schutzpanzer gegen die heftigsten Versuchungen: »Sollte mich die Versuchung in Gestalt von Geiz, Stolz oder Wollust anwandeln, dann sage ich mir ›He, sollte es wirklich möglich sein, daß mein Herz, wegen so flüchtiger Dinge, sich aus der Gnade Gottes begibt? Aber siehst du denn nicht, elendes Herz, daß dich, wenn du dieser Versuchung nachgibst, die entsetzlichen Flammen der Hölle erwarten und daß du des Erbes des ewigen Paradieses verlustig gehst?‹ In der äußersten Notwendigkeit bedient man sich aller Mittel.«[18]

Für die große Mystikerin des Jahrhunderts, Theresa von Avila, ist die Hölle keine praktische Übung auf dem Weg zur Vollkommenheit, sondern sie lernt sie mehrfach in ihrem Leben in äußerst lebendigen Visionen kennen. Als letzte große Seherin der Hölle im Jenseits schließt sie 1560 die Reihe der unmittelbaren Zeugen vom Reich Satans ab und zeigt, daß auch für sie die Hölle auf das gegenwärtige Leben übergreift. In ihrer Autobiographie erzählt sie, daß Gott ihr des öfteren das Los, das sie aufgrund ihrer Sünden eigentlich verdient hätte, gezeigt hat, ebenso wie die Qualen der Verdammten. Ihre Vision zeichnet sich durch die große Nüchternheit aus. Bar alles Malerischen, ist sie um so bedrückender und

---

17 Ignatius von Loyola, *Geistliche Übungen und erläuternde Texte*, Graz, 1983, S. 43–45.
18 François de Sales, *Traité de l'amour de Dieu*, Paris (Gallimard) o.J., Buch XI, Kap. 17, S. 927.

suggeriert, ohne sie beschreiben zu können, grauenvolle Qualen. Wenn sich einige traditionelle Elemente auch bei Theresa finden – wie Schlangen, Finsternis und Gestank –, so ist das Ganze doch einzigartig und schrecklicher in seiner Einfachheit als alle bislang beschriebenen Qualen. Sie hat selbst gestanden, daß alles, was sie über Höllenqualen je gelesen hatte, nichts war neben dem, was sie in einem kurzen Augenblick selbst erlebt hat. Ihre Beschreibung stellt einen der Höhepunkte in der Geschichte der Hölle dar: »Der Eingang erschien mir wie eine dieser langen, schmalen Sackgassen oder wie ein sehr niederer Backofen, der eng und dunkel ist. Das Gelände schien schlammig und schmutzig zu sein und strömte einen widerlichen Gestank aus. Rundum wimmelte es von giftigen Reptilien. Am Ende dieser Sackgasse war etwas wie eine Nische in der Mauer und dort sah ich mich auf engstem Raum untergebracht. Und obwohl alles, was ich geschildert habe, noch viel schrecklicher war, als meine Worte sagen, so war es noch geradezu angenehm im Verhältnis zu dem, was ich erdulden mußte, als ich in dieser Nische war.

Ich empfand dort eine solche Qual, daß alles, was man darüber sagen könnte, noch nicht ein Bruchteil dessen wäre, was ich empfand. Ich fühlte, wie meine Seele in einem entsetzlichen Feuer brannte, das ich kaum beschreiben könnte, ich könnte es nicht einmal begreifen. Ich habe schon die unerträglichsten Schmerzen ausgehalten, die man, nach Aussage der Ärzte, in diesem Leben ertragen kann, verursacht durch Nervenkontraktionen und anderes oder durch Übel, die mir die Teufel bereitet hatten, aber das war alles gar nichts im Verhältnis zu dem, was ich jetzt litt, und dazu kam noch das Entsetzen, als ich sah, daß diese Qualen ewig sind. All dies ist aber noch wenig, gemessen an der beklemmenden Angst, welche die Seele empfindet. Sie hat den Eindruck, sie wird erstickt, erwürgt, ihre Verzweiflung ist so groß, daß ich vergebens versuchen würde, sie zu schildern. Es wäre eine Verharmlosung zu sagen, sie hätte den Eindruck, daß man sie ständig zerreiße, denn dann handelte es sich darum, daß ihr von außen her jemand das Leben nehmen will, aber sie selbst ist es ja, die sich das Leben nimmt und sich in Stücke reißt. Dieses Feuer und diese Verzweiflung, die der Gipfel der allerschrecklichsten Leiden sind, kann ich noch weniger beschreiben. Ich weiß nicht, wer sie mir zufügte, aber ich fühlte mich brennen und wie in tausend Stücke zerhackt, und es erschien mir als die schrecklichste aller Strafen.

An einem solch grauenvollen Ort bleibt nicht die geringste Hoffnung auf Trost und man hat nicht einmal genug Platz, um sich zu setzen oder zu legen. Ich war wie in einem in die Mauer gebohrten Loch und diese schrecklichen Mauern, gegen jedes Naturgesetz, drücken, was sie umschließen, zusammen. Alles erstickt an diesem Ort, ringsum herrscht dichte Finsternis, in die kein Lichtstrahl dringt, und ich verstehe nicht, wie es möglich ist, daß man dort alles, was grauenhaft anzusehen ist, dennoch ohne jegliches Licht sehen kann.«[19]

Hier ist also nicht von einem Höllenrachen die Rede, sondern von einer schmalen Gasse; es gibt kein Hakenrad, keine Feuerseen und keine Kröten zu essen, sondern ein Gefühl von Ersticken, von Zerreißen und Zerdrücken. Diese Hölle ist kein Spektakulum, sie ist im Innern der Seele. Das Ich zerspringt und erstickt in einem ewigen Augenblick. Es ist, als verharre das Gewissen für immer im letzten Bruchteil der Sekunde vor dem Ertrinken oder der Zerstörung. Niemand kann weiter gehen, was das absolute Grauen anbelangt.

Die Hölle der Theresa von Avila ist die würdige Apotheose einer infernalen Epoche, hat aber auch einen praktischen Wert: »Seit dieser Vision«, schreibt sie selbst, »gibt es keine noch so großen Übel mehr, die mir im Vergleich zu dem, was ich damals litt, nicht leicht erträglich schienen.« Und sie gesteht auch, daß seit dieser Vision die Angst vor der Hölle für sie ein wahrhafter Grund geworden ist, der Sünde zu widerstehen.

Die Exzesse des 14., 15. und 16. Jahrhunderts führen also dazu, daß die Hölle unter verschiedenen Formen unmittelbar auf die Erde vordringt. Es gab eine physische Hölle mit den großen demographischen und kriegerischen Katastrophen; es gab eine diabolische Hölle mit dem Hexenwahn; es gab eine psychologische Hölle mit der verstärkten Drohung der Verdammnis. Während die Hölle aber eine irdische Realität wird, verliert die jenseitige Hölle langsam an Kraft. Die Humanisten vergeistigen sie, machen sie zur Allegorie und relativieren sie. Die Künstler verklären sie in ihren Bildern – die Gläubigen fühlen sich weniger betroffen und denken sie den anderen zu. Sowohl die protestantische als auch die katho-

---

19 Thérèse d'Avila, (Œuvres complètes, Migne 1860, Bd. I, S. 317–318.

lische Reformation werden die Hölle im Jenseits wieder beleben und kräftigen und die Dinge vorübergehend wieder an ihren Platz rücken.

DIE INS JENSEITS ZURÜCKGEDRÄNGTE HÖLLE

Zustand einer verdammten Seele, Stich aus dem 17. Jahrhundert.

… XI

Die ins Jenseits zurückgedrängte Hölle: das logische Schreckgespenst im Dienst der kirchlichen Reformen (17.–18. Jahrhundert)

Die neue Hölle

Das 17. Jahrhundert stellt einen Wendepunkt in der abendländischen Kultur dar. Das Mittelalter, das im Überschwang, in den Hoffnungen und den Auswüchsen der Renaissance fortgelebt hatte, weicht einer neuen Geisteshaltung. Wissenschaft und Vernunft, Ordnung und Gleichgewicht, Technik und Wirtschaft beherrschen als wesentliche Faktoren die Wertvorstellungen. Der durch Reformation und Gegenreformation neugeordnete Glaube festigt sich wieder unter dem Druck der Konkurrenz. Dem Verfall im 14., 15. und 16. Jahrhundert folgt ein neuer, auf Ordnung und Klarheit aufgebauter Dogmatismus.

»Man darf sich nur mit Dingen beschäftigen, von denen unser Geist eine sichere, zweifelsfreie Kenntnis erlangen kann«, schreibt Descartes 1628. Seine *Abhandlung über die Methode des richtigen Vernunftgebrauchs* wird zur Bibel des neuen Zeitalters, und die kirchlichen Autoritäten übernehmen die Denkweise. Bei Geistlichkeit und Gläubigen sollte hinfort nur noch der sinnvolle Gebrauch der Vernunft den neuen Aufschwung beherrschen.

Nun verlangt aber die Vernunft, daß jedes Ding klar definiert und an seinem rechten Platz ist, angefangen bei der Hölle. Es ist höchste Zeit, daß die überall herumwimmelnden Teufel, all die Besessenen, Zauberer, Hexen, die mit Höllenkräften herumhantieren, dorthin zurückkehren, wo sie hingehören. Etwa ab 1640 verschwinden langsam die Wunder, die Fälle von Besessenheit, die übernatürlichen Geschehnisse. Unter der Leitung der hohen Geistlichkeit, die im neuen Geist ausgebildet wird, wird der offizielle

Glaube gesäubert. Die Hölle zieht sich zurück hinter ihre natürlichen Grenzen, die sie niemals hätte überschreiten dürfen, nämlich unter die Erde, sie verschwindet von der Bildfläche. Satan und seine Helfer werden von der Bühne vertrieben, die Darstellungen des Jüngsten Gerichts und der Höllenqualen verschwinden aus den Gemälden und von den Wänden der Kirchen.

Anstand, gute Sitten und der Sinn für das Mögliche verbannen diese schockierenden Darstellungen. Shakespeares Hexen und die Verdammten des Signorelli räumen das Feld für Corneilles Horatius und die Sonnenuntergänge eines Claude Lorrain. Die Erde wird den Menschen zurückgegeben. Nach diesem Großreinemachen gehen Theologen und Kirchenführer daran, die Hölle sorgfältig abzugrenzen und ihr eine genau beschriebene Rolle zuzuweisen. Sie soll den Christen Furcht einjagen und ihnen die Möglichkeit geben, sich in ihrem religiösen Leben weiterzuentwickeln. Die Hölle wird in den großen Heilsplan der Menschen eingefügt und wird zu einem bedeutenden Rad im moralischen Triebwerk. Ihr Gebiet jedoch verkleinert sich, und die Grenze ist fortan klar erkenntlich: Es ist der Tod, eine Grenze, die man nur in einer Richtung überschreiten kann, er ist ohne Wiederkehr. Die Kirche eines Bossuet duldet nicht diese umherirrenden Seelen, diese Reisenden, die Satan besuchen und dann ihre Erlebnisse kundtun. Wenn es wirklich noch heimlich Überlebende aus dem Jenseits gibt, so sind sie nur im Volksglauben zu finden, und dort werden sie von der Geistlichkeit aufgespürt, entlarvt und – im wahrsten Sinne des Wortes – zum Teufel geschickt. Selbst Wunder werden kritisch betrachtet. Im 18. Jahrhundert sollte sich Benedikt XIV. ganz besonders skeptisch und vorsichtig in dieser Beziehung zeigen, was ihm das Lob Voltaires eintrug.

Die Hölle mit ihren Trabanten flutet zurück, sie verläßt die Erde mit Sack und Pack, man könnte sogar behaupten, daß sich eine Kolonisierung im umgekehrten Sinn anbahnt. Denn tatsächlich macht sich die aus dem Konzil von Trient erstarkt hervorgegangene Kirche daran, das Jenseits und die Gläubigen zu regieren. Dem Jenseits auferlegt sie ihre Statuten und Gesetze, die ein Abbild der juristischen Praktiken der Monarchie sind. Die Ordnung, die im Staat herrscht, gilt nun auch für das Reich des Satans, wo es mit juristischer Unerbittlichkeit zugeht. Vorbei ist es mit den Diskussionen über die Hölle und die Art ihrer Strafen, man weiß jetzt ganz genau, woran man sich zu halten hat, dies lehrt der Katechismus. Die Hölle ist nun stabilisiert, und ihr Funktionieren wird von der Erde aus bestimmt. Sicher, man kann sich immer noch einiges ausmalen, was die Qualen anbelangt, jedoch nur in sehr engen Grenzen. So erklärt sich denn auch der Eindruck der Eintönigkeit, der sich bei der Lektüre der diesbezüglichen Predigten des 17. und 18. Jahrhunderts einstellt, deren Zahl in die Hunderte geht. Trotz der großen Begabung einzelner Priester rufen die Beschwörungen des Jüngsten Gerichts und der Hölle eine tödliche Langeweile hervor: Das Thema ist ausgereizt.

Dennoch ist vielleicht nie so viel geredet worden über die Hölle, und die Statistiken sind beeindruckend. In der 99 Bände umfassenden Sammlung christlicher Predigten vom 16.–18. Jahrhundert, zusammengestellt von Abbé Migne und seinen Nachfolgern, finden sich nicht weniger als 344 Verweise auf die Rubriken »Hölle«, »Gericht«, »Verdammnis«, »Verdammung«, »Verdammte« und nur 207 Verweise auf die Rubriken »Glück«, »Glückseligkeit«, »Himmel«, »Paradies«, »Ruhm«, »Unsterblichkeit«. Jean Delumeau hat gezeigt, daß die »kulpabilisierenden, von Leid und Schmerz sprechenden« Predigten weit in der Überzahl sind.[1] Aber die Predigten sind nicht alles. In den Jungmädchenpensionaten der Ursulinerinnen sind die wöchentlich festgelegten Meditationsthemen zum Beispiel: Dienstag, der Tod; Mittwoch, das Jüngste Gericht; Donnerstag, die Passion; Freitag, die Kreuzigung; Samstag, die Höllenqualen.[2]

Die Geistlichen redeten von nichts anderem mehr, doch das will nichts besagen: Die Hölle ist nicht mehr die gleiche wie in den Jahrhunderten zuvor. Sie hat ihr Geheimnis verloren, den Aspekt einer unbekannten Welt, wo alles möglich war und was sie deshalb ja um so schrecklicher gemacht hatte. Die neue, aus den Reformationen hervorgegangene Hölle ist gezähmt, zivilisiert, organisiert; man weiß jetzt, wohin man kommt und was einen erwartet; außer in den konkreten Details gibt es keine Überraschungen mehr. Das

---

[1] J. Delumeau, *Le Péché et la Peur, La culpabilisation en Occident, XIIe siècle*, Paris (Fayard) 1983, bes. Kap. XVIII: »La pastorale catholique: essai de quantification«.

[2] *Conduite chrétienne ou formulaire de prières à l'usage des pensionnaires des ursulines*, 1734.

System funktioniert reibungslos als gut eingefahrene Repressionsmaschinerie. Diese neue Hölle mit ihrem Prozessualverfahren, ihrem Protokoll und ihrer Etikette ist ausgesprochen menschlich, zu menschlich vielleicht, um wirklich Angst zu machen. Von der Geistlichkeit allzu systematisch eingesetzt, läuft sie – wie jede Waffe, die man falsch verwendet – Gefahr, ihr Ziel zu verfehlen.

Eine bekannte und definierte Welt: die Hölle als logische Notwendigkeit

Gericht und Hölle haben für den Menschen kein Geheimnis mehr, es steht alles im Katechismus. Die Hölle ist inventarisiert, katalogisiert und klassifiziert, und bis auf einige kleinere technische Einzelheiten ist kein Raum mehr für Zweifel, für die geringste Diskussion. In den Predigten kann immer nur dasselbe wiederholt werden.

Das Bewundernswerte bei dieser Konstruktion ist, daß es auf alles eine Antwort gibt. Die Hölle des 17. und 18. Jahrhunderts ist ein kartesianisches Meisterwerk, eine streng logische, notwendige, unausweichliche und ausweglose Hölle. Die Theologen der Aufklärung, einzig mit der Vernunft bewaffnet, errichten auf den unklaren Bruchstücken der Bibel ein selten ausgeklügeltes Gebäude. Mit der Deduktionsmethode gelingt es ihnen, die Hölle bedeutend genauer zu beschreiben, als es den Sehern und Reisenden der vorangegangenen Epochen möglich war.

Man könnte sogar, ohne zu übertreiben, von einer mathematischen Hölle sprechen. 1687 verfaßt Bossuet einen »geometrischen Beweis« in acht Sätzen, mit Axiomen und Korollarien, aus dem hervorgeht, daß »Gott nicht davon absehen kann, die Sünde mit ewiger Pein zu bestrafen oder zumindest gemäß der Leidensfähigkeit des Schuldigen«, daß weiterhin »die Sünde nicht in den Verdammten gesühnt werden kann, weder ewig noch gemäß der Leidensfähigkeit des einzelnen« und daß Gott somit nirgendwo anders als in Jesus und dessen Satisfaktionen das findet, was bei der Satisfaktion der Verdammten fehlt«.[3] [Das Wort »Satisfaktion« be-

---

3 Bossuet, *Œuvres complètes*, Besançon (Outhenin-Chalandre) 1836, Bd. 2, S. 728–732.

zeichnet im theologischen Sprachgebrauch den moralischen Aufwand, der nötig ist, um die Integrität der von der Sünde beleidigten Heiligkeit Gottes wiederherzustellen, A. d. Ü.] Die Einzelheiten der Beweisführung sind hier nicht wichtig, sondern der Geist ist bezeichnend, in dem hier die klassische Hölle betrachtet wird, nämlich als formelle und logische Realität, die es erlaubt, eiskalt über die ewigen Qualen zu urteilen, die Milliarden von Menschen auferlegt werden. Eine tadellose kartesianische Hölle, würdig des Großen Baumeisters aller Welten, die jedoch auf recht schwachen Fundamenten steht.

Die Hölle als praktische Notwendigkeit

Die Hölle ist eine logische, aber auch eine praktische Notwendigkeit, unerläßlich für die Moral, ein wirksames Instrument der Abschreckung, dessen sich die Prediger rücksichtslos bedienen.

In einem umfangreichen Werk, *La Bibliothèque des prédicateurs*, das als Handbuch für die Prediger gedacht ist, nehmen die Ausführungen über die Hölle allein 300 Seiten ein. »In der Tat«, schreibt der Autor, »haben wir noch kein umfangreicheres Thema behandelt, kein Thema, das ausgiebiger, aber auch schwieriger gewesen wäre als die Hölle. Alle Prediger haben darüber mehrmals gesprochen, und hätten sie es nicht getan, so wären sie überzeugt, ihr Amt schlecht ausgeübt zu haben.[4] Das heißt also, jeder Prediger muß dieses Thema behandeln. Aber wie? »Er muß seinen Zuhörern eine heilsame Furcht vor der Hölle vermitteln.« Man muß also Angst erzeugen, ohne vor Übertreibung zurückzuschrecken: »Übrigens braucht nicht betont zu werden, daß die Übertreibung, die der christliche Prediger bei allen möglichen Themen vermeiden muß, bei dem Thema der Hölle nicht schadet, da der menschliche Geist sich die Schwere der Höllenstrafen nicht einmal vorstellen kann. Es ist also notwendig, verständlich zu machen, daß eine einzige Todsünde uns dieser Strafe würdig macht.«

Wir sind also vorgewarnt: Der Prediger des 17. und 18. Jahrhunderts hat das volle Recht, seiner Phantasie bezüglich der Höllenqua-

---

4 V. Houdry, *La Bibliothèque des prédicateurs*, Lyon 1713. Bd. 3, S. 526–629.

len freien Lauf zu lassen, weil er dabei auf jeden Fall diesseits der Wahrheit bleibt. Für den Fall, daß den Priestern nichts einfällt, breitet Houdry auf Dutzenden von Seiten Horrorvorschläge aus, die zur Abschreckung vor dem Bösen angetan sind. So zum Beispiel das Anführen von Krankheiten wie »Kopfschmerzen, schwere Koliken, Steinkrankheiten, Gicht, Ausrenkungen, Wolfshunger, quälender Durst«, wobei die Liste beliebig verlängert werden kann. Weiterhin das Betonen der Tatsache, daß die Höllenqualen gewiß und echt, groß und ohne Zahl sind und vor allem ewig. Das Höllenfeuer ist keine Metapher, sondern ganz einfach echt, und es wirkt auf die Seelen verschieden, je nach der Art der begangenen Sünden.

Außerdem muß man zeigen, daß die Hölle gerecht ist: »Es hieße wahrlich, Gottes Vorsehung ohnmächtig und seine Gerechtigkeit gegenüber der Sünde, die er nicht umhin kann zu hassen, unwirksam zu machen, wenn man glaubt, daß er im anderen Leben keine Qualen für die Gottlosen und für jene, die in diesem Leben seine Gesetze gebrochen haben, eingesetzt hat.« Die »unendlich vernünftige« Hölle ist eine Forderung der Gerechtigkeit, die größer ist als die Wirkung des Erbarmens. Was die Ewigkeit der Qualen als Sühne für die Sünde eines Augenblicks betrifft, so ist dies das Normalste von der Welt, und man kann es durch folgende Argumente beweisen: Nicht ewig dauernde Qualen würden niemanden beeindrucken; im Stand der Sünde sterben ist irreparabel; der Sünder würde am liebsten ewig in seiner Sünde leben; ein unendliches Wesen beleidigen ist ein unendliches Vergehen, und da der Mensch als endliches Wesen nicht unendlich leiden kann, muß ein Ausgleich geschaffen werden; Gott ist im Zustand legitimer Notwehr; er hat uns die übliche Warnung zuteil werden lassen, indem er uns auf die Folgen der Sünden aufmerksam machte, und wir haben es nicht beachtet; wenn der Gottessohn wegen unserer Sünden gestorben ist, dann deshalb, weil sie unendlich sind; auch die menschlichen Gesetze bestrafen im Verhältnis zum Vergehen.

Vincent Houdry schlägt nun einen Plan für den Aufbau einer Predigt vor, mit der klassischen Einteilung in drei Teile:

Einleitung: Ich werde zu euch von etwas Schrecklichem sprechen:

Erster Teil:	Die ewige Verdammnis und Trennung von Gott;
	1. verschlimmert durch den Umfang des Verlorenen;
	2. verschlimmert durch die Heftigkeit des Verlangens, sich mit Gott zu vereinen;
	3. verschlimmert durch das Nachdenken über die Nichtigkeit der Dinge, deretwegen es verloren wurde;
Zweiter Teil:	die Qual der Sinne, zentriert auf das übernatürliche Feuer;
	1. es wirkt auf Seele und Körper;
	2. es vereinigt in sich alle nur möglichen Qualen;
	3. es verursacht einen unsäglichen Schmerz wegen seiner universellen Ausdehnung;
Dritter Teil:	die ewige Dauer beider Qualen:
	1. Diese Ewigkeit ist gerecht und angemessen;
	2. der Gedanke an dieses Ewigwähren wird die Schmerzen unerträglich machen;
	3. seltsame Verblendung der Menschen, die fortfahren zu sündigen.

Schlußfolgerung: Ihr müßt euer Leben ändern.

Um ihre Reden dergestalt aufzubauen, hatten die Prediger nicht auf Houdry gewartet, der 1713 eine mehrere hundert Jahre alte Praxis kodifizierte. Der Grundtenor ist und bleibt überall: Seht, was euch erwartet, wenn ihr weiterhin sündigt! Die günstigste Zeit für dieses Thema ist die Fastenzeit, aushilfsweise auch der Advent. Im März jeden Jahres schallt aus allen Kirchen der gleiche Katastrophenrefrain, wobei jeder einzelne bemüht ist, nach besten Kräften seine Zuhörerschaft in Schrecken zu versetzen, die, ihrerseits, immer blasierter wird.

Der Erfolg ist, je nach Talent des Predigers, verschieden. Als Beispiel dessen, was man im 17. Jahrhundert von der Kanzel zu hören bekommt, folgt hier eine Predigt, die der Jesuitenpater La Colombière, bis zu seiner Ausweisung Beichtvater der Herzogin von York in London, in den Jahren 1660–1670 zu halten pflegte:

»Stellt euch im Mittelpunkt der Erde nicht ein leeres Gefängnis oder nur ein loderndes Feuer vor, sondern einen Teich aus Pech und

Schwefel, einen Teich von riesiger Tiefe und unendlich breit. Dorthinein werden alle Sünder gestürzt, die beim Tod in ihrer Sünde verharren. *Erit terra eorum in picem ardentem*: Sie werden in siedendem Pech wohnen, sagt Jesaja. *Pars illorum erit in stagno ardenti igne et sulphure*, sagt Johannes: Ihre ewige Wohnstatt, ihr Teil wird ein See aus Feuer und Schwefel sein. Glaubet nun nicht, daß sie nur zum Teil hineingetaucht werden – der Kopf und der ganze Körper wird von diesen Flammen, diesem kochenden Schwefel bedeckt sein. Er wird in ihre Augen dringen, alle ihre Sinne erfassen. Sie saugen ihn beim Atmen ein, stoßen ihn zum Mund wieder aus, ihre Lungen, ihr Herz, alle ihre Eingeweide werden unaufhörlich davon angefüllt sein. Dieses Feuer brennt inwendig und auswendig, ohne etwas zu verbrennen, es brennt alles Fleisch, das Blut, das Gemüt. Unter der Schädeldecke wird das Hirn kochen und in den Knochen das Mark. Diese unglückseligen Opfer sind von dieser glühenden und flammenden Materie in fast unendlicher Entfernung umgeben, um sie herum ist Abgrund. Diese ganze entsetzliche Masse wirkt gleichzeitig auf ihren Körper ein, so als ob er der Mittelpunkt wäre, zu dem all dieses glühende Flammenmeer strebt: *Pars illorum erit in stagno ardenti igne et sulphure*.

Und wäre dieses Feuer dem unserem ein wenig gleich, so wäre diese Qual doch ebenso grauenvoll. In einen Abgrund voller Flammen und siedendem Pech gestürzt werden, darin verloren sein, was können wir Schlimmeres uns vorstellen? Aber ihr wißt, was alle Doktoren über diesen Punkt denken. Wenn das Feuer dem gleich wäre, das wir sehen, dann wäre die Hölle nur ein Schatten dessen, was sie wirklich ist, und dieser immer brennende See könnte als Erfrischungsbad dienen. Unser Feuer wird schwächer oder es verbrennt bald das, was es angreift; deshalb gibt es zwar keine heftigere Qual, es gibt aber auch keine kürzere, denn es erschöpft zunächst die Lebensgeister und verändert oder schwächt die Sinnesorgane. Das höllische Feuer aber, außer daß es nicht verlöschen kann, hat noch die Eigenschaft, die Körper, die es brennt, zu ernähren, denn es gibt ihnen ebensoviel Kraft zum Leiden, wie es selbst hat, um sie zu quälen. Deshalb wird es bei Markus mit dem Salz verglichen: *Omnis enim igne salietur*, Feuer wird in ihnen sein wie Salz. Das Feuer, sagt der heilige Hilarius, brennt das Fleisch und verhindert zugleich seine Auflösung. Unser Feuer ist glänzend und hat Farbe, das Feuer der Hölle ist schwarz und verstärkt die Finsternis anstatt sie zu zerstreuen. Unser Feuer verursacht nur eine Art von Schmerz, das Höllenfeuer hingegen läßt gleichzeitig an allen Körperteilen Schmerzen entstehen wie das natürliche Feuer und dazu noch tausendfache andere Pein, die man sonst nur durch ein Wunder erdulden kann. Schließlich ist unser Feuer wie alle anderen Elemente nur eine Auswirkung der Liebe und der Freizügigkeit Gottes. Es wurde zum Nutzen des Menschen geschaffen, sogar zu seiner Freude, daher hat er vielerlei angenehme und bequeme Verwendungszwecke: Es wärmt, löst auf, schmelzt, reinigt, leuchtet und erfreut. Das Höllenfeuer ist die Auswirkung der gereizten Macht Gottes, des unendlichen Hasses des Schöpfers, es ist ein Instrument der Rache und des Zornes, es wurde nur zur Qual geschaffen. Und als ob alle Eigenschaften, die Gott ihm zu diesem Zweck gegeben hat, noch zu schwach wären, so als ob der Allmächtige, als er es schuf, nichts fand, das seinem Zorn wirklich entsprach, so nimmt er selbst an diesem Feuer teil, er regelt seine Aktivität, schürt es, wendet es mit eigener Hand an, fügt zu des Feuers eigener Kraft noch seine eigene Kraft und seinen Unterscheidungswillen hinzu, um es noch grausamer und heftiger zu machen.«[5]

Gönnen wir uns eine Pause. Die Prediger versiegen nie über dieses Thema. Eine mittlere Predigt dauert mindestens eine Stunde, oft jedoch bis zu zwei Stunden. Sehen wir uns kurz an, wie es weitergeht. Die Qualen der Hölle sind tausendfach schrecklicher als alle Schmerzen der Erde zusammen. Anstatt Trost »erscheinen Legionen von scheußlichen Gespenstern, die die Verdammten verhöhnen, nichts auslassen, um ihr Los zu verschlimmern«. Die Erwählten werden kommen, um sich sadistisch an der Qual zu weiden: »Euer Sohn, eure Frau, eure besten Freunde werden sich über eure Qualen lustig machen, eure Qual wird für sie eine Augenweide sein, sie werden beglückt darüber sein, daß diese Pein ewig dauert.« Und dann, »liebe Zuhörer«, ist da noch der Haß: Alle diese Verdammten werden sich gegenseitig verabscheuen, werden Gott verfluchen und lästern.

All dies wird ewig währen. Die Prediger geben sich die größte

---

5 *Collection intégrale et universelle des orateurs sacrés*, Paris (Migne) 1844, Bd. 7, Spalte 1136–1137.

Mühe, um eine Vorstellung davon zu vermitteln, was »Ewigkeit« ist. Vergebens bringen sie ein Bild nach dem anderen, ohne jemals ihr Ziel zu erreichen, da sie sich die Ewigkeit als eine indefinitive lineare Fortführung der Zeit vorstellen. Füllt Millionen Bände mit Zahlen, die mit Millionen mulitpliziert sind, sagt La Colombière, und ihr werdet noch keine Ahnung von der Ewigkeit haben. Oder stellt euch einen Vogel vor, der alle 100 000 Jahre einen Tropfen aus dem Meer holt – wenn er alle Ozeane ausgeschöpft haben wird, hat die Ewigkeit noch nicht einmal begonnen. Einwand: Gibt es nicht doch ein Mißverhältnis zwischen der Sünde eines Augenblicks und der ewigen Strafe? Wie? »Du Erdenwurm! Gibt es ein Verhältnis zwischen dir und der unendlichen Majestät Gottes? Was wäre gerechter, als den ewig zu strafen, der sich gegen den Ewigen vergangen hat?« Außerdem: Ihr wart gewarnt – kommt jetzt nicht und beklagt euch!

Letzten Endes ist es nur ein Zeichen der Güte Gottes, wenn er die Hölle geschaffen hat, um der Zügellosigkeit der Menschen zu steuern: Denkt darüber nach und entsagt den Freuden; sucht das Leiden in diesem Leben, dann vermeidet ihr die ewige Pein.

In einer anderen Predigt über das Jüngste Gericht beschreibt Pater La Colombière aufs genaueste das »fürchterliche Gericht«, den »Höchsten Richter« und seinen »unbezähmbaren Zorn«. Er hat alles gesehen, alles gehört, und mit Schadenfreude erzählt er alles, um uns mit Schande zu bedecken.

La Colombière ist ein typischer Repräsentant der Geistlichkeit, die im letzten Viertel des 17. Jahrhunderts am Werk ist. Sein jesuitischer Amtsbruder Texier (1610–1687), der zu Berühmtheit gelangt ist, weil er 1661 die Fastenpredigt vor Ludwig XIV. gehalten hat, verfaßte eine Predigt mit dem Titel *Die in der Hölle bekehrten Gottlosen*[6], in der er beweist, daß das beste Mittel, die schlechten Christen zu bekehren, die Angst vor der Hölle ist. In seiner Folterkammer rangieren die verschiedensten Dinge nebeneinander: Vitriol, Schwefel, Rasiermesser, Streckbank, Rad, siedendes Öl, Ischias, Zahnschmerzen, Nierensteine. Ähnliches findet sich bei anderen Predigern derselben Epoche, wie Louis Maimbourg aus Nancy, der auch vor dem Sonnenkönig predigte, Pierre Joseph

---

6 Ebenda, Bd. 6, Spalte 941.

Dorléans, ebenfalls Jesuit, der Caesar und Alexander wegen ihres Stolzes in die Hölle schickt, und ein weiterer Jesuit, Jacques Giroust, ruft seinen Zuhörern zu: »[...] und ihr Sinnlichen, alle werdet ihr zur Hölle fahren wegen eurer schmutzigen Wollust [...] zu eurem eigenen Wohle sage ich das, denn der Gedanke an die Hölle hat Millionen Zügellose bekehrt«, was jedoch nicht verhindert, daß eine riesige Anzahl verdammt wird.[7]

Eine auf jedes Publikum zugeschnittene Angst

So monoton die Predigten des 17. und 18. Jahrhunderts auch sein mögen, es läßt sich sehr wohl ein Unterschied zwischen Volkshölle und Elitehölle ausmachen. Jedem seine spezifische Angst, denn die Prediger erschrecken das niedere Volk selbstverständlich nicht mit denselben Mitteln wie die Höflinge. Im 18. Jahrhundert stellt Girard ein *Hausbuch für das niedere Volk auf dem Land* zusammen.[8] Es ist sehr direkt und wenig zartfühlend: »Wollt ihr für ein kurzes, brutales Vergnügen euch für ewig dem Höllenbrand überantworten?«[9]

In der Bretagne werden die gleichen Themen behandelt, und auch die Bilder sind die gleichen. So schreibt Nicolas Le Gall: »Bedenkt, daß eine einzige Todsünde genügt, um euch zu verdammen, wenn ihr das Pech habt, zu sterben ohne gebeichtet und bereut zu haben [...] Wenn du dann so viele Jahre, so viele Hunderte von Millionen Jahren wie es Augenblicke gibt seit dem Beginn der Welt, in der Hölle warst [...], so wirst du dann erst beginnen zu leiden [...]. Bedenkt deshalb, meine Brüder, die Dauer der Ewigkeit mehrmals am Tage; viele Sünder haben sich dabei bekehrt, und ihr werdet es auch tun, wenn ihr nur wollt.«[10] Der Pfarrer von Saint-Clet macht sich sogar stark, jeden, wer immer es auch sei, durch die Angst vor der Hölle zu bekehren, was aus seinen Predigten zu Ende des 18. Jahrhunderts hervorgeht. Da es schwierig ist, einem einfachen

---

7 Ebenda, Bd. 13, Spalte 397.
8 Ausgabe Lyon 1766, 4 Bde.
9 Ebenda, Bd. 2, S. 191.
10 F. Roudaut, *La Prédication en langue bretonne au XVIIe siècle*, 2 Bde., Université de Bretagne occidentale, Bd. 2, S. 279–280.

Bauern klarzumachen, was »ewige Verdammnis und Getrenntsein von Gott« bedeutet, greift er zu Bildern: »Dann wird der Herr zu dem Verdammten sagen: ›Schau diese Wohnstatt, sie gefällt dir, aber sie ist nicht für dich‹.«[11]

Ein anderer bretonischer Pfarrer greift wieder auf das alte Bild der Höllenreise zurück, um es zu erklären.

Die Qual der Sinne ist leichter zu erklären, und so finden sich hier auch die altbekannten Aufzählungen von Vipern und Schlangen, Drachen, Hunger, Feuer und gegenseitigem Zerfleischen oder Selbstzerfleischung. Nach wie vor bleibt das Feuer das Hauptfolterelement. Der Jesuit Paolo Segneri erklärt: Das Feuer wird die Dienste aller Henker übernehmen und wird auch alle Folter ersetzen, denn es läßt alle Schmerzen nebeneinander entstehen. Und hier zählt er wieder alle Möglichkeiten auf, bringt jedoch nichts Neues. Auf das Feuer zurückkommend, sagt er: »Das Feuer wird als Wohnung dienen, als Kleidung, als Möbel, als Bett, als Decke, als Gesellschaft – einfach alles wird Feuer sein. Es wird sich so eng mit dem Körper des Verdammten verbinden, daß es in ihn eindringt, bis ins Tiefste seiner Seele dringt, bis man den Verdammten nicht mehr vom Feuer und das Feuer nicht mehr vom Verdammten unterscheiden kann.«[12]

Das Jüngste Gericht ist auch sehr wirkungsvoll, um dem Volk Angst zu machen. In einem volkstümlichen Büchlein aus dem 18. Jahrhundert mit dem vielsagenden Titel *Pensez-y bien!* (Denkt immer daran) ist es ganz deutlich nachzulesen: »Wenn die Propheten von diesem Tag sprechen, dann nennen sie ihn schrecklich oder den Tag des Zornes, den Tag der Rache Gottes. Und dies mit Recht. Denn was kann man sich Entsetzlicheres vorstellen? Die Sonne wird sich verfinstern, der Mond wird blutrot sein, die Sterne fallen vom Firmament; die Erde wird bis in ihre Grundfesten erschüttert, das Meer tost, die ganze Natur ist aus den Fugen, die Elemente vermischen sich und lassen den Menschen vor Angst austrocknen. Das Feuer vom Himmel wird alles zu Asche werden lassen. Und nach diesem Weltenbrand wird der Engel des Herrn in allen vier Weltteilen die Posaune des Jüngsten Gerichts erschallen

---

11 Zitiert bei Croix/Roudaut, *Les Bretons, la mort et Dieu...*, a.a.O., S. 179–180.
12 P. Segneri, *Sermon sur les peines de l'enfer*, Avignon 1836, Bd. 5, S. 150.

lassen, die die Toten ruft, auf daß sie vor dem Richterstuhl des Herrn erscheinen. Sogleich werden alle Toten ihre Gräber verlassen und sich vor dem Gericht des Herrn einfinden, die Vorherbestimmten in Körpern, strahlender als die Sonne, und die Verworfenen in häßlichen, entstellten Körpern, die den ewigen Flammen geweiht sind. Denn einer der Hauptgründe für die Auferstehung ist der, daß die Körper, die am Guten oder am Schlechten, das die Seele getan hat, teilgenommen haben, auch teilhaben an der Belohung oder an der Pein der Seele. Ihr alle, die ihr nur daran denkt, euren Körper zu befriedigen, und die ihr euch soviel Mühe gebt, alles zu vermeiden, was ihn auch nur im geringsten stören könnte. [...], denkt wohl daran!«

Das Jüngste Gericht, das ist vor allem die Verurteilung, die Verdammung. Mit dem glücklichen Los der Auserwählten hält man sich erst gar nicht auf. Ein bretonischer Priester vom Ende des 18. Jahrhunderts, Louis Graveran, widmet in einer Predigt über das Jüngste Gericht vierundzwanzig Zeilen dem Richterspruch, der die Guten betrifft und vierundsiebzig dem Richterspruch, der die Bösen verurteilt.

Die Volksprediger schöpfen aus den apokalyptischen Schriften und aus denen der Kirchenväter und betreiben eine ziemlich seichte Effekthascherei, denn ihr einziges Ziel ist, die rohen, unzivilisierten Menschen, die sie bekehren sollen, zu beeindrucken und einzuschüchtern.

Hätte es auch andere Möglichkeiten gegeben? Bei solch harten, groben Zuhörern konnten die Priester auf dem Land kaum etwas anderes als grobe Mittel verwenden. Feinfühlige Auslassungen über die göttliche Liebe kommen erst später, viel später. Zunächst geht es darum, die Angst vor der Hölle einzuimpfen als ersten Schritt der christlichen Erbauung, was wohl geeignet ist, die heilsame Grundeinstellung zu erzeugen. Pierre de La Font, ein einfacher Pfarrer, der diese Notwendigkeit wohl verstanden hatte, kündigt 1693 seine Absicht an, die Predigten mit einer Betrachtung über die Hölle zu beginnen: »Da die apostolischen Prediger, welche die wunderbarsten Veränderungen in der Welt hervorgebracht haben, immer aus den Höllenqualen das selbstverständlichste Thema ihrer Predigten machten, denn sie wußten aus Erfahrung, daß es nichts gibt, was geeigneter wäre, die allergrößten Sünder zu beeindrucken und sie zur Reue zu bewegen, habe ich beschlossen, mit diesem Thema die Predigten zu beginnen, die ich euch das ganze Jahr über halten muß.«[13]

Die Bedeutung

Ist das Darlegen und Ausbreiten der Höllenqualen lediglich ein kindliches, oberflächliches Spiel, das nur dazu dient, bei dem Christenvolk durch bedingte Reflexe das Gefühl für das Gute zu wekken? Diese Frage hat Michel Hulin in seinem beachtenswerten Werk *L'imaginaire de l'au-delà* gestellt. Wir fassen hier seine Analyse, die den Kern der Sache zu treffen scheint, zusammen. Die Aufzählung der Qualen und ihre Klassifikation anhand der fünf Sinne entsprechen einerseits dem Willen, die partiellen Triebe im Freudschen Sinn, diese archaischen Grundtendenzen des Unterbewußten, zu zerstören. Die typisch sadistischen »Phantasievorstellungen von Zerstückeln, Vierteilen, Penetration, Ingestion, Exkretion« sind ein Ausdruck des Hasses gegen alle, die in dieser Welt die anderen demütigen, besonders die Hochmütigen und die Reichen. Wir haben oft festgestellt, daß Hochmut und Habgier als die Sünden schlechthin bezeichnet wurden, die der Hölle würdig sind.

Aber, sagt Hulin weiter, die Verschiedenheit der Qualen soll auch verständlich machen, was das Leiden als solches darstellt: »Ob es sich um Ausreißen, Zerschmettern oder Brennen handelt, die erzielte Wirkung ist immer die gleiche: Die Qual kann in sich selbst keine Ruhe finden, es ist, als werde sie nach außen gedrängt auf der Suche nach einer Beruhigung, einer Kühlung, einer noch so geringen Linderung, wie sie ein Schrei bewirkt.« Deshalb spielt das Feuer eine so große Rolle, das nicht als von außen wirkend dargestellt wird, sondern als innere Realität. Das Feuer ist wie ein Symbol des Schmerzes an sich.

Dies ist jedoch nicht alles. Zu der inneren Qual kommt die Qual der Umgebung: »Die Verdammten, die aus sich selbst verjagt sind durch das Feuer, das ihre Eingeweide zerfrißt, dürfen außerhalb nichts finden, was sie ablenken könnte, was ihnen Erleichterung

---

13 P. de la Font, *Prosnes pour tous les dimanches de l'année*, Ausg. v. 1701, 4 Bde., Bd. 1, S. 229.

verschaffen könnte, was sie beruhigen könnte. Alle Dinge müssen also in der Hölle so angeordnet sein, daß die Verdammten sich überall an ihrer unmittelbaren Umgebung stoßen und so mit Gewalt auf ihr unerträgliches Selbst zurückgeworfen werden.« Daher die Horrorvisionen, der schreckliche Lärm, der ekelerregende Geruch und Geschmack. Hinzu kommt noch die Enge, die die Verdammten daran hindert, sich zu entfalten, sich zu projizieren. Sie sind übereinandergestapelt, aufeinandergehäuft, was entsetzliche Beklemmung hervorruft, die Theresa von Avila beschrieben hat. Jeglicher Raum wird ihnen verweigert, selbst der für den eigenen Körper, der verstümmelt und zerrissen ist »durch eine Vielzahl von Qualen, die alle den Effekt haben, die Grenze zwischen innen und außen zu verwischen. So erklärt sich das Übermaß an Aufschlitzen, Häuten, Herausreißen der Eingeweide (die teilweise durch die natürlichen Körperöffnungen wieder zurückgestopft werden). Die auch sehr häufigen Szenen von Selbstverstümmelung und Autophagie lassen sich im gleichen Sinn interpretieren.«

Schließlich drückt die Ewigkeit noch ihr Siegel auf die absolute Qual, und dies auf zweierlei Art. Die Tortur setzt sich ad infinitum fort, noch schlimmer ist aber, daß der Verdammte sich dieser Ewigkeit bewußt ist, daß die Zeit somit für ihn ihren Sinn verliert. Die letzte Zuflucht eines Leidenden, die absehbare Dauer, ist dem Verdammten genommen. Man könnte paradoxerweise sagen, daß er in Ewigkeit lebt, und deshalb keine Zukunft hat. Erstarrt in seinem Ich, unfähig, die Zeit zu kontrollieren, sie einzuteilen und Pläne zu machen, bleibt er auf ewig dasselbe. »Im Grunde besagt die christliche Eschatologie folgendes: Ebendieser Wille, sich in der Zeit zu bestätigen, für sich und um sich herum etwas Dauerhaftes zu schaffen, stellt das Böse dar, die Sünde an sich. Der sündige Mensch möchte gewissermaßen der vergehenden Zeit Einhalt gebieten. Durch Reichtum, Macht und selbst durch Wissen möchte er sich selbst erheben gleich einer unerschütterlichen Mole, um welche die Zeit herumfließen muß, ohne sie anzugreifen. [...] Aber die Hölle würde diesen eitlen Wahn entschleiern. Durch den Tod in seiner ablehnenden Haltung der Zeit und der sterilen Behauptung seines Ich gegenüber erstarrt, würde der Sünder in seinem eigenen Fleisch diese Leere und diese Sterilität erfahren: Das Feuer, das ihn durchdringt, wäre nichts anderes als der Strom der Zeit an sich. Und dieser Strom peinigt ihn auch nur insoweit, als er verbissen und hartnäckig sich dem Durchfluß widersetzen will. Wer behauptet, er existiere für sich selbst, losgelöst von den übrigen Menschen und von der Welt, dem stellt sich die göttliche Ewigkeit in ihrer schrecklichsten Gestalt dar, sie zeigt sich unendlich und alles verschlingend.«

Die christliche Hölle ist wirklich die absolute Hölle, die schrecklichste, das Individuum vernichtende Maschine, die jemals erfunden wurde, und die anderen Höllen sind daneben kindliche Versuche, Spielereien. Die Landpfarrer und ihre Pfarrkinder sind sich wahrscheinlich gar nicht dessen bewußt, was ihre Lehre alles beinhaltet. Nur den Denkern und Mystikern ihrer Epoche ist dieses Verständnis gegeben. Dennoch ist die Absicht da. Hinter ihren pathetischen und manchmal sogar grotesken Bemühungen, die unterschiedlichsten Torturen zu beschreiben, steht sehr wohl der Wille, eine Welt unter der Diktatur des reinen Leidens zu schaffen, und wenn man ihr Werk von einer höheren Warte aus betrachtet, stellt man fest, daß es ihnen gelungen ist. Lediglich die Grenzen, die durch den materiellen Körper gesetzt werden, haben den Menschen bis jetzt daran gehindert, die Fiktion Realität werden zu lassen. Sie haben mit den Mitteln, über die sie verfügten, ein Maximum erreicht, und es bleibt nur zu hoffen, daß niemals ein Mensch in der Lage sein wird, das zu verwirklichen, was Menschen zu ersinnen in der Lage waren.

Die Instrumentalisierung der Hölle durch die innere Mission

Die Seelsorge mittels der Furcht erreicht im 17. und 18. Jahrhundert im Rahmen der inneren Mission ihren Höhepunkt. Ein gutes Beispiel dafür ist die Bretagne. Wie wir gesehen haben, hatte das Thema der Hölle den Westen Frankreichs weitgehend überzogen. In der Volkskultur blieb es gegenwärtig, eng verflochten mit dem Thema des Todes, der im »Ankou«, der bretonischen Personifizierung des Todes, Gestalt gewonnen hat. Überall hört man nachts die knirschenden Räder seines Wagens. Tod und Hölle sind hier untrennbar miteinander verbunden und der Teufel lauert schon während des Todeskampfes auf seine Beute: selbst in den Weihnachtsliedern des 17. Jahrhunderts ist von ihm die Rede.

Die Missionare finden also einen gut vorbereiteten Boden vor. Den größten Erfolg hat zweifellos der Jesuit Julien Maunoir zu verzeichnen, der sich in vollendeter Weise auf die Volksseelsorge versteht. Zwischen 1642 und 1682 führt er in der Bretagne nicht weniger als 375 Missionen durch, von denen jede zwei bis drei Wochen dauert. Während dieser Zeit regnen ununterbrochen Predigten, Messen, Instruktionen, Meditationen, Katechismusunterricht und Aufforderungen zur Beichte auf das Volk nieder. Maunoir benutzt mit voller Absicht die Furcht vor der Hölle zur Bekehrung und erzielt damit, wie sein Biograph berichtet, unglaubliche Erfolge. Um richtig von der Bestürzung zu profitieren, die seine Predigten ausgelöst haben, schreitet der Missionar direkt von der Kanzel zum Beichtstuhl, wo sich das Volk drängt, um seine Sünden zu bekennen. Hier ist ein Bericht über sein Wirken in Ploubazlannec bei Paimpol: »Pater Maunoir stieg auf die Kanzel und hob an zu predigen über die Qualen in der Hölle, dabei sprach er so eindringlich, daß die ganze Gemeinde, von Entsetzen ergriffen, laut schreiend um Erbarmen flehte. Von der Kanzel aus schritt der ehrwürdiger Vater gleich zum Beichtstuhl, desgleichen tat Pater Bernard, und von da an ging ihnen die Arbeit nicht mehr aus. Der Schmerz der reuigen Sünder war so groß, sie weinten so heiße Tränen, daß die Chorhemden der beiden Patres davon durchnäßt wurden.«[14]

In allen Kirchspielen die gleiche panikartige Wirkung. Als glänzender Pädagoge greift Maunoir zu theatralischen Effekten. So versteckt er Priester unter einem Podium. Als Stimmen der Verdammten antworten sie auf seine Fragen über die Höllenqualen. Er ist immer mit Bildtafeln bewaffnet wie die eine, die in Quimper noch vorhanden ist und das Gericht darstellt. Sie zeigt, daß so gut wie alle Wege zur Hölle führen. Maunoir berichtet selbst von seiner Mission auf der Insel Ouessant, deren Bewohner eine nur sehr oberflächliche Berührung mit dem Christentum hatten: »Wir kamen am Vorabend von Peter und Paul an. Sofort begannen wir zu predigen und zu lehren, so aufnahmefreudig war die Menge, auf die sich der Heilige Geist herabsenkte. Die Kirche konnte die Menschenmenge nicht mehr fassen, und so predigten wir draußen

---

14 X.-A. Séjourné, *Histoire du vénérable serviteur de Dieu Julien Maunoir*, Paris 1895, S. 178.

weiter. Wir sprachen von den Höllenqualen und den Sünden, die die Menschen in die Hölle bringen. Weinend sprachen darauf die Bewohner der Insel: ›Wehe uns, bisher haben wir wie Tiere gelebt! Gütiger Gott, wie dankbar müssen wir den Patres sein, daß sie uns aus diesem elenden Zustand befreit haben!‹«[15]

Zu den Missionswochen strömen jeweils bis zu zehntausend Gläubige herbei, und nach zeitgenössischen Berichten muß man seinen Platz am Beichtstuhl zehn Tage im voraus belegen. Anläßlich der großen bretonischen Revolte von 1675 rühmt sich Maunoir, daß er ebenso viele Verdienste an der Befriedung der Bevölkerung gehabt habe wie die königlichen Truppen: »Die Gottesfurcht ist genauso wirkungsvoll wie der Schrecken der Waffen«, schreibt er, und dies ist wahrlich ein bedeutungsvoller Vergleich.

Letzten Endes verdanken die Missionare ihren Erfolg der Angst und der theatralischen, sinnfälligen Darstellung, zumal letztere eine beliebte Abwechslung neben den eintönigen Sonntagspredigten sind. Auch »Wunder« finden statt: So wird ein Kind von der Bräune geheilt, eine Frau wird wieder sehend, nachdem sie ihre Augen mit Wasser gewaschen hat, in dem der Rosenkranz des heiligen Bernard gelegen hatte, das Wetter ändert sich und bleibt einen Monat schön, was eine außerordentliche Ernte ermöglicht, während es bis dahin immer durch unaufhörlichen Regen zu Mißernten gekommen war. Irgendwie lebt zu den Missionszeiten die mittelalterliche Frömmigkeit mit all ihren Begleitumständen wieder auf für die Gläubigen, es herrscht Euphorie und sie strömen in die Kirchen, getragen vom erhebenden Gefühl der Begeisterung und der Furcht.

Hier zeigt sich aber auch das doppelte Gesicht dieser inneren Mission. Sie will zu einer Erneuerung des Glaubens beitragen im Geist der tridentinischen Reform und benutzt dabei Verfahren, die sie in die Nähe der spektakulären und abergläubischen Praktiken des Mittelalters bringen. Die Mittel scheinen hier im Gegensatz zum Zweck zu stehen. Unter Anwendung von oberflächlichen, äußerlichen und spektakulären Methoden versuchen die Missionare die Verinnerlichung und Vertiefung des Glaubens zu errei-

---

15 J. Maunoir, *Journal*, veröfftl. v. T. Daniel in: »Cahiers de l'Iroise«, 1975, no 3, S. 133–135.

chen. Die Gefahr, daß die Gläubigen die Mittel für den Zweck halten und über das naheliegende Wunderbare nicht hinausgelangen, ist groß. Wie Alain Croix schreibt, bringen diese geschickt angewendeten Methoden den Missionaren zwar eine große Zuhörerschaft, deren Beweggründe jedoch zweifelhaft sind.

Es ist also sehr schwer festzustellen, welche Wirkung diese Seelsorge mittels der Angst letzten Endes hat. Wenn die Begeisterung der Missionswochen verflogen ist, kehrt der Alltag wieder zurück. Die weitgehend analphabetischen Gläubigen leben in der Gegenwart, jedes Ding hat seine Zeit, so hat auch die Angst vor der Hölle ihre Zeit, wie die Beichte, aber auch die Leidenschaften und die Sünden haben ihre Zeit. Ihr Leben ist ein stetiges Hin und Her zwischen der Angst vor Gott und der Sünde, es gibt keine Mischung. Gewissensforschung ist nicht ihre Sache, entweder sie geben sich voll der Sünde oder voll der Buße hin. Dies sind noch recht mittelalterliche Verhaltensweisen. Während der Missionswochen wird hemmungslos geweint und geklagt, und im täglichen Leben wird ebenso hemmungslos getrunken, geprügelt und gehurt, aber nie beides zugleich, nebeneinander. Die niedere Geistlichkeit am Ort ist unfähig, die guten Vorsätze und die Hochstimmung der Missionswochen ein ganzes Jahr lang aufrechtzuerhalten. Es muß jedoch zugegeben werden, daß sich auch hier und da Dauererfolge verzeichnen lassen.

Die Höllenangst als Mittel der Bekehrung wird natürlich nicht nur von den Missionaren in der Bretagne angewandt, deren größter, Vincent de Paul, geradezu als einer der großen »Terroristen« des 17. Jahrhunderts bezeichnet werden kann. Auch er läßt alle bekannten Qualen wiederaufleben und mißt dem Feuer eine besondere Bedeutung bei. Aber nicht nur bei den Predigten spielt die Angst eine Rolle. Die Krankenbesuche sind eine besonders geschätzte Gelegenheit für die Anwendung der Angst. So findet sich im Handbuch der Seminaristen von Saint-Nicolas-du-Chardonnet eine Anleitung für die zukünftigen Priester bezüglich ihres Verhaltens am Krankenlager: »Was muß man beachten, bevor man dem Kranken die Absolution erteilt? Man kann mit den Schrecken der Hölle beginnen, um ihn zur Liebe zu führen. Die letzten Augenblicke«, heißt es weiter, »sind die schrecklichsten, denn der Sterbende gerät in die Gewalt der Finsternis, und hier heißt es, alleine gegen die Schrecken des Todes, die Gefahren der Hölle, die körperli-

chen Schmerzen und die Ränke des Teufels anzukämpfen und die
Gültigkeit des Gerichtes Gottes aufrechtzuerhalten.«

Die klassische und aristokratische Hölle

Die Predigten über die Hölle sind nicht nur für die Landbevölkerung bestimmt. Auch die geistige und gesellschaftliche Elite hat ein Anrecht darauf, jedoch ist ihre Hölle, wie es sich gehört, etwas weniger grob als diejenige der Bauern. Die Autoren dieser Predigten machen sich übrigens Gedanken darüber, ob die traditionellen Bilder wirklich begründet sind und wie es um ihre objektive Realität steht. Man merkt, daß sie zögern, denn sie wagen es noch nicht, kategorisch zu leugnen, daß die Hölle voller glühender Kohlen und Ungeheuer ist; auf der anderen Seite ist es ihnen zuwider, den Ort der Hölle auf derart ungeschlachte Vorstellungen zu reduzieren. Im Jahr 1680 stellt sich der Jesuitenpater Crasset die Frage:

Wer kann sagen oder sich vorstellen, was die Hölle ist, was der geringste Teil des Elends ist, das sie beinhaltet? Zu sagen, daß es eine Sintflut von flüssigem Schwefel ist, viel grauenvoller als die Sintflut von Wasser zu Noahs Zeiten, will schon etwas heißen. Aber es ist doch nur eine winzige Skizze von der Hölle, es ist nicht die Hölle selbst. Zu sagen, daß es ein entsetzlicher Feuerbrand ist, viel schlimmer als jener, der die Sodomiter verbrannte, auch das ist nur ein schwaches Bild von der Hölle. Nun kann man sagen, daß es ein Kerker ist, voller Finsternis, Trostlosigkeit, Wut und Verzweiflung – dennoch ist das kein Ausdruck für die Hölle, nur ein Ausdruck für den Ort. An diesem Ort des Grauens sieht man nur fürchterliche Teufel, ist man auf glühende Kohlen gebettet, atmet man Schwefel und alle Arten von Unrat ein, man tut nichts als Gott lästern und Tausende von Verwünschungen ausstoßen, aber dies alles sind nur einige Aspekte der Hölle.«[16]

Auch der Jansenist Nicole ist ratlos. Wie verhält es sich zum Beispiel mit den Würmern und Schlangen? Auch bei Augustinus findet er keine Antwort: »Es stimmt, der heilige Augustinus sagt, daß es nicht unwahrscheinlich ist, daß darunter echte Würmer und

---

16 J. Crasset, *La Douce et Sainte Mort*, Paris 1680, S. 263.

echte Schlangen zu verstehen sind, die mit den Verdammten zusammen im Feuer leben, und deshalb ist es nicht unbegründet anzunehmen, daß es in diesem Schwefelsee Schlangen gibt, die den Verdammten an allen Teilen des Körpers Schmerzen zufügen, die jeweils ihren Sünden entsprechen. Aber außer der Tatsache, daß der heilige Augustinus mehr dafür zu sein scheint, daß man unter diesem Gewürm die Gewissensbisse versteht, so kann man auch sagen, daß, wenn die inneren Qualen auch nicht wörtlich angesprochen sind, sie doch recht anschaulich zum Ausdruck gebracht sind.«[17]

Crasset und Nicole sind Theoretiker, während Bourdaloue eine konkrete Frage zu lösen hat, denn er muß vor Ludwig XIV. und dem Hof über die Hölle sprechen. Vor diesen Luxussündern kann er es sich nicht erlauben, von dem Reptiliengewimmel zu reden, hier ist Zurückhaltung geboten. Die Hölle des Adels liegt auf höherem Niveau. In der Einleitung zu seiner Predigt für die zweite Fastenwoche, betitelt »Über die Hölle«, beruhigt er seine »lieben Zuhörer«, er wird nicht diese vulgären Bilder gebrauchen, deren man sich für das Volk bedient: »Bei Hofe über die Hölle zu predigen, ist eine Aufgabe des Priesters, und möge Gott verhüten, daß er durch falsche Rücksicht oder feige Unterwerfung unter den verderbten Geschmack seiner Zuhörer über ein so wesentliches Thema und den Angelpunkt unserer Religion hinweggehe! »Ebenso muß er aber bei der Ankündigung Vorsicht walten lassen und in Betracht ziehen, zu wem er spricht. Dem Volk kann diese Wahrheit in konkreten Bildern nahegebracht werden: Flammenseen, brennende Höllenschlünde, greuliche Gespenster, Zähneknirschen.« Aber für Euch, meine lieben Zuhörer, die ihr, obwohl weltlich und fleischlich, in einem anderen Sinne geistlich und die Weisen dieser Welt seid, muß diese Wahrheit in der Einfachheit des Glaubens dargestellt werden, auf daß ihr davon eine genaue Kenntnis erlangt, die euch erbauen kann.«[18]

Das Resultat ist eine geschönte und recht langweilige Darstellung der Hölle, welche die potentiellen Luxusverdammten kaum beeindruckt haben dürfte. Im Jahrhundert Ludwigs XIV. gibt es tatsäch-

---

17 P. Nicole, *Essai de morale*, Paris 1678, Bd. 4, S. 152.
18 Bourdaloue, *Œuvres complètes*, Paris 1829, carême II, S. 48–49.

lich zwei Höllen, die des Gesindels und die der lasterhaften Aristokratie. Während ersteres sich verzweifelt in der stinkenden Kloake abzappelt, gepfählt, gerädert, zerstückelt, verbrannt und unterkühlt wird, meditieren die anderen über die Gewissensbisse in einer gepflegten Hölle für bessere Leute, die man sich anhand der blassen Beschreibungen Bourdaloues schlecht vorstellen kann. Was ist die Hölle? »Dieser Konflikt zwischen Wertschätzung und Haß, zwischen Verlangen und Abneigung, zwischen Abstand und Annäherung gegenüber dem gleichen Objekt, das, ihr Christen, ist die Hölle.« Und wie weiter? »Schon in diesem Leben haben wir eine spürbare Erfahrung bezüglich der Buße der Verdammten. Welcher Art sie ist? Es ist die Sorge und es sind die Gewissensbisse, die wir empfinden, sobald wir eine Sünde begangen haben.« Da aber die Sorgen und Gewissensbisse eine beträchtliche Anzahl der Höflinge mehr oder minder kaltlassen, dürfte der Vergleich Bourdaloues recht wenige aufschrecken.

Wie werden also die »sinnlichen und unkeuschen Seelen« bestraft? In der Bauernhölle wird den Lasterhaften, neben den üblichen Qualen, meistens der Geschlechtsteil von einer Schlange zernagt. Der lasterhafte Höfling hat seinerseits Anspruch auf eine göttliche Bestrafung, die ihn, ganz zweifellos, mit Scham erfüllen wird, denn Gott läßt ihn mit einem Blick alles sehen, was ihn zuvor beschäftigt hatte, alle schmutzigste und ekelhafteste fleischliche Begierde, als da sind: geheime Übereinkünfte, verbrecherische Wünsche, genährte Hoffnungen, abgepaßte Gelegenheiten, unsittliche Geschäfte, laszive Unterhaltungen, Libertinage, Blicke, Wankelmütigkeit – all dies wird er ihm vor Augen führen. Die Höllenqualen können wir uns sowieso nicht vorstellen, sagt Bourdaloue, und das ist ein guter Vorwand, nicht davon zu sprechen. Mit der Ewigkeit wird ebenso verfahren: »Euch eine wirkliche Vorstellung von der Ewigkeit zu geben, versuche ich erst gar nicht. Und wer könnte dies auch? Je weiter man in diesen Abgrund eindringt, desto mehr verirrt man sich darin und verliert sich schließlich ganz.«

Der verdammte Adlige kommt wirklich gut davon, und man kann sich leicht vorstellen, daß er während der Predigt nicht allzusehr gezittert hat. Ist die Seelsorge mit der Angst also eine Klassenseelsorge? Oder ist Bourdaloue vielleicht feige und übervorsichtig? Andere seiner Predigten zeigen ihn uns eigentlich als viel intellektueller und spiritueller als die meisten Prediger seiner Epoche. Er behandelt die Hölle systematischer und abstrakter, in einem klassischen Sinn. Seine Werke sind immer nach dem ternären Schema aufgebaut. In der Einleitung zu einer anderen Predigt über das Geschick der Verdammten legt er seinen Plan dar: »Die Erinnerung an die Vergangenheit zerreißt sie, der Schmerz der Gegenwart drückt sie nieder, der Blick auf die Zukunft läßt sie verzweifeln. Auf diesen drei Darlegungen beruht die Einteilung meiner Predigt.« Oder an anderer Stelle: »Drei unverzichtbare Kraftquellen für das Leben, die jedoch völlig nutzlos für die Verdammten sind: das Gebet, die Buße, das Leiden.«

Die Hölle à la Bourdaloue ist den malerischen, bunten und stinkenden Höllen, wie man sie zu seiner Zeit gerne darstellt, diametral entgegengesetzt. Seine Hölle ist ein großartiges, klassisches, aber kaltes Gebäude. Sie ist für die barocke Hölle, was Racine für Shakespeare ist. Er bewegt sich stets auf der Ebene des Begriffs, niemals hilft ein Bild dem Zuhörer. Bourdaloue gehört nicht zu denen, die mengenweise prosaische Vergleiche bringen, um die Ewigkeit der Höllenstrafe zu erklären: »Wie denn! Immer leiden und solch lange, grausame Leiden, nichts auslassen, kann man das überhaupt begreifen? Ob ihr es versteht oder nicht, liebe Zuhörer, es ist deshalb nicht weniger wahr [. . .]. Gott ist gut, wer wüßte das nicht? Aber diese Güte ist in Gott nicht nur Barmherzigkeit, sie ist auch Heiligkeit. Nun ist aber eine immerwährende Heiligkeit immer der Feind der Sünde und muß folgerichtig die Sünde hassen, die Sünde immer verfolgen, die Sünde immer bestrafen, wenn die Sünde immer fortdauert.«[19] Diese an Racine gemahnende Ausdrucksweise läßt den eigentlichen Unterschied erkennen zwischen der Volkshölle und der Aristokratenhölle des 17. Jahrhunderts. Die erste ist eine barocke, von schmerzvollem Leben überquellende Hölle, die das absolute Leiden durch Bilder, Farben, Töne oder Geruch darstellt; die zweite ist eine klassische Hölle, ein ebenso erbarmungsloser Kerker, aber auf der Ebene der Begriffe; sie ist ein organisiertes, logisches, ausgeglichenes Chaos.

Dies ist auch Bossuets Auffassung. Dieser Kartesianer wider Willen möchte alle Glaubenswahrheiten am liebsten geometrisch beweisen. Seine extreme Zurückhaltung bezüglich der Hölle ist

---

19 Ders., Œuvres, Ausg. v. 1877, Bd. 1, S. 290.

auffallend. Da er seine Gegner zu zerschmettern liebt, könnte er sie gut ins ewige Feuer stürzen, aber diese Drohung spricht er so gut wie nie aus. Kaum zwei oder drei derartige Andeutungen finden sich in seinem umfangreichen Werk. So redselig er bezüglich des Todes ist, so schweigsam ist er bezüglich der Hölle, die er nur ein einziges Mal beschreibt. Und wenn er von der Hölle spricht, dann nur, um von der Doktrin her etwas klarzustellen, und zwar auf rein begrifflicher und geistiger Ebene. Die klassische Hölle ist auch eine verschämte Hölle.

In Fragmenten für eine Adventspredigt am Hofe, *Über die Notwendigkeit der Buße*, findet sich diese kurze Anmerkung: »Das Feuer, die Qual der Sinne. Es ist noch nicht entzündet, aber wir tragen sein Prinzip in uns. Wo glaubt ihr, Christen, daß Gott das Feuer hervorbrechen läßt? Aus dem Herzen des Sünders selbst.«[20] Bossuet lehnt alle volkstümlichen Bilder ausdrücklich ab zugunsten einer viel höheren Konzeption, daß nämlich die Hölle die Sünde selbst ist:

»Ich meine, daß für sie, da sie von dieser Einheit getrennt sind, die Hölle schon auf Erden beginnt und daß sie wegen ihrer Verbrechen in der Hölle leben. Denn wir glauben nicht, daß die Hölle aus diesen entsetzlichen Qualen besteht, aus diesen flammenden Schwefelseen, diesem alles verschlingenden Feuer, aus dieser Verzweiflung und dem Zähneknirschen. Die Hölle, so verstehen wir es, ist die Sünde selbst, die Hölle, das ist von Gott entfernt sein, und das beweist auch die Heilige Schrift.«[21]

Sodann kommt eine ganz klassische Idee: Die Sünde, das ist die Auflehnung, die Unordnung, was bei der absolutistischen Mentalität das Erkennungszeichen des Bösen ist. Die Sünde bestrafen bedeutet die Wiederherstellung der Ordnung. Aber überraschenderweise begleitet Bossuet diese Denkweise mit einem sehr modernen Gedanken: Die Hölle ist eine innere Realität des Menschen, jeder trägt sie in sich. »Wenn ich Sünde sage, sage ich Unordnung, denn ich drücke die Auflehnung aus. Wenn ich bestrafte Sünde sage, dann sage ich etwas Wohlgeordnetes, denn es ist eine sehr gerechte Ordnung, wenn die Sünde bestraft wird: Daraus geht ganz

---

20 Bossuet, *Œuvres complètes*, Ausg. v. 1836, Bd. 1, S. 96.
21 Ebenda, S. 686.

unwiderlegbar hervor, daß das, was Unordnung in die Hölle bringt, nicht die Qual ist, sondern die Sünde; daß die höchste Stufe des Leidens, was die Hölle und die Verdammnis ausmacht, das Getrenntsein von Gott ist, der die wahre Glückseligkeit darstellt; daß es darüber hinaus klarer als der Tag ist, daß es die Sünde ist, die uns von Gott trennt. So begreife, elender Sünder, daß du deine Hölle in dir selbst trägst, denn dort trägst du dein Verbrechen, das dich schon bei Lebzeiten in diese entsetzlichen Kerker stürzt, in denen die aufrührerischen Seelen gepeinigt werden.«[22]

Die Ewigkeit der Hölle erklärt sich dadurch, daß die Sünde in uns das ewige Leben tötet. Christus aber, der nach seinem Tod zur Hölle niedergefahren ist, steigt weiterhin jeden Tag in die Hölle jedes einzelnen Menschen hinab, um ihm das Heil anzubieten. Bossuets Denken ist hier von einer beachtenswerten, zu seiner Zeit selten erreichten Tiefe.

Was ihn mehr als die Hölle beschäftigt, ist die Sünde, denn was wir Hölle nennen, ist nichts anderes als das Übel, das an die Sünde gebunden ist. Die beiden Termini sind untrennbar, und Bossuet kommt oft auf diese fruchtbare Idee zurück: »Um weiter zu gehen: Es wird sich also herausstellen, daß allein die Sünde das eigentliche und wesentliche Übel ist, dem nichts Gutes beigemengt ist. Sie muß das höchste Übel sein, weil es dem höchsten Guten entgegengesetzt ist. Es ist also wahr, was ich sagte, daß das größte Elend die Sünde ist, weil das größte Elend das große Übel ist. Wenn also die Sünde und die Hölle etwas Trennbares wären, müßte man notwendigerweise daraus schließen, daß die Sünde ein unvergleichlich größeres Übel sei als die Hölle und daß daher die Verdammten weniger wegen ihres Verdammtseins als wegen ihres Sündigseins elend sind.«[23]

»Der Sünder ist sich selbst eine Qual, und wenn wir diese Pein nicht während unseres Lebens spüren, wird sie Gott uns in ihrem vollen Ausmaß am Tag des Gerichts spüren lassen.«[24] Bezüglich des Feuers ist Bossuet ebenfalls sehr zurückhaltend: »Übernatürliches Feuer seinem Entstehen nach, Instrument der göttlichen Macht in seiner Verwendung, unsterblich in seinem Wirken. Bedenkt dies!«[25]

---

22 Ebenda.
23 Ebenda, *Sur Jésus Christ comme objet de scandale*, Bd. 1, S. 73.
24 Ebenda, *Sur la passion de Jésus Christ*, Bd. 1, S. 525.
25 Ebenda, *Pensées chrétiennes et morales*, Bd. 2, S. 368.

In all ihrer Kargheit ist Bossuets Hölle nicht weniger schrecklich als die Volkshölle mit ihrem Aufwand. In beiden Fällen stellt man es dem Christen aus praktischen Gründen anheim, »daran zu denken« oder »es zu bedenken«. Man erwartet, daß diese fürchterlichen Wahrheiten die Angst vor der Sünde entstehen lassen und dem Gläubigen helfen, Gott näherzukommen.

Protestantische Höllen

Diese Haltung ist allerdings nicht spezifisch für die Katholiken, denn die evangelische Kirche geht mit der Angst genauso geschickt um. Die Historiker diskutieren noch über die Rolle, die die Hölle bei der persönlichen Krise Luthers gespielt hat. Jean Delumeau hat die psychoanalytische These des »Falles Luther« zusammengefaßt: »Der Reformator hatte immer eine außerordentliche Angst vor dem Teufel, die zeitweise zu Obsessionen führte. Diese Angst soll zwei Gründe gehabt haben. Zunächst seine Erziehung – er war in der Angst vor Teufeln und Hexen erzogen worden – und dann sein sexuelles Unterbewußtsein. Der Teufel soll lediglich die Projektion des Bildes seines Vaters gewesen sein, des Rivalen seiner Kindheit. So soll er eines Tages erklärt haben, er sei nur ins Kloster gegangen, um der zu harten Erziehung seines Vaterhauses zu entgehen. [...] So sind die alkoholische erbliche Belastung, die anormale Liebe zu seiner Mutter, die Erziehung in einer Atmosphäre von Furcht, die Neigung zu Melancholie sowie sexuelle Zwangsvorstellungen – allerdings in einer starken intellektuellen Aktivität sublimiert – die Elemente, die aus der Sicht der Psychoanalyse erklären, warum und wie Luther dazu kam, den Heilswert der kirchlichen Werke anzufechten. Paul Reiter zögert nicht, aus Luther einen manisch Depressiven zu machen und interpretiert dessen Theologie auf der Grundlage dieser Diagnose.«[26] Diese These ist zweifellos übertrieben in ihren Folgerungen, jedoch nicht ganz unbegründet, und sie macht darauf aufmerksam, wie sich eine von Furcht geprägte Atmosphäre auf labile und exaltierte Gemüter auswirken kann.

---

26 J. Delumeau, *Naissance et affirmation de la Réforme*, Paris (Nouvelle Clio) 1973, S. 288–291.

Die Lutheraner sollten sich immerhin recht ausgiebig dieser Waffe bedienen. Im 17. Atikel der Augsburger Konfession ist zu lesen, daß Christus die Teufel und Gottlosen zu ewiger Pein verdammen wird, und ein lutherischer Katechismus aus Sachsen (1530–1540) bringt die gleichen Bilder wie die katholischen Predigten, denn dort heißt es, daß nach der Schrift Gott die Sünder nicht anhören und sie mit schrecklichen Krankheiten wie Fieber, Auszehrung, Geschwüren, Pest, Geschwülsten, Krieg, Feuer und Bränden, Hagel und Entzündungen bestrafen wird. Gott wird Elend und Schrecken über die Sünder bringen und sie in tiefste Verzweiflung stürzen. Diese Drohungen sind um so schrecklicher, als die Protestanten das Fegefeuer nicht anerkennen, für sie ist zwischen Himmel und Hölle kein Kompromiß gegeben.

Calvin geht noch weiter mit seiner jeglicher Hoffnung baren Prädestinationstheorie, deren unerbittliche und absurde Logik ein schwer zu akzeptierendes Mysterium bleibt. Für ihn hat Gott diesen oder jenen schon von jeher für die Hölle bestimmt. Es handelt sich keineswegs dabei nur um ein göttliches Vorwissen, ein Wissen um die Zukunft, sondern um den vorsätzlichen Willen Gottes, wie Calvin es ganz eindeutig in seiner *Institutio* darlegt, wenn er schreibt, daß Gott durch die Prädestination manche zum Heil und andere zur ewigen Verdammnis bestimmt hat. Es ist irrig zu glauben, daß Gott erwählt oder verwirft, je nachdem, was er vorhat und wozu er den Menschen braucht: »Wir sagen«, schreibt Calvin, »daß der Mensch zum Leben oder zum Tod vorausbestimmt ist.«[27]

»Aber warum«, wird der Gläubige fragen, »hat Gott manche zur Verdammnis vorausbestimmt, die sie nicht verdient haben, waren sie doch noch gar nicht geboren?« Antwort: »Wenn sie alle aus einer (durch die Erbsünde) verderbten Masse geschaffen sind, dann ist es absolut kein Wunder, wenn sie der Verdammnis geweiht sind.«[28] Diese Verfügung Gottes ist gerecht, »wenn wir diese Gerechtigkeit auch nicht begreifen können. [...] Die Verurteilten sind dazu da, durch ihre Verdammnis den Ruhm Gottes sichtbar zu machen.« So ist nach Calvin die Lehre von der Prädestination sehr fromm und förderlich, denn sie betont Gottes Ruhm und Ehre und

---

27 J. Calvin, *Institution chrétienne*, 1,III, Kap. 21, Nr. 5.
28 Ebenda, Nr. 3.

begründet die wahre Demut. Calvin ist sich der Absurdität seiner Behauptung bewußt, beharrt aber darauf: »Ich gebe zu, daß ich weiß, wie absurd und widersprüchlich dies für die Profanen und Gottesverächter zu sein scheint.«[29]

»Ich gestehe, daß diese Anordnung uns entsetzen muß«, schreibt er an anderer Stelle und so hat man ihm mit Recht vorwerfen können, daß er die Seelen in die Verzweiflung stürzt durch eine übermäßige Strenge, die weit mehr theologischer Natur als heilsbringend ist. Bei Augustinus glaubt er eine Rechtfertigung für seinen Prädestinationsglauben zu finden. So enthält sein Werk denn auch 4100 Zitate des Kirchenlehrers. Gott rettet durch seine Gnade, wen er will. Diese Gnade ist notwendig, sie ist aber auch ausreichend und immer wirksam, wie die protestantische Synode von Dordrecht (1618–1619) feststellt: Wer dieser Gnade teilhaftig wird, ist *eo ipso* gerettet, und es ist bekannt, daß über das Thema der Gnade im 17. Jahrhundert ganze Berge von Büchern geschrieben wurden. Die Calvinisten, die den freien Willen völlig ausschließen, machen den Menschen zu einem reinen Werkzeug in der Hand Gottes, der ganz nach Belieben verdammt oder errettet.

So wartet also auf die meisten Menschen die Hölle, da dies weitgehend ihre Bestimmung zu sein scheint. So gesehen ist es durchaus nicht verwunderlich, daß man sich gerade in protestantischen Gebieten sehr für die Hölle interessiert, denn schließlich ist es besser, wenn man weiß, was einen erwartet. Wie die katholischen Prediger sind auch die protestantischen Autoren bestens unterrichtet und erzählen jedem, der es hören oder lesen will, wie die Hölle aussieht. 1653 schreibt Christopher Love in einem Werk mit dem bedeutsamen Titel *Heavens Glory, Hells Terror*: »Und hätte jemand aller Menschen und Engel Zungen, er könnte das bittere Elend einer Seele in der Höllenqual nicht beschreiben. [...] Wenn die ganze Erde Papier wäre, alles Wasser der Meere Tinte, wenn alle Gräser der Erde Federn wären und wenn es so viele Schreiber gäbe wie Sandkörner am Meer, so reichte dies alles nicht aus, um die Qualen der Hölle zu beschreiben.«

Zu den Bestinformierten gehört sicherlich der Baptist John Bunyan, ein großer Liebhaber der Hölle, der seit seiner Kindheit

---

29 Ders., *Prédestination*, 8,294.

geradezu von der ewigen Pein besessen ist. Sein Leben und seine Werke geben ein beredtes Zeugnis von den Verheerungen, die eine auf Angst und Schrecken aufgebaute Erziehung, wie sie in puritanischen Kreisen üblich ist, anrichten kann: »Als Kind«, schreibt er 1966, »war ich in einer derartigen Seelennot, daß ich oft, wenn ich mit meinen Kameraden spielte und es um kleine kindliche Eitelkeiten ging, niedergeschlagen war und entsetzliche Qualen litt, ohne jedoch von meinen Sünden loskommen zu können.«[30] Sein ganzes Leben wird er von Höllenvisionen heimgesucht, an denen er seine Leser großzügig teilhaben läßt. In einem Buch aus dem Jahr 1658 breitet er alle Qualen der Hölle aus, wobei er besonders nicht an glühenden Zangen und geschmolzenem Blei spart: »Es wäre besser, ein Glied nach dem anderen zu verlieren, als verdammt zu sein. Es wäre besser gewesen, ein Hund, eine Kröte oder eine Schlange gewesen zu sein.« Das englische Publikum schien sich gern Angst machen zu lassen, denn zwischen 1658 und 1779 erreicht dieses Buch, *A Few sighs from Hell*, 35 Auflagen. Sicher ist, daß die Hölle den potentiellen Verdammten zunächst einmal handfeste Urheberrechte eingetragen hat, solange sie hienieden auf das ewige Feuer warteten.

R. Baxter gibt folgenden heilsamen Rat: »Denke oft daran, daß dieser Tag sicher kommt, daß er bald kommt und daß er grauenvoll sein wird.«[31] W. Perkins steht ihm nicht nach: »Der wahre Weg zum Himmel führt über die Hölle.«[32] Weit entfernt, in den südfranzösischen Cevennen, sprechen die »Prediger in der Wüste« die gleiche Sprache, etwa zwischen 1685 und 1700: »Ich warne euch heute im Auftrag Gottes, um euch vom Feuer zu bewahren, auf daß ihr durch die Furcht gerettet werdet«, erklärt der Kardierer Antoine Rocher, und unzählige andere puritanische Prediger, von Calamy bis Goodwin sprechen die gleichen Warnungen aus, zu denen sich auch John Wesley und die Methodisten gesellen. Die Hölle kann aber auch, bei den Protestanten so gut wie bei den Katholiken, zu literarischen Meisterwerken inspirieren. So veröffentlicht John Milton *Das verlorene Paradies*, eine großartige allegorische Vision,

---

30 J. Bunyan, *Grace Abounding to the Chief of Sinners*, London 1666, S. 7.
31 Ders., *A Sermon on Judgment*, London 1668.
32 Ders., *A Dialogue of the State of a Christian Man*, Sutton Courtenay Press 1970, S. 366.

in der zu Beginn der Zeiten Satan und alle Engel in die Hölle gestürzt werden. Letztere befindet sich natürlich nicht im Innern der Erde, da diese noch nicht existiert. Es ist ein öder, wilder und dunkler Ort, an dem fahle Flammen brennen. Der auf einen See aus flüssigem Feuer gebundene Satan ist jedoch nicht ohne Größe. Seine Leidenschaft ist der Wille zur Macht und der Hochmut. Er spricht die stolzen Worte:

> Herrschen ist eine würdige Ambition,
> selbst in der Hölle;
> und besser ist, in der Hölle zu herrschen,
> als im Himmel zu dienen.

Dann erschafft Gott die Erde und den Menschen. Satan macht sich auf, um zu sehen, was es mit dieser neuen göttlichen Erfindung auf sich hat. Er überwindet den Abgrund, das Chaos, das Hölle und Paradies voneinander scheidet, während Sünde und Tod als Wächter am Hölleneingang stehen. Es folgt die Geschichte von der Versuchung und dem Sündenfall. Dann beschließen auch Sünde und Tod, die Erde zu besuchen. Dazu schaffen sie, auf den Spuren Satans, eine große Brücke über das Chaos, die Hölle und Erde dauernd verbindet.

Stil und Umfang erinnern an die *Göttliche Komödie*. Milton gibt dem protestantischen England sein allegorisches Epos, durch das Hölle und Erde aneinandergebunden sind. 20 Jahre später versucht Jurieu, ebenfalls ein Protestant, vernunftmäßig zu beweisen, daß die Hölle existiert.[33]

Jedes Volk, jede Religion empfindet die Notwendigkeit, über einen eigenen, spezifischen Ort der Züchtigung zu verfügen, und dies ist sowohl ein logisches als auch ein praktisches Bedürfnis. Wenn diese Hölle auch nicht von dieser Welt ist, wird sie doch von menschlicher Logik und menschlichen Gefühlen regiert. Sie ist unmittelbar abhängig vom Erfindungsgeist der Menschen, die sich selbst übertroffen haben, um sich vorzustellen, was die absolute Qual ist. In den beiden Varianten des 17. und 18. Jahrhunderts – der barocken Volkshölle und der klassischen Aristokratenhölle – ist Satan ein Schreckgespenst, dessen sich Katholiken und Protestan-

---

[33] Jurieu, *Traité de l'unité de l'Église et des points fondamentaux*, Rotterdam 1688.

ten gleichermaßen bedienen, um die Christen Moral zu lehren. Die Angst vor dieser maßgeschneiderten Hölle ist unleugbar eine wesentliche Triebkraft der beiden Reformationen, und sie ist um so schlimmer, als die meisten Menschen, nach beider Auffassung, in die Hölle kommen.

DIE HÖLLE ALS STRAFLAGER DER CHRISTENHEIT

Gruppe von Verdammten, aus Memlings Altar des Jüngsten Gerichts.

XII

Die Hölle als Straflager der Christenheit: die übervölkerte Hölle vom 16. bis zum 18. Jahrhundert

Die Kirche hat sich nie offiziell zu der Frage geäußert, wie groß die Zahl der Verdammten ist. Die Hölle existiert, aber niemand weiß, ob es Menschen darin gibt und wie viele. Angesichts dieses Stillschweigens der kirchlichen Autoritäten haben sich Theologen, Prediger und Gläubige mehr oder weniger maßgeblich zu diesem Thema geäußert, jedoch waren es immer persönliche Meinungen. Die vorherrschende Meinung wechselt mit der Epoche. Am Ende des Mittelalters neigen die meisten Theologen zu der Annahme, daß die Hölle recht gut bevölkert sei. Die Heilige Schrift liefert auch hier recht widersprüchliche Argumente, die sich die Theologen zurechtlegen. Hat Johannes in der Apokalypse nicht eine unzählbare Menge von Auserwählten gesehen? 144 000 Hebräer, also 12 000 je Stamm und für die anderen Völker, »eine riesige Menge, die keiner zählen konnte, aus allen Ländern, Stämmen, Völkern und Zungen« (7,4–14). Das wäre tröstlich. Aber freut euch nicht zu früh, schreibt um die Mitte des 15. Jahrhunderts Antonin, Bischof von Florenz, in seiner *Summa*, Johannes hat zwar eine große Menge Auserwählter gesehen, aber er hat die Menge der Verdammten nicht erwähnt, die bedeutend größer ist. Wenig später lehrt ein anderer Italiener, Marzio Galeotti (1440–1491) in Bologna, daß alle Menschen, Christen und Heiden, gerettet werden. Das ist für die Zeit recht kühn, denn für die Christen mag dies noch angehen, aber seit den Kirchenvätern steht fest, daß es für die Heiden kein Entrinnen aus der Hölle gibt: »Kein Heil außerhalb der Kirche«. Da der Sündenfall die Todsünde schlechthin ist, kann nur die Taufe diesen Makel beheben, sie ist also eine notwendige, jedoch nicht die einzige Bedingung zur Erlangung des Heils. Alle Nichtgetauften sind *ipso facto* verdammt. Galeotti wurde in Venedig verhaftet und bekannte seinen Irrtum vor dem Inquisitionsgericht. Übrigens rettete ihn Papst Sixtus IV., sein ehemaliger Schüler, vor dem Scheiterhaufen.

Die großen Entdeckungen: Die Hölle wird größer

Um das Jahr 1500 wurde die Frage auf ganz unvorhergesehene Weise wieder akut, nachdem Kolumbus 1492 Amerika entdeckt hatte. Langsam stellte sich heraus, daß dieses neue Land ein ganzer, durch zwei Ozeane isolierter Kontinent war, auf dem Millionen von Indianern lebten, deren Vorfahren niemals vom wahren Gott etwas gehört hatten. Dutzende von Generationen waren ohne Taufe gestorben, und so sah man die Bevölkerungszahl der Hölle plötzlich um mehrere hundert Millionen ansteigen.

Die Entdeckung Amerikas war ein theologisches Trauma, denn neben der Frage der Verdammung der Nichtgetauften stellte sie die Kirche auch vor wissenschaftliche Probleme. War es überhaupt möglich, daß so viele Menschen verdammt sind? Waren die Indianer überhaupt Menschen? Manche zweifelten sogar daran, bis Papst Paul III. es 1537 in seiner Bulle *Sublimis Deus* bejahte. In diesem Fall nun konnten alle Vorfahren nur in der Hölle sein, und die Lebenden mußten schleunigst getauft werden, bevor sie in den Bergwerken, an der Syphilis oder am Alkohol starben. Ein Abweichen von dem Grundsatz »Ohne Kirche kein Heil« kam nicht in Frage. So erklären sich die Reihentaufen, auf die sich die Dominikanermissionare soviel zugute hielten. Aber vielleicht war es doch möglich, diesen Grundsatz neu zu interpretieren, was eine charakteristische theologische Vorgehensweise seit Jahrhunderten war, nämlich die Worte beizubehalten, jedoch nach und nach ihren Sinn zu verändern. Denn die Theologie ist geschmeidiger als man gemeinhin annimmt: Nur die Fassade ist konservativ, dahinter entwickeln sich die Begriffe weiter. Die Kirche besteht auf der Einhaltung des Vokabulars, aber sie drückt mit mittelalterlichen Termini immer neue Realitäten aus. Die Diskussionen des 16. Jahrhunderts bezüglich der Zahl der Verdammten machen dies deutlich.

Hier gehören zwei Begriffe zusammen: »Kirche« und »Heil«. Wenn man den engen Sinn beibehält, der bis dahin gültig ist, nämlich »Volk der Getauften unter der Führung der Hierarchie« und »ewige Glückseligkeit im Himmel in Vereinigung mit Gott«, so kommt man zu einem schrecklichen Durcheinander. Die Seelen aller dieser neu entdeckten Völker sind zur Verdammnis verurteilt ohne jegliches eigenes Zutun – ein echter geistlicher Völkermord. Gewiß, die Theologen des Mittelalters wußten von den Heiden und machten sich gar kein Gewissen daraus, sie zu verdammen. Das galt für Moslems natürlich, aber auch für alle die Randvölker der damaligen Welt, die Inder, Chinesen, Mongolen, Slawen und Neger in Schwarzafrika. Aber wußten sie, wie viele das waren? Wahrscheinlich nicht. Die mittelalterlichen Theologen lebten inmitten einer in Expansion befindlichen Christenheit, die früher oder später die ganze Menschheit umfassen sollte, sie kamen nur mit Christen zusammen und waren deshalb geneigt, die heidnischen Randerscheinungen als etwas zu betrachten, was in jedem Fall bald verschwinden würde. So gesehen wäre die Kirche – die Getauften – die Ökumene, und alle Menschen hätten die Möglichkeit am Heil teilzuhaben. In dieser globalen Sichtweise stellen die gewesenen und die gegenwärtigen Ausgeschlossenen eine *Quantité négligeable* dar.[1]

Man darf übrigens das geographische Wissen der Scholastiker nicht verkennen: Die Reisen eines Marco Polo, Jean du Plan Carpin und Wilhelm von Rubruk nach Asien hatten große Mengen von Heiden auf den Plan gebracht, deren Verdammnis einen recht wenig kümmerte. Außerdem waren es auch bekannte Heiden, die sich leicht bekehren konnten, wenn sie nur wollten. Und vielleicht hatten sie ja schon die Gelegenheit gehabt, die frohe Botschaft zu hören: War Thomas von Aquin angeblich nicht bis nach Indien gekommen?

Was sich da in Amerika auftut, ist etwas völlig anderes, schon vom Ausmaß her, auch ist es völlig unerwartet, und es handelt sich um völlig isolierte Völker, die niemals auch nur den geringsten Kontakt mit dem Christentum hatten. Augustinus lehnte katego-

---

1 Siehe hierzu u. a. A. Seitz, *Die Heilsnotwendigkeit der Kirche nach der altchristlichen Literatur bis zur Zeit des heiligen Augustinus*, Freiburg 1903; E. Hugon, *Hors de l'Église, point de salut*, Paris 1907; V. Bainvel, *Hors de l'Église, pas de salut*, Paris 1913; J. C. Fenton, »The Meaning of the Church's Necessity for Salvation«, in: *The American Ecclesiastical Review*, 124, 1951.

risch den Gedanken ab, daß die andere Hälfte der Welt bewohnt sei, eben weil diese Menschen Christus nicht hätten kennen können und auch nicht getauft sein können. Gewiß kann man sich einfach mit ihrer Verdammnis abfinden, und viele tun dies auch: Die erste frohe Botschaft, die die Missionare den Indianern bringen, ist, daß ihre Vorfahren allesamt für immer in der Hölle brennen. Sodann wird ihnen mitgeteilt, daß Gott alle Menschen liebt und daß sie sich deshalb sofort bekehren müssen, wenn sie die Qualen umgehen wollen. In einer Predigt erklärt der spanische Priester Francisco Davila (1573-1647), der ansonsten sehr gut zu den Indianern ist, den Inkas: »Wegen ihrer früher begangenen Fehler hat Gott begonnen, die Inkas zu strafen und sie wie die Indianer sterben zu lassen. Und dies hat Gott nicht rein zufällig getan, sondern er hat es mit seinem großen Wissen getan, das unerreichbar ist. Die Weißen waren die Boten Gottes, die deswegen kamen. Wir alle sind von Gott geschaffen, wir sind die Schafe Christi, er ist unser wahrer Hirte, der uns mit seinem Wort speist, damit wir dank dieses Wortes gerettet werden, und um uns hinauf in den goldenen Pferch zu bringen, wo niemand sterben muß. Währenddessen ist in dem Leben, das ihr lebt, der verfluchte und gleißnerische Teufel euer Schäfer, um euch mit seinen Lügen zu den ewigen Höllenqualen zu geleiten. Spuckt den Teufel, den Zauberer, die Hexe aus und folgt Gott allein, Jesus Christus.« Marie de l'Incarnation (1599-1672), eine Ursulinerin, die in Kanada arbeitet, sieht in einem Traum, wie alle Huronen in die Hölle gebracht werden: »Mit großer innerer Gewißheit sah ich, wie die Teufel über diese armen Seelen siegten, die sie aus der Herde Jesu raubten.«[2]

Außerhalb der Kirche also kein Heil. Aber ließe sich da nicht doch etwas mit Hilfe der Interpretation machen? Seit Beginn des 16. Jahrhunderts glauben einige Theologen, die durch das geistliche Massaker der Indianer aufgerüttelt sind, an eine Möglichkeit. Der Humanist Louis Vivès, Lehrer an der Universität von Löwen, schreibt 1522 dazu: »Diejenigen, die ihrer Natur folgten, konnten, wenn diese nicht verdorben war durch schlechtes Urteil und schlechtes Denken, Gott ebenso wohlgefällig sein wie jene, die das

---

2 Marie de l'Incarnation, *Relation de 1654*, Paris/Québec (Jamet) 1930, Bd. II, S. 309.

Gesetz Mose beachteten. Dasselbe trifft auch heute für diejenigen zu, die nichts von Jesus Christus gehört haben, da sie in Ländern weit über den Ozeanen geboren sind, die aber die beiden wichtigsten Gebote beachtet haben, nämlich Gott und den Nächsten zu lieben, denn das wichtigste ist der Wille, gut zu sein, auch wenn niemand es lehrt und ohne die Taufe.«[3]

1547 erklärt der Dominikaner Domingo de Soto, daß von Adam bis Moses der Glaube nicht notwendig war, um das Heil zu erlangen, was eine Chance für die Indianer sein kann.[4] Gegen 1555 soll nach Meinung des Franziskaners Vega das Licht der natürlichen Vernunft die Offenbarung und den Glauben ersetzen können, um des Heils teilhaftig zu werden.[5] Juan Martinez de Ripalda fragt sich zu Beginn des 17. Jahrhunderts, ob der wahre Glaube zum Heil notwendig ist.[6]

So gibt es eine Gruppe, die sich fragt, ob die Zugehörigkeit zur Kirche notwendig ist, um das Heil zu sichern. Eine andere Gruppe arbeitet in eine andere Richtung: Kann man die Ungläubigen nicht retten, indem man ihnen einen Himmel zweiter Klasse zuweist, wo sie nur darunter leiden, von Gott entfernt zu sein, jedoch nicht die Qual der Sinne erdulden müssen? Dies schlägt zum Beispiel der Humanist Johannes Trithemius zu Beginn des 16. Jahrhunderts vor. In einem Brief an Kaiser Maximilian antwortet er auf diese Frage: »Unter den Menschen, die nie von Christus gehört haben, gibt es welche, die nach dem Gesetz der Natur bis zum Tod ohne Sünde gelebt haben, und ich glaube nicht, daß sie Anlaß geben werden zu glauben, daß sie zur Pein der Sinne verurteilt sind, obwohl sie in alle Ewigkeit Gott nicht schauen, was von den Theologen die ewige Verdammnis genannt wird.«

Dieser Lösungsvorschlag wird zur gleichen Zeit von einem Juristen, Claude de Seyssel, weiterentwickelt. Seyssel, ehemaliger Berater Ludwigs XII., starb 1520 als Erzbischof von Turin. In seiner *Abhandlung über die Göttliche Vorsehung* leistet er eine typische Kodifizierungsarbeit und arbeitet ein Recht für das Jenseits aus. Er ist mehr Jurist als Theologe und unterscheidet verschiedene Stufen

---

3 *La Cité de Dieu, illustrée de commentaires de J. Loys Vivès*, Paris 1579, S. 214.
4 D. Soto, *De natura et gracia*, Venedig 1547.
5 S. Harent, S. J., »Salut des infidèles«, in: *Dictionnaire de théologie catholique*.
6 J. Martínez de Ripalda, *Du surnaturel*, 1. Teil, 1634.

von Schuldhaftigkeit der Ungläubigen. Zunächst gibt es jene, die sich nicht genug bemühen, um zur Wahrheit zu gelangen. Sie werden mit der Hölle bestraft, aber nicht ganz so hart wie die Christen, denn sie kannten das Evangelium nicht. Dann kommen jene, die nach dem Naturgesetz einen Schöpfer-Gott angebetet haben, ihrem Verstand gefolgt sind und Buße für ihre Sünden getan haben. In dieser Kategorie gibt es zwei Untergruppen. Zunächst diejenigen, die Gott mit allen natürlichen Mitteln gesucht haben; sie wird Gott seiner Gnade teilhaftig werden lassen, um sie zu retten. Dann diejenigen, die weniger Eifer gezeigt haben, um zur Wahrheit zu gelangen; diese kommen weder in den Himmel noch in die Hölle, sondern in den Limbus. Sie werden glücklich, ihre Glückseligkeit ist aber geringer als die der wahren Auserwählten. Der Limbus ist also die Lösung für die Indianer, die in diesen »geistlichen Reservaten«, zusammen mit den ungetauften europäischen Kindern, nicht unglücklich sein werden.

Dieser Kompromiß hat jedoch kaum Erfolg. F. Collius, Doktor am ambrosianischen Kolleg in Mailand, stellt sich um 1622 entgegen und sagt, es sei unmöglich, über lange Zeit hin die sittlichen Naturgesetze zu wahren ohne die göttliche Gnade. Und diese heiligende Gnade kann man nicht erlangen, ohne durch die Taufe dazu berechtigt zu sein, also fallen diejenigen, die sie nicht erworben haben, der Todsünde anheim. Somit sind die Indianer wieder in der Hölle. Dem feinen juristischen Abwägen stellt man die theologische Unzulässigkeit gegenüber, und das traurigste ist, daß die Theologen sich bis ins 20. Jahrhundert verpflichtet fühlen, Seyssel zu widerlegen. In seinem Buch über die »Letzten Dinge«, das – wohlversehen mit dem *Nihil obstat* und dem *Imprimatur* – maßgebend für die Fragen des Jenseits ist, weist A. Michel, Almosenier von Notre-Dame-de-Sion in Straßburg, 1929, also vierhundert Jahre später, erneut die Theorie von Collius zurück: »Diese Theorie enthält derart offensichtlich falsche und widersprüchliche Voraussetzungen, daß sie unannehmbar ist. Es ist eine falsche Voraussetzung, daß eine Gruppe von Menschen die sittlichen Naturgesetze beachten oder Buße tun kann, ohne daß eine übernatürliche Hilfe sie dazu befähigt, die allein, eben weil sie übernatürlich ist, die Seelen zu einem übernatürlichen Endziel führt. Es ist eine widersprüchliche Voraussetzung, daß es bei den nichtsündigen Ungläubigen zwei Kategorien gibt, von denen die eine durch Bemühen zur

Wahrheit gelangt und die andere das sittliche Grundgesetz beachtet, aber aus Nachlässigkeit Gott nicht kennt. In Wirklichkeit gibt es kein Sittengesetz ohne Gott, den Gesetzgeber.«[7]

Wie der 1950 vollendete *Dictionnaire de théologie catolique* zugibt, ist das Los der Indianer immer noch nicht geregelt. Wenn auch der »positive Ungläubige«, der die ihm oft genug angebotene Offenbarung zurückgewiesen hat, eindeutig der Hölle geweiht ist, so bleibt doch das Los des »negativen Ungläubigen«, dem man niemals die Offenbarung nahegebracht hat, ein Problem.

Die übervölkerte Hölle

Die kirchlichen Autoritäten des 16. Jahrhunderts zeigen sich von der Indianerfrage wenig erschüttert und halten sich an die restriktive Interpretation des Satzes »Außerhalb der Kirche kein Heil«. Pius IV. nimmt sie in seinem Glaubensbekenntnis wieder auf, Pius V. verwendet sie in der Bulle *Regnans in excelsis*, anläßlich der Exkommunikation Königin Elisabeths I. im Jahre 1570. Das Konzil von Trient erklärt: »Ohne Glauben hat noch niemand die Rechtfertigung erlangt.« Die anderen geistlichen Autoren bestätigen den Satz. Der Dominikaner Ludwig von Granada (1504–1588) sieht eine überfüllte Hölle, die sich immer weiter ausdehnen muß, um die Menge der Neuankommenden aufzunehmen, nach den Worten Jesajas. Der Dominikaner kommt ständig darauf zurück: »Diese Betrachtung«, sagt er in einer Predigt, »hat mich schon seit langem davon überzeugt, daß nur eine geringe Anzahl von Menschen das ewige Heil erlangt.«[8] Er bezieht sich auf Chrysostomos, der meinte, es gäbe nicht mehr als hundert Gerettete in Antiochia.[9] Die Pforten der Hölle sind weit geöffnet, besonders für die Geizigen, für die Hoffärtigen und für die »Fleischlichen und Unkeuschen«.

Am Anfang des 17. Jahrhunderts, als sich die Kader für die Gegenreformation bilden, gibt Kardinal Bellarmin eine sehr enge Definition der Kirche, die die Existenz einer Vielzahl von Verdammten impliziert: »Die Kirche ist die Gemeinschaft der Men-

---

7 A. Michel, *Les Fins dernières*, Bloud et Gay 1929, S. 159.
8 Louis de Grenade, *Œuvres complètes*, Paris 1868, Bd. V, S. 382.
9 Ebenda, Bd. VI, S. 323.

schen, die im wahren Glauben zusammengefunden haben, durch die Kommunion der gleichen Sakramente, unter Führung der legitimen Priester und hauptsächlich des einzigen Stellvertreters Christi auf Erden, des römischen Pontifex.« Auch hier wieder »eine ebenso sichtbare und greifbare Gemeinschaft von Menschen wie die Gemeinschaft des römischen Volkes, des französischen Königreiches oder der Republik Venedig«. Ausgeschlossen sind die Ungläubigen, Ketzer, Apostaten, Katechumenen, Exkommunizierten, Schismatiker, was eine Menge Menschen ausmacht, ganz zu schweigen von den Gläubigen, die Todsünde begehen. »Die Zahl der Verdammten wird so groß sein wie die der Oliven, die zu Boden fallen, wenn man den Baum schüttelt«, schreibt Bellarmin.

Der Weg ist vorgezeichnet. Das 17. Jahrhundert ist elitistisch und pessimistisch. Es gibt viele Berufene, aber wenige Auserwählte, wiederholen Prediger, Theologen, Mystiker und andere Geistliche allesamt ohne Unterlaß, wobei es sich um eine tiefe Überzeugung, zugleich um eine Befürchtung, aber auch um eine Taktik handelt, denn die auf die Angst aufgebaute Seelsorge erforderte eine randvolle Hölle. Die inneren Missionare versäumen nie daran zu erinnern: »Ich glaube, daß die halbe Welt, wenn nicht gar drei Viertel der Welt verdammt sind wegen der Sünde der Faulheit«, versichert Vincent de Paul, was, wenn man die anderen Sünden bedenkt, nur einen winzigen Teil an Auserwählten ergibt. »Die Zahl derer, die durch das breite Tor gehen, das zur Hölle führt, ist groß«, sagt er und stützt sich dabei auf die Zahlen aus der Heiligen Schrift, die er auf seine Art interpretiert, nämlich: Jesus hat einen von zehn Aussätzigen geheilt, es gab fünf törichte Jungfrauen unter zehn, in der Arche befanden sich nur sieben oder acht Auserwählte.[10] Für Grignon de Montfort ist »die Zahl der Auserwählten so klein, so winzig klein, daß wir, wenn wir sie kennten, außer uns gerieten vor Schmerz. Sie ist so klein, so klein, daß es unter Zehntausenden kaum einen gibt, wie es mehreren Heiligen offenbart wurde.«

Der Prediger Julien Loriot, 1613 in Laval geboren, hält 14 Jahre lang Missionspredigten und hinterläßt bei seinem Tod 18 Bände, gefüllt mit Predigten, von denen viele das Jüngste Gericht und die

---

10 Vincent de Paul, *Entretiens spirituels*, S. 542.

Hölle zum Gegenstand haben. Wir finden hier ein gutes Beispiel für die pessimistische und terroristische Auffassung des Apostolats. Die Predigt 36 handelt vom Weltgericht, das dabei synonym mit Verdammung ist, sie enthält nicht ein einziges Wort über die Auserwählten. Nach dieser Predigt gäbe es überhaupt nur Verdammte: »Dieser Tag ist gewißlich furchtbar und geht weit über alles hinaus, was wir uns vorstellen können.« Und er sagt weiter, daß der heilige Hieronymus »beim Gedenken an diesen Tag vor Entsetzen zitterte, daß ihm das Blut in den Adern erstarrte und seine Haare zu Berge standen«. Und wir, mit all unseren Sünden, wir fürchten ihn nicht einmal sehr, obwohl »das Vergehen des Sünders gegen Gott so entsetzlich ist, daß es dem Richter nicht einmal die Möglichkeit läßt, ihm auch nur die kleinste Gnade zuteil werden zu lassen«. Die Sünde ist ein Vergehen der Majestätsbeleidigung, und wenn man weiß, wie Königsmörder bestraft wurden, dann hat man schon Grund, beunruhigt zu sein. Je mehr Gott uns geliebt hat, desto mehr wird er uns hassen. Ein einziger Satz am Ende der Predigt erinnert dann schließlich doch noch daran, daß wir eine winzige Chance der Rettung haben, unter der Bedingung, daß wir unser Leben ändern: »Ja, meine Herren, Gott gibt euch noch etwas Zeit, um euch zu bekehren. Nutzt sie gut, damit er sie euch nicht nimmt. Ändert euer Leben, damit er seinen Richterspruch ändert und daß ihr an dessen Stelle, dessen alleinige Erwähnung uns erbleichen läßt, einen anderen hört, der euch den Himmel öffnet für alle Ewigkeit. Amen.«[11]

Die Predigt Nr. 38 *Von der Hölle*, enthält die übliche Aufzählung der Qualen, ist aber im ganzen etwas drängender. So sagt Loriot, es gäbe auf der Erde »eine großartige Einrichtung«, die darin besteht, daß man die Verbrecher, sogar nach ihrem Tod, auf Rädern, am Galgen an Wegkreuzungen oder großen Straßen aufstellt, damit sie in diesem Zustand von allen gesehen werden. Und dies, »um den anderen eine heilsame Furcht zu vermitteln und jene abzuschrecken, die ohne das vielleicht die gleichen Verbrechen begingen«. Zu eurem Heil werde ich euch also die Hölle zeigen. »Wir werden dort nur etwa eine Stunde bleiben, und zwar um zu ver-

---

11 *Collection intégrale et universelle des auteurs sacrés*, Migne 1831, Bd. 31, Spalte 569–639.

meiden, daß ihr ewig dort bleiben müßt. Dieser grauenvolle Ort wird zunächst unseren Augen verschiedene Dinge zu sehen geben. So werden wir eine unendliche Menge von unterschiedlichen Qualen sehen, die einen innerlich, die anderen äußerlich. Wir werden auch verschiedene Arten von Stimmen hören, aber nicht eine, die uns nicht sagt, daß man in der Hölle über alle beschreibbaren Maße hinaus leidet.«

Und weiter geht es mit Loriot, wobei man sich im Krankenhaus glauben könnte: »Und welche Pein erleiden die Kranken dort! Zahnschmerzen, Gichtanfälle, hohes Fieber, Kolikanfälle.« Mitleidig betrachten wir den verzweifelten Gichtbrüchigen, er weint, schreit, brüllt, und da er keine Hilfe finden kann gegen dieses Feuer oder dieses Eis, das in seinen Gelenken wütet, bittet er, wenn er ein ordentlicher Mensch ist, Gott um Erlösung durch den Tod, wenn er ein Bösewicht ist, verlangt er ein Messer, um sich selbst den Tod zu geben. Da ist ein anderer mit einem Nierenstein, der unter eigenartigen Konvulsionen leidet. Er stößt Schreie und ein Geheul aus, so daß man ihn für besessen halten könnte, er kann sich nicht ausruhen, noch kann er essen. Er hat keine Ohren, um die Trostworte zu hören, und er hat keine Vernunft, die ihm sagen könnte, daß seine wilden Gebärden umsonst sind. Wieder einem anderen schneidet man ein Glied ab, um den Rest des Körpers zu retten. Er schreit, tobt und verwünscht den Chirurgen, der am lebendigen Fleisch operiert, ein paar Knochen herausreißt oder wenn er mit Feuer Blut stillt. Mein Gott, welche Schreie und welche Lästerungen kommen manchmal aus seinem Mund!«

Wenn man sich in der Folterkammer umsieht, findet man alle Pein, die einstmals den Märtyrern angetan wurde: »Dem einen wird ein glühender Helm aufgesetzt, dem anderen werden alle Zähne nacheinander ausgerissen oder mit Steinen ausgebrochen, ein anderer wird mit brennenden Fackeln behandelt, dieser mit glühenden Messern, mit Eisenstangen werden jenem die Arme oder Beine gebrochen, bei lebendigem Leib wird den einen die Haut abgezogen, den anderen wird das Fleisch aufgerissen mit Peitschen, an denen eiserne Haken befestigt sind und auf die Wunden gibt man Salz, Essig, geschmolzenes Blei oder siedendes Öl. Wieder andere werden in der Mitte auseinandergeschnitten, sie werden in kleine Stücke zerhackt und diejenigen, deren Qual man verlängern will, röstet man auf nur kleiner Flamme.« Man kann nur von Grauen geschüttelt staunen, zu welchem Erfindungsreichtum Grausamkeit fähig ist: »Keile werden unter die Nägel getrieben, der Bauch wird aufgeschlitzt und die Eingeweide werden herausgezogen – ohne jedoch an die edlen Teile zu rühren –, in die Bauchhöhle wird Hafer gefüllt, der dann von Pferden gefressen wird; auch reibt man manche mit Brotkrumen oder Fett ein und setzt sie der sengenden Sommerhitze aus, wo sie von Mücken und Bienen zerstochen werden, manche werden in Eiseskälte auf gefrorenen Seen ausgesetzt. Für andere werden zwei Bäume zusammengebogen, dann werden sie an beiden befestigt und beim Zurückschnellen der Äste in die normale Position werden die Opfer auseinandergerissen, wieder andere werden von Mühlsteinen zermalmt. Und dies ist noch nicht alles! Wenn ihr alle diese Qualen zusammenfaßt und euch vorstellt, daß ein einzelner sie alle zugleich erleidet, dann habt ihr aber immer erst nur ein sehr unvollständiges Bild von den Höllenqualen.«

So ist also die Hölle »das große Sammelbecken für alle Arten von Qual«. Und dies ist nur gerecht: »Es ist gerecht, daß diese Unglücklichen alle nur erdenklichen Qualen erleiden, denn in diesem Leben haben sie alle erdenklichen Freuden genossen.« Deutlicher läßt sich wohl nicht ausdrücken, daß es verboten ist, sich in diesem Leben zu freuen. Wenn nach dem Evangelium der Reiche in der Hölle schmachtet, dann ist für Loriot der Grund ganz einfach der, daß er auf Erden glücklich war: »Da er also jegliche Art von Vergnügen hatte, ist es da nicht nur gerecht, daß er nun jegliche Art von Pein erduldet, und zwar Pein, die eine Strafe für dieses Vergnügen darstellt?« Schon der einfache Wunsch nach Freude verdient ewige Pein: »Diesem Gesetz zufolge, das sehr gerecht ist, muß der Sünder alle Arten von Qualen erdulden, denn er hatte alle Arten von Vergnügen oder wollte sie zumindest haben.«

In seiner 39. Predigt kommt Loriot auf die Ewigkeit der Hölle zurück. Wir wollen hier nur seine Schlußfolgerung zitieren: »Rette sich wer kann, meine Herren, rette sich, wer kann! Entgehe, wer kann, diesen verheerenden Flammen, diesem Zähneknirschen, dieser Wut und dieser Vezweiflung, die ewig währen. Das ist meine Meinung, zieht euren Nutzen daraus, wenn ihr klug seid. Amen.« Wie man schon ahnt, ist Loriots Hölle zum Bersten voll, und um uns davon zu überzeugen, widmet er dem Thema eine ganze Predigt *Von der kleinen Zahl der Auserwählten*: »Meine Herren, wenn euer geistiges Auge sehend wäre, könntet ihr sehen, wie jeden Augenblick, auch jetzt, da ich zu euch spreche, Seelen zu Tausenden in die Hölle gestürzt werden, sie fallen so dicht wie Schneeflocken oder Regentropfen.« Loriot liefert sogar Statistiken von glaubwürdigen Zeugen. Ein anonymer Wiedererweckter hat bei täglich 60 000 Toten auf der Welt im Durchschnitt einen Auserwählten gezählt, drei Seelen für das Fegefeuer und 59 996 Verdammte! Als der heilige Bernhard starb (1158), erschien ihm ein Eremit und offenbarte ihm, daß von den 30 000 Toten dieses Tages zwei unmittelbar gerettet werden (Bernhard und er selbst), daß drei ins Fegefeuer kommen und die übrigen in die Hölle. Loriot will seine Zuhörer nicht erschrecken, sagt er, denn alles ist die reine Wahrheit. Alles, was er will, ist, daß sie ihr Leben ändern, aber er muß mit Bedauern feststellen, daß sie alle nur »angenehm die Zeit verbringen« möchten. Nun aber werden zuerst diejenigen verdammt, die keine Angst haben, verdammt zu werden.

Um 1680 versuchen viele Prediger ähnliche Gedanken zu verbreiten. Darunter ist auch der Laie Jean Richard, ein Advokat, der in seiner Freizeit Predigten schreibt, die von den anderen gehalten werden. Wenn seine Elaborate auch sehr juristisch geprägt sind, so unterscheiden sie sich vom Thema her nicht von den anderen. Die Frage erhebt sich nun, ob bestimmte soziale Klassen verschont bleiben. Dies ist nicht der Fall, nicht einmal die Geistlichkeit ist ausgenommen. Tronson, der Vorsteher des Seminars von Saint-Sulpice, gibt seinen Seminaristen zu bedenken: »Die meisten von euch sind der Verdammung geweiht, denn nur sehr wenige Priester sind ihrer Verantwortung gewachsen. Und wenn man diese schreckliche, entsetzliche Wahrheit besser bedenken würde, gäbe es weniger Menschen, die sich zum Priesteramt drängen.«

Die kleine Zahl der Erwählten

Alle großen Kanzelredner sind sich einig und warnen ihre aristokratischen Zuhörer: »Es ist eine Tatsache, daß die Zahl der Auserwählten sehr klein wird und die der Verdammten unendlich viel größer«, stellt Bourdaloue fest und stimmt darin mit Fénelon überein.

Massillon widmet dem Thema eine ganze Predigt für den Montag der dritten Fastenwoche: »Die Bibel zeigt uns, daß die große Menge immer die Verdammten sind. Von 600 Hebräern hat Gott zwei gerettet, Josua und Kaleb; in Sodom war es nur Loth, bei der Sintflut Noah und seine Familie. Warum sollte das Verhältnis heute anders sein? Die Auserwählten sind so wenige, daß man sie kaum bemerkt. Die üblichen Lebensgewohnheiten führen direkt in die Hölle. Ihr besteht darauf, weiterhin ins Theater zu gehen und glaubt, gerettet zu werden? Nur wenige werden gerettet, denn man kann zu ihnen nur zwei Arten von Menschen zählen. Diejenigen, die das Glück haben, ihre Unschuld voll und ganz zu bewahren oder diejenigen, die sie zwar verloren, durch Buße aber wiedererlangt haben. Ein Büßer ist, wer unablässig seine Sünden vor Augen hat, ein Mensch, der beladen ist mit den Interessen der göttlichen Gerechtigkeit gegen sich selbst, der sich die harmlosesten Vergnügen versagt, weil er sich zuvor verbrecherische geleistet hat. Die unumgänglichen Vergnügen erduldet er nur mit Schmerzen und betrachtet seinen Körper nur als Feind, den es zu schwächen gilt, als Rebellen, den es zu züchtigen gilt, als Schuldigen, dem man fortan fast alles versagen muß, wie ein besudeltes Gefäß, das gereinigt werden muß, als böswilligen Schuldner, dem man den letzten Heller abfordern muß. Ein Büßer ist ein Verbrecher, der sich als zum Tode verurteilt betrachtet, weil er das Leben nicht mehr verdient. Folglich muß sein ganzes Gehabe, seine Kleidung, müssen sogar seine Freuden etwas irgendwie Trauriges, Karges haben, und er darf nur noch leben um zu leiden. Dies ist ein Büßer. Und wie viele tun heute Buße? In dieser Kirche, in der ich hier spreche, gäbe es – wenn jetzt das Ende der Welt käme – keine zehn Geretteten, ja, vielleicht nicht einmal einen einzigen. Meine Brüder, unser Untergang ist so gut wie sicher, und wir denken nicht einmal daran.«

Um dies mit der Vernunft zu beweisen, benutzt Massillon einen eigenartigen Syllogismus, den er nach allen Seiten dreht, ohne Rücksicht auf die Schlußfolgerungen: Die meisten werden verdammt. Ihr lebt wie die meisten. Also werdet ihr verdammt. Oder, wenn das besser gefällt: Ihr werdet verdammt. Die meisten aber leben wie ihr. Also werden die meisten verdammt. Die umgekehrte Gedankenführung kommt zum gleichen Resultat: »Wenn ihr so, wie ihr lebt, euch retten könntet, könnten sich fast alle Menschen retten. Nun verbietet uns aber der Glaube zu denken, daß fast alle Menschen sich retten können. Der Glaube will also, daß ihr nicht nach dem Heil trachten könnt, denn ihr könnt euch nicht retten, wenn die meisten Menschen sich nicht retten können.«

Man soll aber nun nicht glauben, daß die große Zahl der Verdammten Gott beeindrucken könnte. Sie wird ihn nicht abhalten, denn er ist bereit, die ganze Schöpfung zu verdammen, wenn es sein muß: »Macht euch keine falschen Hoffnungen wegen der großen Anzahl, als ob durch sie das Verbrechen ungesühnt bleiben könnte und daß Gott es nicht wagen würde, alle Menschen, die wie ihr leben, zu verderben. Was sind denn alle Menschen zusammen vor Gott? Hat die große Menge der Schuldigen es verhindert, daß es bei der Sintflut Feuer und Schwefel regnete auf fünf lasterhafte Städte, Pharao und sein ganzes Heer im Wasser versinken zu lassen, alle Murrenden in der Wüst sterben zu lassen [sic]? Gott zählt die Sünder nicht, er schaut nur auf die Sünden.«[12]

Alle geistlichen Orden, von den Oratorianern bis zu den Jesuiten, finden sich im gleichen Pessimismus. Guillaume Le Boux, Bischof von Périgueux, schickt in einer Predigt vor Ludwig XIV. alle Mohammedaner, Götzenanbeter und Juden in die Hölle und sagt weiter, daß der Vesuv und der Ätna von Gott nur geschaffen wurden, um uns an unser Geschick zu gemahnen.

Sein berühmter Mitbruder Malebranche rechtfertigt diese Massenhöllenfahrt, die das Scheitern der göttlichen Schöpfung zu beweisen scheint, auf rationale Weise. Er unterscheidet ganz klar: Entweder Gott will das Heil aller Menschen oder er will es nicht. Wenn er es will und es doch so viele gibt, die der Verdammnis anheimfallen, dann ist er ohnmächtig. Wenn er es nicht will, dann ist er nicht gut. Nun ist Gott aber allmächtig und gut. Wie soll man aus diesem Dilemma herauskommen? Malebranche sieht dies folgendermaßen: »Wenn Gott nicht tut, was er kann oder will, dann weil er es nicht muß. Seine Weisheit oder die Gerechtigkeit, die er sich selbst schuldig ist, macht ihn gewissermaßen ohnmächtig.« Nun verlangt aber die Weisheit Gottes, daß sein Wille durch allgemeine, universelle und gleichlautende Gesetze kund wird und daß er von diesen auch nicht wegen besonderer Fälle abgehen kann, auch nicht aus Güte: »Gott liebt seine Weisheit mehr als seine Werke.« Die höhere Vollkommenheit des Ganzen erfordert die

---

12 Massillon, *Sermons*, Ausgabe von 1747: *Carême*, Bd. II, S. 279 ff.

strenge Einhaltung der grundlegenden Mechanismen, selbst wenn dadurch kleine Unvollständigkeiten im Detail auftreten: »Gott hat also nicht das vollständigste Werk schaffen wollen, das überhaupt möglich war, sondern nur das vollständigste im Verhältnis zu den Wegen, die seiner am würdigsten sind.« Er kann sich nicht dazu erniedrigen, von seiner eigenen Gerechtigkeit abzuweichen, indem er die Menschen nach seinem Gutdünken rettet. Im großen Gebäude der Schöpfung ist die Schönheit des Ganzen wichtiger als das Geschick einzelner Elemente.

So wird Gott mit dem Lenker einer Quadriga verglichen, der meisterlich zu fahren versteht, auf dem Boden eine makellose Spur zeichnet, dabei aber Tausende von Leuten überfährt. Und in der Tat sieht Malebranche eiskalt der Verdammung des größten Teils der Menschheit entgegen: »Gott will das Heil aller Menschen, rettet aber vielleicht nur den hundertsten Teil.« Hätte nun Gott nicht etwas gegen die Erbsünde, die Wurzel all diesen Übels, unternehmen sollen? »Nein«, meint Malebranche, »Gott muß unbewegt bleiben, wenn er sein Werk mißlingen sieht durch die Schuld des ersten Menschen, dem er genügend Hilfe geboten hatte, um der Versuchung zu widerstehen.« Denn durch sein Beharren, das heißt, dadurch daß er sich an die allgemeinen Gesetze hält, zeigt er seine Unendlichkeit, seine Göttlichkeit – er sagt dadurch, daß er Gott ist.« Diese Auffassung hat Malebranche in seinem Werk *La Recherche de la Vérité* (1674) entwickelt.

Bei den Jesuiten stehen Canisius, Bellarmin, Suarez, Vasquez, Salmerón, Lessius und Bourdaloue ebenfalls auf dem Standpunkt, daß die Mehrheit der Menschen der Verdammnis anheimfallen wird. Ihre Gegner, die Jansenisten, sind bedeutend pessimistischer. Nicole bemerkt: »Es gibt in der christlichen Religion keine erstaunlichere Wahrheit als jene, die uns die geringe Zahl der Erwählten zeigt.« Dabei bestätigt er besonders die Verdammnis der ungetauft gestorbenen kleinen Kinder. Dies sei zwar schwer anzuerkennen, sei aber die Folge der Erbsünde. Ebenso unbarmherzig nimmt Pascal in seinen *Schriften über die Gnade* das wieder auf, was er für die echte Doktrin des heiligen Augustinus hält: Durch die Erbsünde ist die Menschheit verdammt. Einige wenige errettet Gott durch die Prädestination, »so daß die Menschen gerettet oder verdammt werden, je nachdem es Gott gefallen hat, sie auszuwählen, um ihnen inmitten der verrotteten Menschenmasse diese Gnade zu gewähren, obwohl er, ohne ungerecht zu sein, alle hätte aufgeben können.«[13]

Noch im Jahr 1778 überkommt den jansenistischen Bischof von Vence, Mgr. de Surian, das Grauen, wenn er daran denkt, wie gering die Zahl der Geretteten ist: »Wenn ich an all das Grauenvolle denke, das nach dem Tode kommt, wenn ich an das schreckliche Jüngste Gericht denke, wenn ich mir vorstelle, wie es in der Hölle zugeht, so gerate ich darüber in Angst. Wenn nun all dies nur wenige Menschen beträfe, so könnte mich der Vergleich zwischen der Größe des Übels und der kleinen Anzahl der Verdammten trösten. Denke ich jedoch an das Wort Christi, daß nur wenige auserwählt sind, dann glaube ich, daß dieser Tod der ewige Tod ist für fast alle, die mir zuhören, daß dieses Gericht die Verurteilung fast aller Christen, die mit mir leben, sein wird, daß diese Hölle die ewige Wohnung aller sein wird, die um mich sind und mit denen ich spreche. Wenn ich mir nun vorstelle, daß dies vielleicht mein Los, mein Teil sein wird, so übermannt mich das Grauen. Alles ist mir Anlaß zur Kümmernis, alles auf Erden widert mich an. Ich beklage es, zu euch sprechen zu müssen, da mich doch nur Schmerz und Tränen erfüllen.«

Gleiches hört man bei den Kapuzinern. François de Toulouse zeigt sich darüber beunruhigt, mit welcher Leichtigkeit der höchste Richter uns in die Hölle schicken wird. Gott wird die geringste unserer Taten »sezieren« und wir laufen Gefahr, der ewigen Verdammnis anheimzufallen, lediglich durch die Kumulierung unserer kleinen Sünden: »Dazu gehört das müßige Gerede, das so wenig Wert hat, daß wir es gar nicht beachten. Beim Jüngsten Gericht aber werden wir feststellen, daß sich diese kleinen, unbedeutenden Sandkörner zu riesigen Gebirgen aufgetürmt haben, daß aus all diesen kleinen Tropfen Meere geworden sind, in denen wir versinken.« François de Toulouse sieht die Frage auch von der juristischen Seite und erklärt, daß man ein Recht auf etwas haben kann, ohne in den Genuß dieser Sache zu kommen, wie zum Beispiel ein minderjähriger Erbe. Und so erklärt er: »Als Kinder Gottes haben wir ein Recht auf das Paradies, Gott aber kann uns den Zugang verbieten!«

Die kirchlichen Autoritäten jedoch vermeiden es, sich darüber

---

13 B. Pascal, *Œuvres complètes*, Paris (Gallimard), S. 967.

näher auszulassen. Innozenz X. erklärt um die Mitte des 17. Jahrhunderts lediglich, daß man in der Hölle nicht nur alle Ungläubigen findet – was allgemein bekannt ist –, sondern auch eine große Zahl von Gläubigen. Im darauffolgenden Jahrhundert verurteilt die Kirche nacheinander beide extremen Positionen: 1708 wird ein Buch von Amelincourt über die *Wissenschaft des Heils*, die sich ihrem Autor zufolge in dem Satz zusammenfassen läßt »Nur wenige sind auserwählt«, auf den Index gesetzt, und das gleiche Schicksal widerfährt 1772 dem Werk des Jesuiten Gravina. Dieser Professor aus Palermo hatte geschrieben, daß der größte Teil der Menschheit gerettet werde, und seine Abhandlung *De electorum homimum numero respectu homimum reproborum* wird verurteilt. Die einzige positive Stellungnahme von offizieller Seite erfolgt am Ende des 18. Jahrhunderts durch Pius VI., der die Existenz des Limbus bestätigt als den »Ort der Hölle, an dem die Seelen, die nur mit der Erbsünde belastet gestorben sind, mit der Gottesferne bestraft werden, ohne die Pein des Feuers erdulden zu müssen« – also eine Art Nebenhölle, in der alle ungetauft gestorbenen Kinder zu finden sind.

Gericht und Hölle als zunehmend juristische Kategorien

Wir haben schon mehrfach darauf hingewiesen, daß das Gericht und die Strafen in der Hölle im 17. und 18. Jahrhundert immer mehr unter einen juristischen Blickwinkel geraten. Diese Entwicklung erklärt sich aus der zunehmenden Macht der Parlamente und Gerichte. Das Jüngste Gericht ist fortan ebenso die Sache der Juristen wie der Theologen, was Seyssel, Bodin und Richard l'Avocat beweisen. Die Rechtsgelehrten, die es in Frankreich darauf anlegen, die Monarchie unter ihre Fuchtel zu bekommen, weiten ihren Zuständigkeitsbereich auf das Jenseits aus. Die klassische Hölle ist von dem wachsenden Einfluß des Amtsadels gekennzeichnet, der zum Beispiel eine große Rolle bei der Bestätigung des Jansenismus gespielt hat. An dieser Stelle sei auf die Arbeiten von Henri Lefebvre und Lucien Goldmann hingewiesen, in denen gezeigt wird, wie eng die Verbindungen zwischen den religiösen Kreisen einerseits und den sozioökonomischen Kreisen andererseits waren.[14] Auch wenn einige der Schlußfolgerungen übertrieben erscheinen mögen, so ist doch sicher, daß die strenge Frömmigkeit der beiden Reformationen dem Amtsadel viel zu verdanken hat, der mit der kirchlichen Hierarchie eng verbunden war. Bischöfe, Kanoniker, Äbte und einfache Geistliche kommen weitgehend aus Juristenfamilien, die der Kirche großherzige Spenden machen und Klöster stiften. Als gebildete Elite macht der juristische Amtsadel eine gereinigte, verinnerlichte und vergeistigte Religion zu seinem Ideal, wodurch sich eine verdiente Minderheit von Auserwählten abzeichnet, sei es durch Prädestination oder durch den freien Willen. Als Juristen schaffen sie ein Jüngstes Gericht nach dem Bild der Prozesse auf Erden, und die Hölle wird als Strafe verstanden, als eine Verurteilung wegen Gottesbeleidigung.

Wenn man den Gedanken von Jean Delumeau folgt, so kann man sich auch vorstellen, daß diese aus juristischer Weltsicht ausgearbeitete Hölle dazu angetan ist, Angst und Sicherheit zugleich zu vermitteln, was nicht widersprüchlich ist. Ein unparteiisches und strenges Rechtswesen ist ein bedeutender Sicherheitsfaktor. In einer Welt, die sich noch nicht ganz vom Hexenglauben des ausgehenden Mittelalters freigemacht hat, in der noch so viele geheimnisvolle und unbeherrschbare Kräfte am Werk sind, ist das Bewußtsein, daß es eine festgefügte Rechtsprechung mit festen, bekannten Verfahrensordnungen gibt, etwas sehr Beruhigendes. Nichts ist schlimmer als Ungewißheit und Willkür. Sind die Spielregeln einmal bekannt, ist es Sache jedes einzelnen, sich danach zu richten. Diese Auffassung möchte der Klerus durchsetzen.

Von dieser Vorherrschaft des Rechts in den Fragen, die das Jenseits betreffen, zeugen viele Predigten des 17. Jahrhunderts. Jean-Louis Fromentières, der im Advent 1672 und in der Karwoche 1680 vor Ludwig XIV. predigt, betont die juristische Seite des Jüngsten Gerichts, was das Verfahren anbetrifft. Dabei geht er sogar auf die Käuflichkeit der Ämter ein: Die Richter halten sich an den Angeklagten schadlos für den Preis, den sie ihr Amt gekostet hat. Christus aber, unser Richter, hat sein Amt mit seinem Blut bezahlt, er braucht sich also nicht an den armen Sündern, die wir

---

14 H. Lefebvre, *Pascal*, 2 Bde., Paris 1949–1954; L. Goldmann, *Le Dieu caché*, Paris 1955.

sind, schadlos zu halten. Dennoch spielt sich das Gericht in einer Atmosphäre von Rache ab: Jesus wird von sündigen Menschen gerichtet, folglich muß er um seiner Ehre willen diese Untat aufs schwerste ahnden. Deshalb ist der Schuldspruch schrecklich: Auf ewig vom Angesicht Gottes entfernt zu sein, ist eine Strafe, die wir noch nicht ermessen können, eine ewige Qual. Und da der Beleidigte ein unendliches Wesen ist, währt die Strafe ewig.

Pater Pierre Coton (1564–1626), der jesuitische Beichtvater Heinrichs IV. und Autor geistlicher Werke, geht in der juristischen Darstellungsweise noch viel weiter. Er stammt aus einer Juristenfamilie, und seine Eltern hatten auch für ihn die Laufbahn eines Richters ausgewählt. Er studierte also die Jurisprudenz, bevor er in den Jesuitenorden eintrat, und ist mithin bestens geeignet, über das göttliche Gericht zu sprechen.

Das Jüngste Gericht, wie er es sich vorstellt, ist ein vorweggenommener stalinistischer Schauprozeß mit allem, was an Selbstkritik und Selbstbezichtigungen dazugehört.[15] Es wird durch die Ankunft des Antichrist und die apokalyptischen Katastrophen gebührend angekündigt, sodann findet die Auferstehung statt. Der Körper der Verdammten ist »greulich, mißgestalt, stinkend, entsetzlich, furchterregend. Er soll für ihre unglücklichen Seelen ein ewiges Gefängnis und eine zweite Hölle sein.« Alle sind im Tal Josaphat bei Jerusalem versammelt, und der Zweck dieses allgemeinen Gerichts ist die Bestätigung des individuellen Richtspruchs, auf daß jeder sehen kann, daß kein Böser ihm entrinnen kann.

Die Zusammensetzung des Gerichtes ist ehrfurchtgebietend. Es besteht aus den Engeln, den Aposteln, der Jungfrau und Christus, der seinen Richtspruch in syrischer Sprache, die er während seines Erdenlebens sprach, verkünden wird. Zunächst ruft er alle Erwählten auf und verliest sodann ein langes Requisitorium gegen die Bösen, die daraufhin Selbstkritik üben: »Stinkende, elende Böcke sind wir«, werden sie sagen, »wir sind schuldig der Majestätsbeleidigung gegen Gott und des Todes würdig.« »Wir gestehen, daß unsere Schuld ewig währt. – Gerechter Richter der Lebendigen und der Toten, wir verdienen wahrlich die Qualen, die Ihr uns aufer-

---

15 P. Coton, *Sermon sur le jugement universel*, in: *Collection intégrale* . . . , a. a. O., Bd. 1, Spalte 608–653.

legt«. Ganz besonders bekennen sie sich würdig der Strafe der Gottesferne: »Feuer, Flammen, Eis, Schnee und die unvorstellbarsten Qualen, zu denen wir verurteilt werden, sind nichts gegen die Qual, Euch zu entbehren, nichts gegen das Unheil, das der ewige Verlust des Heils durch Euer beseligendes Wesen über uns bringt.« Die Verdammten wenden sich an ihre Verwandten, ihre Schutzengel, an die Heiligen, die Märtyrer, die Apostel, an die Jungfrau, an Christus und an Gott den Vater mit jeweils einem besonderen Abschiedsspruch. »Daraufhin öffnet sich die Erde unter ihren Füßen, die Teufel ergreifen die noch Sprechenden und in wirrem Gepolter stürzen sie in die Hölle. Nachdem sie die Erde verschlungen hat, schließt sie sich wieder und hält sie so auf immer und ewig in den feurigen Tiefen gefangen.«

Diese nicht enden wollende Darstellung strotzt von gelehrten Zitaten und enthält in einer Predigt auch noch eine Beschreibung der Hölle. Das Reich Satans befindet sich 1760 Meilen tief (7000 km) im Mittelpunkt der Erde, was eine viel größere Erde voraussetzt, als sie mit ihrem Radius von 6000 km wirklich ist. Dazu kommt ein kosmotheologisches Problem: Da die Hölle ewig ist, muß die Erde ebenfalls ewig bestehen. Dazu meint Pierre Coton, daß sie am Ende der Welt lediglich in eine Fläche umgewandelt werde und daß die Sonne sodann stehenbliebe. Hierzu ist zu bemerken, daß wir das Jahr 1616 schreiben: Es ist das Datum der Verurteilung des kopernikanischen Systems, und die kosmischen Zahlen stehen natürlich in Einklang mit Aristoteles.

Nun zur eigentlichen Hölle, die Coton in zwölf Punkten definiert:

1. Die Hölle ist ein ewiges Gefängnis, voller Feuer und unzähliger schrecklicher Qualen, um alle zu strafen, die im Stand der Todsünde sterben.
2. Die Hölle ist unterirdisch, ein finsterer Ort im Mittelpunkt der Erde, wohin weder das Licht der Sonne, noch des Mondes, noch der Sterne jemals dringt, und wo das Feuer, obwohl es brennt, keinen Schein gibt.
3. Die Hölle ist ein enger Schlauch, der um den Nabel der Erde geschlungen ist und in dem die Verdammten weniger Platz als im Sarg haben und übereinandergeschichtet werden wie die Ziegel in einem Brennofen.

4. Nach Johannes ist die Hölle ein See aus Feuer und Schwefel und die unerträgliche Hitze, die man dort erdulden muß, läßt keine Hoffnung auf Linderung, von daher das Zähneknirschen, von dem in der Heiligen Schrift die Rede ist.
5. Die Hölle ist ein Ort voller Unrat, sie ist für die Welt, was die Kloake für die Häuser ist, die Jauchegrube für die Dörfer, der Kielraum für das Schiff.
6. Die Hölle ist ein Schindanger, auf den die Engel alles verderbte Fleisch der Menschenkörper werfen, vom ersten Mörder und Brudermörder bis hin zum Antichrist und seinen Nachfolgern.
7. Die Hölle ist eine faulig stinkende Höhle, wo die wiederbelebten Gerippe und das verwesende Fleisch der Verdammten einen derartigen Gestank verbreiten, daß es unerträglich ist.
8. Die Hölle ist ein Kerker voller Tobender, ein Gefängnis ohne Hoffnungsstrahl, ein Narrenkäfig, der Sammelplatz aller Unsinnigen.
9. Die Hölle ist eine Grube, von allen Seiten in alle Ewigkeit verschlossen mit Eisenstangen, Bolzen- und Vorhängeschlössern und darüber liegt das Siegel des Zornes Gottes.
10. Die Hölle ist *ignis arcani subterraneus ad poenam thesaurus*, sagt Tertullian, der über jene klagt, die wollen, daß alles, was darüber erzählt wird, als Metapher gedacht sei. Dazu gehört der unglückselige Calvin, auf den zutrifft, was über Tophet bei Jesaja 30,33 geschrieben steht.
11. Die Hölle ist ein immerwährender Zustand, in dem die Feinde Gottes, als Strafe für ihre Vergehen, all dessen beraubt sind, was sie sich wünschen und an allen Übeln kranken, die sie fürchten.
12. Die Hölle ist eine Anhäufung von so unsagbaren Qualen, daß alle anderen Foltern, die es je gab, gibt und noch geben wird, wie Skorpione, Streckbank, Rad, Rost, glühende Eisenpanzer, eiserner Stier, Mühlsteine, Häuten, Ausrenken und Abschneiden von Gliedmaßen, Pfählen, Feuerhelm oder Krankheiten wie Nierenkoliken, Konvulsionen, Nervenkrämpfe und andere, so schlimm, schmerzhaft und stechend sie auch sein mögen, daneben wie milder Tau erscheinen.«

Es folgt nun eine lange Aufzählung von Folterqualen, den schrecklichsten der Geschichte, die der Jesuit ausfindig machen konnte, um uns eine Vorstellung der Höllenqualen zu vermitteln. Ein Sultan läßt einem Pagen den Bauch aufschlitzen; der Herzog von Urbin benutzt einen Diener als lebendige Fackel; Justinius läßt zehn Senatoren aufspießen und braten; die Töchter des Dionysios von Syrakus werden in Kesseln gekocht, nachdem man ihnen Nadeln unter die Nägel getrieben hat; Mezentius läßt Lebende und Tote aneinanderbinden; der Gouverneur Urban läßt seiner Tochter die Haut mit eisernen Kämmen abreißen, Zunge und Brüste abschneiden, sie sodann bei schwachem Feuer rösten, dann in einen Kessel mit siedendem Öl werfen und mit Pfeilen durchbohren; der heilige Eustachius wird mit seiner Tochter und deren drei Kindern in einen rotglühenden ehernen Stier gesperrt... und so weiter. Leider verfügt der Prediger, was Greuel anbelangt, durch seine eigenen Bürgerkriegserinnerungen über eine ungeheure Erfahrung.

Wenn die Menschen solcher Grausamkeiten ihren Artgenossen gegenüber fähig sind, was muß man dann erst von Teufeln erwarten! Die Folterqualen, die sie die Verdammten leiden lassen, sind keineswegs allegorisch. Hier legt sich Coton mit Calvin an, der, wie er sagt: »diese grobschlächtige Vorstellung ausmerzen möchte«, die er als »dumm und lächerlich« qualifiziert. Wenn es nach diesem »unseligen Ketzer« ginge, wäre »der Teufel nicht so schwarz und so mit Brand- und Schwefelgeruch behaftet, wie man annimmt, und es gäbe auch nicht soviel für die Bösen zu befürchten, wie immer betont wird – und dies um so mehr, als das Feuer, die Flammen, das Zähneknirschen, der unstillbare Durst des Völlers und die Finsternis nur gleichnishaft sind, nur Metaphern, ebenso wie der Leib Christi beim Abendmahl. Verfluchte Ketzerei, Krebsgeschwür der Seele, Irrweg des Geistes, wie ebnet ihr überall und auf jede Weise den Weg zur Verdammnis!«

Seine Beschreibung der vielfältigen Wirkung des Feuers beschließt er mit der Feststellung: »All dies ist notwendig, um den Menschen Furcht einzujagen, denn wenn es nur die Strafe der Entfernung aus Gottes Nähe gäbe, würden sich viele Sünder während ihres Lebens kaum darum kümmern. Hieße es nicht, die Drohungen Gottes lächerlich zu machen und sie auf die Stufe kindlicher Einschüchterungsversuche zu stellen?«

Die Hölle des Pierre Coton ist also für den internen, praktischen Gebrauch. Es geht darum, die Christen einzuschüchtern, indem man alles Grauen vor ihnen ausbreitet, wobei das Wesentliche, die

Ewigkeit, nicht vergessen werden darf: »Dort werden Dutzende, Hunderte, Tausende, Zehntausende, Hunderttausende, Millionen, Hunderte von Millionen, Millionen von Millionen, Milliarden von Milliarden von Jahren vergehen, und dann beginnt es wieder von vorn.«

Die Angst nimmt ab

Jeder muß somit zittern. Wer die Hölle nicht fürchtet, gehört ins Gefängnis, meint Philippe d'Outreman. Nach all den Bemühungen der Prediger, die Gläubigen zu terrorisieren, sind diejenigen, die heiter bleiben, geradezu verdächtig. Schließlich ist es unnatürlich, gelassen zu bleiben, wenn man weiß, daß man Gefahr läuft, der Verdammnis anheimzufallen. Sicher hat hier der Teufel eine Falle gestellt. Diesen Eindruck hat auch Kardinal Bellarmin, der an das Sterbebett eines Mannes gerufen wird, der ihm erklärt: »Monsignore, ich wollte Euch sprechen, aber nicht meinetwegen, sondern wegen meiner Frau und meinen Kindern. Ich selbst fahre sowieso direkt zur Hölle, und es gibt nichts, was Ihr für mich tun könntet.« Dies sagt der Sterbende so ruhig, als führe er zu seiner Villa oder zu seinem Schloß. Für den Jesuiten kann dieser gleichmütige Verdammte nur ein Zauberer sein.

Es herrscht tatsächlich allgemein Angst. Nach den Predigten der Missionare stürzt alles zum Beichtstuhl, und selbst ein Skeptiker wie der Philosoph David Hume, der 1748 in Turin schwer erkrankte, spricht in seinen Fieberträumen von Hölle und Verdammnis: »Seine calvinistische Erziehung hat ihm einen bösen Streich gespielt«, schreibt Jacques Choron.[16] Besonders in der letzten Stunde denkt man an all die furchterregenden Predigten. Hier spendet die Kirche mit der letzten Ölung Trost, und jeder hofft, daß ihm dadurch die Hölle erspart bleibt. Der Erfolg der Sterbebücher über die *Ars moriendi*, die sich seit dem Mittelalter großer Beliebtheit erfreuen, zeigt eine Furcht der Christen vor dem Jenseits.

Aber ein guter Tod unter den segnenden Händen eines Priesters entbindet nicht von einem christlichen Leben, und ein Bereuen in letzter Minute, verbunden mit der letzten Ölung, bewahrt nicht vor der Hölle. So kann man 1741 im *Spiegel der Seele des Gerechten und*

---

16 J. Choron, *La Mort et la pensée occidentale*, Paris (Payot) 1969, S. 119.

des Sünders lesen: »Ihr seid wohl überzeugt, daß man, um als Christ zu sterben, lediglich vor dem Tod die letzte Ölung zu erhalten, und das Kruzifix zu küssen braucht, daß beim Tod ein Priester zugegen ist, dem man das bei Kranken übliche Gebet nachspricht. Wenn dies genügte, wäre Eure Unbekümmertheit weniger schuldhaft. Aber dies reicht eben bei weitem nicht aus. [...] Denn wenn man in der Sterbestunde nur einige christliche Handlungen vorzunehmen bräuchte, um in den Himmel zu kommen, dann hätte Christus nicht die Wahrheit gesagt.«[17]

Wenn der Autor dieses Handbuchs über die Kunst, wohl zu sterben, derartige Ausführungen macht, dann bedeutet dies, daß die Seelsorge mit Hilfe der Angst doch nicht so erfolgreich war, wie man gehofft hatte. Die Christen des 18. Jahrhunderts leben nicht in ständiger Angst; die Wirkung der Predigt läßt bald nach der Messe nach, und den Menschen muß unaufhörlich ins Gewissen geredet werden. Sicher, etwas bleibt immer im Bewußtsein oder im Unterbewußtsein hängen, das dann in Krisenzeiten, bei Epidemien oder Kriegen wieder an die Oberfläche kommt. Das tägliche Leben jedoch zeigt sich auf moralischem Gebiet ziemlich unberührt von all den Vorhaltungen. Es wird fast genausoviel gehurt, gelogen, geneidet, geflucht und brutal gehandelt wie vor der katholischen Reformation, in allen christlichen und nichtchristlichen Ländern.

Dies läßt die Prediger verzweifeln. Ihre vielen und aufrichtigen Klagen lassen vermuten, daß sie an der Wirksamkeit ihrer Bemühungen, Furcht einzuflößen, im Grunde zweifeln. Zwischen 1680 und 1690, nach fünfzig Jahren katholischer Reformation, beklagen alle diesbezüglichen Aussagen übereinstimmend, daß weder Versprechungen noch Drohungen, weder Belohnung noch Strafe die Geister auch nur im geringsten beeindrucken.

Die Synodalstatuten wie auch die Protokolle von Pastoralvisiten zeigen, daß die Botschaft, die auf die Angst vor dem Bösen gegründet ist, in vielen Gegenden schwierig ankommt. In der Bretagne zeigen sich viele Familien, ohne Ansehen ihrer sozialen Stellung, trotz der Lehre von der Verdammnis ungetauft gestorbener Kinder in dieser Hinsicht äußerst nachlässig, wie aus den Ermahnungen der Bischöfe von Vannes (1633), Saint-Brieuc (1651) und Tréguier

---

17 *Miroir de l'âme du pécheur et du juste*, Lyon 1741, S. 188.

(1663) hervorgeht. Soll man daraus schließen, daß der Rückgriff auf die Angst vor der Hölle gescheitert ist? Die Spezialisten sind geteilter Meinung. Lebrun, Chaunu, Delumeau, Vovelle und Ariès haben sich mit dem Thema beschäftigt und sind zu unterschiedlichen Schlußfolgerungen gekommen. François Lebrun faßt sie folgendermaßen zusammen: »Immerhin«, schreibt er, »wird in allen Reden die Angst vor dem Tod ausgenutzt, die im Herzen jedes Menschen nistet, dann fordern die Prediger auf, diese Angst, die sie selbst geschürt haben, zu überwinden, um sich gelassen auf einen akzeptierten – und manchmal sogar erwünschten – Tod vorzubereiten. Man kann geteilter Meinung sein über die tatsächliche Wirkung solcher Predigten, die man von Kindheit an gehört hat. Es scheint uns heute, daß keine Gesellschaft einem derart pathetischen Appell zum Grauenhaften, einer derartigen apokalyptischen Drohung widerstanden hätte. Soll man aber deshalb mit Ariès daraus schließen, daß die abendländische Gesellschaft teils so, teils anders reagiert hat und daß die strengsten Moralisten dies wußten und auch berücksichtigten, indem sie die jeweilige Dosis steigerten? Nichts ist weniger sicher, und man kann im Gegenteil annehmen, daß dieser Diskurs des Grauens wissentlich ausgearbeitet und dann fast drei Jahrhunderte aufrechterhalten wurde mit dem Ziel, durch die Furcht vor Strafe die Gläubigen auf dem rechten Weg zu halten. Gewiß – und glücklicherweise für sie – hören viele nur mit halbem Ohr zu, aber wie viele andere werden in einer Zeit, da der Tod ein alltägliches Schauspiel ist, wo zwei von vier Kindern vor dem zehnten Lebensjahr sterben, von diesem unaufhörlichen Appell tief geprägt, von dieser Mahnung an den unausweichlichen Tod und die folgende Pein und behalten so von der christlichen Botschaft nur diese Parolen von Schrecken und Tod?«[18]

Am besten nimmt man wohl eine chronologische Unterscheidung vor. In der ersten Phase der katholischen Reformation, ungefähr von 1620 bis 1670, erreicht die Wirkung der Angst ihren Höhepunkt mit den großen Kampagnen der Missionare. Aber schon im letzten Viertel des Jahrhunderts wird die Waffe stumpf, wie die Klagen der Prediger um 1680 zeigen. Die ständige Wieder-

---

18 F. Lebrun (Hrsg.), *Histoire des catholiques en France*, Collection »Pluriel« 1980, S. 203.

holung, die Übertreibungen und das gegenseitige Überbieten führen zum Verdruß. Die Gläubigen werden langsam immun, und die Krise des europäischen Bewußtseins, die sich gegen 1680 bei der Elite einstellt und wozu auch das Bestreiten der Existenz der Hölle gehört, macht die Wende deutlich.

Im 18. Jahrhundert geht die Angst vor der Hölle sichtbar zurück. Wie anders sollte man das allgemeine Abnehmen der Praktiken deuten, die auf eine Absicherung im Jenseits zielten, wie das Bezahlen von Seelenmessen und anderen kirchlichen Diensten oder testamentarische Schenkungen an die Kirche? Michel Vovelle hat festgestellt, daß in der Provence die Stiftungen ab 1700 zurückgehen. Dies ist besonders zwischen 1730 und 1750 in den Kreisen der Handeltreibenden, Handwerker und freien Berufe der Fall. In den provençalischen Testamenten war im 17. Jahrhundert kaum die Rede von Seelenheil, dafür aber von gestifteten Messen, deren Zahl oft in die Hunderte ging, was die Angst vor der Hölle zeigt. Nach 1750 verliert sich dieser Brauch, und das Beispiel kommt von höchster Stelle. Der Bischof von Aix, Mgr. Vintimille, der spätere Bischof von Paris, schneidet auf dem Totenbett seinem Beichtvater das Wort ab: »Das langt, Monsieur, sicher ist, daß ich als Euer Diener und Freund sterbe.« Sein Testament enthält keinerlei religiöse Bestimmung und ordnet an, daß sein Körper der Wissenschaft dienen soll, bevor er in ungelöschten Kalk gelegt wird. Die gleiche Tendenz kann man in Paris und von der Normandie bis zum Elsaß feststellen.

Nach einem 1860 erschienenen Buch ist das 18. Jahrhundert durch ein starkes Fortschreiten der Vorstellung gekennzeichnet, daß die läuternden Strafen nach dem Tod von begrenzter Dauer sind. Das Thema wird in 292 Werken behandelt, während sich im 17. Jahrhundert nur 31 damit beschäftigten, also 34% der religiösen Literatur gegenüber 6% im Jahrhundert zuvor. Das ist die Rache des Origenes. Man findet auch immer öfter die Vorstellung, daß sich Verwandte oder Freunde im Jenseits wiedertreffen. Michel Vovelle sieht darin das Aufkommen einer Infragestellung der Legitimität von Torturen, die man sich immer seltener zeitlich unbegrenzt vorstellen kann. Jean Delumeau seinerseits sieht darin »ganz eindeutig eine Verminderung der Gottesfurcht«.

Die Zeiten haben sich sichtlich geändert. Das kann man feststellen, wenn man eine der letzten Predigten vor der Revolution liest. Der 1756 geborene Abt Cambacérès, Domherr von Montpellier und spätere Bischof von Rouen und Kardinal, veröffentlicht 1787 drei Bände mit seinen Predigten. In seiner *Predigt über die Hölle* versucht er zu beweisen, daß es sie gibt. Der Ton hat sich seit dem letzten Jahrhundert geändert: Wenn ein Priester vom Höllenfeuer spricht, sagt er, dann wird er für leichtgläubig gehalten. Die Christen unserer Zeit fürchten die Qualen der Hölle nicht mehr. Für sie gibt es nur »tröstliche Wahrheiten« und nur »einen barmherzigen Gott«. Er kommt zu dem Schluß, daß das Vertrauen größer ist als die Angst und daß dies ein trauriges Ergebnis ist, wenn man zwei Jahrhunderte lang gepredigt hat, daß Gott ein Gott der Rache ist, der die Sünder zur ewigen Qual verurteilt: »In einem so verwahrlosten Jahrhundert von der Hölle zu predigen, in einer Zeit, da die allgemeine Verderbtheit zum baldigen Untergang von Glauben und Religion zu führen scheint, das ist unsere vorrangige, unerläßliche Pflicht. Allerorts breitet sich eine schlimme Philosophie aus. Sie verdunkelt geschickt die strahlendsten Wahrheiten und möchte sich über die drohende Zukunft hinwegtäuschen. Um sich den Freuden des Erdenlebens sorgloser hingeben zu können, sieht sie geflissentlich über die Qualen des zukünftigen Lebens hinweg oder leugnet sie. Die Christen ihrerseits lassen sich von ihren Leidenschaften einlullen und wollen nichts hören, was sie aus ihren Träumen von Fleischeslust aufwecken könnte, sie wagen es nicht, über die schreckliche Wahrheit nachzudenken. In ihrem seichten, unklaren Glauben zweifeln sie zwar keineswegs an der Hölle, glauben aber nicht fest daran. Wenn sie sich wirklich mit der Religion befassen, so nur, um darin tröstliche Wahrheiten und einen barmherzigen Gott zu finden.«[19]

Für Cambacérès ist der Rückgang der Furcht eng mit der Zunahme des Unglaubens verbunden. Diese auf den ersten Blick allzu vereinfachende These verdient mehr Beachtung als man denkt. Ist ein Gott, der keine Angst mehr einflößt, weniger glaubhaft? Haben die Angriffe gegen die Hölle gleichzeitig die Grundfesten der göttlichen Macht, ja sogar der Existenz Gottes erschüttert? Je mehr man darauf beharrt, daß Gott die Liebe ist, desto weniger Gläubige gibt es; je »glaubwürdiger« das Christentum ist, desto weniger Erfolg hat es.

Dies ist ein ernstes Problem. Eine genauere Betrachtung der Kritik an der Hölle, wie sie im 17. und 18. Jahrhundert laut wird, soll es ermöglichen, die tieferen Zusammenhänge zu verstehen.

---

19 Abbé Cambacérès, *Sermons*, Paris 1787, Bd. 3, S. 386–444.

INFRAGESTELLUNG UND NIEDERGANG DER HÖLLE

Die Vertreibung des Teufels aus der Hölle durch böse Weiber, Satirisches Flugblatt aus dem 17. Jahrhundert.

XIII

Infragestellung und Niedergang der Hölle (17.–18. Jahrhundert)

Wenn die Hölle schon im 17. Jahrhundert umstritten ist, so wird dies im 18. Jahrhundert noch deutlicher. Kaum daß sie von Katholiken und Protestanten ins Jenseits verbannt, genau abgegrenzt und definiert ist, werden einige ihrer typischen Merkmale auch schon offen angegriffen. Wenn ihre Existenz auch noch selten angezweifelt wird, so ist sie doch schon bedroht. Denn die Hölle, wie sie von der protestantischen und katholischen Reformation dargestellt wird, ist ein so fest verwobenes Gebilde, daß das Verschwinden eines Elements den Fortbestand des Ganzen in Frage stellt. Wenn sowohl die Taufe als auch die Zugehörigkeit zur Kirche keine unbedingte Voraussetzung mehr sind, um der Hölle zu entgehen, dann läuft diese Gefahr zu verkümmern, und ganz besonders wenn sie nicht mehr ewig währt, wird sie zum einfachen Fegefeuer, ihr bleibt nichts mehr als der Name. Angesichts der Angriffe, die sich hauptsächlich gegen diese beiden Punkte richten, sehen sich die Theologen gezwungen, eine starke Verteidigung aufzubauen.

Die Kritiken kommen aus allen Richtungen: von gläubigen Katholiken und Protestanten, Andersgläubigen, Freigeistern, versteckten oder offenkundigen Atheisten – sie alle bringen ihre mehr oder weniger radikalen Argumente ein. Es ist eine recht heteroklite Gemeinschaft, die bis zur großen Wende nach 1680 leicht in Schach gehalten werden kann, dann aber an Gewicht gewinnt, als der wortgewandte Bayle eine bedrohliche Synthese der wirksamsten Argumente verfaßt. Die Lage wird für so ernst gehalten, daß Bossuet und Leibniz, jeder auf seine Art, eingreifen und die Unantastbarkeit der Hölle verteidigen. Im 18. Jahrhundert führen die Philosophen die Auseinandersetzung fort, sind in ihren Meinungen jedoch recht gespalten. Für manche unter ihnen ist die Hölle eine gesellschaftlich sehr nützliche Einrichtung. Somit verwischen sich die klassischen Grenzen, und für die Kirchen sind diese Auseinandersetzungen sehr gefährlich, da sie in aller Öffentlichkeit sehr verführerische und wenig orthodoxe Argumente ausbreiten. Der Glaube an die ewig währende Strafe war mittlerweile so eng mit den grundsätzlichen Dogmen verschmolzen, daß seine Infragestellung an dem ganzen Gebäude des christlichen Glaubens rüttelte.

Die Ewigkeit der Strafe und die kleine Zahl der Erwählten in der Kritik des 17. Jahrhunderts

Im 17. Jahrhundert diskutiert man in der katholischen Kirche weiterhin dem Anschein nach sekundäre Punkte. In Wirklichkeit sind es jedoch äußerst ansteckende Keime, die nach und nach das Ganze gefährden können, wie Bossuet feststellt. Zum Beispiel die Frage der Heiden: Es gibt Jesuiten, die behaupten, daß diese durchaus der Verdammnis entgehen können. Franz Xaver hatte übrigens den Japanern – die somit mehr Glück hatten als die Inkas – erklärt, daß Gott ihren Vorfahren, sofern sie sich ihren natürlichen Eingebungen gemäß korrekt verhalten haben, gewiß zu ihrer Rettung seine Gnade hat zuteil werden lassen. Der deutsche Jesuit Friedrich von Spee (1591–1635) greift diesen Gedanken im *Güldenen Tugendbuch* wieder auf. Für ihn kann die Liebe Gottes die Erbsünde auslöschen, selbst ohne den Einsatz der Sakramente, vorausgesetzt, man mißachtet diese nicht. Er wagt es sogar, für die Zauberer und Hexen Partei zu ergreifen, die er persönlich befragt und von allen Anklagen des Teufelskults, dessen sie bezichtigt werden, freispricht.[1] Von Spee plädiert also dafür, den Teufelskult in die Hölle zu verweisen und diese außerdem für die Heiden, die Christus nie gekannt haben, zu schließen.

Die Angriffe gegen die Ewigkeit der Strafe sind indessen bedeutend ernster, denn sie rühren an das Wesen der Hölle. 1654 wird ein posthumes Werk des deutschen Arztes und Philosophen Soner (1572–1612) veröffentlicht, der die üblichen Argumente bringt

---

1 Veröffentlicht 1631 in einer anonym herausgegebenen, auf Neulateinisch verfaßten Kampfschrift mit dem Titel *Cautio criminalis* (Gewissensbuch oder Über die Hexenprozesse), die seinerzeit großes Aufsehen erregte.

bezüglich des Mißverhältnisses zwischen Sünde und Strafe, und der Deist ist der Meinung, daß die ewigen Qualen der Gottlosen nicht Beweis sind für die Gerechtigkeit Gottes, sondern für seine Ungerechtigkeit.

Das 1669 erschienene *Ewige Evangelium von der Wiedererschaffung aller Kreaturen* greift die origenistische Auffassung vom eindeutigen und allgemeinen Sieg des Guten wieder auf. Autor der anonymen Schrift ist wahrscheinlich der Pietist Johann Wilhelm Petersen, dessen dreibändiges Hauptwerk *Geheimnis der Wiederbringung aller Dinge* zwischen 1700 und 1710 in Frankfurt erscheint.

Alle diese Autoren sind jedoch nur Außenseiter der katholischen oder protestantischen Kirche, die von der Existenz einer Hölle auch weiterhin überzeugt sind. Aber unter ihre Stimmen mischen sich, mit der zu jener Zeit gebotenen Vorsicht, die von Freidenkern, Deisten oder Atheisten, denen der Angriff gegen die ewige Pein nur eine weitere Möglichkeit bietet, die Religion ins Lächerliche zu ziehen.

1657 erscheint das Buch *Mondstaaten und Sonnereiche* von Cyrano de Bergerac, der zwei Jahre zuvor gestorben war und dessen Freund Lebret die anstößigsten Stellen herausgestrichen hatte. Aber dennoch bleibt der Test hinter seiner Science-fiction-Fassade von zweideutigem, beißendem Spott. Er schildert einen Jesuiten, dessen Orden einige Jahre zuvor an der Verurteilung Galileis und der Hypothese des Kopernikus mitgewirkt hatte. Dieser Jesuit behauptet, die Erde drehe sich nach dem Gesetz der Tretmühle, da die Verdammten an die Außenwand drängen, um dem im Mittelpunkt der Erde befindlichen Höllenfeuer zu entrinnen und damit die Drehbewegung erzeugen, wie die Maus im Laufrad.

Ein anderer Deist, Baron de La Hontan, der viel in Kanada gereist ist, schreibt 1703 die *Merkwürdigen Dialoge zwischen dem Autor und einem Wilden mit gesundem Menschenverstand*. Darin legt er dem Indianer die offizielle Doktrin dar: »Die Heilige Schrift spricht von einer Hölle, von der wir glauben, daß sie im Innern der Erde liegt und in der die Seelen all derer, die das Christentum nicht angenommen haben, ewig brennen, ohne dabei aufgezehrt zu werden. Das gleiche widerfährt den Seelen der schlechten Christen. »Damit zieht er sich die Antwort zu: »Du beschuldigst Gott der Tyrannei, wenn du glaubst, er habe auch nur einen Menschen geschaffen, um ihn auf ewig durch das Feuer im Innern der Erde unglücklich zu machen.«[2]

Neben diesen oberflächlichen Gefühlsreaktionen, die sich dagegen wenden, die ewige Strafe als gerecht zu betrachten, rechtfertigen die Philosophen ihre Ablehnung der Hölle vernunftmäßig. Spinoza schließt jeden Gedanken an Sanktionen nach dem Tod aus. In einer Welt, in der alles vorausbestimmt ist, in der moralisch zu handeln bedeutet, im Einklang mit dem tieferen Sinn der Dinge zu sein, kann es keine Belohnung oder Bestrafung geben. Hobbes scheint lange gezögert zu haben, was die Hölle anbelangt, ihn verfolgt eine unbezwingbare Angst vor dem Tod: »Mit Grauen werde ich ins Dunkel springen«, schreibt er. Verbirgt diese Furcht vor dem Tod eine unbewußte Angst vor der Hölle? Fünfzig Jahre zuvor hatte sein Landsmann Shakespeare im berühmtesten Theatermonolog der Welt gesagt: *To be or not to be, that ist the question.* Der Tod ist wie der Schlaf. Wer aber weiß, ob der Tod nicht auch seine Träume, seine Alpträume teuflischer Art hat? Dieser Gedanke ist es, der uns trotz aller Schwierigkeiten des Lebens am Selbstmord hindert, was auch aus dem Hamlet-Monolog hervorgeht. Hobbes jedoch weist die düsteren Befürchtungen Hamlets zurück und entscheidet sich gegen die Existenz der Hölle: »Für die Verdammten«, schreibt er in seinem *Leviathan*, »gibt es nach der Auferstehung einen zweiten, ewigen Tod.« Ihm zufolge wird Gott den Gläubigen beim Jüngsten Gericht einen verklärten Geistkörper verleihen, während die anderen vernichtet werden.

Im März 1697 unterzeichnen die höchsten Würdenträger der Kirche Frankreichs, die Bischöfe von Paris, Reims, Meaux sowie zwei Prälaten eine Petition an den Papst, die die ewige Verdammnis für die ungetauft gestorbenen Kinder fordert. Grund dafür ist ein posthumes Werk des Kardinals Sfondrate (1644–1696). In diesem anstößigen Buch steht tatsächlich geschrieben, daß die ungetauft gestorbenen Kinder vom Wesen her über eine gewisse Glückseligkeit verfügen und daß ihr Geschick dem der reuigen Sünder bei weitem vorzuziehen ist. Bossuet, der unbeugsame Hüter der Rechtgläubigkeit und der Hölle, reagiert umgehend. Die Lehrmeinung

---

2 Baron de La Hontan, *Dialogues curieux entre l'auteur et un sauvage de bon sens qui a voyagé*, hrsg. v. M. Roelens, Paris (Éditions sociales) 1973, S. 76.

Sfondrates, erklärt er, widerspricht der des heiligen Augustinus, der diese Kinder ins ewige Feuer schickt; sie widerspricht Bellarmin, den Konzilen von Lyon und Florenz. Die ungetauft gestorbenen Kinder werden sehr wohl verdammt, und zwar in diese Nebenhölle, den Limbus. »Übrigens«, schreibt Bossuet am 9. Dezember 1696 an seinen Neffen, »wird die Abhandlung des verstorbenen Kardinals Sfondrato hier von allen ehrbaren Leuten verdammt und verabscheut.«[3] Und so verfaßt er die Petition, die auch von Ludwig XIV. gutgeheißen wird.

Schon am 7. Mai 1697 beruft Innozenz XII. eine Kommission ein, um diese schwerwiegende Angelegenheit zu untersuchen. Die Mitglieder sind hohe Persönlichkeiten, so die Ordensgeneräle der Jesuiten, Karmeliter, Dominikaner, Franziskaner, der Generalprokurator von Sankt Augustin, ein Barnabitermönch, ein Franziskaner und der Inquisitionskommissar. Die Untersuchung führt jedoch zu keinem Ergebnis, sie wird sogar sehr schnell wieder eingestellt aufgrund von dunklen Machenschaften und Intrigen in Zusammenhang mit dem Quietismus, der zur Hauptsorge wird. Bossuet sieht hinter all dem die Hand des Monsignore Fabroni, Sekretär der Bekehrungsgesellschaft in Rom, sowie die Jesuiten. Pater Gabrieli veröffentlicht übrigens 1698 ein Buch zu Sfondrates Verteidigung, das Bossuet mit Verachtung straft.[4]

Ende des 17. Jahrhunderts ist die Hölle also Gegenstand vielfältiger Kritik, im ganzen und im Detail, die von gewissen Persönlichkeiten der katholischen Kirche und von Nichtchristen ausgeht. Die Anzahl der Schriften zugunsten der Hölle in ihrer Ganzheit ist ein Zeichen dafür, daß es notwendig erscheint, einen Glauben zu festigen, den man bislang für unerschütterlich gehalten hatte. 1612 erscheint in Heidelberg das dreibändige Werk des reformierten Theologen Zacharias Ursinus (1534–1583), in dem er die Ewigkeit der Höllenstrafe verteidigt, weil Gott, der Beleidigte, unendlich ist; er stellt fest, daß die Qual kein Ende haben kann, weil die Sünde nicht aufhört. In seinem im Jahr 1621 in München herausgekommenen Buch *Von der Ewigkeit* schreibt der deutsche Jesuit Jeremias Drexel: »Manche sagen, und dies mißfällt mir keineswegs, daß die

---

3 Bossuet, *Œuvres complètes*, Besançon (Outhenin-Chalandre) 1836, Bd. XI, S. 413.
4 Ebenda, Brief v. 30. September 1698, Bd. XI, S. 626.

Bösen in der Hölle immer weitersündigen, und deshalb werden sie auch immer weiterbestraft.« Der lutherische Theologe Johann Gerhard (1582–1637) schreibt in seinen neun Bände umfassenden theologischen Abhandlungen, daß es den Verdammten an der Gnade gebricht, um ihrem bösen Trachten ein Ende zu setzen, und der reformierte Theologe Johann Fecht (1636–1716) schreibt 1683 in seiner *Untersuchung des Standes der Verdammten*, daß der Tod zwar das Tor zur Gnade, nicht aber zur Gerechtigkeit schließt. 1688 sagt Pierre Jurieu dazu, daß eine Kreatur, die nicht aufhören kann, verbrecherisch zu sein, auch nicht aufhören kann, verachtungswürdig zu sein.[5]

Die Angriffe Bayles

Der Umfang der theologischen und apologetischen Schriften über die Hölle zu Ende des 17. Jahrhunderts zeigt, daß das Problem bei weitem nicht gelöst, sondern drängender denn je ist. Um 1700 finden die Gegner der ewigen Verdammnis in Pierre Bayle einen gefährlichen Mitstreiter. Seine brillante Argumentation ist von beißender Ironie. Er drückt sich in einem sehr gewandten Französisch aus und macht die Diskussion so den gesamten gebildeten Lesern zugänglich, welche die unverdaulichen, in Latein geschriebenen Folianten der Theologen nicht lesen. Die Kirche weiß durchaus, was sie tut, wenn sie seine gesamten Werke, von 1699 bis 1757 immer wieder auf den Index setzt, denn mit seinen doppelsinnigen Ausführungen fügt Bayle dem Glauben mehr Schaden zu als ein offener Gegner.

Bayle läßt nicht locker, und die Hölle ist eine seiner beliebtesten Zielscheiben; für ihn besteht eine absolute Inkompatibilität zwischen der Güte Gottes und dem Bestehen ewiger Qualen: »Wir erkennen ganz deutlich, daß ein Herrscher, der, wenn sich eine Stadt gegen ihn erhoben hat, sowohl gerecht als auch mild sein will, sich mit der Bestrafung einer kleinen Anzahl von Aufständischen begnügen und alle anderen begnadigen muß. Denn wenn die Zahl

---

5 P. Jurieu, *Traité de l'unité de l'Église et des points fondamentaux, contre M. Nicole*, Rotterdam 1688, S. 379.

der Bestraften zur Zahl der Begnadigten im Verhältnis tausend zu eins steht, dann kann er nicht als gütig gelten, dann gilt er als grausam. Ganz sicher würde er als verabscheuenswürdig gelten, wenn er langwährende Züchtigungen anwendete und den Tod nur deshalb nicht verhängen würde, weil er davon überzeugt ist, daß man diesen einem Leben unter Leiden vorzöge und wenn seine Rachsucht bei seinen Maßnahmen eine größere Rolle spielen würde als der Wunsch, daß die über fast alle Aufständischen verhängte Strafe dem öffentlichen Wohle dienen soll. Das Volk ist der Ansicht, daß die bestraften Übeltäter ihre Untaten durch den Verlust des Lebens voll und ganz sühnen und verlangt nicht mehr, es empört sich sogar, wenn der Scharfrichter ungeschickt ist, ja, man würde ihn steinigen, wenn man wüßte, daß er absichtlich mehrmals mit dem Beil zuschlägt. Auch die Richter, die der Exekution beiwohnen, wären nicht außer Gefahr, wenn man annähme, daß sie sich an den üblen Praktiken des Scharfrichters weiden und ihn heimlich dazu angehalten hätten.«[6]

Zu sagen, daß es am Menschen selbst liegt, diese Qualen zu vermeiden, bringt hier nicht weiter. Gott hätte eine Welt schaffen können, in der es das Böse nicht gibt, denn er ist zugleich gut und mächtig. Aber er wollte uns frei sein lassen, was jedoch ein vergiftetes Geschenk ist, denn er wußte, daß manche diese Freiheit falsch verstehen und sich so zur Pein verdammen würden. »Es ist leicht einzusehen«, schreibt Bayle in seinem *Dictionnaire historique et critique*, »daß die freie Entscheidung des ersten Menschen, die man ihm voll und ganz anheimstellte, und zwar in einer Lage, in der er sich zu seinem eigenen Verderben ihrer bedienen mußte, und die zum Verderben der ganzen Menschheit, zur Verdammnis fast aller seiner Nachkommen führte und zu einer Flut von Schuldgefühlen und körperlichen Qualen, keineswegs ein gutes Geschenk war.« Ein Vater versucht, seine Kinder daran zu hindern, Schlechtes zu tun, auch wenn das ihre Freiheit einschränkt, und jeder findet das gut und richtig. Warum hindert uns also Gott, unser Vater, nicht daran, Böses zu tun? Die Prädestination ist schlicht und einfach absurd: »Ein Gesetzgeber«, schreibt er weiter, »der den Menschen untersagt, Verbrechen zu begehen und sie dennoch dazu treibt und

---

6 P. Bayle, *Réponse au provincial*, Kap. 178.

ewig dafür bestraft [...]: Das hat nichts mehr mit Religion zu tun. Wozu soll es denn dienen, ihn anzurufen und zu versuchen, gut zu sein? Hier führt der Weg zum Atheismus.«

Eine zeitlich begrenzte Hölle ist aber ebensowenig annehmbar, und so bleibt keine andere Lösung, wenn man die göttliche Güte wiederherstellen will, als jene abzuschaffen. »Ein Philosoph«, meint er an anderer Stelle, »der wirklich philosophisch denkt, muß darauf bestehen, daß die Millionen und Abermillionen Jahrhunderte während Qual einer Kreatur mit der allerhöchsten Güte eines Schöpfers unvereinbar ist, und wenn ihr nur die Strenge der Strafe mildern wollt, so irrt ihr [...]. Man kann nicht von der Grausamkeit zur allerhöchsten Güte durch eine simple Minderung der Grausamkeit gelangen. Ebenso ist die Verdammnis der ungetauft gestorbenen Kinder und der Erwachsenen, die nie vom Evangelium gehört haben, auch nur eine empörende Scheingerechtigkeit, ganz abgesehen davon, daß es absurd ist, zwei Drittel der Menschheit in einen Limbus zu schicken, der kaum größer als das französische Königreich ist.«

Bayle steht auf dem Standpunkt, daß die Hölle auf dem Gebiet der Gesellschaftsmoral nicht unerläßlich ist. In seinen *Gedanken über den Kometen* stellt er eine Trennung zwischen Moral und Religion auf. Es fällt ihm natürlich nicht schwer aufzuzeigen, daß es unter den Christen, die behaupten, noch an die Hölle zu glauben, eine ganze Menge Schurken gibt, während die Welt der Heiden ihrerseits Musterbeispiele an Tugendhaftigkeit hervorgebracht hat. Die Religion hat also keineswegs einen Einfluß auf die Moral: »Es ist nicht ungewöhnlicher, daß ein Atheist tugendhaft lebt, als daß ein Christ alle Arten von Verbrechen begeht.«

Bayle zieht auch die Vorstellung einer Hölle ins Lächerliche, deren ewige Dauer nur auf der Starrköpfigkeit der Verdammten beruht, was der Erzbischof von Dublin, William King (1650–1729), in seinem 1702 in London erschienenen Buch *Vom Ursprung des Übels* behauptet. Ihm zufolge, schreibt Bayle, wären die Verdammten Narren, die in ihren Irrtümern beharren, obwohl sie genau wissen, daß diese der Grund ihrer Pein sind. Über das gleiche Thema beginnt er einen endlosen kontroversen Briefwechsel mit dem in Berlin lebenden französischen reformierten Theologen Isaac Jaquelot, der sich bis zu dessen Tod im Jahr 1708 fortsetzt und in dem beide auf ihren Standpunkten beharren. Derartige Auseinandersetzungen waren zu dieser Zeit zwischen Theologen durchaus möglich, aber selten waren sie so erbittert. Sieger konnte hier nur der Skeptizismus sein.

Leibniz verteidigt die Hölle

Die Frage wird jedoch als derart vorrangig betrachtet, daß zwei Jahre später der große Leibniz in die Schranken tritt, um die Hölle zu verteidigen. Er wirft das ganze Gewicht seines bedeutendsten Werks, der *Theodizee*, die 1710 in Amsterdam veröffentlicht wurde, zu ihren Gunsten in die Waagschale. Als Vorwort zu einer der letzten Ausgaben (1969, Garnier-Flammarion) schreibt Jacques Brunschwig: »Wenn man bei unseren irdischen Prozessen sieht, daß ein Angeklagter seine Verteidigung einem besonders berühmten Anwalt anvertraut, so denkt man manchmal, daß es um seine Sache sehr schlecht bestellt sein muß. So gesehen müßte die Sache Gottes – wenn man so sagen darf – fast hoffnungslos sein. Tatsächlich haben einige der intelligentesten und tiefschürfendsten Geister, die je gelebt haben, Heiden, Juden, Katholiken, Protestanten, Unmengen von Energie und Wissen aufgewandt, um ihn von aller Verantwortung bei dem Skandal des Bösen reinzuwaschen! Es läuft alles so ab, als habe das Böse die Beziehungen zwischen Gott und den Menschen völlig verdorben, die Unschuld des einen muß die Schuld des anderen sein. Schwankend zwischen der Versuchung sich zu entschuldigen, indem er Gott beschuldigt und der, Gott zu entschuldigen und sich selbst zu beschuldigen, gelingt es dem Menschen nie, seine Vernunft von einer unvermeidbaren Kühnheit zu entlasten, denn er braucht davon genausoviel, um Gott vor seinem eigenen Tribunal freizusprechen, wie um ihn überhaupt vor dieses zu zitieren. Er ist schuldig, wenn er schuldig ist; aber er ist auch schuldig, wenn er unschuldig ist.«

Die Hölle ist tatsächlich nur die Folge des berühmten Problems des Bösen, eines unlösbaren Problems. Seit der Mensch nachdenkt, rennt er gegen diese Mauer. Seit Jahrtausenden wird das Rätsel nach allen Seiten gedreht und gewendet und bleibt immer ungelöst, mit oder ohne Gott. Manche Denker haben darüber den Verstand verloren, andere glaubten eine Antwort, eine Lösung gefunden zu haben, die sich immer wieder als nichtig erwiesen. Wie am ersten

Tag bleibt uns nichts anderes als stumm zuzusehen, wie der Mensch leidet, wie der Mensch stirbt, wie er foltert, ohne daß wir verstehen können. Die christlich-jüdische Religion hatte einen genialen Einfall, als sie eine umfassende, definitive, neue und endgültige Erklärung vorschlug, die alle einzelnen Übel einschließt, nämlich die Erbsünde, die alles durcheinandergebracht hat. Leider bleibt das Geheimnis ungelüftet, und der Widerhall des großen »Warum?« verliert sich in der Stille des Alls.

So bringt denn Leibniz, nach vielen anderen, seine Antwort. Seine *Theodizee* richtet sich im wesentlichen gegen Bayle, den Franzosen, der die Schöpfung herabsetzt, dessen negativer Geist überall das Böse vorherrschen sieht. Dem stellt er die Harmonie des Alls entgegen, in dem jedes Ding seine Daseinsberechtigung hat, einschließlich der Hölle. In diesem großen System gleicht sich alles aus. Die Ungerechtigkeiten dieser Erde werden im Jenseits belohnt, und die Bösen, die hier glücklich sind, werden dort unglücklich sein. Die Schrecken der Hölle sind übrigens nur ein Detail in der allgemeinen Harmonie: »Es ist möglich, daß das Glück der Seligen im Angesicht Gottes so groß ist, daß die Qual aller Verdammten zusammen nicht damit verglichen werden kann.« Auf der Ebene des Universums ist die Summe des Glücks weitaus größer als die des Leids.

In bezug auf den einzelnen gilt die gleiche Rechnung: Es gibt sicherlich viel mehr Verdammte als Gerettete. Aber warum beim Menschen stehenbleiben? Es gibt bestimmt im Universum Tausende von bewohnten Welten, in denen die Zahl der Erwählten – ganz gleich wie diese Wesen heißen – bei weitem größer ist als die der Verdammten. So ist das auf der Menschenerde bestehende Defizit voll ausgeglichen durch den Überschuß bei den außerirdischen Erwählten: »Indem wir daher an der bestehenden Lehre festhalten, daß die Zahl der ewig Verdammten unvergleichbar höher sein wird, als die der Erretteten, müssen wir behaupten, daß das Übel, dessenungeachtet, im Vergleich zu dem Guten beinahe wie ein Nichts erscheinen wird, wenn man die wahre Größe des Gottesstaates bedenkt. [...] Heute aber muß man, welche Grenzen man auch dem All setzt oder nicht setzt, erkennen, daß es eine Unzahl von Erdbällen gibt, die ebenso groß oder noch größer sind als unser Erdball und ebensoviel Anrecht auf vernünftige Bewohner haben wie dieser, wenn es auch keine Menschen zu sein brauchen. Die

Erde ist nur ein Planet, d. h. einer der sechs Hauptsatelliten unserer Sonne, und da alle Fixsterne ebenfalls Sonnen sind, so sieht man, wie geringfügig unsere Erde im Verhältnis zu den sichtbaren Dingen ist, da sie ja nur ein Anhängsel einer dieser Sonnen ist. Möglicherweise sind alle diese Sonnen von glücklichen Geschöpfen bewohnt, und nichts zwingt uns zu der Annahme, daß es viele Verdammte dort gebe, denn wenige Beispiele oder Muster genügen für den Nutzen, den das Gute aus dem Übel zieht. [...] Da sich also der uns bekannte Teil des Universums zu dem, den wir nicht kennen und trotzdem als vorhanden annehmen dürfen, beinahe in das Nichts verliert, und da alle die Übel, die man uns als Einwand entgegenhalten kann, sich nur in diesem Beinahenichts befinden, so ist es möglich, daß auch alle die Übel nur ein Beinahenichts sind im Vergleich zu den Gütern, die im Universum vorhanden sind.«[7]

Leibniz ist der unheilbare Optimist, dem keine Katastrophe etwas anhaben kann, er ist der Mensch aus »der besten aller möglichen Welten«, der die Gabe hat, die Miesmacher aller Couleur in Wut zu versetzen. Ja, es gibt eine Hölle und fast jeder kommt in diese Hölle, in der man in alle Ewigkeit entsetzliche Qualen erduldet, aber Leibniz ist glücklich. Sorgt euch nicht, meint er, denn das ist nur ein Detail. »Was aber die Zahl der Verdammten betrifft, so würde, auch wenn sie unter den Menschen unvergleichlich größer wäre als die Zahl der Geretteten, dieser Umstand doch nicht hindern, daß im Universum die glücklichen Geschöpfe nicht unendlich zahlreicher seien als die unglücklichen.«[8]

Übrigens sind all diese Verdammten äußerst nützlich, da sie dazu dienen, die anderen zu warnen und da dank ihrer Menschen gerettet werden können: »Übrigens weiß man ja auch, daß man zuweilen ganze Städte zerstört und die Einwohner über die Klinge springen läßt, um die anderen abzuschrecken. Ein solches Verfahren kann einen großen Krieg oder eine Rebellion abkürzen und durch Blutvergießen Blut sparen; es ist das durchaus kein Dezimieren. Allerdings können wir nicht behaupten, daß die Bösen auf unserem Erdball deshalb so streng bestraft werden, um die Bewohner der

---

7 G. W. Leibniz, *Die Theodizée von der Güte Gottes, der Freiheit des Menschen und dem Ursprung des Übels*, Darmstadt (Wissenschaftliche Buchgesellschaft) 1985, S. 237f.
8 Ebenda, S. 429.

anderen Himmelskörper einzuschüchtern und zu bessern, vielmehr können viele andere Gründe für die universale Harmonie, die wir nicht kennen, weil uns weder die Ausdehnung des Gottesstaates noch die Form des allgemeinen Reiches der Geister, noch der ganze Bau der Körper zur Genüge bekannt sind, die gleiche Wirkung tun.«[9] Glücklicher und gefährlicher Leibniz! Ein so weit getriebener Optimismus verliert den Kontakt mit der Realität, wird unfruchtbar und schuldhaft, wie Voltaire deutlich gezeigt hat.

Leibniz ist allerdings nicht damit einverstanden, daß die ungetauft gestorbenen Kinder in die Hölle kommen sollen. Was die erwachsenen Heiden anbelangt, so nimmt er eine differenzierte Haltung ein: »Man darf behaupten, daß diejenigen, die wegen der Erbsünde allein verdammen, und daher die ungetauften oder außerhalb des Bundes mit Christus verstorbenen Kinder in die Hölle schicken, unbewußt in eine gewisse Verwendung der Anlage des Menschen und des Vorherwissens Gottes verfallen, die sie bei anderen mißbilligen: Sie wollen nicht, daß Gott denen seine Gnade versage, die ihr nach seiner Voraussicht widerstehn müssen, noch daß diese Voraussicht und diese Anlage die Ursache der Verdammnis jener Person sei; und doch behaupten sie, daß die Anlage, die die Erbsünde ausmache und bei der Gott voraussieht, daß das Kind nach Eintritt in das vernünftige Alter sündigen wird, hinreicht, um dieses Kind im voraus zu verdammen. Diejenigen, die das eine behaupten und das andere verwerfen, beachten keine hinlängliche Gleichförmigkeit und Verknüpfung in ihren Dogmen.

Kaum geringer sind die Schwierigkeiten hinsichtlich derer, die zum vernünftigen Alter gelangen und sich, der Neigung der verderbten Natur folgend, in die Sünde stürzen, wenn sie nicht die Hilfe der Gnade empfangen, die notwendig ist, um sie am Rand des Abgrunds aufzuhalten oder sie aus der Tiefe herauszuziehen, in die sie gestürzt sind. Denn es scheint hart, sie deshalb auf ewig zu verdammen, weil sie das getan haben, was nicht zu tun gar nicht in ihrer Macht lag. Diejenigen, die sogar die der Einsicht unfähigen Kinder verdammen, machen sich freilich der Erwachsenen wegen noch weniger Sorgen, und man möchte behaupten, sie seien durch den Gedanken an die Leiden der Leute verhärtet. Bei den anderen ist

---

9 Ebenda, S. 431.

das jedoch nicht der Fall, und ich möchte daher denen beipflichten, die allen Menschen eine hinreichende Gnade zugestehen, vorausgesetzt eben, daß die Menschen hinreichende Neigung haben, diese Hilfe zu gebrauchen und sie nicht freiwillig zurückzuweisen.«[10]

Leibniz schließt damit die Debatte nicht, er weitet sie eher aus und sei es nur durch den Ruf seiner Person. Letzten Endes gibt er beiden Seiten Argumente zur Hand, ohne etwas zu entscheiden. Zusammen mit den orthodoxen Theologen anerkennt er die Existenz der ewigen Hölle, die in die allgemeine Harmonie eingebunden ist, und gemeinsam mit den Anfechtern erklärt er, daß die ungetauft gestorbenen Kinder und die Heiden, die das Evangelium nie gekannt haben, unmöglich verdammt werden können. Wie dem auch sei, er gibt zu, daß wir die Gründe für die Entscheidung Gottes nicht kennen. Und so schließt Leibniz zwar eine Lücke, reißt damit aber eine andere auf.

Die Philosophen und die Hölle

Bayle hatte das Zeichen zum allgemeinen Angriff auf die Hölle gegeben, indem er alle Schwachstellen dessen, was über sie gesagt wurde, bloßlegte. Seine eigene Einstellung gab er jedoch nicht preis. Im 18. Jahrhundert folgen die Philosophen mit immer größerer Kühnheit seinen Spuren und schlagen immer heftiger auf die Hölle ein.

Montesquieu findet sich mit der ewigen Pein nicht ab: »Es ist schwierig mit der Vernunft allein die Ewigkeit der Pein der Verdammten zu begreifen«, schreibt er in seinen *Pensées*, »denn Strafen und Belohnung können nur im Hinblick auf die Zukunft gegeben werden. Man bestraft einen Menschen, damit er morgen nicht wieder etwas Böses tut und damit es die anderen abschreckt. Wenn aber die Seligen gar nicht sündigen können und die Verdammten gar nichts Gutes mehr tun können, wozu dann die Strafen und Belohnungen? »Daneben veröffentlicht er 1711 eine kleine Schrift *Gegen die ewige Verdammnis der Heiden*. Seine persönliche Haltung bei seinem Tod ist jedenfalls ganz konformistisch: Von einem Jesuiten und einem Priester erhält er das Abendmahl.

---

10 Ebenda, S. 349 f.

In seinem *Belisar* lehnt sich Marmontel gegen den barbarischen Glauben an eine Hölle auf: »Wenn Gewalt und Grausamkeit Gott Feuer und Eisen in die Hand geben, wenn die Fürsten, die dieser Religion angehören, die Welt zur Hölle machen und im Namen eines Gottes des Friedens diejenigen quälen, die sie lieben und bedauern sollten, dann kann man nur an eine von zwei Möglichkeiten glauben: Entweder haben sie eine barbarische Religion oder sie sind ihrer nicht würdig.«

Hier sind wir nicht mehr weit von Voltaire entfernt, der in seinem *Brief an Urania* schreibt, daß er Gott wie einen Vater lieben möchte, dieser sich jedoch als hassenswerter Tyrann erweist, der Menschen nach seinem Bild erschaffen hat, um sie besser erniedrigen zu können. Er gab ihnen sündhafte Herzen, um sie zu Recht bestrafen zu können, das Vergnügen ließ er sie lieben, um sie besser mit schrecklichen Übeln quälen zu können, die durch ein ewiges Wunder nie enden. Einen Menschen hat er nach seinem Bild geschaffen, und plötzlich bereut er es, als ob der Schaffende nicht in der Lage gewesen wäre, die Fehler seines eigenen Werks zu erkennen.

In seinem *Philosophischen Taschenwörterbuch* erklärt Voltaire unter dem Stichwort »Hölle«, daß diese Erfindung nicht den Hebräern, sondern den Orientalen zu verdanken ist, was zutrifft. »Übrigens«, fügt er hinzu, »glaubten viele Kirchenväter nicht an die ewige Pein, es schien ihnen absurd, einen armen Mann in alle Ewigkeit brennen zu lassen, nur weil er eine Ziege gestohlen hatte.« Er glaubt, daß die Hölle wegen der Moral des einzelnen erfunden wurde: »Von der Zeit an, da die Menschen in Gemeinschaften lebten, mußten sie feststellen, daß mehrere Schuldige durch die Maschen der Gesetze schlüpften, die die offenkundigen Verbrechen bestraften. Es hieß also, den geheimen Verbrechen Zügel anzulegen – dies konnte nur durch die Religion geschehen.«

An der gleichen Stelle beklagt er, daß der Klerus immer noch das Volk mit diesem Höllenglauben in Schrecken versetzt, nur um es gefügig zu machen: »Es ist noch nicht lange her, da predigte und schrieb ein guter, ehrlicher Hugenottenpriester, daß die Verdammten eines Tages Gnade fänden, daß Sünde und Strafe in einem vernünftigen Verhältnis stehen müßten und daß die Verfehlung eines Augenblicks keine ewig währende Strafe verdiene. Seine Amtsbrüder setzten diesen nachsichtigen Priester ab, wobei einer von ihnen zu ihm sagte: ›Lieber Freund, ich glaube nicht mehr an die Hölle als Ihr, es ist aber gut, wenn Ihre Dienerin, Ihr Schneider und auch Ihr Prokurator daran glauben.‹« Der Philosoph steht über solchem Volksglauben, aber der Priester lauert auf ihn am Sterbebett, und hier erweist sich dann der echte Ungläubige, der keine Angst vor der Hölle hat. Deshalb wird den Berichten vom Sterben der Philosophen so großer Wert beigemessen, in jedem Lager werden die Punkte gezählt, und die Apologetik bedient sich dieser Zeugnisse. Nachdem Montesquieu als guter Christ gestorben war, »zeigten sich Gott, der Priester und die Jesuiten sehr zufrieden«, schreibt Mme. Dupré de Saint-Maur, »Pater Castel aber konnte sich vor Freude kaum lassen, er meinte, er habe sich größere Verdienste erworben als Franz Xaver, der immerhin vorgab, zwölftausend Menschen auf einer verlassenen Insel bekehrt zu haben.«

1751 zirkuliert ein ungutes Gerücht: La Mettrie, ein bekannter Materialist, der an Freßsucht gestorben war, soll sich im letzten Augenblick bekehrt haben, weil ihn plötzlich die Furcht vor der Hölle überfiel. »Klerikale Verleumdungen«, meinte Voltaire gegenüber Friedrich II., »La Mettrie ist als echter Ungläubiger gestorben«. – »Ein Glück für seinen Seelenfrieden«, antwortete der König darauf, und alle, auch der König, lachten.«[11] Selbstverständlich bestand großes Interesse daran, wie Voltaire es selbst halten würde in seiner letzten Stunde, aber das wird für immer im dunkeln bleiben.

Beim Baron d'Holbach indessen gibt es keine Zweifel. In seinem *Système de la nature* spricht er sich gegen christliche Darstellung des Todes aus: »Es ist ein entsetzlicher Augenblick, der nicht nur unseren Vergnügen ein Ende bereitet, sondern uns auch wehrlos den unerhörten Gewaltmaßnahmen eines erbarmungslosen Despoten aussetzt, dessen Verdikt niemand mildern kann.« Der Gott der Christen, schreibt er, »ist ein Tyrann, der sich an ihnen für ihre Gebrechen und flüchtigen Vergehen rächt, für die Neigungen, die er ihnen selbst ins Herz gepflanzt hat, für ihre geistigen Irrtümer, ihre Meinungen und Vorstellungen, die sie in der Gesellschaft angenommen haben, in der er sie zur Welt kommen ließ. Er wird

---

11 Brief Voltaires vom 24. Dezember 1751.

ihnen insbesondere nie verzeihen, ein unbegreifliches Wesen verkannt, sich eine falsche Meinung über ihn gebildet zu haben und daß sie es gewagt haben selbst zu denken, sich geweigert haben, begeisterten oder falschen Führern zu folgen und daß sie die Kühnheit besaßen, die Vernunft zu Rate zu ziehen, die er ihnen indessen verliehen hat, um sich auf dem Lebensweg zurechtzufinden.«[12]

In seinen *Philosophischen Gedanken* hat Diderot alle möglichen Angriffspunkte gegen die Hölle zusammengefaßt: »Warum soll man einen Schuldigen strafen, wenn er aus seiner Strafe keinerlei Nutzanwendung mehr ziehen kann? [...] Seit langem schon verlangt man von den Theologen, das Dogma der ewigen Verdammnis mit der unendlichen Güte Gottes in Einklang zu bringen, und sie treten noch immer auf der Stelle. [...] Was wird Gott mit jenen machen, die nie von seinem Sohn gehört haben? Wird er Taube dafür bestrafen, daß sie nicht hören können? Wird er Pygmäen dafür bestrafen, daß sie keine Riesenschritte machen können? Bei dem Bild, das man von dem Höchsten Wesen zeichnet, seiner Neigung zum Zorn, zur unerbittlichen Rache, angesichts der Vergleiche, die zahlenmäßig das Verhältnis zwischen denen, die es fallen läßt, und jenen, denen es die Hand zu reichen geruht, ausdrücken, wird auch die aufrechteste Seele versucht sein zu wünschen, daß es dieses Höchste Wesen besser nicht gäbe.«[13]

Die Kritik wird immer radikaler. Man gibt sich nicht mehr damit zufrieden, die Ewigkeit der Pein in Frage zu stellen oder das Los der Heiden, sondern die gesamte Hölle wird abgelehnt. Für den Deisten de Lassay werden die Bösen lediglich vernichtet, während die übrigen, ganz gleich welchen Glaubens sie sind, nichts zu fürchten haben.[14] Das gleiche schreibt auch Morelly 1755 in seinem *Code de la nature*. Kurz: Es gibt keine Hölle, sie war eine Vorstellung von Fanatikern oder Scharlatanen.

Aus der Welt der Protestanten hört man Ähnliches. Marie Huber (1695–1753) lehnt sich gegen die Vorstellung einer göttlichen Gerechtigkeit auf, die »Millionen von Geschöpfen, die nach Gottes Bilde geschaffen sind, für immer zu grauenhaftem Unglück verur-

---

12 P. H. d'Holbach, *Système de la nature*, 1770, zitiert bei J. Delumeau, *Rassurer et Protéger*, Paris (Fayard) 1989, S. 517f.
13 Diderot, *Œuvres complètes*, Paris 1875–1877, Bd. I: *Pensées philosophiques*.
14 Marquis de Lassay, *Recueil de différentes choses*, 4 Bde., Lausanne 1756.

teilt. [...] Gott hat uns zum Glück erschaffen, man kann von ihm nicht in Zusammenhang mit Haß, Rache oder Zorn sprechen.«[15]

Eine andere Frau, Madame Rolland bezeugt ebenfalls das Scheitern der Seelsorge mittels der Angst. Sie war in der herkömmlichen strengen Gläubigkeit aufgewachsen und sehr sensibel. Im Alter von zweiundzwanzig Jahren schreibt sie: »Ich konnte es unter anderem [...] nicht verstehen, daß so viele unschuldige Wesen, tugendhafte Männer, friedliebende Völker den Flammen überantwortet werden sollen, nur weil sie noch nichts von einem römischen Oberhirten gehört hatten, der eine strenge Moral predigt, die er selbst kaum befolgt. Ich fand dieses Prinzip absurd, grausam und gottlos. [...] Welch unbegreifliches Wesen hat man aus Gott gemacht! [...] Wir machen aus ihm ein ungerechtes, zorniges, parteiisches, hinterhältiges Wesen, gleich einem völlig verworfenen Menschen. Eine mit der höchsten Macht vereinte, unendliche Weisheit muß notwendigerweise gut sein, sie straft nicht mit solch rachedurstiger Grausamkeit, sie bessert oder vernichtet.«[16]

Manche Vertreter der Kirche beginnen selbst, an der Wirklichkeit der Hölle zu zweifeln. Jean Meslier, ein Pfarrer aus den Ardennen, ist ziemlich radikal. Er treibt seine Betrachtungen bis zum Atheismus, Materialismus, zur Absurdität, ja, bis zur Verzweiflung. Für ihn ist es derart widersprüchlich, die Güte Gottes und die Hölle gleichzeitig aufrechtzuerhalten, daß alle, die dies doch tun, in seinen Augen Betrüger sind. Die Hölle existiert für diesen Mann, der mit seinem Nichts so tragisch einsam ist, ebensowenig wie der Himmel, und so bekennt er: »Bald werde ich *nichts* sein.«[17]

Die Hölle des Jean-Jacques Rousseau

Dieser vollkommene Nihilismus, in dem Jean Meslier insgeheim gelebt hat, ohne dabei sein Priesteramt zu vernachlässigen, ist nur eine andere Hölle, die Hölle auf Erden mit ihren vielen Facetten,

---

15 G. A. Metzger, *Marie Huber. Sa vie, ses œuvres, sa théologie*, Genf 1887.
16 Madame Rolland, *Lettres*, Paris (Perroud) 1913, Bd. I, S. 412 ff.
17 J. Meslier, *Œuvres complètes*, Paris 1970, Bd. I, S. 492.

von der im 18. Jahrhundert noch mehr gesprochen wird. So sieht beispielsweise Michel Carrouges in der Haltung des Marquis de Sade das Streben nach Verdammnis und Verwirklichung der Hölle auf Erden. Wenn auf der einen Seite die herkömmliche Hölle vielen Angriffen ausgesetzt ist, so kann man in dieser ideenreichen Zeit auch das Entstehen neuer Höllenmodelle erleben. Es findet eine Diversifikation der Hölle statt, wobei die neuen Spielarten kaum vertrauenerweckender sind. In diesem Zusammenhang nehmen die seltsamen Visionen des Ingenieurs Emanuel Swedenborg (1688–1772) einen besonderen Platz ein. Dieser Erleuchtete, protestantisch erzogen, sieht die Verdammnis nicht als das Ergebnis einer Verurteilung durch Gott, sondern als Resultat des freien Willens der Menschen, die das Licht scheuen. Die Höllenpein, das sind nach seiner Auffassung nur die Qualen, die sich die Verdammten gegenseitig zufügen. Diese uralte Vorstellung, die sich im Keim schon bei der Hölle der Babylonier findet, wird auf tragische Weise aktualisiert:

»Wenn das himmlische Licht erstrahlt, erfaßt sie ein Schwindel. Ihr Blick verdunkelt sich, sie können nicht mehr denken, ihr Herz schlägt rasend in namenloser Furcht, so daß sie sich wie Schlangen vor dem Feuer winden, sie stürzen sich in den Abgrund, der sich vor ihnen auftut und erst wenn sie bei ihresgleichen in der Hölle sind, können sie wieder atmen. Gott selbst stürzt also kein einziges menschliches Wesen in die Hölle, sondern der Mensch, der in der Sünde lebt, hat keinen anderen Wunsch als an den Ort zu kommen, an dem seine Sünde auch weilt. Die Bösen sind also in der Hölle in ihrem ureigensten Milieu. Sie genießen das Feuer, den Gestank und den Unrat, und wenn ein Strahl des göttlichen Lichtes bis zu ihnen dringt, versuchen sie, ihm zu entkommen, denn sie ziehen das höllische Licht vor, das glühenden Kohlen oder brennendem Schwefel gleicht. Ihr Gesicht ist schwarz und behaart, voller Pusteln, und Eiterbeulen, dennoch halten sie ihre Gesichter gegenseitig für menschlich. Sie tun, was ihnen gefällt. In weniger strengen Teilen der Hölle gibt es eine Art von Hütten, die sich zu Städten mit Straßen und Gassen formen. Aus den Wohnungen dringt ständig der Lärm von Streitereien, auf den Straßen herrschen Raub und Prügelei. Andere Verdammte leben in abscheulichen Freudenhäusern, wieder andere irren wie wilde Tiere umher und jagen sich gegenseitig in dunklen Wäldern. Ihr größtes Vergnügen ist, sich gegenseitig zu quälen. [...] So gesehen strafen sich die Höllengeister gegenseitig nur durch die Unersättlichkeit ihres Verlangens.«[18]

Rousseau ist mehrmals auf die Frage der Hölle eingegangen, die seine sensible Seele beschäftigt. Aufgrund seiner Werke und seiner Korrespondenz läßt sich seine persönliche Sicht der Dinge rekonstruieren. Erste Feststellung: Die Seele ist unsterblich, dies ist die einzige Möglichkeit, die Gerechtigkeit wiederherzustellen, denn auf Erden geht es den Schlechten gut: »Wenn die Seele keine Materie ist, kann sie den Körper überleben und wenn sie überlebt, dann ist die Vorsehung gerechtfertigt. Und hätte ich keinen anderen Beweis für die Unstofflichkeit der Seele als den Sieg des Bösen und die Unterdrückung des Guten in dieser Welt, so würde dies allein schon jeden Zweifel ausräumen.«[19]

Es muß folglich einen Ort der Strafe im Jenseits geben, aber der empfindsame Rousseau kann sich nicht vorstellen, daß dies eine wirkliche Hölle ist. Er neigt eher der Meinung seiner teuren Madame de Warens zu, deren Meinung er in seinen *Confessions* wiedergibt:

»Diese Seele ohne Falsch, die sich einen rachsüchtigen, immer zürnenden Gott nicht vorstellen konnte, sah nur Milde und Erbarmen, wo die Frommen nur Gerechtigkeit und Strafe sehen. Sie sagte oft, daß es keinerlei Gerechtigkeit von seiten Gottes wäre, wenn er uns gegenüber gerecht wäre, denn wenn er uns nicht mit dem ausgestattet hat, was wir brauchen, um gut zu sein, dann hieße das, nun etwas zu verlangen, was er nicht gegeben hat. Eigenartig war, daß sie, ohne an die Hölle zu glauben, unerschütterlich an das Fegefeuer glaubte. Dies erklärt sich dadurch, daß sie nicht wußte, was mit den Seelen der Bösen geschehen sollte, da sie sie nicht der Verdammnis anheimgeben, aber auch nicht mit den Guten zusammenbringen wollte, ehe sie nicht auch gut geworden wären. Man muß wirklich zugeben, daß die Bösen, sowohl in dieser wie auch in der anderen Welt, recht mißlich sind. [...] Sie meinte, daß man die Heilige Schrift zu streng und zu wörtlich auslegte. Alles, was man darin liest von ewiger Qual, schien ihr nur als Abschreckung oder als Allegorie gedacht. Der Tod Christi war für sie ein Beispiel

---

18 Zitiert bei M. Carrouges, »Images de l'enfer dans la littérature«, in: *L'Enfer* (ouvrage collectif), Paris (Foi vivante) 1950, S. 53–54.
19 J.-J. Rousseau, *Émile*, Paris (Garnier-Flammarion) 1966, S. 368.

wahrhaft göttlicher Barmherzigkeit, um die Menschen zu lehren, Gott und sich selbst untereinander zu lieben.«[20]

Rousseau befindet sich in einer heiklen Lage: Er braucht die Hölle, um die Bösen zu strafen, kann aber nicht die sadistischen Visionen der Prediger akzeptieren. Er entzieht also der Hölle ihr Hauptmerkmal, die ewige Dauer, und stimmt hier völlig mit seinem alten Gegner Voltaire überein, wie aus dem Brief von 1756 hervorgeht. Im *Émile* (1762) drückt er jedoch Zweifel aus. Er neigt immer mehr einer Fegefeuerhölle zu, fragt sich jedoch, ob das Höchste Wesen die gleichen Vorstellungen hatte wie er selbst: »Wo unsere vergänglichen Bedürfnisse enden, wo unsere unsinnigen Wünsche enden, da müssen auch unsere Leidenschaften und Vergehen enden. Wieso sollten reine Geister so pervers sein? Weshalb sollten sie böse sein, da sie keine Bedürfnisse haben? Wenn sie von unserer groben Sinnlichkeit befreit sind und ihr ganzes Glück in der Betrachtung liegt, dann können sie nichts anderes als das Gute wollen, und wer auch immer aufhört, böse zu sein, kann der für immer ins Elend fallen? In diese Richtung gehen meine Gedanken, ohne daß ich mich diesbezüglich um eine Entscheidung bemühe. O gütiges und gutes Wesen! Wie auch immer deine Ratschlüsse sein mögen, ich zolle ihnen meine Hochachtung; wenn Du die Bösen strafst, schweigt meine schwache Vernunft vor Deiner Gerechtigkeit. Wenn aber die Gewissensbisse dieser Unglücklichen mit der Zeit ein Ende finden, wenn ihre Qualen aufhören werden und der gleiche Frieden uns alle eines Tages erwartet, dann will ich Dich dafür lobpreisen. Ist das Böse nicht mein Bruder? Wie oft war ich versucht, es ihm gleich zu tun! Möge er, seines Elends entledigt, auch die ihm anhaftende Schlechtigkeit verlieren, möge er so glücklich sein wie ich: sein Glück wird nicht meinen Neid entfachen sondern nur zu dem meinen beitragen.«[21]

Rousseau neigt dazu, die Höllenqualen auf Gewissensbisse zu reduzieren. Er ist viel orthodoxer, als er sich selbst eingesteht, und glaubt, daß die Hölle schon in diesem Leben beginnt mit den Leiden, die durch Zügellosigkeit und Verwahrlosung entstehen, die eine Folge schlechten Handelns und Trachtens sind: »Fragt mich auch

---

20 Ders., *Confessions*, in: *Œuvres complètes*, Paris (Gallimard), Bd. I, S. 228–229.
21 Ders., *Émile*, a. a. O., S. 370.

nicht, ob die Qualen der Bösen ewig währen, denn ich weiß es noch nicht und habe keineswegs die müßige Neugierde, diese nutzlosen Fragen zu erhellen. Was geht es mich an, was aus den Bösen wird? Ihr Los berührt mich wenig. Dennoch habe ich Mühe zu glauben, daß sie zu ewiger Pein verurteilt sind. Wenn der Höchste Richter sich rächt, dann rächt er sich schon in diesem Leben. Ihr und eure Fehler, o Völker, seid seine Helfer. Er benutzt die Übel, die ihr euch zufügt, um die Verbrechen zu strafen, die sie verursacht haben. In euren unersättlichen Herzen, die von Neid, Raffgier und Ehrgeiz zerfressen sind, bestrafen die rächenden Leidenschaften inmitten trügerischen Wohllebens eure Missetaten. Tut es wirklich not, die Hölle im nächsten Leben zu suchen? Sie ist schon im heutigen Leben im Herzen der Bösen.«[22]

Der Tod der intellektuellen Hölle

In der zweiten Hälfte des 18. Jahrhunderts hat man den Eindruck, daß die Hölle regelrecht auseinanderbricht. Neben der traditionellen Auffassung, die von der offiziellen Kirche immer noch verteidigt wird, aber immer mehr Angriffen ausgesetzt ist, bastelt sich jeder nach seinem Ermessen seine persönliche Hölle. Ganz allgemein gesehen geht die Tendenz nach Milderung, nach Humanisierung. Fast alle diese persönlichen Höllen entwickeln sich zu Purgatorien ohne ewige Dauer. Bei der geistigen Elite hat das Purgatorium die Hölle im 18. Jahrhundert besiegt, und zu Beginn des 19. Jahrhunderts ist es auch in allen katholischen und puritanischen Kreisen zur unumstößlichen Tatsache geworden: Die Furcht vor der Hölle gibt es nicht mehr. Es war einfach nicht mehr denkbar, daß die teuren Verstorbenen einer solchen Gefahr entgegengehen. Höchstens bei den Katholiken gab es noch eine Läuterungsphase, das Fegefeuer, das aber durch fromme Werke der Überlebenden abgekürzt wird.

Wohlgemerkt, tot ist die Hölle der Intellektuellen; die Hölle des Volkes lebt, von den Predigten und der Kirche unterstützt, weiter. Sicherlich hat ihre Glaubwürdigkeit etwas gelitten, es wäre aber falsch zu glauben, daß sie keine Rolle mehr spielt.

---

22 Ebenda, S. 369f.

Die Hölle der Elite hat sich also in ein Fegefeuer verwandelt, was der optimistischen Denkweise der Aufklärung entspricht. Der Sieg des Guten paßt zur geschichtlichen Entwicklung, und in dieser Atmosphäre kann schwerlich der Gedanke vom Scheitern in alle Ewigkeit, von einer Verdammnis ohne Ende weiterbestehen. Hegels Philosophie bringt diesen Optimismus auf großartige Weise zum Ausdruck. Sie zeigt aber auch die Verlagerung des Problems, da die aus dem Jenseits verbannte Hölle auf der Erde auftaucht. Der Sieg des 18. Jahrhunderts über die Hölle ist ein Pyrrhussieg: Die Hölle ist eine vielköpfige Hydra.

Nach Hegel ist das Böse eine vorübergehende Erscheinung. Er hat eine optimistische Weltsicht, was das Ende anbelangt, denn es gibt kein Scheitern in Ewigkeit. Die Vorstellung von der ewigen Hölle im Jenseits wird ausgeschlossen. Aber die progressive Verwirklichung des Absoluten ist ein dornenvoller Weg, der von schmerzhaften Mutationen gekennzeichnet ist, die Leiden, Tod, Kriege, Revolutionen, Haß und Folter mit sich bringen, was allein schon den Ausdruck »Hölle auf Erden« rechtfertigen könnte.

Diese Rechtfertigung geht tatsächlich viel tiefer. Leiden gehört zum menschlichen Leben. Indem er seine Freiheit betonte, hat sich der Mensch von der gesamten Natur gelöst, um eine selbstherrliche Autonomie zu genießen. Dieser Bruch, glaubt Hegel, zieht für ihn ein ständiges, verschwommenes Schuldgefühl nach sich, das er den Zustand des »unglücklichen Bewußtseins« nennt, das die »Angst« der Existentialisten vorwegnimmt. Es besteht ein innerer Widerspruch im Bewußtsein und in der Geschichte, aus dem die Lebensangst kommt, die ihrerseits als eine Form von irdischer Hölle betrachtet werden kann. Aus dieser Hölle kann man sich durch Mühe und Leiden befreien, indem man auf den eigenen, egoistischen Willen verzichtet, um mit dem Weltgeist zu koinzidieren und am allgemeinen Wohl mitzuwirken. Dies ist zum Beispiel Christus gelungen.

Wohlgemerkt, die Hegelsche Auffassung ist nicht die der Allgemeinheit. Sie zeigt aber auch die Entwicklung der Auffassungen der geistigen Elite. Bei den Denkern der abendländischen Gesellschaft gibt es keine ewig währende Hölle mehr im Jenseits. Für einige besteht nur ein Purgatorium mit rein geistigen Qualen fort, die auf Gewissensbissen beruhen. Für wieder andere ist jegliche Perspektive auf ein Jenseits ausgeschlossen, da die Hölle auf die Erde und in dieses Leben verlegt worden ist. Die Hölle beginnt also eine neue Karriere, die der vorangegangenen in nichts nachsteht.

Das Weiterbestehen der herkömmlichen Hölle als Garant der gesellschaftlichen Ordnung

Die herkömmliche Hölle lebt jedoch in der Theologie, in den Predigten und beim Volk weiter. Gegen Ende des 18. Jahrhunderts kann man sogar eine bedeutsame Annäherung feststellen. Ohne in Widersprüche zu verfallen, können wir hier die Schlußfolgerungen von Jean Delumeau in *Rassurer et Protéger* aufnehmen: »Am Ende des 18. Jahrhunderts beobachtete die Sorbonne mißtrauisch die Verteidiger eines umfassenderen Heils. Rom hatte dem tragischen Schiedsspruch des Konzils von Florenz nicht widersprochen, nach dem Heiden, Juden, Ketzer und Schismatiker ins ewige Feuer geschickt werden. Es hatte auch die neueste Zensur von Papst Innozenz XI. nicht zurückgenommen, die ›den Glauben, der aus dem Zeugnis der Kreaturen oder einem ähnlichen Motiv erwächst‹ als für das Heil nicht ausreichend erklärt. Der größte Teil der Theologen nahm den biblischen Spruch ›Viele sind berufen, aber wenige sind auserwählt‹ weiterhin wörtlich [...].

In den Predigten, besonders bei der inneren Mission, wurde weiterhin auf der Hölle und ihren Qualen bestanden. Kein offizieller Theologe der römischen Kirche, kein Vertreter der Hierarchie stellt die Existenz eines Ortes ewiger Qualen in Frage. [...] Auch innerhalb des orthodoxen Protestantismus bleiben die Widerstände bestehen. Sie kommen von Luther, Johann Gerhard, Calvin, Bucer, Oekolampadius, der Synode von Dordrecht u. a. Die Schwierigkeiten, die Amyraut gemacht werden, zeigen die offizielle Einstellung, und wir haben auch gesehen, daß Leibniz, trotz seines guten Willens, es nicht wagt, die Schwelle zu überschreiten. Alles in allem wurde der rächende, strafende Gott von Außenseitern der Kirche in Frage gestellt, die das Höchste Wesen rehabilitieren wollten, indem sie ihm eine unendliche Güte zu verschaffen suchten.«[23]

---

23 J. Delumeau, *Rassurer et Protéger*, a. a. O., S. 519.

Die Verteidiger der traditionellen Hölle entwickeln zu dieser Zeit übrigens in sehr aufschlußreicher Weise das Argument von der gesellschaftlichen Nützlichkeit der Hölle, was voll und ganz dem Zeitgeschmack entspricht. Die Hölle ist das beste Bollwerk für Stabilität, Ordnung, öffentliche und private Moral, sie *muß* also bestehen. Existierte sie nicht, müßte man sie erfinden. Dies ist in etwa der Inhalt der Erklärung zum Stichwort »Hölle« in der *Encyclopédie française*, deren Verfasser weit erhaben ist über den Verdacht, ein Philosoph zu sein. Nicolas-Sylvestre Bergier, Domherr von Notre-Dame de Paris und Beichtvater des Bruders von Ludwig XIV. hat mit Voltaire so manchen Strauß ausgefochten.

Die Frage, wo sich diese Hölle befindet, ist unnütz und frivol. Manche siedeln sie im Mittelpunkt der Erde an, manche auf der Sonne und einige »Träumer« in den Kometen. In Wirklichkeit weiß es niemand. Dagegen ist sicher, daß die Verdammten sich in einem wahrscheinlich materiellen Feuer befinden, das in geheimnisvoller Weise auf die Seelen wirkt. Die Pein ist selbstverständlich ewig. Daher auch die klassische Frage, ob dies im Gegensatz zur unendlichen Güte Gottes steht. Gewissenhaft prüft Bergier alle für die Hölle ungünstigen Argumente, er kennt sie wohl und legt sie ehrlich dar, um sie sodann derart kraftlos und förmlich zu entwerten, daß man sich fragen muß, ob er wirklich überzeugt ist: »Wir kennen die Rechte einer unendlichen Gerechtigkeit sehr schlecht, ebenso die Schwere der Beleidigungen gegenüber einer unendlichen Majestät.« Gott soll die Seelen geschaffen haben im Bewußtsein, daß sie verdammt würden? Ja, »aber wissen und wollen ist nicht das gleiche«, argumentiert er. Schließlich bringt er sein wahres Argument, das er ganz unmerklich einfließen läßt: Das Fehlen einer Hölle ist eine Ermutigung der Bösen, also gibt es eine Hölle: »Es gibt einen Beweis gegen die Ungläubigen, der stärker ist als alle ihre Sophismen, den sie nie widerlegen können. Ihre Doktrin ist nichts anderes als eine Ermutigung aller Schurken des Universums und läßt sie auf Straffreiheit hoffen. Also ist sie falsch. Wenn der Glaube an eine ewige Hölle sie schon nicht von ihrer Schlechtigkeit abbringen kann, dann kann dies die Lehre von einer zeitlich begrenzten Strafe noch weniger. Die Welt wäre nicht bewohnbar, wenn die Bösen nach diesem Leben nichts mehr zu fürchten hätten.«

Nach solchen Äußerungen ist es schwierig zu glauben, daß – zumindest für einen Teil des Klerus – die Befürwortung der Hölle nicht reine Berechnung ist. Übrigens ist die abschreckende Wirkung der Strafe einer der Grundpfeiler der menschlichen Justiz dieser Zeit, trotz der neuen Ideen, denen zufolge die Strafe mehr erzieherischen als repressiven Wert haben soll. Sogar Leibniz steht auf dem Standpunkt, daß die Strafe für Ketzer und Königsmörder vom Volk, auf das sie zweifellos eine positive Auswirkung hat, gutgeheißen wird: »Es gibt Fälle, wo das Volk es billigt, daß man gewisse Verbrecher an kleinem Feuer sterben läßt, wie z. B. als Franz I. einige nach den berüchtigten Bekanntmachungen vom Jahre 1534 der Ketzerei Beschuldigte in dieser Weise hinrichten ließ. Auch mit Ravaillac, der auf mehrfache Weise fürchterlich gemartert wurde, hatte das Volk kein Mitleid.«[24]

Sündigen bedeutet ein Vergehen gegen Gott, gegen den König der Könige, die Allmacht, die unendliche Majestät. Kann da die Strafe überhaupt schwer genug sein? Man denke nur an Robert François Damiens, der 1757 mit einem Messer einen irdischen König, Ludwig XV., ein wenig angekratzt hatte und der von seinen Richtern erfährt, daß seine Strafe die Höllenqualen vorausnehmen und daß die göttliche Gerechtigkeit ihm noch schwerere zufügen wird, wenn er seine Komplizen nicht preisgibt. Er muß wirklich die Strafen erleiden, die die Prediger sonst nur schildern: Im Gefängnis legt man ihm Fesseln an, die ihm Hand- und Fußgelenke brechen, verbrennt ihm die Füße, bindet ihn auf einen Eisenrost und zermalmt ihm mit acht Keilen die Knochen. Am 28. März 1757 verbrennt man ihm die Hand, reißt ihm mit Zangen das Fleisch von den Armen, den Beinen und der Brust, in die Wunden wird siedendes Öl gegossen sowie flüssiger Schwefel und Blei. Anschließend soll er geviertelt werden, aber die Muskeln halten stand, darauf bittet der Henker um die Erlaubnis, mit dem Beil die Gelenke zu durchtrennen, um die Qualen abzukürzen, denn Damiens lebt noch. Seit Beginn der Folter hat er keinen Laut von sich gegeben. Die Richter geben der Bitte nicht statt, und die Pferde beginnen erneut zu ziehen, jedoch ohne Erfolg. Gegen Abend, nach vierstündigen Anstrengungen, beginnt der Henker mit dem Beil nachzuhelfen, zwei Schenkel und eine Schulter werden vom Rumpf gerissen. Damiens ist tot – der »Gerechtigkeit« ist Genüge getan.

---

24 Leibniz, *Die Theodizee...*, a. a. O., S. 427f.

Wenn dies nun die Strafe für einen Angriff auf die Person Ludwigs XV. ist, was erwartet den Menschen dann erst in der Hölle, wenn er Gott durch die Sünde »beleidigt« hat! In beiden Fällen ist das erklärte Ziel die Abschreckung: Die Botmäßigkeit soll durch die Angst vor der Strafe aufrechterhalten werden. Zu Beginn des folgenden Jahrhunderts verherrlicht der höchst royalistische, höchst katholische und höchst blutrünstige Joseph de Maistre in seinen *Soirées de Saint-Pétersbourg* die unerläßliche Rolle des Scharfrichters als Stellvertreter Gottes auf Erden und Angelpunkt des gesellschaftlichen Gefüges: »Man wirft ihm einen Giftmörder vor, einen Vatermörder, einen Gotteslästerer. Er ergreift ihn, bindet ihn auf ein liegendes Kreuz und hebt den Arm: darauf entsteht eine grauenvolle Stille, in der man nur noch das Krachen der Knochen unter dem Druck der Eisenstange und die Schmerzensschreie des Opfers hört. Sodann bindet er ihn wieder los und trägt ihn zum Rad. Die gebrochenen Glieder werden durch die Speichen geflochten und der Kopf hängt nach unten. Die Haare sträuben sich und aus dem weitaufgerissenen Mund dringen nur noch ab und zu wenige, von einem Blutschwall begleitete Wörter, die den Tod herbeiwünschen. Er hat sein Werk vollendet, sein Herz schlägt wild, aber vor Freude, voller Stolz sagt er zu sich selbst: ›Niemand rädert besser als ich.‹ [...] Aber alle Macht, alle Größe ist auf den Scharfrichter gegründet. Er ist der Schrecken und das Bindeglied der menschlichen Gesellschaft. Nehmt diesen unbegreiflichen Beruf aus der Welt, und die Ordnung weicht dem Chaos, die Throne wanken und die Gesellschaftsordnung bricht zusammen. Gott, der die Obrigkeit geschaffen hat, hat also auch die Strafe geschaffen.«[25]

Es ist nicht sicher, daß der Gott, den Joseph Maistre meint, der gleiche ist wie der Gott Christi. Aber dieser Gott hatte am Ende des 18. Jahrhunderts noch viele Parteigänger. Und solange es diese Vorstellung von einem Moloch-Gott noch gibt, gibt es auch eine ewige Hölle. Die Revolution hat auf diesem Gebiet übrigens kaum etwas verändert. Auch hier findet man die drei charakteristischen Haltungen der zweiten Hälfte des 18. Jahrhunderts: die Verneinung der Hölle, die Akzeptierung einer zeitlich begrenzten Hölle und die Bestätigung einer ewigen Hölle als gesellschaftlicher Ord-

---

25 J. de Maistre, *Les Soirées des Saint-Pétersbourg*, Lyon 1845, S. 40f.

nungsfaktor. Napoleon schafft die Hölle per Dekret: der *Kaiserliche Katechismus* schickt alle in die ewige Verdammnis, die ihre Pflichten gegenüber dem Kaiser vernachlässigen. Es ist nun wirklich an der Zeit, von der Hölle im Plural zu sprechen angesichts der vielen Vorstellungen, die alle so gut wie nichts mit der offiziellen Hölle der Kirche zu tun haben.

Wir konnten also feststellen, daß alle, die die herkömmliche Hölle bestreiten, nur am Rande etwas oder gar nichts mit der Kirche zu tun haben. Die klassische Hölle gehört so eng zur Glaubenslehre, daß man sie nicht in Frage stellen kann, ohne sich selbst aus dem kirchlichen Rahmen auszuschließen. Atheisten, Deisten und Pantheisten greifen sie an, während die Prediger sie weiterhin verteidigen. Der Rückzug der Kirche geht einher mit demjenigen der Hölle, denn so oder so kann man sich keine Kirche ohne Hölle vorstellen. Gewiß kann man nicht an die Hölle und dennoch weiter an Gott glauben, aber dann gehört man nicht mehr zur Kirche, da die Hölle ein Dogma ist. Der Rückzug der Hölle zieht also eher den Niedergang des Christentums nach sich, auf jeden Fall begleitet er ihn.

Kann man Christ sein, ohne an die Hölle zu glauben? Das Dilemma ist nicht zwangsläufig, denn die Hölle verträgt Angleichungen und hat seit dem Herabsteigen Gilgameschs schon manche Verwandlung durchgemacht. Die Menschheit wird sich ihrer nicht so schnell entledigen.

RÜCKZUGSGEFECHTE DER HÖLLE IM 19. JAHRHUNDERT

Teufeleien, Kolorierte Lithographie um 1850.

XIV

Rückzugsgefechte der Hölle im 19. Jahrhundert

Die Entwicklung des Begriffs der Hölle, der zu den tiefsten Strukturen unseres Geistes gehört, hält mit den politischen Entwicklungen natürlich nicht Schritt. Jedoch haben die Revolutionen, die sich über ein Vierteljahrhundert hinzogen, in das kulturelle Leben eingegriffen und auch die Vorstellung von der Hölle nicht unberührt gelassen, denn Glaubensvorstellungen bezüglich des Jenseits, auf der Grenze zwischen bewußter und unbewußter Motivation angesiedelt, sind sowohl das Erbe einer langen Vergangenheit als auch Ausdruck eines wohldurchdachten Willens. Die Revolutionsperiode hat den Status der Höllen nicht sonderlich verändert, hat jedoch seine Weiterentwicklung beschleunigt, und das Ergebnis zeigte sich schon in der Restaurationszeit an drei charakteristischen Merkmalen. Zunächst die Erstarrung der kirchlichen Hölle. Um dem Ansturm standzuhalten, klammert sich die Kirche an ihre Dogmen. Um vom Strom des Zeitgeists nicht mitgerissen zu werden, hält sie sich an allem Unbeweglichen fest. »Tradition« ist das Losungswort, »Kampf den Neuerungen« die Devise. Da die Erneuerer die ewigen Höllenqualen ablehnen, vermehrt und kodifiziert sie die Kirche mit Akribie. Der Höhepunkt wird gegen 1920 erreicht: Nie zuvor waren die offiziellen Vorschriften über den Glauben an die Hölle derart bis ins Detail ausgearbeitet.

Diese Verhärtung bedeutet zugleich, daß die Hölle zum Fossil wird, und das ist das zweite Merkmal. Auch der Glaube des Volks an die Hölle und die dazugehörige Angst nehmen ab. Je genauer die Kirche ihre Doktrin definiert und darlegt, desto weniger paßt sie zur modernen Welt. Zu Beginn des 20. Jahrhunderts ist der Glaube an die christliche Hölle nur noch mehr oder weniger Formsache, trotz der unbestimmten Unsicherheit, die in jedem einzelnen wohnt. Die Kirche hat zu jener Zeit eines der bewundernswertesten Fossilien der Geistesgeschichte zustande gebracht. Ein wunderbares, sehr funktionelles Instrument, bei dem alles bis ins kleinste vorbedacht ist, nur hat es den Nachteil, daß es zu nichts mehr dient, so als hätte einer das perfekteste Schiff der Welt in einem Augenblick geschaffen, da alle Ozeane der Welt ausgetrocknet sind.

Das dritte Merkmal ist das Entstehen einer laizistischen Hölle im 19. Jahrhundert, die vollkommen irdisch ist und keinerlei Verbindung mit der Moral hat. Philosophen und Schriftsteller, deren Denken sich weitab von der Welle des Optimismus im 18. Jahrhundert bewegt, propagieren eine düstere Weltsicht, gleich einer Vorahnung dessen, was das 20. Jahrhundert an Schlimmem bringen könnte. Für sie könnte die Hölle sehr wohl dieses Leben sein.

Der Pfarrer von Ars: ein »höllischer« Heiliger

Jede Zeit hat die Heiligen, die sie verdient. Der typische Heilige der Kirche des 19. Jahrhunderts ist Jean-Marie Vianney (1786–1859), der Pfarrer von Ars. Mit seiner Heiligsprechung im Jahr 1925 werden die im Klerus damals am höchsten geschätzten Eigenschaften honoriert, nämlich die bis zur Askese getriebene Genügsamkeit, die Verdammung aller Werte der laizistischen Gesellschaft und die bis zum Horror getriebene Angst vor der Hölle. Der Pfarrer von Ars ist Stammgast im höllischen Jenseits. Sein ganzes Leben hat er es mit dem Teufel zu tun gehabt, der ihn 35 Jahre lang – ab 1824 – mit äußerst geräuschvollen Erscheinungen gequält hat. Während der Seminarzeit hatte sich bei ihm eine krankhafte Angst vor der ewigen Pein entwickelt, und so stieg er, im Geiste an die Visionen früherer Visionäre anknüpfend, in die Höllengründe hinab.

In seinen Predigten wimmelt es nur so von seinen Schreckensvorstellungen. Wie seine Amtsbrüder glaubt auch er an eine Verdammung des größten Teils der Menschheit, angefangen bei den Verheirateten. Wie kann man sich nur vorstellen, in den Himmel zu kommen, wenn man jeden Abend der entsetzlichen Versuchung der Fleischeslust ausgesetzt ist? Immerhin wird Gott doch einige wenige erretten: »Wenn es auch noch so schwer ist, als Verheirateter zum Heil zu gelangen und wenn auch der größte Teil der Verheirateten, ohne es zu wissen, der Verdammnis anheimfallen wird, so können doch jene, die Gott rufen, das Heil erlangen.«[1] Der flüchtigste Blick, der geringste unreine Gedanke genügt schon, um verdammt zu werden, ebenso wie Zerstreutheit während der Messe, das Aussprechen »schmutziger« Wörter, Fluchen und die Sonntagsarbeit. Auf Erbarmen kann man nur hoffen, wenn man sich bemüht, sein Leben lang unglücklich zu sein: »Selbst unsere guten Werke nützen uns gar nichts, denn für sie haben wir in diesem Leben durch zeitliche Güter eine Belohnung erhalten, während unsere Sünden immer weiterleben.«

Seine Predigt *Über das Jüngste Gericht* ist die direkte Fortsetzung der nach dem Konzil von Trient einsetzenden Predigten zur Erregung der Furcht. Da sind zunächst alle Schrecken der Apokalypse und des Weltuntergangs, dann das Erscheinen Christi, der trunken vor Rache die Menschen wegen der geringsten Vergehen aufs härteste straft und der nicht mehr der Gute Hirte ist. Nur die Guten umhüllt er mit einem Mantel von Liebe und Milde. Das Gericht findet unter Donner und Blitz statt: »Der Urteilsspruch ist furchtbar, aber unendlich gerecht. Was könnte es Gerechteres geben!«

Als ebenso gerecht empfindet er die Verdammung der Millionen Heiden, die keinerlei Chance haben, denn auch für ihn gibt es außerhalb der Kirche kein Heil. Er läßt sie klagen: »Wir hatten das Unglück, als Götzendiener geboren zu werden, als solche zu leben und zu sterben. Oh, hätten wir das Glück gehabt, von christlichen Eltern zu stammen, die uns die wahre Religion gelehrt hätten! Wenn wir, wie die Christen, Zeugen all der Wunder Christi gewesen wären, der ihnen durch seinen Tod so viele Möglichkeiten gab, sich von ihren Sünden reinzuwaschen, wenn wir, wie sie, das Blut Christi gehabt hätten, das jeden Tag auf dem Altar fließt und die Möglichkeit gibt, sich reinzuwaschen! O Herr, warum habt Ihr uns in die Hölle gestürzt? Gnade, haltet ein mit Eurer Gerechtigkeit, Herr Gott, wenn wir Euch beleidigt haben, dann doch nur, weil wir Euch nicht kannten!«[2]

Aber der Pfarrer von Ars sagt dazu: »Tröstet euch, ihr armen Ungläubigen. Ihr werdet zwar in alle Ewigkeit leiden, jedoch weni-

---

[1] *Sermons du vénérable serviteur de Dieu Jean-Baptiste-Marie Vianney, curé d'Ars*, hrsg. v. E. Delaroche, Beauchesne 1901, hier: *Sermon sur le mariage*, S. 172.
[2] Ebenda, S. 224f.

ger als die verdammten Christen, die keinerlei Entschuldigung haben, denn sie haben Christus gekannt.«

Nun ist es nicht so, daß die Franzosen das Monopol für solche Predigten hätten, denn man findet sie in allen Rom untertanen Ländern. In Polen, wie Wincenty Witos (1874-1945) berichtet, betonen die Prediger besonders die vielen Verletzungen der Gebote Gottes: »Diese Verletzungen sind eine so schwere Sünde, daß sie nicht nur auf Erden, sondern auch im Jenseits in der Hölle geahndet werden, aus der es kein Entrinnen gibt. Die armen Menschen sahen sich so auf ewig in der Hölle schmachten und zitterten, wenn sie nur erwähnt wurde. Die Übertreibungen waren derart, daß besonders sensible Menschen dadurch einen Schock erlitten und in einem pathologischen Zustand lebten. Besonders die Frauen schluchzten laut während der Messe, wurden ohnmächtig oder wirr, und das dauerte oft die ganze Woche an.«[3]

Der zukünftige Kardinal John Newman in England ist nicht ganz so hart. In seinen Aufzeichnungen für die Predigten aus dem Jahr 1876 erinnert er daran, daß wir allesamt nicht in der Lage sind zu richten: »Schuldige sind schlechte Richter. [...] Wir können die Schwere der Sünde nicht beurteilen.« In seiner Predigt *Über die Bestrafung der Sünde* spricht er übrigens immer vom Pugatorium und nicht von der Hölle.[4] Allerdings wird dieser anglikanische Überläufer von der damaligen katholischen Kirche nicht akzeptiert.

Eine Flut von Höllentraktaten

Am Ende des Jahrhunderts vermindert sich die Heftigkeit der Sprache der Kirche keineswegs, denn sie muß gegen die Wissenschaftsgläubigkeit, gegen den Sozialismus und andere neue Ideen zu Felde ziehen, und um dem Atheismus entgegenzuwirken, ist die Hölle notwendiger denn je, jedoch scheint ihre Wirkung immer zweifelhafter zu werden. Manche Pfarrer beginnen sich zu fragen, ob die Übertreibungen dem Glauben an die Hölle nicht eher schaden, demgegenüber kann man aber das Argument hören, daß das einfa-

---

3 Zitiert bei J. Delumeau, *Le péché et la peur...*, a. a. O., S. 545.
4 Kardinal Newman, *Notes de sermons (1849-1878)*, Paris 1914.

che Volk von der Androhung von Folterqualen mehr beeindruckt wird als von der Strafe der Gottesferne. Jedenfalls sind solche Diskussionen in klerikalen Zeitschriften nicht selten, auch hat es nie so viele Bücher über die Hölle gegeben wie im 19. Jahrhundert, ob sie nun apologetisch, theologisch, interpretierend oder darlegend sind. Es wäre müßig, diese Tausende von Titeln aufzuzählen, ein wesentlicher Teil behandelt jedenfalls die Frage der Zahl der Auserwählten und somit auch der Verdammten. Die Verdammnis der Heiden steht immer im Mittelpunkt der Auseinandersetzungen. Zu Beginn des Jahrhunderts gestehen die meisten Apologeten den Heiden eine »natürliche Glückseligkeit« zu, falls sie nach den »Prinzipien der Natur« gelebt haben. Neben vielen anderen schreibt Mgr. Frayssinous 1825: »Ich würde den Heiden nicht im Reich der himmlischen Glückseligkeit plazieren, aber je nachdem, wie er gelebt hat, wird sein Geschick nach dem Tod mehr oder weniger dem der ungetauft geborenen Kinder gleichen.« In gleicher Weise äußern sich viele höhere oder niedere Geistliche um die Mitte des Jahrhunderts.

In der Epoche des Kolonialismus stehen die kirchlichen Autoren den Heiden, die noch nie vom wahrhaften Gott gehört haben, bedeutend wohlmeinender gegenüber als den Feinden des Glaubens. In *La raison philosophique et la raison catholique* meint Pater Ventura, daß die eigene Erkenntnis und die universelle Tradition es dem Verstand des einzelnen ermöglichen, die wahren Notwendigkeiten zur Erlangung des Heils zu entdecken: »Für die Menschen, für die Völker, die nicht dem Götzenkult verfallen waren – und deren Zahl ist bedeutend größer, als man gemeinhin annimmt –, waren die Opfer aller religiösen Riten, die sie in der Schule der Tradition gelernt hatten, nichts anderes als ein echtes Glaubensbekenntnis zum Opfertod Christi, folglich waren sie Mittel zu ihrer Rechtfertigung und weiterhin waren sie auch echte Sakramente.«[5]

Schließlich kann man 1913 in dem würdigen, hochoffiziellen *Dictionnaire de théologie catholique* aus der Feder des Jesuiten Harent lesen, daß die Wilden der anderen Kontinente nicht schlimmer sind als Verrückte, Geistesgestörte oder Wahnsinnige. Da sie zu »abgestumpft« sind, um zur Erkenntnis des wahren Gottes zu

---

5 P. Ventura, *La raison philosophique et la raison catholique*, 1855, S. 237.

gelangen, kann man sie mit den Geistesgestörten vergleichen, wodurch sie der richtigen Hölle entkommen können (Artikel über das »Heil des Heiden«). Das gleiche Lexikon zitiert noch den Theologen Balmès, der sich fragt, ob man nicht »die verschiedenen Grade von Geistesgestörtheit mit dem jeweiligen Grad der Dummheit vergleichen könne, in der die meisten der Wilden leben«.

1898 schreibt der Jesuit Castelein, daß es wahrscheinlich nur wenige Verdammte geben wird, und ab 1923 greift Kardinal Billot in einer Artikelserie der Revue *Études* die Meinung von de Seyssel wieder auf, die Heiden seien den ungetauft gestorbenen Kindern gleichzusetzen und in den Limbus zu schicken. Er schreibt: »Die kleinen, ungetauft gestorbenen Kinder sind im Stand der Sündenschuld, sie sind mit Unzulänglichkeit geschlagen, sie haben den Zweck nicht erfüllt, den ihnen die Anordnung der Vorsehung zugedacht hatte. Der Begriff Seligkeit trifft für sie nicht zu und deshalb begnügen wir uns damit zu sagen, daß sie ohne Schmerzen alle Güter besitzen, die sie von Natur aus haben.« Etwas weiter fragt er sich, »ob man zu den ungetauft gestorbenen Kindern vielleicht noch eine andere, weniger zahlreiche Kategorie hinzufügen sollte, die der ungläubigen Erwachsenen [...], erwachsen bezüglich des Alters und der körperlichen Entwicklung, möglicherweise auch bezüglich einer ausreichenden Fähigkeit, die zeitlichen Dinge zu unterscheiden, jedoch nicht bezüglich der höheren Vernunft und der Gewissensentscheidung.« Diese Erwachsenen, die somit nicht wirklich erwachsen sind, kommen in den Limbus, glaubt der Kardinal, den A. Michel der schuldhaften Milde bezichtigt.[6]

Der französische Klerus zeigt sich gegen Ende des 19. Jahrhunderts viel strenger, was diese Frage anbelangt, als der deutsche. Bei den deutschen Theologen ist die häufigste Meinung jene, die Heinrich in seiner *Dogmatischen Theologie* 1897 vertritt, nämlich daß man kein Recht habe, einem Glaubensakt oder jedwedem moralischen Akt den übernatürlichen Charakter abzusprechen, wenn er durch innere Gnade entsteht. Die französischen Entgegnungen beweisen weitgehend, daß die Hölle wirklich zum Fossil geworden ist.

---

6 A. Michel, *Les Fins dernières*, a. a. O., S. 160 f.

1845 erscheint das Werk, das deutlich vor Augen führt, wie ausgeklügelt und weitläufig das Thema Hölle behandelt wird. Autor ist der Jesuit Charles Deplace (1808–1871), der unter dem Namen Manrèse *Die geistlichen Exerzitien des heiligen Ignatius zum Gebrauch für alle Gläubigen* veröffentlicht, eine Adaption, die einen ungeheuren Erfolg hat mit sechsundvierzig Auflagen. Er breitet alles, was Ignatius relativ diskret angedeutet hat, bis ins kleinste Detail aus.

Predigten, theologische Abhandlungen und volkstümliche Handbücher zu Glaubensfragen zeichnen das Bild einer Hölle, die immer noch Furcht einflößen will, und das aus einem ganz praktischen Grund: Die Gläubigen sollen vor der Sünde und vor falschen Doktrinen bewahrt werden. Die Schreckenskampagne, die im 17. Jahrhundert eingeleitet wurde, erreicht jetzt ihren Höhepunkt. Doch die kirchliche Hölle hat inzwischen an Wirksamkeit verloren, zumal die zukünftige Hölle im Jenseits immer mehr Konkurrenz erfährt von der gegenwärtigen Hölle, welche von den Philosophen, Schriftstellern und Wirtschaftstheoretikern propagiert wird. Der Kampf der Kirche für die Hölle im 19. Jahrhundert ist sicher sehr gut durchschaubar, geordnet, auch am logischsten und raffiniertesten, doch in den Augen der Menschen, die vor den neuen irdischen Höllen stehen, ist er nur wenig realistisch.

Die neuen Höllen in Dichtung, Kunst und Philosophie

Im 19. Jahrhundert lassen Dichter, Literaten, Philosophen, Wissenschaftler, Militärs und Politiker – jeder auf seinem Gebiet – ihrer Phantasie freien Lauf: Die Hölle ist tot, es leben die Höllen!

In dem Augenblick, wo die Welt Satans auf der Erde wieder auftaucht, wird sie pluralistisch. Es ist eine persönliche Hölle nach Maß. Arthur Rimbaud, der nicht mehr an die christliche Hölle glaubt, wünscht sich dennoch sehnlichst die Hölle herbei: »Ich glaube mich in der Hölle, also bin ich. Der Katechismus kommt hier zur Ausführung; ich bin Sklave meiner Taufe. Ihr, meine Eltern, ihr habt mein Unglück und das eure heraufbeschworen, ich armer Unglücklicher! Den Heiden kann die Hölle nichts anhaben. Immer wieder dieses Leben! Später werden die Freuden der Verdammnis größer sein. Ein Verbrechen, schnell, auf daß ich durch das menschliche Gesetz ins Nichts falle [...]. Ich müßte meine Hölle für den Zorn, meine Hölle für den Hochmut und meine Hölle für die Liebkosungen haben, eine ganze Sammlung von Höllen. Ich sterbe vor Überdruß. Das ist das Grab; ich gehe hin zu den Würmern, Schrecken aller Schrecken! Satan, du Possenreißer, du willst mich mit deinen Zaubereien foppen. Ich fordere. Ich fordere einen Gabelstich, einen Funken Feuer!«[7]

Die Hölle der Dichter ist vollkommen persönlich, während die Hölle der Philosophen anspruchsvoller ist, sie bezieht sich auf die gesamte Menschheit, die demzufolge ihren Platz in diesem Höllensystem haben muß. Niemals hat es so viele Philosophen gegeben, für die die Hölle auf Erden war, wie im 19. Jahrhundert.

An ihrer Spitze steht Arthur Schopenhauer (1788–1860), der Theoretiker des abendländischen Pessimismus. Für ihn ist die Erde die schlimmste aller möglichen Welten. Sein Pessimismus ist radikal, er ist die Antithese des Leibnizschen Optimismus. Unsere Welt ist das Produkt eines fehlgeleiteten Willens, dessen Realisierung den Sieg des Bösen zur Folge hat. Physisch wie moralisch befinden wir uns an der Grenze des Lebbaren. Wie er in *Die Welt als Wille und Vorstellung* schreibt, ist der Schmerz die eigentliche Form des Lebens und er setzt sich immer weiter fort. Für ihn sind die irdischen Vergnügen nur Illusion und zerstören sich selbst. Die Erfüllung eines Wunsches ist der Tod dieses Verlangens, und ohne Verlangen ist kein Genießen möglich. Die Erinnerung an das Vergnügen erzeugt nur Bedauern, dieses aber ist Schmerz. »Alles Glück ist negativ, ohne irgend etwas Positives.«[8]

Die Hölle, die das Leben darstellt, verlängert sich durch einen grundlegenden Irrtum: »Der Lebenswille mit all seiner wilden Kraft, Leiden ohne Zahl und ohne Maß und dann, zum Schluß ein gefürchtetes, unumgängliches Ende und der bittere Tod – all das ist der Preis. Und deshalb läßt uns der Anblick eines Leichnams so plötzlich ernst werden.«[9]

Um dieser Hölle ein Ende zu setzen, genügt der Selbstmord nicht, denn er beendet nur das Leben des Individuums. Es geht darum, den

---

7 A. Rimbaud, *Une saison en enfer, Nuit de l'enfer.*
8 A. Schopenhauer, *Die Welt als Wille und Vorstellung*, IV,35.
9 Ebenda, IV,18.

Lebenswillen zu töten, durch inneren Verzicht, völlige Loslösung, Verweigerung, Asketentum. Die freiwillige Keuschheit, die erste Etappe auf dem Weg der Entsagung, zieht das Verschwinden der Spezies nach sich; Armut, Kasteiung, demütige Hinnahme von Beleidigung führen dazu, den Tod als Erlösung zu sehen. Man entkommt also aus dieser Hölle, die das Leben darstellt, indem man gewissermaßen eine Gegenhölle schafft, wobei dann das Zusammentreffen dieser beiden Höllen ins Nichts mündet: »Für jene, die der Wille noch beseelt, bleibt nach der völligen Unterdrückung dieses Willens wirklich nur das Nichts. Für jene dagegen, die konvertiert und den Willen abgeschafft haben, ist unsere gegenwärtige Welt in all ihrer Wirklichkeit, mit ihren Sonnen und Milchstraßen das Nichts.«[10] Die Hölle des Verlangens wird durch die Hölle des Nichtverlangens, die wunschlose Hölle, abgelöst.

Bahnsen, Frauenstadt, Taubert nehmen die Gedanken Schopenhauers auf, wobei sie teils abmildern, teils verschärfen. Für Taubert könnte die Hölle des Lebens durch einen Verzicht auf Egoismus gemildert werden. Bei Robert von Hartmann (1842–1906) führt die Gleichsetzung dieses Erdenlebens mit der Hölle zur Suche nach seiner Zerstörung. Was wir Fortschritt nennen, ist nur die uns immer bewußter werdende Anerkennung unseres Unglücks. Wenn die Welt im Laufe ihrer Entwicklung immer unglücklicher wird, dann wäre es vernünftiger, ihre Weiterentwicklung zu verhindern, und seiner Meinung nach wäre es das beste gewesen, dies schon gleich bei ihrem Entstehen zu tun. Die Lösung liegt für ihn darin, die gesamte Menschheit zutiefst von ihrem Unglück zu überzeugen, um somit den Lebenswillen zu zerstören.

In Italien ist der Vertreter des integralen Pessimismus Giacomo Leopardi (1798–1837). Ein Leben voller Mißgeschick hat ihn dazu geführt, das Leiden zu systematisieren. Das Leiden ist nichts Zufälliges, es ist eine Notwendigkeit, die eigentliche Natur des Menschen. Von Anfang an ist das Leben eine Hölle und endet mit der schlimmsten der Qualen, dem Alter. In seinen Gedichten und Betrachtungen bringt er zum Ausdruck, daß das Alter das größte aller Übel ist, da die Wünsche noch wach sind, alle Hoffnung jedoch erloschen und täglich neue Leiden und nicht die geringste Wohltat

---

10 Ebenda, Ende des Textes.

auf den Menschen zukommen. Die Geschichte der Zivilisation ist nur ein Weg ins immer größer werdende Unglück. Der »Fortschritt« ist nur ein Anwachsen der Kräfte des Bösen, die es den Menschen ermöglichen, sich mit immer mehr Haß und Gewalt gegenseitig zu zerfleischen. Es ist die äußerste höllische Raffinesse, daß der einzige Ausweg für den Menschen nur Angst und Schrecken hervorruft, daß er seine eigene Erlösung fürchtet. In seinen Betrachtungen *Über ein Bas-Relief eines antiken Grabmals* schreibt er: »Die Natur ist eine Mutter, die alle beseelten Wesen von Geburt an weinen und zittern läßt, ein Ungeheuer, das keinerlei Lob verdient. Sie gebiert und nährt, um zu töten. Wenn das vorzeitige Hinscheiden eines Sterblichen ein Schaden ist, warum fügt sie ihn Unschuldigen zu? Wenn es ein Wohl ist, warum macht sie dieses Sterben so unheilvoll, für den Sterbenden wie für den Überlebenden? Warum gibt es für das Sterben keinen Trost? Die Natur reißt ein Wesen vom anderen, nachdem sie zuvor beide durch die Bande der Liebe aneinandergebunden hat. Sie teilt sie und gebietet ihnen, sich weiterzulieben. Will sie mit einem Werkzeug des Glücks foltern?

Die Hölle auf Erden finden wir in Rußland, von der einfachsten Bauernhütte bis hin zu den Romanen Tolstois und Dostojewskis. Hier sind die Perspektiven jedoch sehr unterschiedlich. Leo Tolstoi (1828–1910) ist ein Anhänger Rousseaus und glaubt somit, daß der Mensch von Natur aus gut ist, daß sein Leben, wenn er der Natur folgte, gut und schön wäre. Was aus dieser Erde eine Hölle macht, ist das gesellschaftliche und politische Gefüge, das Grenzen zwischen Klassen und Völkern zieht und mit Waffengewalt verteidigt, so daß dadurch Polizei, Gefängnisse, Gerichte, Steuern und Unterdrückung aller Art geschaffen werden. Die Hölle ist die Gesellschaft, in der die Reichen den Armen Gewalt antun. Die Mittel, dem zu entkommen, sind lächerlich: Alkohol, Opium, Spiel, Tabak und Selbstmord. Es gibt kein Jenseits. Die Hölle besteht in der gesellschaftlichen Struktur, und es wäre möglich, das Paradies im Menschen zu schaffen, wenn man sein Herz veränderte, wie es Jesus getan hat.

Die Hölle Dostojewskis (1821–1881) ist am individualistischsten. Einem jeden wohnt die Freiheit inne. Die persönliche Hölle ist ein Unterpfand des Paradieses, ein Schritt zum Guten. Indem der Mensch die Strafe akzeptiert, empfindet er eine Erleichterung. Da er für sein Tun voll verantwortlich ist, anerkennt er seine Schuldhaftigkeit voll und ganz und erlangt so das Heil. Die Hölle ist individuell, irdisch und somit vorübergehend, sie ist deswegen jedoch nicht weniger schlimm. In seinem Werk *Die Dämonen* stellt er dies dar durch das Gewimmel von Taranteln, Kakerlaken, Gewürm, Reptilien, Spinnen und anderen ekelerregenden Kreaturen, die schon die Hölle des Mittelalters bevölkerten. Sie sind ein Sinnbild für die Gewissensqualen.

Unter den persönlichen Höllen ist diejenige Søren Kierkegaards (1813–1855) eine der subtilsten und fruchtbarsten, der Ursprung der existentialistischen Angst. Für den dänischen Philosophen beruht das menschliche Sein auf einer grundsätzlichen Ambiguität, die zur Verzweiflung führt. Jeder steht vor einem Dilemma, das seine Persönlichkeit beschneidet: Entweder er öffnet sich den anderen, gibt sich hin, entleert sich seiner selbst, was notwendigerweise schmerzvoll ist, oder er zieht sich in sich selbst zurück, um intakt zu bleiben, und verzichtet auf das zusätzliche Lebensgefühl, das der Blick und das Urteil der anderen uns verschaffen. Ganz gleich, welche Wahl er trifft, ein Teil des Ich wird geopfert. Die Hoffnungslosigkeit ist also die Grundlage unseres Seins, eine Verzweiflung, die selbst bei jenen herrscht, die sich ihrer nicht bewußt sind. Bei den religiösen Menschen ist sie am tiefsten. Hier nimmt sie eine übernatürliche Dimension an und wird zum Kampf zwischen Unschuld und Sünde mit allen ewigen Folgen.

Nietzsches Hölle ist etwas ganz Besonderes, jedoch nicht weniger Fürchtenswertes. Er treibt es auf die Spitze, leugnet sich selbst und kommt so zur teuflischen Art der religiösen Hölle zurück, zur Ewigkeit. Die Menschheit ist in der riesigen Tretmühle der Zeit gefangen: Durch die ewige Wiederholung eröffnet sich die grauenhafte Perspektive eines sich unendlich erneuernden Wiederbeginns der augenblicklichen Leiden. Gewiß schlägt Nietzsche vor, diese Hölle zu überwinden, sie zu besiegen, indem man sie akzeptiert und so weit geht zu sagen, daß man es so wollte und immer wollen wird. Wir sollen unser Schicksal lieben, wollen, daß es geschieht, es nicht beklagen, sondern alles auf unserem Weg zertreten. Dann werden wir Übermenschen sein, Herren über Leben und Tod, glücklich und stark. Von dieser hemmungslosen Überbetonung des Willens bis zur Hoffnungslosigkeit ist es nur ein Schritt, den Nietzsche auch tut, indem er Selbstmord begeht. Genauer gesagt, ist das Denken

Nietzsches nur ein Ausdruck der Hoffnungslosigkeit, eine verzerrte Maske, ein hinter übertriebenem Optimismus versteckter integraler Pessimismus. Da er die Hölle nicht ausmerzen kann, verziert er sie mit allem Beiwerk des Paradieses. Da er Gott nicht töten kann, erklärt er ihn für tot und findet ihn erneut in der ewigen Wiederkehr: »Gott ist ein Teufelskreis!« schreit er verzweifelt. Die auferlegte Hölle ersetzt Nietzsche durch eine freiwillige, die manche dann im 20. Jahrhundert zur Realität werden lassen.

Der Niedergang der religiösen Hölle reißt eine Lücke, die jeder, so gut er kann, zu füllen versucht. Selbst Auguste Comte, der überaus rationale und positivistische Gründer der neuen Religion der Menschheit, glaubt, für jeden eine »subjektive Unsterblichkeit« vorsehen zu müssen, mit einem individuellen Gericht, einem »Paradies« für die Guten mit Inkorporation in das Große Wesen und einer »Hölle«, die darin besteht, daß man in der »Wüste der Verworfenen« begraben wird, von den zukünftigen Generationen verachtet. Der *Positivistische Katechismus* erklärt: »Sieben Jahre nach dem Tod, wenn alle störenden Leidenschaften fast erloschen sind, ohne daß die besten spezifischen Merkmale schon verloren wären, wird ein feierliches Gericht, dessen Grundgedanken die Soziokratie der Theokratie entlehnt, unwiderruflich das Geschick eines jeden festlegen. Wenn es die Inkorporation beschlossen hat, leitet es die prunkvolle Überführung der so geheiligten sterblichen Reste, die bis dahin im allgemeinen Friedhof begraben waren, zum heiligen Hain, der den Tempel der Menschheit umgibt. Dort finden sie ihre ewige Ruhestätte; jedes Grab ist mit einer einfachen Inschrift versehen, mit einer Büste oder einer Statue, je nach dem Grad der erlangten Glorifizierung. In den seltenen Fällen, in denen eine Unwürdigkeit festgestellt wird, besteht die Schande darin, daß die geschmähten Überreste zur Wüste der Verworfenen gebracht werden, wo sie zwischen Gefolterten, Selbstmördern und im Duell Gestorbenen begraben werden.«[11]

Für Auguste Comte ist der Gedanke der Hölle absolut gerechtfertigt. Die völlig Schlechten müssen definitiv von der Gesellschaft getrennt werden: »Es gibt unter den Menschen, wie bei allen Lebewesen, von Grund auf Schlechte, die keine wirkliche Besserung

---

11 A. Comte, *Catéchisme positiviste*, Paris (Garnier-Flammarion) 1966, S. 182.

verdienen oder möglich machen. Diesen Ausnahmewesen gegenüber wird sich die Gesellschaft immer bewogen fühlen, sie abzustoßen, bis hin zur feierlichen Vernichtung jedes einzelnen schlechten Organs, nachdem die Unwürdigkeit durch entscheidende Maßnahmen gebührend festgestellt wurde. Eine falsch verstandene Menschenliebe führt lediglich dazu, daß man den Schurken ein Mitgefühl und eine Fürsorge angedeihen läßt, die bei den vielen ehrbaren Opfern unserer sozialen Mißstände besser angebracht wären.«[12]

Damit anerkennt Comte die Verpflichtung jedes Religionsstifters – spiritualistisch oder positivistisch –, eine Hölle vorzusehen. Dies bestätigt auch Ludwig Feuerbach (1804–1872) in seinem *Wesen des Christentums*, denn ihm zufolge projiziert der Mensch durch die Religion seine Vision einer idealen Welt ins Imaginäre, ob dieses sich nun im Jenseits oder auf der Erde befindet. Er muß folglich eine Möglichkeit suchen, sich der unverbesserlichen Bösen zu entledigen, da sie sich seinem Ordnungsplan widersetzen.

Auch bei den Protestanten fallen die Höllen auseinander. Gewisse amerikanische Sekten, wie die Adventisten, nehmen den ursprünglichen Glauben wieder auf, daß die Bösen ewig schlafen oder vernichtet werden, wie Rothe, Plitt und Drummond verkünden. Die evangelischen Adventisten hingegen glauben weiterhin an die ewige Hölle. Die Doktrin vom Heil für alle wird von der Independent Christian Church, von John Murray und James Relly, vertreten. Die Zeugen Jehovas, eine ultrafundamentalistische Strömung, die C. T. Russell ins Leben gerufen hat, bleiben auf einer Zahl von 144000 Auserwählten bestehen, wobei nicht einmal ein Platz für jedes Mitglied der Gemeinschaft vorhanden ist. Deshalb hat das Zentralkomitee 1930 dahingehend entschieden, daß die überzähligen Mitglieder das Glück auf Erden haben werden.[13]

So fällt die Hölle zu Beginn des 20. Jahrhunderts auseinander. Die alte Hölle Dantes und der Prediger lebt noch in den Seminaren weiter sowie in einigen Predigten und in den Lehrbüchern der dogmatischen Theologie. Das Volk lernt noch viel über die Hölle aus dem Katechismus, glaubt aber nicht mehr daran.

---

12 Ebenda, S. 217.
13 D. Sandri, *A la recherche des sectes et sociétés secrètes d'aujourd'hui*, Paris 1978.

RÜCKZUGSGEFECHTE DER HÖLLE IM 19. JAHRHUNDERT

Die neue Welt ist erstanden und beutelt die alten Glaubensvorstellungen. Gott ist tot – Nietzsche hat es gesagt. Der erwachsen gewordene Mensch wird Gott nur durch seine neuen Götzen, die allmächtigen Ideologien, ersetzen.

Als Auguste Rodin um 1880 sein Relief *Das Höllentor* schuf, da öffnete er das Tor zum 20. Jahrhundert. Letzteres ist durch die Figur des Denkers im Tympanon dargestellt, der über das absurde Scheitern der Menschheit nachdenkt. Ein neuer Adam, selbstverantwortlich für sein Scheitern, verdammt durch das Werk seiner Hände. Er scheint uns mit Malherbe zu sagen: »Und mag die Hölle im Mittelpunkt der Erde auch eine Fabel sein – die Hölle in meinem Herzen ist echt.«

DAS JAHRHUNDERT DER HÖLLEN

Die reale Hölle des 20. Jahrhunderts: *Schlacht* von Ludwig Meidner (1914).

XV
Das Jahrhundert der Höllen

Hat die theologische Hölle angesichts der irdischen Höllen, die sich lautstark in den Vordergrund drängen, nun ihr letztes Wort gesprochen? Dies zu glauben, hieße die Theologen, denen es nie an Argumenten mangelt, schlecht kennen. Bis in die Mitte des 20. Jahrhunderts hinein bewegen sich ihre Spekulationen immer wieder um die alten Themen: Wieviele Verdammte gibt es? Ist das Höllenfeuer ein echtes, materielles Feuer? Die protestantischen Kirchen beteiligen sich lebhaft an den Debatten, und in den fünfziger Jahren wird die lutherische Kirche von Norwegen von heftigen Auseinandersetzungen über diese Themen geschüttelt, wie sich in dem Buch von F. Schauer *Was ist es um die Hölle?*[1] nachlesen läßt.

Rückzugsgefechte

Bei den Katholiken zeigt die »Affäre Feeney« von 1949, welche Leidenschaften das Thema »Hölle« immer noch wachruft. Drei Laienprofessoren einer amerikanischen jesuitischen Institution, des Boston College, werden vom Rektor, Pater Kelcher, ihres Amtes enthoben, weil sie gelehrt haben, daß alle, die nicht der sichtbaren Kirche angehören, der Verdammnis geweiht sind. Der Jesuitenpater Leonard Feeney, Leiter von Sankt Benedikt in Cambridge (Massachusetts), verteidigt die Professoren, worauf er vom Erzbischof von Boston, Mgr. Cushing, mit dem Interdikt belegt wird. Nach seiner Exkommunizierung im Jahr 1954 befindet sich Pater Feeney in der paradoxen Situation, daß er aus der Kirche ausgeschlossen ist, weil er die Meinung vertritt, daß es außerhalb ihrer kein Heil gibt. Er ist so in seine eigene Falle gegangen und gehört nun, nach seiner eigenen Doktrin, zu den Verdammten. Die gewundenen Erklärun-

---

1 F. Schauer, *Was ist es um die Hölle? Dokumente aus dem norwegischen Kirchenstreit*, Stuttgart 1956.

gen des römischen Dokuments, das seine Exkommunizierung ausspricht, sind charakteristisch für die Haltung der Kirche: Rom beharrt auf der Doktrin und unterzeichnet. Man denkt nicht im entferntesten daran, sie zu ändern oder fallenzulassen, sondern ändert lediglich die Interpretation. Ein Jahrhundert zuvor hätten die Päpste und der gesamte Klerus Pater Feeney voll und ganz zugestimmt – in der Mitte des 20. Jahrhunderts wird er exkommuniziert.

Das Verfahren bleibt immer das gleiche: Die Kirche hat niemals einen früheren Irrtum zugegeben. Gefangen im Panzer der Unfehlbarkeit, kann sie das auch gar nicht, wie Renan deutlich gemacht hat.

Die Anerkennung des geringsten Irrtums könnte das ganze Dogma fragwürdig erscheinen lassen. Sie behält also den Wortlaut bei und verändert den Sinn. Bezüglich des Satzes »Außerhalb der Kirche gibt es kein Heil« findet man in dem päpstlichen Dokument von 1953 dazu folgendes:

»Zu den Dingen, die die Kirche immer gepredigt hat und auch weiterhin lehren wird, gehört auch diese unfehlbare Erklärung, daß es außerhalb der Kirche kein Heil gibt.

Dieser Lehrsatz ist jedoch in dem Sinn zu verstehen, den ihm die Kirche selbst gibt [. . .]. In seinem unendlichen Erbarmen hat Gott gewollt, da es sich um Heilsmittel handelt, die die letzten Dinge des Menschen betreffen – und zwar nicht durch innere Notwendigkeit sondern nur weil sie von Gott eingesetzt sind –, daß unter gewissen Umständen ihre Heilswirkung auch erlangt werden kann, wenn diese Mittel nur Gegenstand eines ›Wunsches‹ oder ›Verlangens‹ sind. Dieser Punkt wurde beim Konzil von Trient klar herausgestellt, sowohl was das Sakrament der Taufe betrifft als auch das der Buße.

Dies trifft auch auf die Kirche zu, da sie, auf ihrer Ebene, ein allgemeines Heilsmittel ist. Deshalb muß ein Mensch, wenn er sein allgemeines Heil erlangen will, nicht unbedingt ein erklärtes Mitglied der Kirche sein, er muß ihr jedoch zumindest durch Wunsch oder Verlangen zugehören.

Es ist jedoch nicht immer notwendig, daß dieser Wunsch explizit zum Ausdruck kommt, wie bei den Katechumenen. Wenn ein Mensch in unabänderbarer Unwissenheit lebt, akzeptiert Gott auch den impliziten Wunsch, der so genannt ist, weil er ein Teil des positiven Strebens der Seele ist, ihren eigenen Willen nach dem Willen Gottes auszurichten.«[2]

Der Ausdruck »Kirche« wird hier derartig ausgeweitet, daß man sich fragen muß, ob er überhaupt noch einen Sinn hat und ob er nicht einfach durch den Ausdruck »die Gesamtheit der Menschen guten Willens« ersetzt werden könnte. Dieser Eindruck wird noch verstärkt, wenn man die jüngsten Verwendungen des Ausdrucks betrachtet. Der Jesuitenpater Riccardo Lombardi begnügte sich 1956 in *The Salvation of the Unbeliever* noch mit einem relativ engen Sinn. Für ihn kann ein positiver Atheist nicht bis zum Tod nur guten Willens sein. Damit er der Hölle entkommt, muß Gott ihn dazu bringen, seine Existenz anzuerkennen und über ein Minimum an explizitem Wissen zu verfügen, das zum Glauben notwendig ist.[3] 1959 erweitert Yves Congar die Öffnung: »Kann man sich eigentlich vorstellen, daß es einen Atheisten guten Willens gibt – sei es ein positiver (er leugnet Gott), sei es ein negativer (er kennt Gott nicht)? Wenn ja, dann müßte man ein Heil auf der Grundlage eines impliziten Glaubens für möglich halten, und zwar implizit bezüglich des ›Strebens des Glaubens‹, das wiederum inbegriffen ist in der moralischen Aufrichtigkeit hinsichtlich der Art, wie man sich das Endziel des Lebens vorstellt. Dieses Ziel ist in sich übernatürlich, und wenn man es unverschuldet nicht kennt, so kann es dennoch wirklich angestrebt werden durch eine Art von Ersatztätigkeiten, die Gott gegenüber eine Alibifunktion haben, wie die Hingabe an eine große Sache, die einen absoluten Wert darstellt: Gerechtigkeit, Wahrheit, Brüderlichkeit, Friede [...]. Wir glauben unsererseits, daß die Theologie und sogar die Heilige Schrift Möglichkeiten bieten im Sinne dieses Standpunkts.«[4]

1965 schließlich öffnet das Zweite Vatikanische Konzil in seiner Konstitution *Lumen gentium* den Gläubigen aller Religionen den Weg zum Heil, einschließlich Juden und Mohammedanern, die eigens genannt werden, sowie auch allen Atheisten, die »Gott mit aufrichtigem Herzen suchen«, selbst wenn sie es selbst nicht wissen. Der Satz »Außerhalb der Kirche kein Heil« bleibt gültig; aber

---

2 Zitiert bei Y. Congar, *Hors de l'Eglise, pas de salut* und *Encyclopédie du catholicisme*, Paris (Letouzey), Bd. V, Spalte 948–956.
3 R. Lombardi, *The Salvation of the Unbeliever*, London 1956.
4 Y. Congar, a. a. O.

hat er noch einen Sinn? »Was nun diejenigen anbelangt«, sagen die Väter des Konzils, »die das Evangelium noch nicht erhalten haben in einer seiner verschiedenen Formen, so gehören sie auch zum Volk Gottes. Und in erster Linie das Volk, aus dem Christus in seinem Fleisch hervorgegangen ist, ein geliebtes Volk seit seiner Erwählung wegen der Patriarchen, denn Gott bereut keine seiner Berufungen oder seiner Gaben.

Aber das Heil wird auch jenen zuteil, die den Schöpfer anerkennen, in allererster Linie die Mohammedaner, die sich zum Glauben Abrahams bekennen, mit uns den einen, einzigen Gott anbeten, der barmherzig ist und die Menschen am Jüngsten Tag richten wird.

Und selbst denen, die im Dunkeln und in Bildern einen Gott suchen, den sie nicht kennen, ist Gott nicht fern, denn er ist es, der allen Leben, Odem und alle Güter gibt, denn er will, als Erretter, alle Menschen zum Heil führen. In der Tat können diejenigen, die ohne ihre Schuld das Evangelium Christi und seine Kirche nicht kennen, die aber dennoch Gott mit ehrlichem Herzen suchen und sich durch seine Gnade bemühen, nach seinem Willen zu handeln, so wie ihr Gewissen es ihnen befiehlt, ebenfalls das ewige Heil erlangen.«

Zweitausend Jahre Drohungen, um dahin zu gelangen? Wo sind die Reden über die fast sichere Verdammnis? Am widersprüchlichsten ist, daß die heutige Sprachregelung, die allen das Heil ermöglicht, sich auf genau die gleichen Texte der Heiligen Schrift gründet wie jene, die neun Zehnteln der Menschheit die ewige Verdammnis androhten. Ein Widerspruch? Selbstverständlich nicht. Nur eine einfache Weiterentwicklung, eine Vertiefung, wie Yves Congar schreibt: »Wir sprechen von Weiterentwicklung der Theologie. Manche nennen es dagegen einen Rückzug, da sich die katholische Theologie, wie sie behaupten, stets auf schon vorbereitete Stellungen zurückgezogen habe, und zwar unter dem Druck unwiderlegbarer Ideen und Tatsachen, die sie nach und nach gezwungen haben, klein beizugeben. Dies glauben wir nicht. Wir denken eher, wenn wir die verschiedenen Doktrinen im Lauf der Geschichte verfolgen, daß die katholische Theologie die Mittel und Möglichkeiten, über die sie von Anbeginn verfügte, stets weiterentwickelt, daß aber neue Fakten oder ein besseres Verständnis aller Fakten dazu führten, Anwendungen oder Aspekte zu erarbeiten, die sie zuvor anders gesehen hatte. *Nova et vetera. Nova ex veteribus.*« Es muß aber wohl gestattet sein, die früheren Exzesse zu bedauern.[5]

Die Verschwörung des Schweigens

Nicht daß die Hölle im Jenseits nun geschlossen wäre! Allerdings wird sie nach und nach in ein schamhaftes Schweigen gehüllt. Als latenter Zustand der Bedrohung lebt sie implizit fort, nur von Zeit zu Zeit erinnern die Päpste an sie, was jedoch von Mal zu Mal diskreter geschieht. Am 23. März 1949 zeigt sich Pius XII. noch energisch, wenn er warnt: Die Hölle muß »ohne jegliche Abschwächung« gelehrt werden. »Das Predigen über die ersten Wahrheiten und letzten Ziele des Glaubens hat heute nichts von seiner Wichtigkeit verloren, es ist mehr denn je notwendig und dringend geworden, auch das Predigen über die Hölle. Man muß dieses Thema zweifellos mit Weisheit und Würde behandeln. Was jedoch die Substanz dieser Wahrheit anbelangt, hat die Kirche vor Gott und den Menschen die heilige Aufgabe, sie zu verkünden, ohne jegliche Abschwächung zu lehren, so wie Christus sie offenbart hat, aber es gibt zeitbedingte Umstände, welche die Strenge dieser Verpflichtung abmildern könnten.«[6]

Das Zweite Vatikanische Konzil bringt nur eine kurze Anspielung auf die Hölle, ohne sie je namentlich zu erwähnen. Das Sekretariat für Nichtchristen erwähnt 1967 in einer kurzen Darstellung des katholischen Glaubens die schreckliche Möglichkeit, bedient sich aber einer Umschreibung: »Die Offenbarung spricht auch noch von einer anderen Möglichkeit nach dem Tod: Hölle und Verdammnis. Wer bei vollem Bewußtsein dessen, was er tut, das Wort Christi ablehnt sowie das Heil, das er anbietet, oder wer, nachdem er beide angenommen hat, sich verstockt gegen Christi Gesetz verhält oder wer in Opposition zu seinem Gewissen lebt, der wird sein Heil nicht finden und zu seinem eigenen Unglück immer fern von Gott bleiben. Die Heilige Schrift bezeichnet diesen Zustand als ›zweiten Tod‹. Sicherlich, kein Mensch kann beurteilen,

---

5 Ebenda, veröffentlicht in: *Saint Église*, Paris (Cerf) 1964, S. 444.
6 *Documents pontificaux de Pie XII*, Paris/Löwen 1951, S. 103.

ob je einem Menschen dieses Unglück widerfahren ist. Nur Gott allein weiß, wer diese Menschen sind, und ob es überhaupt solche gibt.«

Während der Amtszeit der letzten vier Päpste finden wir die Mahnung Pauls VI. vom 8. September 1971, die verhältnismäßig explizit ist: »Es wird selten und wenig von den letzten Dingen gesprochen, aber das Konzil erinnert uns an die feierlichen eschatologischen Wahrheiten, die uns betreffen, einschließlich der entsetzlichen Wahrheit einer möglichen ewigen Strafe, die wir Hölle nennen, von der Christus offen zu uns spricht.«[7]

Seither wird das Schweigen nur von einigen Kardinälen oder römischen Kongregationen gebrochen, es geschieht jedoch immer seltener. 1977 widmet Kardinal Ratzinger in seiner *Eschatologie* von insgesamt 200 Seiten der Hölle nur ganze vier, die allerdings eindeutig sind: »Alles Deuten nutzt nichts: Der Gedanke ewiger Verdammnis, der sich im Judentum der beiden letzten vorchristlichen Jahrhunderte zusehends ausgebildet hatte [...], hat seinen festen Platz sowohl in der Lehre Jesu [...], wie in den Schriften der Apostel [...]. Insofern steht das Dogma auf festem Grund, wenn es von der Existenz der Hölle [...] und von der Ewigkeit ihrer Strafen [...] spricht.«[8] Von Qualen ist keine Rede, sondern es geht eher um die karmelitische Auffassung von der Hölle, wie man sie bei Jean de la Croix und Therese von Lisieux findet: »Es ist für sie weniger eine Drohung, die sie gegen die anderen schleudern, denn eine Aufforderung, in der dunklen Nacht des Glaubens die Gemeinschaft mit Christus gerade als Gemeinschaft mit dem Dunkel seines Abstiegs in die Nacht zu erleiden; dem Licht des Herrn dadurch nahe zu kommen, daß sie sein Dunkel teilen und dem Heil der Welt dienen, indem sie ihr Heil zurücklassen für die anderen.«[9]

Im Jahr 1979 erklärt eine Verlautbarung der *Kongregation für die Doktrin des Glaubens an das ewige Leben im Jenseits* mit der Zustimmung von Papst Johannes Paul II., daß die Kirche »glaubt, daß eine ewige Strafe den Sünder erwartet, der Gottes niemals ansichtig werden darf, und daß diese Strafe sich auf sein ganzes Wesen

---

7 *Documents pontificaux de Paul VI*, Saint-Maurice, Bd. X, S. 567.
8 J. Ratzinger, *Eschatologie – Tod und ewiges Leben*, Regensburg (Pustet) 1977, S. 176.
9 Ebenda, S. 178.

auswirkt.«[10] Das Dokument sagt übrigens ausdrücklich, »daß die Gefahr von Darstellungen, die der Phantasie und persönlicher Willkür entsprungen sind, sehr groß ist, denn ihre Übertreibungen tragen zu einem großen Teil Schuld an den Schwierigkeiten, denen sich der christliche Glaube oft gegenübersieht. [...] Weder die Heilige Schrift noch die Theologie liefern uns genügend Aufschluß für eine Darstellung des Jenseits.«

In einem 1989 erschienenen Bericht über die *Schwierigkeiten des Glaubens im heutigen Europa* bedauert Kardinal Ratzinger die radikale Reduktion, die der kirchliche Diskurs zu Ende des 20. Jahrhunderts erfahren hat. Bezüglich der Fastenpredigten schreibt er, daß der Priester bei der ersten Predigt den Leuten erklärt, daß es keine Hölle gibt, bei der zweiten, daß es kein Fegefeuer gibt und daß er bei der dritten Predigt vor der schwierigen Aufgabe steht, den Leuten zu erklären, daß es auch keinen Himmel gibt und daß wir versuchen müssen, ihn schon auf Erden zu finden.[11] Der Kardinal stellt fest, daß generell Mißtrauen gegenüber dem Thema des Jenseits herrscht. Dies ist für die Zeitspanne nur eines Jahrhunderts eine spektakuläre Umkehrung. Die meisten Prediger verkünden, daß es sehr wohl einen Himmel im Jenseits gibt, von der Hölle jedoch sagt keiner ein Wort.

Über die Hölle im Jenseits breitet sich Schweigen, sowohl bei den höchsten kirchlichen Autoritäten wie auch bei den Priestern in den Gemeinden. Welcher Pfarrer wagt es noch, von der Hölle zu sprechen, es sei denn, um sie mit ironischer Nachsicht in die Rumpelkammer eines längst vergangenen mittelalterlichen Glaubens zu verweisen? Auch bei den katholischen Medien herrscht Schweigen. In den Inhaltsverzeichnissen und auf dem Index der katholischen Zeitschriften jeden Niveaus sucht man jetzt die Wörter »Hölle«, »Gericht«, »Verdammte«, und »Verdammnis« vergebens.

Schließlich und endlich auch Schweigen in den Nachschlagewerken. Der 1988 unter der Leitung von Peter Eicher herausgegebene *Dictionnaire de théologie* weist keinen Artikel über die Hölle auf! Hier ist die Entwicklung zum Abschluß gekommen: das Wort selbst verschwindet aus dem kirchlichen Sprachschatz. Der Artikel

---

10 *Documentation catholique*, Nr. 1769, 5. August 1979.
11 Ebenda, Nr. 1991, 1. Oktober 1989.

»Eschatologie« gibt ihm den Gnadenstoß: »Hölle drückt in jedem Fall das Böse aus, das der Mensch tut, das Gott aber nicht in Gutes verwandeln kann und das er somit in Ewigkeit verdammen muß.« Man bedenke, daß 1913 der *Dictionnaire de théologie catholique* dem Stichwort »Hölle« 92 kleingedruckte Spalten widmete, was 100 Seiten des oben genannten Werkes entspricht!

So fällt ein lästig gewordener Terminus, den die Kirche wie die schwer belasteten Wörter »Inquisition« und »Exkommunikation« gern vergessen möchte, für alle ersichtlich in Ungnade. Die Exzesse, die in seinem Namen mit dem Segen der kirchlichen Autoritäten begangen wurden, sind verantwortlich für das unbestimmte Schuldgefühl, das all jene haben, die ihn noch verwenden. Mit Ausnahme allerdings von Mgr. Lefebvre, der 1977 erklärte: »Heute scheint man die Hölle leider vollkommen vergessen zu haben [...]. Ist es möglich zu vergessen, daß Gott Gesetze und Strafen eingesetzt hat?«[12]

Die theologische Hölle im Wiederaufbau

Mgr. Lefebvre hat sich getäuscht: Die Hölle ist nicht tot, sie ist nur wegen Reparaturarbeiten geschlossen. Die Innenausstattung wird erneuert. Arbeiterkolonnen, aus Theologen bestehend, sind am Werk. Es wird zwar noch über die Möblierung diskutiert, aber eine ganz neue theologische Hölle soll für das 21. Jahrhundert entstehen. Sicher wird sie nicht attraktiver sein als die vorangegangene.

Wir wollen versuchen, die theologischen Arbeiten an der Höllenbaustelle seit Mitte des 20. Jahrhunderts zusammenzufassen. 1956 kündigte Nicolas Corté die Hauptänderung an, daß nämlich die jenseitige Hölle durchaus in dieser Welt beginnt: »Man mag sich vielleicht wundern, daß wir nicht schreiben ›Das Reich Satans ist die Hölle‹, deshalb sind wir eine Erklärung schuldig. Das Reich Satans ist sehr wohl die Hölle, aber er hat von Gott die Erlaubnis erhalten, seine Untertanen auf der Erde ausfindig zu machen. Wer das Neue Testament gelesen hat, dem kann es nicht entgangen sein, wie sehr

---

12 *Non, mais oui à l'Église catholique et romaine. Entretien de Josef Hanu avec Mgr. Marcel Lefebvre*, Paris (Stock) 1977, S. 134.

die Welt dort verdammt wird [...]. Daraus geht hervor, daß die Welt das Reich Satans sein muß. Genau das wollte Jesus sagen, als er Satan den Fürsten dieser Welt nannte. Die Wahlsprüche dieser Welt, ihre Bräuche, die Lebensweise auf dieser Welt, alles hat etwas Satanisches in den Augen Christi und demzufolge auch in den Augen des heiligen Paulus und des Johannes.«[13]

Das Buch ist jedoch stark von traditionellen Anschauungen geprägt und verliert sich in der Folge in Betrachtungen über den eigentlichen Augenblick, in dem die Hölle beginnt, und über die Frage, ob Satan zur Stunde dort residiert oder ob er auf der Erde umherstreift, um seine Beute zu suchen. Ähnlich traditionell äußert sich auch François Varillon im Jahr 1960.

Bedeutend fortschrittlicher ist das Denken Karl Rahners, er hält die Hölle für eine Virtualität und meint, daß das Dogma von der Hölle sagen will, daß der Mensch unter einer ständigen Bedrohung lebe. Ihm droht das ewige Scheitern als wirkliche Möglichkeit, denn da er frei über sich selbst bestimmen kann, kann er sich auch von Gott abwenden.[14] Man kann sich nun fragen, ob diese Möglichkeit auch für manche Menschen Wirklichkeit wird. Dies kann niemand wissen. Dennoch wäre die Existenz eines einzigen Verdammten ein ewiges Ärgernis, unter dem Gott, als Inbegriff der Liebe, als erster leiden müßte. Denn die heutige Theologie nimmt mehr und mehr Abstand von der Vorstellung eines unerschütterlichen und undurchdringlichen Gottes, wie wir ihn von den Griechen geerbt haben. Ganz gleich, was frühere Theologen gesagt haben, mit dem Gott der Liebe ist die Hölle nicht vereinbar, der Gott der Liebe steht im Gegensatz zum ewigen Leiden auch nur eines einzigen seiner Geschöpfe, selbst wenn dieses aus freiem Willen sich für das Böse entschieden hat. Die absolute Liebe schließt jegliches Leiden derer, die geliebt werden, aus. Um die Hölle möglich zu machen, muß Gott selbst ein anderer werden. Hier steht die gesamte Konzeption des göttlichen Wesens auf dem Spiel.

So gesehen kann man die enormen Schwierigkeiten verstehen, auf die eine neue Konzeption der Hölle trifft. Als Teilhard de

---

13 N. Corté, *Satan, l'adversaire*, Bd. 21 der *Encyclopédie du catholique au XXe siècle*, Paris (Fayard) 1956, S. 52.
14 Siehe K. Rahner/H. Vorgrimler, *Kleines theologisches Wörterbuch*, hier Artikel »Hölle«, Herder-Bücherei Bd. 108/109, Freiburg/Basel/Wien 1961, S. 173 f.

Chardin seine revolutionäre Entwicklungstheorie ausarbeitete, die zur Verwirklichung eines kosmischen Christus führte, war einer der Hauptgründe für die Ablehnung, auf die er stieß, daß in einer solchen Sicht die Hölle keinen Platz mehr hat.

Eines scheint indessen festzustehen: Die Höllle ist kein Ort, sondern ein Zustand. Der Mensch begibt sich nicht in die Hölle, wie er auf den Mond fliegt, er macht eine Hölle aus sich selbst, langsam, wie ein Süchtiger, der sich mit kleinen Dosen ins Verderben bringt. Daß es das Böse gibt, kann niemand leugnen, und so gesehen kann auch niemand behaupten, daß es keinen höllischen Zustand gibt. Wie weit kann eine Vergiftung mit dem Bösen gehen? Zumindest ist die Hölle eine Möglichkeit. Es hat den Anschein, als könne die heutige Theologie nicht darüber hinausgehen, wie es auch 1977 der *Dictionnaire de théologie chrétienne* unterstreicht: »Es muß klar gesagt werden, daß niemand behaupten kann, die Hölle sei für einen bestimmten Menschen eine Wirklichkeit, wer er auch immer sein mag. Das erlaubt aber nicht den Schluß, daß es keine Verdammten gäbe. Wenn man nichts weiß, ist es unmöglich, etwas zu sagen, weder daß die Verdammten zahlreich sind, noch daß es keine gibt. Mit Sicherheit weiß man nur eines: Wenn die Sünde nicht stark genug bekämpft wird, kommt es zur Hölle, in uns und durch uns.«[15] Die Hölle entsteht durch das Verharren im Bösen: »Die Hölle ist die tragische Offenbarung der ungeheuren Tragweite des menschlichen Handelns und seiner Unbedingtheit und der Wichtigkeit des Lebens eines jeden Menschen.« Auch T. und G. Sartory weisen in ihrem Buch *In der Hölle brennt kein Feuer* (1968) in die gleiche Richtung.

Der Zusammenbruch des Glaubens an die christliche Hölle

Mit der Vakanz der theologischen Hölle geht der Zusammenbruch des Glaubens an die ewige Höllenstrafe in den westlichen Gesellschaften einher. Die Gläubigen hören nicht mehr von einer Höllenstrafe reden. Schon 1941 gab der Dominikanerpater Rambaud den

---

15 *Dictionnaire de théologie chrétienne*, hier Artikel »Enfer«, Paris (Desclée de Brouwer) 1977.

Predigern den Rat, sich zu mäßigen: »Fürchtet nicht, die ganze Doktrin von der Hölle, von der ewig währenden Hölle, zu lehren. Hütet euch jedoch, in gewisse Übertreibungen zu verfallen, die sich die Prediger des Mittelalters allenfalls noch erlauben konnten, die jedoch den Erfolg unserer Predigten zunichte machen könnten. Keine allzu konkreten Beschreibungen, keine phantastischen Details bei der Beschreibung des Jüngsten Gerichts, der Freuden der Auserwählten und erst recht nicht bei den Qualen der Verdammten und bezüglich der Teufel.«[16] Unter diesen Bedingungen bleibt über die Hölle recht wenig zu sagen. Jean Hervé beklagt 1960 im *Dictionnaire de spiritualité ascétique et mystique*, daß die Prediger dazu neigen, die Wichtigkeit des Dogmas von der ewigen Hölle im christlichen Leben herabzuspielen, und daß gewisse christliche Bücher das ewige Heil für alle, einschließlich des Teufels, verkünden, wie es G. Papini in *Il Diavolo* (1954) tut.

Die Gläubigen haben nicht auf die Prediger gewartet, um die herkömmliche Hölle aufzugeben. Schon 1921 schreibt Alain: »Die Angst vor der Hölle ist eine Krankheit, die aus unseren Ländern wie die Lepra verschwunden ist. Als ich klein war, hatte ich große Angst vor dem Teufel, denn ich nahm die Gemeinplätze der kirchlichen Redekunst ernst. Als ich aber merkte, daß weder meine Eltern noch ihre Freunde, noch die Priester selbst wirklich Angst vor der Hölle hatten, war ich auch bald die Angst los.«[17]

So wäre also für den Philosophen die Höllenangst in der Normandie und auch anderswo auf dem Lande ab 1880 verschwunden, was die Aussagen der Priester, die wir gebracht haben, bestätigt. Von dieser Zeit an ist die vorherrschende Vorstellung vom Jenseits die eines Wiedersehens mit Verwandten und Freunden: »Was das Leben nach dem Tod anbelangt, so sollte man nicht zu eilfertig sagen, daß keiner mehr daran glaubt. Aber ich habe doch den Eindruck, daß bei allen diese Hoffnung von Angst frei ist. Der heute bei den aufrichtigen Katholiken vorherrschende Gedanke ist der, daß der Tod unsere engsten Bindungen nicht zerreißt, daß man Grund hat, auf eine andere Art von Leben zu hoffen, in dem alles Gute befreit ist und alles Böse vergessen.«[18] Alain fügt noch hinzu,

---
16 R. P. Rambaud, *Traité moderne de prédication*, Lyon/Paris 1941, S. 105 f.
17 Alain, *Propos*, Paris (Gallimard) 1962, S. 275.
18 Ebenda.

daß, wenn man noch an die Hölle glaubt, dann um die hinzuschikken, die man nicht mag, aber für sich selbst fürchtet man sie nicht: »Man erzählte mir gestern, daß einer der bedeutendsten Mathematiker des 19. Jahrhunderts, der übrigens sehr fromm war, von einem Nichtgläubigen, den er hatte sterben sehen, sagte: ›Er brät, jetzt brät er!‹ Ich vermute hier eine heftige Leidenschaft, die bei einem Mann ziemlich natürlich ist, der, so sicher er sich seiner selbst war, doch keine Hoffnung hatte, auch nur von zehn Leuten auf der Welt verstanden zu werden. Für diese allzu zurückgezogenen Geister ist schon der Gedanke der Gleichheit eine Sünde und die schwerste von allen. Die Hölle, in der man brät, zeigt diese Art von Kraft, die sie in der Wahrheit suchen. So macht man sich zum König.«[19]

Die soziologischen Untersuchungen bestätigen die Bemerkungen Alains. In einem kürzlich erschienenen Buch hat Yves Lambert die Entwicklung des religiösen Empfindens in einem bretonischen Dorf von 1900 bis heute untersucht. Dabei stellt er fest, daß in dieser frommen Gegend, die drei Jahrhunderte lang von der Mission bearbeitet worden ist, die Gläubigen beim Gedanken an die Hölle kaum noch zittern. Man hört eher skeptische Bemerkungen wie: »Es ist noch keiner wiedergekommen« oder »So bösartig ist der liebe Gott doch nicht!« oder »Wir sind so, wie er uns gemacht hat, schließlich ist er der Schöpfer!« oder auch »Wenn ich in die Hölle komme, dann kommen fast alle hin«.[20] »Man hat schon Angst vor der Hölle«, schreibt Yves Lambert, »bis auf einige Ausnahmen. Aber nicht übermäßig, schon weil man glaubt, das Nötige getan zu haben, um nicht hinzukommen.«

Achtzig Jahre später ist das, »was ins Auge springt, die Verbannung des Teufels, die Abschwächung, wenn nicht gar das Verschwinden der Furcht vor einer göttlichen Strafe und das Abnehmen des Gefühls, daß man seine Sünden büßen muß. Hinfort glauben die meisten Gläubigen, daß es genügt, wenn man sie anerkennt und sich bessert. Die Begriffe ›Verdammnis‹ und ›Buße‹ haben ihre Glaubwürdigkeit verloren.«[21]

---

19 Ebenda, S. 641.
20 Y. Lambert, *Dieu change en Bretagne. La religion à Limerzel de 1900 à nos jours*, Paris (Cerf) 1985, S. 200–202.
21 Ebenda, S. 359

Wenn es schon in der tiefsten, ländlichen Bretagne so aussieht, wie ist dann die Lage bei der europäischen Stadtbevölkerung? Seit fünfundzwanzig Jahren gibt es Ergebnisse von Meinungsumfragen. Die dürren Zahlen zeigen den Konkurs der christlichen Hölle. Eine Untersuchung des *Spiegel* zeigt den schnellen Rückgang des Glaubens innerhalb von nur 13 Jahren. 1967 verneinten 78 % der befragten Protestanten die Existenz der Hölle, 1980 waren es 83 %. Bei den Katholiken waren die entsprechenden Zahlen 47 % bzw. 59 %.[22] Eine großflächige Befragung der *European Value Systems-Study Group* im Jahr 1981 zeigt, daß zwar 75 % der Befragten an Gott glauben, jedoch nur 40 % an das Paradies, 25 % an den Teufel und nur 23 % an die Hölle. Auch hier ist der Rückgang innerhalb von etwa zwölf Jahren beträchtlich, besonders in Frankreich, den Niederlanden und der Bundesrepublik Deutschland, während die Engländer etwas mehr der Tradition verhaftet bleiben[23]

GLAUBENSRATE								
	Frankreich		Niederlande		BRD		UK	
	1968	1981	1968	1981	1968	1981	1968	1981
Hölle:	22 %	15 %	28 %	15 %	25 %	14 %	23 %	27 %
Paradies:	39 %	27 %	54 %	39 %	43 %	31 %	54 %	57 %
Gott:	73 %	62 %	79 %	65 %	81 %	72 %	77 %	76 %
Teufel:	17 %	17 %	29 %	21 %	25 %	18 %	21 %	30 %

Die Tageszeitung *Le Monde* veröffentlichte 1986 das Ergebnis einer Meinungsumfrage der SOFRES in Frankreich, die zwar andere Zahlen bringt, jedoch die gleiche Tendenz aufweist. Wir beschränken uns hier auf die Antworten bezüglich der Hölle:[24]

---

22 *Der Spiegel*, Nr. 46 und 47 (1980).
23 J. Stoetzel, *Les Valeurs du temps présent. Une enquête européenne*, Paris (P. U. F.) 1983.
24 *Le Monde*, 1. Oktober 1986.

Glauben Sie an die Hölle?	ja	nein	keine Antwort
Gesamtheit	23 %	62 %	15 %
Praktizierende Katholiken	53 %	32 %	15 %
Gelegentlich Praktizierende	28 %	54 %	18 %
Nicht Praktizierende	18 %	67 %	15 %
Alle Katholiken	27 %	58 %	15 %
Religionslose	4 %	82 %	14 %

So glaubt am Ende des 20. Jahrhunderts in einem Stammland des Christentums weniger als ein Viertel der Bevölkerung an die Hölle. Dies ist wenig und viel zugleich. Wenig, wenn man die hinter uns liegenden Jahrhunderte des Glaubenskonformismus betrachtet und die systematische Missionierungsarbeit seitens des Klerus bis zum Ende des 20. Jahrhunderts. Es ist viel, wenn man das Hauptgewicht auf die Tatsache legt, daß die herkömmliche Hölle, die man bis zur Mitte des Jahrhunderts gelehrt hat, in ihrer Art unwahrscheinlich war. In dieser Hinsicht ließe sich manches sagen über die Begriffe »moderne Gesellschaft« und »moderne Geisteshaltung«, mit denen man etwas voreilig die industrialisierten Länder belegt, in denen der Fortschritt von Wissenschaft und Technik sich viel schneller vollzog als das geistige Reifen der Bevölkerung, wie der ungemein große Erfolg von Horoskopen, Hellseherei und sonstigem Humbug beweist.

Sehr aufschlußreich ist auch der große Unterschied zwischen praktizierenden und nichtpraktizierenden Katholiken. Letztere sind, was den Glauben an die Hölle anbelangt, viel näher bei den Atheisten als bei den praktizierenden Katholiken. Hier manifestiert sich die Unfähigkeit der Amtskirche, sich den Bedürfnissen der neuen Generationen von Katholiken anzupassen. Die nichtpraktizierenden Katholiken haben oft intellektuelle Ansprüche, die über dem liegen, was ihnen die Kirche heute zu sagen hat, und sie können sich nicht mehr mit jahrhundertealten kulturellen Leerformeln und weitschweifigen Auslegungen der Evangelien zufriedengeben, wie sie ihnen während der Messe geboten werden.

Hervorzuheben wäre noch der hohe Prozentsatz derer, die auf die Frage nach der Hölle keine Antwort geben. Dieser Teil der Befragten wird allzu häufig vernachlässigt, ja geradezu mißachtet von der Heerschar derjenigen, die eine Meinung haben, sie offen artikulieren und bereit sind – da sie sich im Besitz der Wahrheit wähnen –, sie anderen aufzuzwingen. Es ist überaus beruhigend festzustellen, daß 15 Franzosen von 100 nicht wissen, ob es eine Hölle gibt. Die anderen werden es wohl selbst festgestellt haben! Diese 15 Prozent sind teils Gleichgültige, teils Suchende, die sich unablässig die Frage Hamlets stellen: *To be or not to be?* Sie ertragen das Leben, weil sie sich fragen, ob man im Todesschlaf nicht von grauenhaften Alpträumen heimgesucht wird.

Die heutigen Höllen

Shakespeare konfrontiert uns mit einem grundsätzlichen Dilemma: Entweder die Hölle auf Erden oder das Risiko einer möglichen Hölle im Jenseits. In den vergangenen Jahrhunderten wurde der eventuelle Alptraum nach dem Tod in aller Ausführlichkeit beschrieben. Im 20. Jahrhundert beschäftigt man sich mit den gegenwärtigen Höllen. Niemals wurde mehr von der Hölle gesprochen als in diesem Jahrhundert, in dem man nicht mehr – oder fast nicht mehr – an sie glaubt. Der Ausdruck selbst ist zum Modewort geworden. »Es war die Hölle«, sagt man bei jeder Kleinigkeit. Für die herkömmliche Hölle hat der Mensch erstklassigen Ersatz gefunden dank seines technischen Könnens. Wir wollen uns nicht damit aufhalten: Weltkriege oder regionale Konflikte, Konzentrationslager und Gulags, Atombomben, Massenarbeitslosigkeit, chronische Hungersnot, weltweite Umweltverschmutzung, Diktaturen, Massenwahn von Fanatisierten oder wissentlich Verdummten – all dies sind von unseren Gesellschaften künstlich erzeugte Höllen.

Neben diesen konjunkturellen Höllen hat die Wissenschaft die Existenz struktureller Höllen entdeckt, die viel heimtückischer und so gut wie unzerstörbar sind, da sie unmittelbar mit unserem Menschsein zu tun haben. Wenn auch nicht ewig, so sind diese Höllen doch ebenso dauerhaft wie die Menschheit und haften an unserer Haut wie ein Nessosgewand. So gesehen kommen sie der traditionellen Hölle sehr nah. Es gibt nur wenige Denker im 20. Jahrhundert, die nicht irgendwo eine Hölle entdeckt haben. Charles Renouvier (1858–1903) ist der einzige, der glaubt, daß die

Hölle weit hinter uns liegt. Ihm zufolge wurde das harmonische und gute Universum durch den ungeheuerlichen Hochmut der Menschen in Chaos und Tod verwandelt. Vor dieser Hölle konnte Gott einige Funktionen bewahren, die zur Wiedererschaffung der heutigen, von der Natur beherrschten Menschheit gedient haben: Die Ordnung des Guten ersteht langsam wieder, insbesondere dank der Erlösung. Dies ist eine eigenartige Auffassung, die die Erbsünde neu interpretiert und die Strafe, gewissermaßen als origenistischen Fortschritt, in die Vergangenheit verlegt.

Alain seinerseits beschäftigt sich stark mit der Frage der Hölle, er studiert sie wie ein literarisches Thema und betrachtet die Hölle als einen Gegenstand der Geschichte und der soziologischen Forschung. Jede Epoche hat ihre eigene Hölle geschaffen und dort ihre Leidenschaften untergebracht. Alain spricht von drei Etappen, die den drei berühmten Höllenfahrten Homers, Vergils und Dantes entsprechen. Die Hölle Homers wird vom äußeren Geschick bestimmt, vom Schicksal: »Diese Welt der Höllen und Schatten war immer das getreue Bild der menschlichen Gedanken und der haltlosen Leidenschaften, die sie zunächst zu tragen scheinen. Bei dem Fest, das Odysseus für die Seelen gab, sah er nur magere und ausgehungerte Schatten herbeikommen. Es war die Zeit, da der leidenschaftliche Mensch sich ein wenig des Zornes und der Furcht entledigte durch die Fiktion eines außerhalb existierenden Gottes, der bald fern, bald nah war und in den Wolken thronte. [...] Dies ist die erste Ethik, etwas über der Verzweiflung angesiedelt, jedoch ohne Hoffnung; denn die wahre Verzweiflung ist ohne Reflexion. Hier herrscht noch die Schicksalhaftigkeit, sie wird zumindest beurteilt und verurteilt.«[25]

Die Vergilsche Hölle wird von der inneren Schicksalhaftigkeit des Helden beherrscht: »Als Vergil in die Hölle hinabsteigt, mit dem goldenen Zweig in der Hand und geführt von der italischen Sybille, sind die Schatten, die toten Leidenschaften, schon anders eingeordnet. [...] Hier ist es nicht mehr von außen kommende Willkür, gemäß den Intrigen der Götter, sondern die unabwendbare Bestimmung, in der sich die Hoffnung eines jeden Wesens gefangen und im voraus vernichtet sieht.«

---

25 Alain, *Propos*, a. a. O., S. 228f.

Die Hölle Dantes ist das Ergebnis der freien Entscheidung: »Das dritte Epos handelt von Gericht und Freiheit, nicht öffentlich, sondern privat. Es geht nicht um Schicksal, sondern um Verbrechen, Strafe, Läuterung und Heil. Es ist der Augenblick der Verfehlungen, der Gewissensbisse und der Reue. Alle Götter sind in der Hölle, der Mensch auf einer abschüssigen Ebene und das Licht auf den Bergen.«

Im 20. Jahrhundert sprechen die Atheisten mehr von der Hölle als die Christen, wie Jean Guitton bemerkt: »Heutzutage, da die Gläubigen versuchen, die Grauen des ewigen Todes abzuschwächen, muß man paradoxerweise im Lager der bis hin zum erklärten Atheismus ungläubigen Denker die präzisesten Ausdrücke aus der Welt der Hölle suchen. Es hat vielleicht noch nie eine Epoche gegeben, in der der Gedanke von der Möglichkeit einer Hölle mehr Anklang und Entgegenkommen bei den Laien, die ohne jeden Glauben sind, gefunden hätte.«[26] Die Laienhöllen sind jedoch sehr verschieden von den christlichen Höllen, bei denen man vor allem die Vorstellung einer von außen kommenden Strafe ablehnt. Diese Vorstellung wird übrigens auch von christlichen Autoren verworfen. In seinem *Tagebuch eines Landpfarrers* schreibt Georges Bernanos: »Und was habt ihr aus der Hölle gemacht? Eine Art ewiges Gefängnis wie bei uns, und ihr sperrt hinterhältig im voraus die Menschen schon hinein, die eure Polizei seit Anbeginn der Welt jagt, die Feinde der Gesellschaft. Es gefällt euch, die Gotteslästerer und die Frevler hinzuzufügen. Welcher denkende Mensch, welcher stolze Geist könnte ohne Abscheu ein solches Bild von der Gerechtigkeit Gottes gutheißen? [...] Die Hölle, Madame, das ist nicht mehr zu lieben.«

Jean Guitton hat gezeigt, wie wenig die herkömmliche Hölle, die eng mit dem Denken einer jeden Epoche verbunden ist, sich noch mit unseren Vorstellungen bezüglich der Strafe vereinbaren läßt. Die Weiterentwicklung der Justiz und der Begriff der mildernden Umstände haben das Richten differenzierter gemacht. Was hinfort bei der herkömmlichen Hölle am meisten stört, das sind nicht unbedingt die Qualen, denn das 20. Jahrhundert ist ebenso an

---

26 J. Guitton, »L'enfer dans la mentalité contemporaine«, in: *L'Enfer* (ouvrage collectif), Paris (Foi vivante) 1950, S. 332f.

Foltern gewöhnt wie frühere Zeiten, sondern die Ungerechtigkeit der Verurteilung seitens eines Gottes, der als gütig bezeichnet wird. Das ist es, was Einstein zum Beispiel störte. In seiner deterministischen Auffassung der Existenz gibt es den Begriff der Verantwortung und somit der Strafe nicht: »Wer von der kausalen Gesetzmäßigkeit allen Geschehens durchdrungen ist, für den ist die Idee eines Wesens, welches in den Gang des Weltgeschehens eingreift, ganz unmöglich – vorausgesetzt allerdings, daß er es mit der Hypothese der Kausalität wirklich ernst nimmt. Die Furchtreligion hat bei ihm keinen Reiz, aber ebensowenig die soziale bzw. moralische Religion. Ein Gott, der belohnt und bestraft, ist für ihn schon darum undenkbar, weil der Mensch nach äußerer und innerer gesetzlicher Notwendigkeit handelt, vom Standpunkt Gottes aus also nicht verantwortlich wäre, so wenig wie ein lebloser Gegenstand für die von ihm ausgeführten Bewegungen. Man hat deshalb schon der Wissenschaft vorgeworfen, daß sie die Moral untergrabe, jedoch gewiß mit Unrecht. Das ethische Verhalten des Menschen ist wirksam auf Mitgefühl, Erziehung und soziale Bindung zu gründen und bedarf keiner religiösen Grundlage. Es stünde traurig um die Menschen, wenn sie durch Furcht vor Strafe und Hoffnung auf Belohnung nach dem Tode gebändigt werden müßten.«[27]

Wenn die Hölle im Jenseits, die strafende Hölle, sich ihres Inhalts entledigt, dann muß dieser auf die Erde zurückfließen. Unter Satans Führung war die Höllenwelt schon einmal – im 14., 15. und 16. Jahrhundert – aus ihren Grenzen getreten. Nachdem sie durch die religiösen Reformen vom 17. bis zum 19. Jahrhundert wieder ins Jenseits verwiesen wurde, kommt sie im 20. Jahrhundert mit aller Wucht auf die Erde zurück. Dieses Mal ist die Invasion gefährlicher, weil sie heimtückischer ist. Sie nimmt nicht die Form von Hexerei an. Die Mächte des Bösen sind viel besser getarnt, ja, sie sind unsichtbar, denn die heutige Hölle, das ist die Gesellschaft, das sind die anderen. Maurice Clavel sieht hinter all dem das Heraufziehen der höllischen Heerscharen: »Es fehlt nichts, ganz besonders nicht die unfaßbare Gegenwart, das undeutliche Gewimmel und Murren all der gefolterten, zusammengepferchten, deportierten

---

27 A. Einstein, *Mein Weltbild*, hrsg. v. Carl Seelig, Frankfurt/M.-Berlin (Ullstein) 1991, S. 17.

Menschen, die von allem und aus sich selbst ausgeschlossen sind, verstümmelt vom Fanatismus ihrer Führer oder ihrer Köpfe: diese ganz irdische Hölle, die mich nur um so mehr ihr Paradies erhoffen läßt. Es ist wirklich alles vorhanden.«[28]

Was der Mensch des 20. Jahrhunderts entdeckt, ist, daß die Hölle in ihm selbst ist. Zu spät! »Wenn der Mensch die Hölle nicht versteht, dann deswegen nicht, weil er sein eigenes Herz nicht verstanden hat«, schreibt Marcel Jouhandeau. »Da, wo ich bin, ist mein freier Wille, und wo mein freier Wille ist, da ist die ewige und absolute Hölle potentiell vorhanden.«[29] Für Jouhandeau ist die Hölle das Ich, das seinen absoluten Stolz zum Ausdruck bringt und sich so von allem übrigen löst. Durch die Auflehnung und die Selbstbestätigung isoliert er sich, sperrt sich in eine hermetisch abgeschlossene Zelle, in der die Angst wohnt: »Auch dies ist eine Höllenvision. Alles fehlte mir, alles auf einmal und letztendlich: die Luft, das Licht, aber was mich besonders verzweifeln ließ, war die Gewißheit, daß ich für immer auf mich selbst verwiesen war, ohne die geringste Hoffnung auf irgend etwas anderes, für immer, daß ich nie heraus könnte, keinen Besuch empfangen und nicht den geringsten Laut hören würde, noch die geringste Bewegung machen könnte: eingemauert, hermetisch eingeschlossen in ein Gehäuse, von Kopf bis Fuß von einer weißen Hülle umschlossen, die keinen Riß aufweist und genau meinem Körper angepaßt ist: aus dem Ei gekommen und zum Ei zurückgekehrt. Die endgültige Zelle, die zu ihrer ursprünglichen Form zurückgekehrt ist, ein Atom, in das nichts mehr eindringen kann, eine Einheit, gerichtet und klassifiziert unter der Nummer 193, dieses ›Ich‹, an dem nichts mehr irgend etwas ändern kann. Und ich kann machen, was ich will, die Erinnerung an die Angst, die ich dabei empfunden habe, weicht nicht mehr, so als sei ich sonst nirgendwo anders ›allein‹ gewesen.«[30]

Hölle und Angst dessen, der sich isoliert, aber auch Hölle und Angst dessen, der mit den anderen kommuniziert. Jean-Paul Sartre hat gewiß einen der großen Sätze des Jahrhunderts in Umlauf gesetzt, als er sagte: »Die Hölle, das sind die anderen«. Seine Hölle

---

28 M. Clavel, *Deux Siècles chez Lucifer*, Paris (Seuil) 1978, S. 325.
29 M. Jouhandeau, *Algèbre de valeurs morales*, S. 214 und 229.
30 Ders., *Essai sur moi-même*, S. 204.

spielt sich in der *Geschlossenen Gesellschaft* ab, in jener Welt, aus der es kein Entrinnen gibt. Aus dem Gefängnis der Menschheit gibt es kein Entkommen. Und selbst wenn es einen Ausgang gäbe, so würde man ihn nicht benutzen. Die Tür des Zimmers, in dem die drei Personen eingesperrt sind, steht für einen Augenblick offen, doch keiner nimmt die Gelegenheit wahr. Die Verdammten hassen sich, aber sie sind unzertrennlich.

Sie sind zu dritt, was eine andere, unerläßliche Bedingung ist. Die Hölle besteht in der Beziehung zu einem anderen unter dem Blick eines Dritten. Jeder existiert nur durch die anderen und ihr Blick ist ein Urteil. In dem höllischen Raum gibt es keinen Spiegel, man kann sich nur durch die anderen sehen, die unser Sein besitzen: »Sie haben mir sogar mein Gesicht gestohlen: Sie kennen es, und ich kenne es nicht«, sagt Ines. Unter diesen Bedingungen bedarf es keiner quälenden Teufel: Die Gegenwart der anderen genügt, um die Hölle zu schaffen: »Sie werden sehen, wie dumm das ist; dumm wie Stroh! Es gibt keine körperliche Qual, nicht wahr? Und dennoch sind wir in der Hölle. Und niemand braucht zu kommen, niemand. Wir bleiben bis zum Ende zusammen allein. Ist das schön? Eigentlich fehlt hier nur einer, nämlich der Scharfrichter [...]. Nun, sie haben eben Personal eingespart, das ist alles.« Diese Qual ist viel wirksamer als die alte Hölle, der Garcin nachweint: »So macht doch auf, macht auf! Mir ist alles recht – glühende Schuhe, Zangen, flüssiges Blei, Würgeknebel, alles, was brennt und zerreißt – ich will wirklich leiden. Lieber hundert Bisse, lieber die Peitsche, Vitriol, als diese Qual nur im Kopf, dieses Phantom der Qual, das an einem vorbeistreift, fast wie eine Liebkosung, und das niemals wirklich schmerzt.«

In der Hölle Sartres fühlt sich jeder seiner selbst enteignet. Wir sind nicht, was wir sein möchten, wir sind das, was die anderen sehen. Das Bedauern ist unvermeidlich und müßig. Garcin: »Ich bin zu früh gestorben. Man hat mir nicht die Zeit gelassen, alles zu tun.« Ines: »Man stirbt immer zu früh oder zu spät. Aber das ist das Leben. Beendet. Der Strich ist gezogen, man muß zusammenzählen. Du bist nichts anderes als dein Leben.« Hier bleibt nur die Resignation: »Das ist also die Hölle, das hätte ich nie gedacht. [...] Wißt ihr noch, der Schwefel, der glühende Rost und der Scheiterhaufen [...]. Oh, was für ein Witz! Man braucht gar keinen glühenden Rost: Die Hölle, das sind die anderen!«

Aus dieser Sicht ist selbst das, was wir Liebe nennen, eine teuflische Illusion, die niemals einen Menschen glücklich gemacht hat. Weit davon entfernt, die Vereinigung zweier Wesen zu sein, ist sie der Konflikt zweier »Ich«, wobei jeder versucht, den anderen zu beherrschen und auszubeuten, um vor sich selbst sein Nichts zu verbergen und sich die Illusion eines *an sich* zu geben. Sich hingeben ist in Wahrheit sich aufdrängen, in der eitlen Hoffnung, sich dabei selbst zu finden.

Wie Ägisth in *Die Fliegen* findet sich jeder seiner selbst entleert wieder: »Ich komme und gehe, ich kann mit starker Stimme schreien, überall hin trage ich meine große, schreckliche Erscheinung, und wer mich sieht, fühlt sich bis ins Mark schuldig. Aber ich bin eine leere Hülle, ein Tier hat mir mein Inneres gefressen, ohne daß ich es wahrgenommen hätte. Nun schaue ich in mich selbst und sehe, daß ich mehr tot bin als Agamemnon. Habe ich gesagt, ich sei traurig? Ich habe gelogen. Sie ist weder traurig noch lustig, die Wüste, das unzählbare Nichts an Sandkörnern unter dem hellen Nichts des Himmels: Es ist unheilvoll. Oh, mein Königreich gäbe ich, könnte ich eine Träne vergießen!«

Martin Heidegger plaziert die Hölle ebenfalls in die Existenzangst, wobei er besonders auf der Verzweiflung insistiert, die aus dem Aufgehen des Ich im anonymen »man« entsteht. Die Tatsache, daß man mit der Welt in scheinbar ruhiger Kommunion lebt, ist eine Art von Unwohlsein des Menschen und nicht das Gegenteil, meint er. Das Ich ist im Bewußtsein seiner Unzulänglichkeit seinem Geschick gegenüber, seiner Grenzen angesichts des Todes gefangen, und deshalb läuft ständig ein Zittern der Angst durch den Menschen.

Die Hölle Albert Camus' ist die totale Absurdität einer Situation, die völlig vom Zufall beherrscht wird. Sein und Hölle werden hier synonym. Sich bewußt sein, daß die Existenz nichtig ist, daß man in eine Welt ohne Ziel und Zweck und Bedeutung geworfen ist, daß man dem Universum und den anderen »fremd« ist: Das ist die wahre Hölle. Alles, was wir tun können, ist, unsere Lage klar zu erkennen und ihr zu trotzen.

Die alltägliche Hölle

1966 hat Dino Buzzati den Danteschen Mythos vom Abstieg zur Hölle nochmals behandelt. In seiner Novelle *Die Reise in die Höllen des Jahrhunderts* gibt er eine packende Darstellung der irdischen Hölle in einer Art Synthese der modernen Höllen. Die Rolle Dantes hat ein Journalist inne, Buzzati selbst, und diejenige Vergils ein Techniker der Mailänder Untergrundbahn, der ihm den Eingang zum Höllenreich zeigt. Es ist ein Stollen, der zufällig entdeckt wurde beim Bau des U-Bahn-Netzes. Buzzati geht allein hinein und kommt in eine Welt, die der unseren in allen Einzelheiten gleicht: eine große Stadt, die durch den Automobilverkehr völlig lahmgelegt ist. »Mit klopfendem Herzen stieg ich hinauf bis zu einem kleinen Gitter. Die Vorübergehenden beachteten mich nicht. Welch seltsame Hölle! Es waren Leute wie du und ich, sie hatten sichtlich die gleiche körperliche Dichte wie wir und Kleider, wie man sie bei uns täglich sieht.« Von Signora Beelzebub geleitet, einer schönen Frau in den Vierzigern, besucht Buzzati schließlich das Hauptquartier, von dem aus einige junge Mädchen, Teufelinnen, diese Stadt lenken, die Mailand, Paris, London und New York zugleich ist – unsere heutige Welt.

Und hier versteht er, was das wirklich ist, die Hölle: »Vor mir waren bis ins Unendliche die Qualen der Menschen ausgebreitet. Ich sah sie lachen, stöhnen, hinfallen und sich aufrichten und erneut fallen, sich abmühen, schlagen, sprechen, lächeln, weinen, fluchen, ganz der Hoffnung auf den nächsten Augenblick hingegeben, auf das, was sich abspielen wird, auf das Glück, das... Die energische Dame sagte zu mir: ›Schau gut hin!‹ Und mit der rechten Hand ergriff sie einen Hebel und bewegte ihn langsam. Auf einem Leuchtzifferblatt bewegte sich ein kleiner Zeiger nach rechts. Sofort kam Bewegung in die Myriaden von Geschöpfen, die die Stadt bevölkerten [...]. Es war wie eine Angst, ein Fieber, das sie ergriff, eine frenetische Hast, etwas zu tun, zu gewinnen, vorwärtszukommen und sich auf dem imaginären Gerüst der Eitelkeiten, Ambitionen und unserer erbärmlichen Siege etwas höher zu hieven. Ein Heer, das verzweifelt gegen ein unsichtbares Ungeheuer kämpfte.«

Die Angst erklärt sich hier durch die Tatsache, daß wir diese Hölle sehr wohl kennen, denn wir befinden uns in ihr. Es ist unmöglich, sie mit Gelassenheit zu betrachten wie die exotische Hölle der Prediger von früher. Es geht um unsere Welt und um all die eitlen menschlichen Bemühungen. Es genügt schon, sich gedanklich zu erheben, um die Lächerlichkeit und das Groteske dieses Ameisenhaufens zu erkennen. Sieben Millionen Ameisen, die auf einer winzigkleinen, im Weltraum verlorenen Kugel durcheinanderrennen und jede kommt sich wichtig vor, jede verfolgt ihr Ziel mit Ernsthaftigkeit. Hier und dort bringen sie sich gegenseitig um, anderswo helfen sie sich gegenseitig. Täglich werden Hunderttausende geboren, täglich sterben Hunderttausende. Bald werden es zehn Milliarden sein, die umherrennen, dann fünfzehn, und dann werden sie alle inmitten ihrer Abfälle verhungern. Man braucht die Hölle nicht anderswo zu suchen.

Kommen wir noch einmal zu Buzzati zurück. Nach dem Ausblick auf die Stadt wird er in das höllische Treiben getaucht. Er bekommt eine kleine Wohnung und beginnt sein Leben als Verdammter. Nun kann er die Privathöllen näher betrachten. Es gibt sie auf allen Etagen: Schmerzen, Feigheit, Überheblichkeit, Haß, egoistische Genußsucht, Eitelkeit wohnen hinter allen Türen. Aber niemand befreite sich, niemand war fähig, diesem eisernen Käfig zu entkommen, in dem sie sich seit ihrer Geburt befanden, aus diesem stupiden Gebäude von Stolz, das unser Leben ist. Von der ihn umgebenden Aggressivität angesteckt, wird Buzzati ein Verdammter wie die anderen, wie jeder von uns: »Und wenn ich dann abends in die unsagbare Einsamkeit meines Hauses zurückkehre und an den Tag denke, der zu Ende geht, dann packt mich das Entsetzen. So ist also die Hölle in mich eingedrungen, in mein Blut, ich freue mich an den Blessuren und am Elend der anderen.« Eine ganz gewöhnliche, alltägliche Hölle, die indes eine Hölle auf planetarischer, kosmischer Ebene nicht ausschließt.

Die Welt der Wissenschaft, der Physiker und Biologen, leistet nun auch ihren Beitrag zur Idee der Hölle. Der Physiker Basarab Nicolescu, der die Ideen Jakob Böhmes im Lichte der modernen Physik interpretiert, schreibt: »Unsere Welt befindet sich wirklich im Räderwerk der Angst [...]. Wir sind am Scheideweg zwischen Selbstzerstörung und Weiterentwicklung [...]. Es ist kein Zufall, daß der Mensch, zum ersten Mal in seiner Geschichte, sich durch Veränderung des genetischen Programms die Möglichkeit gegeben hat, den Menschen zu verändern. Auch hier sind wir ganz nah an der Grenze zur magischen Quelle der Wirklichkeit, mit allem, was sie an Gefahren der Selbstzerstörung birgt. Es ist kein Zufall, daß dieses Jahrhundert immer ungeheuerlichere Kriege gebracht hat mit diesem Kollektivwahn der gegenseitigen Zerstörung der Menschen. Es ist kein Zufall, daß wir – immer blasierter – dem Eindringen der Gewalt in unser tägliches Leben beiwohnen. Es ist kein Zufall, daß in diesem Jahrhundert im Namen der Prinzipien des Guten alle Arten von Totalitarismus aufgekommen sind, die das innerste Wesen ganzer Völker zerstören.«[31]

Zum ersten Mal seit ihrem Bestehen, ist die Menschheit am Scheideweg, denn nie zuvor hatte sie je die Möglichkeit, sich selbst zu zerstören. In dieser Möglichkeit der Rückkehr durch Vernichtung sah Jakob Böhme die Hölle. »Sehen wir uns um«, kommentiert Nicolescu, »in unserer eigenen Welt von heute, und wagen wir es, uns diese Frage zu stellen: Sind wir im Begriff zu tun, was Luzifer tat, nämlich zurückzuschauen? Sind wir dabei, uns für immer in das Räderwerk der Angst einzuschließen?«

Paradies und Hölle: eine Einheit?

Es wimmelt also von Höllen, und der Rückzug der christlichen Hölle ist nur eine Finte. Nachdem er sie zerstört geglaubt hatte, begann der Mensch, seine eigenen Höllen zu entdecken und zu schaffen. Höllen ohne Gott und ohne Teufel, die denen, die Enkidu vor dreitausend Jahren besuchte, mehr ähneln als der Hölle, die die Kirche lehrte. Diese modernen Höllen sind nicht mehr an einen Richterspruch gebunden und beziehen sich nicht nur auf die Bösen. Sie stehen allen offen wie in der unterirdischen Welt der Babylonier, wo man sich gegenseitig aus Bitterkeit und Angst zerfleischte.

Es gibt eine Hölle für alle: Das scheint nach mehr als dreißig Jahrhunderten des Nachdenkens über das Thema das Ergebnis zu sein. Aber alle Höllen, die alten wie die neuen, haben ihren hypothetischen Charakter gemeinsam. Die modernen Höllen werden von den zeitgenössischen Philosophen und Denkern so genannt,

---

31 B. Nicolescu, *La Science, le sens et l'évolution. Essai sur Jakob Boehme*, Félin 1988, S. 111 f.

deren Ideen jedoch bestritten werden können. So lehnen denn viele Menschen den Terminus »Hölle« als solchen ab. Manche gehen sogar so weit zu sagen, daß sie glücklich sind, und lehnen es ab, sich davon überzeugen zu lassen, daß sie, ohne es zu wissen, in einer Hölle leben. Unter ihnen finden sich Egoisten ebenso wie Altruisten.

Ist die Hölle also nichts weiter als eine Fata Morgana, die nur von bestimmten Menschen gesehen werden kann? Muß man die Antwort nicht eher bei jener verwirrenden Einheit der Gegensätze suchen, die an der Basis der Quantenwelt zu finden ist, das heißt an der Wurzel des Universums? Schon Jakob Böhme schrieb vor langer Zeit in seinem *Mysterium Magnum*: »Der heilige Gott und der Gott der Finsternis sind nicht zwei Götter: Es gibt nur einen, den einzigen Gott. Er ist in sich selbst ganz Wesen, er ist das Gute und das Böse, der Himmel und die Hölle, das Licht und die Finsternis, Zeit und Ewigkeit, Anfang und Ende.« Wenn Gott das Gute und das Böse zugleich ist, ist die Welt dann nicht Himmel und Hölle zugleich? In der Welt der Quanten herrscht diese Logik des Widerspruchs, die der Mensch anerkennt, ohne sie begreifen zu können: Die Welt der Quanten ist kontinuierlich und diskontinuierlich zugleich, einheitlich und vielfältig, einfach und komplex, konstant und wechselnd, ein Kaleidoskop, das dem Betrachter verschiedene Aspekte darbietet.

Sollten Paradies und Hölle nicht die beiden widersprüchlichen Facetten ein und derselben Wirklichkeit im Menschen sein? Zwei Virtualitäten der Persönlichkeit, die abwechselnd zum Ausdruck kommen? Ist Satan nicht ein Engel? Ist der Mensch nicht gleichzeitig verdammt und auserwählt? Dies scheint, am Ende unseres 20. Jahrhunderts, der einzige Weg zur Reflexion zu sein: In seinem *Verlorenen Paradies* schrieb Milton:

> *The mind is its own place, and in itself*
> *Can make a Heaven of Hell, a Hell of Heaven.*
> *(V,247)*

Zusammenfassung

»Die Hölle der Lebenden ist nicht etwas, was sein wird; gibt es eine, so ist es die, die schon da ist, die Hölle, in der wir tagtäglich wohnen, die wir durch unser Zusammensein bilden. Zwei Arten gibt es, nicht darunter zu leiden. Die eine fällt vielen recht leicht: die Hölle akzeptieren und so sehr Teil davon werden, daß man sie nicht mehr erkennt. Die andere ist gewagt und fordert dauernd Vorsicht und Aufmerksamkeit: suchen und zu erkennen wissen, wer und was inmitten der Hölle nicht Hölle ist, und ihm Bestand und Raum geben«, schreibt Italo Calvino 1972 am Ende seines Romans *Le città invisibili*.[1]

Die Hölle hat also schließlich die Erde erobert. Diese unerfreuliche Feststellung ist nur die logische Folge der Entwicklung, die sich Jahrtausende hingezogen hat und die wir nachzuzeichnen versucht haben. Die ersten mythologischen Darstellungen der Hölle weisen, abgesehen von den Bildern, frappierende Ähnlichkeiten mit den Höllen auf, die uns die zeitgenössischen Philosophen darstellen. Hier wie dort handelt es sich um Höllen für alle, in sich geschlossene Welten, ohne die Vorstellung einer von außen kommenden Strafe. Alle diese Höllen sind zeitlich nach dem Tod angesiedelt, aber alles entscheidet sich in diesem Leben durch die Reaktionen des Ich gegenüber der Welt und den anderen. Das Arallu der Sumerer und Babylonier, der Hades der Griechen, der Scheol der Hebräer, die Hölle der Schamanen, Kelten und Germanen in vorchristlicher Zeit sind Spiegel der irdischen Welt, in denen das Leben weitergeht – teilweise in stark reduzierter Form, wo man jedoch seine vorherige Situation wiederfindet. Man braucht nur den Spiegel wegzunehmen, um zu erkennen, daß die wahre Hölle sich sehr wohl in diesem Leben befindet.

Um zu diesem Schluß zu gelangen, bedurfte es jedoch eines riesigen Umweges durch die imaginären Höllen der Heilsreligionen, der von den antiken Moralphilosophen angebahnt worden

---

[1] I. Calvino, *Die unsichtbaren Städte*, München 1984, S. 192.

war. Die fortschreitende Vertiefung des Begriffs von Gut und Böse, der Wunsch, den Sieg des ersten über das zweite zu ermöglichen, begünstigt, zusammen mit der Erkenntnis der Grenzen der menschlichen Rechtsprechung, die Projektion des moralischen Ideals ins Jenseits mit einer Belohnung für die Guten und einer Bestrafung für die Bösen. Die Bestrafung war zeitlich immer begrenzt und ging entweder der völligen Vernichtung voraus, wie bei den Ägyptern, oder einer allgemeinen Wiederherstellung, wie beim Mazdeismus oder dem Origenismus, oder einer Rückkehr auf die Erde, wie bei den Griechen und den Indern.

Das christliche Denken aber geht viel weiter, indem es die Ewigkeit der Strafe einführt sowie die Unterscheidung zwischen ewiger Verdammnis für die Seele durch die Gottesferne und den Höllenqualen für die Sinne. Die christliche Hölle stellt eine Kombination zwischen Rationalismus und Sinn für das Praktische dar, sie ist ein reines Produkt abendländischen Geistes, die systematischste Hölle, die je erdacht wurde, die totale vierdimensionale Hölle: die negative Dimension (der Verdammte ist von der Quelle alles Guten abgeschnitten), die positive Dimension (der Verdammte leidet die Qualen über die fünf Sinne, über die Phantasie, die Vernunft und das Gefühl und durch die Gewissensbisse), die zeitliche Dimension (die Qualen werden in der Zeit erduldet) und die Dimension der Ewigkeit (durch das Bewußtsein der ewig fortdauernden Qualen). Diese ideale Hölle ist zugleich ein Instrument, mit dem das Böse aus der Welt geschafft werden soll.

Dieses wunderbare System hat jedoch zu keiner Zeit richtig funktioniert. Sein Fehler war, daß es eine übermäßige Perfektion anstrebte, was zu unvereinbaren Widersprüchen führte. Niemals ist es den Theologen gelungen, eine stichhaltige Erklärung dafür zu finden, wieso ein als materiell ausgewiesenes Feuer auf immaterielle Seelen wirken kann, wieso Verdammte, die fortfahren, in der Zeit zu denken, nichts mehr bereuen können, und wie ein allmächtiger Gott dieses Scheitern seiner Schöpfung in alle Ewigkeit zulassen kann. Der Zustand absoluter Qual, den die christliche Hölle darstellen sollte, war von zu vielen Ungereimtheiten durchsetzt, um wirklich glaubwürdig zu sein.

Gewiß, diese Hölle hat jahrhundertelang die Menschen geängstigt, jedoch niemals genug, um ihr erklärtes Ziel zu erreichen, nämlich das Böse aus der Welt zu schaffen. Dies hat seinen Grund darin, daß das Absolute nicht dem Wesen des Menschen entspricht. Der Mensch kann das Absolute nicht begreifen, und somit kann es auch nicht wirksam werden. Das Christentum wollte eine zu vollkommene Hölle schaffen und hat sich dabei in Widersprüche verstrickt, die ihm seine Bewegungsfreiheit nahmen und sein Werk zunichte machten. Dieses Scheitern war um so deutlicher vorauszusehen, als der Klerus, um das Unerklärliche zu erklären, sehr früh schon zu Bildern und Gleichnissen griff, die sich selbständig machten. Feuer, Gewürm und Folter waren die Ausgangsbegriffe für eine Unzahl von Vorstellungen, die im Volk über die Hölle kursierten und die seitens der Theologen niemals völlig widerlegt werden konnten. Die Ungereimtheiten, die sich beim Vergleich zwischen der theologischen, dogmatischen, philosophischen und volkstümlichen Hölle ergaben, sollten sich als ein Faktor erweisen, der dem Zweifel Vorschub leistete.

Die traditionelle Hölle ist im Grundsätzlichen zu abstrakt und in der Beschreibung zu konkret. Als Spiegelbild einer bestimmten Gesellschaftsepoche wird sie mit deren Verschwinden zum Fossil. So sollten sich die Analogien zu der menschlichen Rechtsprechung – der lehnsherrlichen und königlichen insbesondere – als äußerst nachteilig und hinderlich herausstellen. Das große Gewicht der mönchischen Elemente, die dazu führten, Hochmut, Begehrlichkeit und Völlerei als Hauptgründe für die Verdammnis darzustellen, war ein weiterer Grund für ein schnelles Veralten.

Die Tendenz, die Hölle auf der Erde anzusiedeln, ist niemals verschwunden. Sie taucht in regelmäßigen Abständen auf und wird von den kirchlichen Autoritäten immer wieder zurückgedrängt, denn diese legen großen Wert darauf, den Schlüssel zum Paradies und zur Hölle nicht aus der Hand zu geben. Schon Lukrez verglich die Hölle mit der Existenzangst, ein Gedanke, der von den Gnostikern und verschiedenen manichäischen Strömungen mehr oder weniger aufgenommen wurde. Zwischen dem 14. und 16. Jahrhundert vermittelt das zeitweilige Auflodern des Satanskultes den Eindruck, als sei die Hölle im Begriff, die Erde zu erobern, doch letzten Endes hält sich alles im traditionellen Rahmen. Bedeutsamer sind wohl die Visionen eines Hieronymus Bosch, als doppeldeutiger Alptraum auf der Grenze zwischen irdischem und jenseitigem Grauen.

Im 17. Jahrhundert rückt die Kirche die Hölle wieder an ihren

Platz. Die protestantische und katholische Reformation setzen auf allen Gebieten die vollkommene Trennung zwischen dem Heiligen und dem Profanen durch. Wunder und Hexerei haben ein Ende. Auf Erden beginnt sich die Herrschaft der Vernunft durchzusetzen, und das Übernatürliche wird ins Jenseits verbannt, wozu auch die Hölle gehört. Beim Konzil von Trient sägt die Kirche den Ast ab, auf dem sie sitzt. Sie überläßt die Welt Descartes, der Wissenschaft und dem Positivismus. Durch eine hermetische Trennung der Gebiete macht sie eine ausgewogene Forschung nach der Wahrheit möglich und schafft damit eine Rivalität, die sich zu ihren Ungunsten auswirken wird. Anstatt mit den Geisteswissenschaften zusammenzuarbeiten, verachtet sie diese und wird das Opfer ihres Aufschwungs.

Das Ergebnis ist, daß der herkömmliche Begriff der Hölle seit dem 19. Jahrhundert in den Laienkreisen schlicht und einfach verneint wird. Die kirchliche Hölle wird zu einem Monstrum, das, einem Dinosaurier gleich, nicht in die moderne Welt paßt. Sofort gewinnt ihr weltlicher Rivale an Einfluß und behält schließlich die Oberhand. Die Hölle, heißt es jetzt, das sind die anderen, das ist die Existenzangst, das tägliche Leben usw. Hinter diesen lapidaren Formulierungen verbirgt sich das Unbehagen unserer Zeit. Das 20. Jahrhundert kann zu Recht das Jahrhundert der Höllen genannt werden.

Die Vorstellung von der Hölle hat sich gewiß fortentwickelt, vom Begriff der Bestrafung einer moralischen Verfehlung hin zur Existenzangst. Wie jede Vokabel, die ein Extrem bezeichnet, wird auch das Wort Hölle bei allen möglichen Gelegenheiten inflatorisch angewendet, wodurch es in der Umgangssprache seine wahre Bedeutung verloren hat. Die Hölle selbst aber behält ihre tiefere Bedeutung, was mehr denn je die Beibehaltung des Wortes rechtfertigt.

Theologen, Philosophen und Wissenschaftler des 20. Jahrhunderts haben die Begriffe System, Milieu, Interdependenz und Interaktion vertieft. Kein Element, kein Teilchen, kein Molekül, kein Lebewesen und kein Himmelskörper kann heute mehr als etwas Isoliertes gelten. Das »Individuum« ist tausendfach mit seinem Milieu und mit dem Universum verbunden, in ihm kreuzen sich physische und psychische Beziehungen und verbinden es mit der Welt. Dieses neue Bewußtsein erneuert den Begriff der Hölle, denn jegliche Veränderung eines Elements schlägt sich auf das Ganze nieder. Dies bedeutet, daß individuelle und kollektive Verantwortung eng verbunden sind. Das Gute oder das Böse, das hier und dort geschieht, hat kosmische Auswirkungen und wirkt sich auch auf die Zukunft des Ganzen aus. Dies ist die erste Komponente einer möglichen Hölle.

Das individuelle Bewußtsein ist ebenfalls das Ergebnis von Beziehungen mit den anderen; es hängt vom Blick der anderen und von der Reaktion eines jeden auf diesen Blick ab. Selbst wenn er völlig einsam in der Wüste lebt, bleibt der Mensch doch das physische und psychische Produkt seiner Vergangenheit. Der Mensch schafft sich nicht allein und ist nie allein. Dies ist die zweite Komponente einer möglichen Hölle. Der Mensch ist unfähig, sein eigenes Geschick zu bestimmen, und er ist unfähig, das der anderen zu bestimmen. Jeder ist nur eines der zahlreichen Elemente, die auf seinen Nächsten einwirken. Selbst bei einer tiefen Liebesbeziehung entgeht uns ein Teil des anderen, und so bleiben wir unwiderruflich allein und einzig; dies ist die dritte Komponente einer möglichen Hölle.

Diese drei Elemente gab es immer, nur sind sie bis jetzt verborgen geblieben. Die moderne Technik bringt sie erbarmungslos ans Licht. Wir erfahren heute in Sekundenschnelle, was sich, ganz gleich wo, auf der Welt ereignet. Dadurch hat sich unser Gefühl der Abhängigkeit und der Ohnmacht verstärkt. Hinter den meisten modernen Vorstellungen von der Hölle finden wir diese drei Komponenten: Der Mensch des ausgehenden 20. Jahrhunderts ist sich seiner verzweifelten Lage zwischen Abhängigkeit und Solidarität einerseits und gnadenloser Einsamkeit andererseits schmerzhaft bewußt. Er weiß, daß er Glied eines Ganzen ist, das seine Existenz bestimmt, und dennoch hoffnungslos allein. Als Individuum möchte er sich bestätigen; als Mensch ist er sich jedoch bewußt, daß Individualität eine Illusion ist.

Seine Hölle ist ebendiese verzweifelte Lage, die der Verfall der traditionellen Werte grausam deutlich macht. Er kann kaum noch an das Ideal der Gleichheit glauben, wenn alles um ihn herum das Gegenteil beweist. Freiheit? Was bleibt von ihr übrig in einer Welt, in der der Druck der Masse die Rechte des einzelnen auf so gut wie nichts zusammenschmelzen läßt. Die Demokratie? Sie gibt ihm so gut wie keinen Einfluß mehr, und längst ist sie zugunsten von demagogischen Politikern ihrem eigentlichen Wesen entfremdet worden. Hinter all diesen einstürzenden Fassaden bleibt die ewige Konfrontation: die anderen und Ich.

Die Hölle bestand immer aus dieser Konfrontation, nur unter verschiedenen Erscheinungsformen. Die herkömmliche Hölle war die Bestrafung eines egoistischen Lebens und der schlechten Taten anderen gegenüber. Die moderne Hölle ist das Bewußtsein des schmerzhaften Widerspruchs, der das eigentliche Wesen des Menschen ausmacht: Ich bin das Produkt der anderen, und ich kann mich nur bestätigen durch Opposition zu ihnen. Der Bruch der Abhängigkeit oder wie soll man in permanentem Widerspruch leben: Das ist das quälende Bewußtsein des heutigen Menschen. Diese Situation kann zur Hölle führen oder zum Heil, und zwar schon in diesem Leben. Die Hölle ist die Ablehnung der Wirklichkeit, also die Ablehnung dieser widersprüchlichen Bedingung. Sie kann zum Tragen kommen durch Selbstbestätigung bei voller Nichtachtung der anderen oder durch Selbstverleugnung bei totalem Aufgehen in einer anonymen »Menschheit«. Beide Lösungen sind illusorisch und verurteilen den Menschen dazu, ein Leben lang »in der Luft zu hängen«. Uns völlig auf Kosten der anderen bestätigen zu wollen, heißt einem Hirngespinst nachjagen, denn ein Teil der anderen, des anderen, wird uns entgehen, und das ständige Bewußtsein dieses Scheiterns ist schlicht unerträglich. Uns selbst verleugnen, uns ganz zu vergessen und völlig aufzugehen ist genauso illusorisch und unterhält ein ständiges Schuldgefühl, denn unsere Einmaligkeit ist nicht verkehrbar; wir werden unausgesetzt von Gewissensbissen verfolgt, nicht zum perfekten Altruismus gelangt zu sein. Dieser aber kann nur durch Hingabe des eigenen Lebens erfolgen, also durch Selbstzerstörung. Wenn man dieses Prinzip bis zu Ende verfolgt, dann führt es ebenso sicher zum Untergang der Menschheit wie der vollkommene Egoismus. »Wer Engel sein will, wird zum Tier«, sagte Pascal. So kommen wir zur geschlossenen Welt der herkömmlichen Hölle, einer Welt gleich einem Gefängnis, aus dem es kein Entrinnen gibt.

Die Analogie zur kosmischen Entwicklung ist einleuchtend. Unser expandierendes Universum ist dazu bestimmt, in Kälte und absoluter Finsternis zu enden, falls die Impulsionskraft des Big Bang über die Anziehungskräfte (»offenes Universum«) siegt. Siegen jedoch letztere, wird sich das Universum unter unendlicher Hitze zusammenziehen (»geschlossenes Universum«). Die eine

Perspektive ist ebenso teuflisch wie die andere. Für die Menschheit kommt erstere einem Sieg des Egoismus gleich, letztere einem Sieg des totalen, universellen Altruismus.

Der moderne Mensch schwankt zwischen beiden Höllen und wird sich dieser Lage immer mehr bewußt ebenso wie der Möglichkeit seiner Selbstzerstörung durch ein Übermaß an Selbstbestätigung oder an Selbstverleumdung.

Auch hier treffen sich die jüngsten Entwicklungen der Wissenschaftsphilosophie und der wissenschaftlichen Logik mit den Orientierungen der Geisteswissenschaften und der Tradition. Diese transdisziplinäre Annäherung an die Wahrheit, die Niels Bohr so sehr wünschte und die heute Wissenschaftler wie Basarab Nicolescu voranzutreiben versuchen, ist eine fruchtbare Richtung der heutigen Forschung. Nicolescu stützt sich auf Stéphane Lupasco und G. I. Gurdjieff[2], wenn er von der »trialektischen Struktur« der physischen, biologischen, soziologischen und psychischen Realität schreibt: »Die Manifestation eines beliebigen Phänomens ist gleich einer gewissen *Aktualisierung*, einer Tendenz zur Identität, aber diese gleiche Manifestation impliziert ein Zurückdrängen, eine *Potentialisierung* all dessen, was das Phänomen nicht ist, anders gesagt, der Nichtidentität. Die Potentialisierung ist keine Vernichtung, kein Verschwinden, sondern nur eine Erinnerung des Noch-nicht-Manifestierten. [...] Jedoch sind die Aktualisierung und die Potentialisierung nicht ausreichend für eine kohärente, logische Definition der Realität. Die Bewegung, der Übergang vom Potentiellen zum Aktuellen sind nicht denkbar ohne einen *unabhängigen Dynamismus*, der ein vollkommenes, unbedingtes Gleichgewicht zwischen der Aktualisierung und der Potentialisierung impliziert, ein Gleichgewicht, das eben gerade diesen Übergang gestattet.«[3] Die Koexistenz dieser drei untrennbaren Aspekte ist das Wesen der trialektischen Struktur des Realen.

Die Folgen für die Menschheit und für den einzelnen sind fundamental und helfen verstehen, welches die moderne Auffassung von

---

[2] S. Lupasco, *Les Trois Matières*, Paris (Julliard) 1970; *Du devenir logique et de l'affecitvité*, 2 Bde., Vrin 1973; *Le Principe d'antagonisme et la logique de l'énergie (prolégomènes à une science de la contradiction)*, Paris (Hermann) 1951; G. I. Gurdjieff, *Récits de Belzébuth à son petit-fils* Monaco (Éd. du Rocher) 1983.

[3] B. Nicolescu, *La Science...*, a. a. O., S. 196f.

der Hölle sein kann. Kollektiv gesehen sind die drei Pole die folgenden: 1) Eine Hinbewegung zu einer völligen Homogenisierung der Individuen, die Reduzierung des einzelnen auf die für alle gleiche Identität in einer totalitären Gesellschaftsform, eine Bewegung nach dem physikalischen Gesetz der Entropie, die zum Tod führt durch die »absolute, nicht widersprüchliche Identität«. Eine Gesellschaft aus völlig gleichen Einzelwesen wäre tatsächlich eine tote Gesellschaft. Hier liegt die Gefährlichkeit der Gleichheitsutopien. 2) Eine Hinbewegung zu einer völligen Individualisierung, zur Heterogenität, die »durch die extreme Verschiedenartigkeit zum Tod führen kann«, das heißt zu einem völligen Mangel an Solidarität, zur vollkommenen Isolation des einzelnen. Hier liegt die Gefährlichkeit der auf Anarchie aufgebauten Utopien. 3) Die Herstellung des dynamischen Gleichgewichts zwischen den beiden vorgenannten Bewegungen, eines ständig bedrohten Gleichgewichts zwischen der Hölle des kollektivistischen Totalitarismus und der Hölle der anarchistischen Isolation.

Auf der individuellen Ebene sind die drei Pole die Selbstverneinung, die Selbstbestätigung und der emotionale Pol, wie Gurdjieff ihn nennt, der Pol der Verständigung, der Akzeptanz des Widerspruches. Die beiden widersprüchlichen Höllen, die auf das Individuum lauern, sind: a) die übermäßige Selbstbestätigung, die die anderen völlig vergißt, die traditionelle Hölle des Hochmuts. Diese ist jedoch zum Scheitern verurteilt, weil sie nicht unserer von Grund auf abhängigen Lage dem anderen gegenüber Rechnung trägt. Die logische Folge wäre der Selbstmord, die Hölle der Verdammten. b) Die übermäßige Verleugnung seiner selbst, die auch zum Scheitern verurteilt ist, weil sie der grundlegenden Einzigartigkeit des einzelnen und seiner nicht heilbaren Einsamkeit nicht Rechnung trägt, die Hölle der Heiligen.

So treiben wir zwischen zwei Kollektivhöllen und zwei Individualhöllen dahin, wofür es im 20. Jahrhundert viele Beispiele gibt, von der »homogenen« Hölle des Nationalsozialismus, des Kommunismus, des religiösen Integrismus bis hin zur »heterogenen« Hölle der falsch verstandenen Demokratie, die falsche Freiheiten und echte Ungleichheiten hervorbringt, von der egoistischen Hölle des Konsumwahns bis zur altruistischen Hölle jeglicher Art von uneingeschränktem Drogengenuß. Alle, die jemals die Welt verändern wollten, haben ihr die Hölle gebracht. »Letzten Endes«, schreibt

Nicolescu, »kann die Veränderung der äußeren Welt nicht das Geringste ändern, sondern nur die Veränderung der Haltung des Menschen der Realität gegenüber kann alles ändern. Das Akzeptieren des trialektischen Widerspruchs kann eine solche Veränderung bewirken.«[4]

Mehr denn je kann das Heil nur durch die enge Pforte erreicht werden; die enge Pforte, das heißt, den existentiellen Widerspruch auf sich zu nehmen. Ich muß anerkennen, daß meine Individualität von der Gesamtheit abhängt und daß sie sich nur in dieser Erkenntnis bestätigen kann. Es ist ein schmaler Pfad, und der Versuch birgt viele Gefahren. Nur zu häufig erfolgt ein Absturz in die Hölle der Verdammten oder in die Hölle der Heiligen. Die Einheit der Widersprüche akzeptieren, heißt den mittleren Weg gehen, zu akzeptieren, daß man ist und zugleich nicht ist, ein unersetzbares Ich, das gleichzeitig in ein Bündel von Beziehungen aufgelöst ist. Der Widerspruch scheint wahrhaftig die Wurzel des Seins zu bilden, wie auch aus der Quantenphysik hervorgeht. Ich bin Ich und Nicht-Ich, Ich und Gegen-Ich, ich bin Realität und Virtualität. Die Hölle bedeutet, eine dieser beiden Facetten zu leugnen und sich so zu einer unvollständigen Existenz zu verdammen, zur Verstümmelung einer Hälfte seines Wesens. So gehe ich bis zum Tod von einer Hölle zur anderen, ich versinke mehr oder weniger tief darin und trage dazu bei, die anderen ebenfalls hineinzustoßen.

Das Heil liegt im Verzicht auf die ausschließliche Bestätigung eines Teilaspekts der Person. Kehren wir den Ausspruch Pascals um, dann können wir sagen: Der Mensch ist Engel *und* Tier; wer nur Engel oder nur Tier sein will, stürzt in die Hölle. Das Heil liegt in der Bestätigung der komplementären Gegensätzlichkeit, darin beruht die wahre Demut. Die Hölle entsteht aus der einseitig getroffenen Wahl, die verstümmelnd wirkt. Der Mensch ist Ja *und* Nein, Sein *und* Nichts. Sein *oder* Nichtsein, das ist die eigentlich infernalische Frage. Sein *und* Nichtsein, das ist das Heil. »Wer Ohren hat zu hören, der höre.« (Markus, 4,9)

---

4 Ebenda, S. 216

Personenregister

Abdul, Mohammed 184
Abélard 229
Achaz 92
Äschylos 59
Alain 399f., 404
Alain von Lille 229
Alarich 143
Alberich von Settefrati 205
Albertus Magnus 241ff.
Alexander III., Papst 231
Alexander der Große 79, 220
Alexander von Hales 242
Alkuin 175
Ambrosius 131
Ambrosius Catharin 266
Amelincourt 333
Anaxagoras 223
Angelico, Fra 274
Anonymus von Auxerre 261
Anselm von Laon 229
Antiochus IV. 83, 85
Antiochus V. 85
Antiochus VI. 85
Antonin, Bischof von Florenz 317
Antoninus Pius 117
Antonius, Marcus 72
Aphraates der Perser 137
Apollonius 127
Ardent, Raoul 236
Ariès, Philippe 176, 341
Aristophanes 59
Aristoteles 59, 215, 221, 242, 336
Arnaud Gélis 199f.
Arnobis 169
Assurbanipal 23
Athanasius 138
Atto von Vercelli 175
Augustinus 143ff., 159, 173, 180, 202, 247, 253, 304, 312, 319, 331, 349
Avendano, Prediger 40
Avocat, Richard l' 333

Baechler, J. 38

Bahnsen 381
Basilius von Caesarea 138
Baxter, R. 313
Baudelaire, Charles 272
Bayle, Pierre 345, 350ff., 355, 357
Beda Venerabilis 156ff.
Bellarmin 323f., 331, 339, 349
Benedikt XII., Papst 252
Benedikt XIV., Papst 286
Benedikt von Nursia 156
Berard, Victor 31
Bérenger 166
Bergier, Nicolas-Sylvestre 368
Bernanos, Georges 405
Bernard de Fonteaude 199
Bernard Gui 199
Bernardone, François 235
Bernhard von Clairvaux 199, 328
Bertrand von Born 216, 219
Billot, Kardinal 378
Bodin, Jean 266, 333
Böhme, Jakob 411ff.
Bohr, Niels 420
Bohuet, Henri 259
Bonaventura 238f.
Bonifatius 161
Bonifatius VIII. 214, 219, 253
Bonvesin della Riva 199
Bosch, Hieronymus 123, 272, 416
Bossuet, Jacques-Benigne 286, 288, 307ff., 346ff.
Botticelli, Sandro 274
Bourdaloue 305ff., 328, 331
Bruegel d. Ä., Pieter 271
Bruegel d. J., Pieter 271
Brunschvig, Jacques 353
Brutus 220
Bucer, Martin 367
Bunyan, John 313
Buzzati, Dino 410f.

Cäsar, Julius 72, 220
Caesarius von Arles 155, 177, 180, 230

PERSONENREGISTER

Caesarius von Heisterbach 201
Calamy 313
Calvin, Jean 311 f., 337 f., 367
Calvino, Italo 414
Cambacérès 342 f.
Camus, Albert 409
Canisius 331
Carrouges, Michel 362
Cassius 220
Castelein 378
Celsus 126
Chaunu, Pierre 259, 265, 341
Chilperich I. 154
Choron, Jacques 339
Chromacius von Aquileja 170
Cicero, Marcus Tullius 60, 221
Clavel, Maurice 406
Cléré, Jean 261
Clemens I., Papst 119, 127 f., 133, 142
Clemens V., Papst 220
Clemens VI., Papst 253
Clemens von Alexandrien 106, 127, 141
Clothar I. 153
Coelestin V., Papst 219
Collius, F. 322
Colomanus 178
Comte, Auguste 384 f.
Congar, Yves 391 f.
Corneille, Pierre 286
Corté, Nicolas 396
Coton, Pierre 335 f., 338
Crasset, J. 304 f.
Croix, Alain 268, 303
Curion 72, 220
Cyprianus 136, 252
Cyrano de Bergerac 347

Damiens, Robert François 369
Dante 14, 16, 68, 114, 197, 211 ff.,
  218 ff., 263 f., 274, 385, 404 f., 410
Davila, Francisco 320
Delumeau, Jean 14, 287, 310, 334,
  341 f., 367
Demokrit 59
Denis le Chartreux 267
Deplace, Charles (Manrèse) 379
Descartes, René 285, 417
Diderot, Denis 360
Didier 153

Didymos der Blinde 131 f.
Diogenes 223
Dostojewski, Fedor 382
Drexel, Jeremias 349
Drummond 385
Duns Scotus 249
Dürer, Albrecht 269
Dupré de Saint-Maur, Mme. 359
Duviols, P. 40

Eicher, Peter 395
Einstein, Albert 406
Eliade, Mircea 34 f.
Elisabeth I., Königin von England 323
Empedokles 223
Epikur 60 f.
Erasmus von Rotterdam 265 f.
Etienne de Bourbon 203
Euklid 223
Eyck, von 271 f.

Fecht, Johann 350
Feeney, Leonard 389 f.
Fénelon, François de Salignac de la
  Mothe 328
Ferrier, Vincent 261
Feuerbach, Ludwig 385
Flavius, Josephus 87 f.
François de Toulouse 332
Franz von Sales 280
Franz Xaver 346, 359
Frauenstadt 381
Frayssinous, Mgr. 377
Friedrich II. von Preußen 359
Froissart 199, 211
Fromentières, Jean-Louis 334

Gabrieli, Pater 349
Galeotti, Marzio 317 f.
Galilei, Galileo 348
Garcilaso de la Vega 40 f.
Gaudemet, Jean 135
Gelasius I., Papst 110
Gélis, Arnaud 199 f.
Gerhard, Johann 350, 367
Germanus von Konstantinopel 134
Gervais de Tilbury 239
Ghâzâli 187 f., 191
Giaccomo da Verona 199

Gilbert de la Porrée 229
Gilles de Rais 257
Giroust, Jacques 295
Godric de Finchale 235
Goldmann, Lucien 333
Goodwin 313
Gratianus 226
Graveran, Louis 297
Gravina 333
Gregor der Große, Papst 164, 167 f., 170, 172 f., 175, 180, 239
Gregor von Narek 180
Gregor von Nazianz 138 f.
Gregor von Nyssa 133 f., 142
Gregor von Tours 153, 161, 168
Grignon de Montfort 324
Guibert von Nogent 205
Guillaume de Deguilleville 267
Guillaume de Saint-Thierry 200
Guitton, Jean 405
Gurdjieff, G. I. 420 f.

Hamurabi 19
Harent 377
Harnack, Adolf von 91
Harrington, W. 81
Hartmann, Robert von 381
Hegel, Georg Wilhelm Friedrich 366
Heidegger, Martin 409
Heinrich 378
Heinrich II., König von England 227
Heinrich III., König von England 227
Heinrich IV., König von Frankreich 335
Heraklit 59, 119, 223
Hermas 107 f.
Hervé, Jean 399
Hesiod 29 f., 32
Hieronymus 131 ff.
Hippokrates 223
Hippolyt von Rom 136
Hobbes, Thomas 348
Holbach, Paul-Henri Thiry, Baron d' 359
Homebon, Cremone 235
Homer 29, 32, 70, 223, 404
Honorius von Autun 204, 238 ff.
Horaz 69, 223
Houdry, Vincent 290 f.

Huber, Marie 360
Hugues de Saint-Victor 226, 229
Hulin, Michel 14, 38, 55, 298
Hume, David 339

Ibn Safwân 195
Ignatius von Antiochien 109
Ignatius von Loyola 278, 379
Innozenz III., Papst 153, 233, 251, 253
Innozenz X., Papst 333
Innozenz XI., Papst 367
Innozenz XII., Papst 349
Irenäus 118, 127

Jacobus de Voragine 164
Jacques de Vitry 203
Jaquelot, Isaac 352
Jean de la Croix 394
Jean du Plan Carpin 36, 319
Jean Lemaire de Belges 263
Jean Wier 258
Jeanne d'Arc 257 f.
Johannes Cassianus 142
Johannes Chrysostomos 139 ff., 144, 149, 323
Johannes XXII., Papst 252, 258
Johannes Paul II., Papst 394
Johannes Damascenus 136
Johannes Scotus Eriugena 169
Johannes Trithemius 321
Jonas von Orleans 169
Joseph, Pierre 294
Josias 92
Jouhandeau, Marcel 407
Juan Martinez de Ripalda 321
Julian von Toledo 175
Julien de Vézelay 197, 201, 228
Jurieu, Pierre 314, 350
Justin 117 f., 120, 127
Justinian 151 f.

Kallimachos 79
Karl der Große 165 ff.
Karl der Dicke 166 f.
Karl Martell 165
Karl von Valois 214
Katharina von Siena 276
Kierkegaard, Søren 383
King, William 352

Kolumbus, Christoph 318
Konfuzius 58
Kopernikus, Nikolaus 347
Küng, Hans 91
Kummâ 22
Kyrill von Alexandria 138
Kyrill von Jerusalem 138

La Colombière 291, 294
La Font, Pierre de 297
Lactantius 138
La Hontan, de 347
La Mettrie 359
Lambert, Yves 400
Laotse 58
Lassay, de 360
Latini, Bruneto 215
Le Boux, Guillaume 330
Le Gall, Nicolas 295
Le Goff, Jacques 14, 108, 179, 201, 206, 232
Lebrun, François 341
Lefebvre, Henri 333, 396
Leibniz, Gottfried Wilhelm 345, 353 ff., 358, 367, 369
Leo X., Papst 214
Leopardi, Giacomo 381
Leroy Ladurie, Emmanuel 200
Lessius 331
Lestoquoy, J. 234
Leukippos 59
Linfert, C. 273
Lisle, William 199, 211
Lombardi, Riccardo 391
Loriot, Julien 324 ff.
Lorrain, Claude 286
Love, Christopher 312
Lucian 223
Ludwigs XII., König von Frankreich 321
Ludwig XIV., König von Frankreich 294, 305, 330, 334, 349, 368
Ludwig XV., König von Frankreich 369 f.
Ludwig der Blinde 166 f.
Ludwig der Deutsche 166
Ludwig der Heilige, König von Frankreich 227
Ludwig von Granada 323

Luitfried 167
Lukrez 61, 103, 416
Lupasco, Stéphane 420
Luther, Martin 310, 367

Maimburg, Louis 294
Maimonides, Moses 102
Maistre, Joseph de 370
Malebranche, Nicolas de 330 f.
Malherbe, François de 387
Manasse 92
Mani 104 f.
Marc Aurel 60
Marchent, Guyot 270
Marie de l'Incarnation 320
Markus Arethusa 90
Marmontel, Jean-François 358
Marrou, Henri 152
Martin, Hervé 262
Massillon 328 f.
Maunoir, Julien 301 f.
Maury, Jean 200
Maximilian I., Kaiser 321
Maximus von Turin 180
Meliton 110
Memling, Hans 271
Meslier, Jean 361
Michel, A. 322, 378
Michelangelo 271, 274
Migne, Abbé 287
Milton, John 314, 413
Minucius Felix 119, 121
Mohammed 51, 183, 185, 190 f., 194, 195, 220
Montesquieu, Charles-Louis de Secondat, Baron de 357, 359 f.
Morelly 360
Murray, John 385

Napoleon 371
Newman, John 376
Nicole 304 f., 331
Nicolescu, Basarab 411 f., 420
Nietzsche, Friedrich 383 f., 387
Nikolaus II., Papst 163
Nikolaus III., Papst 219
Notker der Stammler 167
Ntekida, J. 177

PERSONENREGISTER

Occam, Wilhelm von 260, 275
Oekolampadius, Johannes 367
Orcagna 274
Origenes 128 ff., 132 f., 141 f., 169, 342
Otloh von Sankt-Emmeram 207
Otto I., Deutscher Kaiser 91
Outreman, Philippe d' 339
Ovid 223

Paolo di Nieri 274
Papini, G. 399
Pascal, Blaise 331, 419, 422
Paul III., Papst 318
Paul VI., Papst 394
Pelagius 144
Perkins, W. 313
Peter Damian 163 f.
Petersen, Johann Wilhelm 347
Petrus Christus 272
Petrus Lombardus 226
Philipp August, König von Frankreich 227
Philon 127
Pierre de Bruys 199
Pierre de Lancre 259
Pierre le Chantre 233
Pindar 59
Pius IV., Papst 323
Pius V., Papst 323
Pius VI., Papst 333
Platon 63 ff., 86, 118, 223
Plinius 147
Plitt 385
Plotin 67
Plutarch 108
Polo, Marco 319
Polykarp 118
Pythagoras 133

Rabelais, François 264
Racine, Jean 307
Rahner, Karl 397
Ramses III. 45
Ramses IV. 48
Raoul of Coggeshall 199
Rapp, Francis 265
Ratzinger, Josef Kardinal 394 f.
Reiter, Paul 310
Relly, James 385

Renan, Ernest 390
Renouvier, Charles 403
Richard, Herzog von Burgund 228
Richard, M. 82
Richard, Jean 328
Rimbaud, Arthur 379
Rocher, Antoine 313
Rodin, Auguste 387
Roger von Wendover 207
Rolland, Madame 362
Rolle, Richard 197, 277 f.
Rousseau, Jean-Jacques 363 f., 382
Rubens, Peter Paul 274
Rubruk, Wilhelm von 319
Russel, C. T. 385
Ruysbroeck 260

Sade, Donatien-Alphonse-François, Marquis de 362
Salmerón 331
Sapori, A. 234
Sartory, T. u. G. 398
Sartre, Jean-Paul 12, 125, 407 f.
Savonarola 257
Schauer, F. 389
Schneider, J. 234
Schopenhauer, Arthur 380 f.
Segneri, Paolo 296
Seneca 60, 223
Servius Tullius 145
Seuse, Heinrich 275
Seyssel, Claude de 321, 333, 378
Sfondrate, Kardinal 348 f.
Shakespeare, William 13, 286, 307, 348, 403
Signorelli, Luca 271, 274, 286
Simon von Tournai 233
Simplicius, Papst 151
Sixtus IV., Papst 318
Sokrates 59, 66, 118, 127, 223
Soner 346
Sophokles 59
Soto, Domingo de 321
Spee, Friedrich von 346
Spinoza, Baruch 348
Suarez 331
Suger 227 f.
Surian, Mgr. de 332
Swedenborg, Emanuel 362

Tabarî 185, 188
Taubert 381
Tauler, Johannes 261
Teilhard de Chardin, Pierre 397
Tertullian 120f., 136, 230, 337
Texier 294
Thales 223
Theoderich 164
Theodoros Atheos 79
Theresa von Avila 260, 280ff., 299
Therese von Lisieux 394
Theudrich II. 153
Thomas von Aquin 212, 215f., 225, 238, 240, 243ff., 253, 259, 319
Thomas von Kempen 275
Tintoretto 274
Tolomei, Bernardo 236
Tolstoi, Leo 382

Ursinus, Zacharias 349

Varillon, François 397
Vasquez 331
Vauchez, A. 236
Ventura, Pater 377
Vérard 269ff.

Vergil 14, 16, 68ff., 72, 112, 216, 221f., 404, 410
Vianney, Jean-Marie (Pfarrer von Ars) 374ff.
Vigilins, Papst 152
Villon, François 264
Vincent de Paul 303, 324
Vintimille, Mgr. 342
Vitry, Jacques de 203
Vivès Louis 320
Voltaire 286, 358f., 364, 368
Vovelle, Michel 341f.

Walahfrid Strabo 165
Werimbold von Cambrai 235
Wesley, John 313
Wetti 165
Wilhelm von Auvergne 238, 242
Witos, Wincenty 376
Wycliffe, John 277

Yves von Chartres 227

Zarathustra 50f., 53f., 77f., 102
Zenon 133
Ziani, Sebastiano 235

Bildnachweis

Archiv für Kunst und Geschichte Berlin: S. 96, 316, 344, 372, 386
Bayerische Staatsbibliothek München: S. 44, 198
Marvin & Janet Fishman Collection, Milwaukee: S. 388
Privat: S. 17, 256, 284

Die Abbildung auf dem Frontispiz (Foto: Wolfram Janzer) entnahmen wir mit freundlicher Genehmigung der Werner'schen Verlagsanstalt, Worms, dem Band *Vicino Orsini und der heilige Wald von Bomarzo* von Horst Bredekamp.

Die Republik Venedig:
Zivilisationsexperiment der Moderne und Lernwerkstatt Europas

Lars Cassio Karbe
Venedig oder
Die Macht der Phantasie
Die Serenissima - ein
440 Seiten
mit 60 s/w
Abbildungen,
Leinen

Was kann Europa von Venedig lernen?
Die breitangelegte Untersuchung
geht der Frage nach, welche zivilisatorischen, politischen,
sozialen und kommunikativen Techniken dieses
Gemeinwesen ausbildete, die es ihm erlaubten, elfhundert
Jahre lang als >Staatsfirma<, >Weltunternehmen< und als
Kultur zu überleben.
Können diese Techniken Modellcharakter für das Europa
von morgen haben?

Eugen Diederichs Verlag

Lebendiges Mittelalter

Joachim Bumke:
Höfische Kultur
Literatur und Gesellschaft im hohen Mittelalter
dtv 4442

Umberto Eco:
Kunst und Schönheit im Mittelalter
dtv 4603

Heinrich Fichtenau:
Lebensordnungen des 10. Jahrhunderts
Studien über Denkart und Existenz im einstigen Karolingerreich
dtv 4577

Karl August Fink:
Papsttum und Kirche im abendländischen Mittelalter
dtv 4619

Ferdinand Gregorovius:
Geschichte der Stadt Rom im Mittelalter
Vollständige Ausgabe in 7 Bänden
Herausgegeben von Waldemar Kampf
dtv 5960

Charles Higounet:
Die deutsche Ostsiedlung im Mittelalter
dtv 4540

Karl Jordan:
Heinrich der Löwe
Eine Biographie
dtv 4601

Ernst H. Kantorowicz:
Die zwei Körper des Königs
Eine Studie zur politischen Theologie des Mittelalters
dtv 4465

Jacques Le Goff:
Die Geburt des Fegefeuers
Vom Wandel des Weltbildes im Mittelalter
dtv 4532

Jacques Le Goff:
Die Intellektuellen im Mittelalter
dtv 4581

Norbert Ohler:
Reisen im Mittelalter
dtv 30057
Sterben und Tod im Mittelalter
dtv 30383

Pierre Riché:
Die Karolinger
Eine Familie formt Europa
dtv 4559

Ferdinand Seibt:
Karl IV.
Ein Kaiser in Europa
dtv 4641